兒童發展心理學

INTRODUCING
Child Psychology

H. RUDOLPH SCHAFFER 原著

任 凱、陳仙子　合譯

邱發忠　審訂

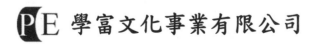
PE 學富文化事業有限公司

國家圖書館出版品預行編目資料

兒童發展心理學 / H. Rudolph Schaffer 原著；
　陳仙子、任凱 合譯.
　--初版 -- 臺北市：學富文化, 2006 [民 95]
面： 公分
含參考書目及索引
譯自：Introducing child psychology

ISBN 978-986-7840-25-7 （平裝）

1. 兒童心理學 2. 兒童發展

173.1　　　　　　　　　　　　　95013509

修訂版三刷 2013 年 3 月
修訂版一刷 2007 年 10 月

兒童發展心理學

This edition is published by arrangement with Blackwell Publishing Ltd, Oxford. Translated By Pro-Ed Publishing Company from the original English language version. Responsibility of the accuracy of the translation rests solely with the Pro-Ed Publishing Company and is not the responsibility of Blackwell Publishing Ltd.

原　　　著　H. Rudolph Schaffer
審　　　訂　邱發忠
譯　　　者　任凱 陳仙子
發　行　人　于雪祥
出　版　者　學富文化事業有限公司
地　　　址　台北市大安區 106 和平東路二段118巷2弄20號
電　　　話　02-23780358
傳　　　真　02-27369042
E - M A I L　proedp@ms34.hinet.net
印　　　刷　上毅印刷有限公司
定　　　價　580 元(不含運費)

ISBN: 978-986-7840-25-7

⌘ 作者序 ⌘

　　兒童是如此地令人著迷，如此地重要——這兩點都是絕佳的理由，讓人想要查明更多訊息。他們的迷人之處在於，他們像成人，卻又有別於成人；一方面，他們顯然具備這個潛能，能夠把我們對成熟個體所重視的一切人類能力，發展到達極致；另一方面，他們在每一個年齡層分別具有個人的能力和需求，這是我們需要予以承認和尊重的，也是我們需要去滿足的。另一項迷人之處是，兒童期的本質即在於「變」；看著新生兒長成蹣跚學步的兒童，然後接續發展成學齡前兒童、學齡兒童和青少年，以及試著去解釋這些改變背後所隱藏的機制，這在智性上激起我們的好奇心，在情緒上又讓我們感到心滿意足。早年經歷是否會在心智中留下無可逆轉的影響？在何種程度上，人類是由基因天賦所塑造的？何以某些兒童比其他兒童先學會說話？離婚對於不同年齡的兒童有何影響？我們是否有哪些理想方式，可以協助兒童發展出問題解決技巧？在日復一日照料、教育兒童的過程中，這些疑問以及其他林林總總的問題次第浮現，我們想要找到答案，即使這只是在滿足我們的好奇心而已。

　　另外，兒童也是重要的，因為我們扶養、教育下一代的方式，就是未來社會之所繫。同樣的，形形色色的問題也浮現出來。養兒育女，協助兒童實現其潛能，這是否有所謂的「正確」途徑可言？是否有一些危險因子，是我們必須了解而加以規避的？早期的挑釁行為是否是個危險標記，預示了未來暴力行為和青少年犯罪的到來？兒童在正常時間錯過了重要經驗的話，例如未能在嬰兒期與父母形成親密的關係，或是未能在學齡期之前就接觸到書本，這能有所補救嗎？找到這些問題的答案，不但對負責教養兒童的個人至為緊要，對那些在教育、社會福利、醫療保健等領域，負責制訂一般性政策的人士也很重要，有利於這些人士從促進兒童最佳福祉的觀點來規劃政策。

　　兒童心理學的宗旨，在於透過客觀的調查而建立起資料庫，超

越各家見解主張，以事實做為根據，就兒童發展的本質提出結論，來回答上述問題。雖然兒童心理學仍然算是一門新興科學，卻在過去約半個世紀裡快速成長。然而，要在這本簡明扼要的入門教科書裡，詳盡介紹每一個層面，這顯然是不可能也是不合適的任務。反而，本書旨在為業已出現的主要發現提供概觀，聚焦在近年來最受關注的議題上，因而對兒童心理學的本質及其成就多所著墨。這本書是為那些想要了解兒童心理學有何建樹的人而寫的——或者讀者正在學校選修心理學課程，或者這門學科與教育、社會工作、精神病學、法律等職業密切相關，或者讀者純粹只是對「兒童是怎麼成長的？」這個問題感到好奇。這本書寫作時預設讀者無需任何先前知識，作者雖然試圖避免納入過多的專門術語，但偶爾為之卻也是必要的；這些專門術語會以粗體字呈現，首次出現時會在書頁下緣解釋其定義，並納入書末的詞彙一覽表。同時，讀者會發現，全書各章都有訊息窗，把內文觸及的特殊議題挑選出來，以利讀者做深度思考。每一章章末列有延伸閱讀書目，提供給那些想要更進一步探索各式討論主題者作為參考——讀者覺得受到內容啟發，而查詢這些原始出處，深入探索這個主題的程度，大可作為衡量這本書是否成功的指標之一。

Rudolph　Schaffer 於蘇格蘭格拉斯哥市史崔克萊大學

⌘ 關於作者 ⌘

Rudolph Schaffer 出生於德國，在英國受教育，大半輩子在蘇格蘭工作，目前擔任格拉斯哥市史崔克萊大學（University of Strathclyde）心理學系名譽教授。

他原本立志成為建築師，畢業後曾經花兩年時間在利物浦大學修習建築學。然而，由於他利用閒暇時間，在自己居住的青年旅舍和受到剝奪的青少年共同工作，並協助擔任兼職管理員之故，他認定心理學是比較有趣且有益世道人心的學科，於是就搬到倫敦，在進出口貿易公司擔任運務員，並利用工作之餘在柏貝克學院就讀。

畢業後，他被指派擔任塔非史塔克診所（Tavistock Clinic）的 John Bowlby 研究團隊的研究助理，參與缺乏母愛和分離的研究，見證 Bowlby 初期構思依附理論的過程。之後，他遷到格拉斯哥，在皇家病童醫院謀得臨床心理師的職務，使他得以繼續研究這些主題，就住院治療對嬰兒的影響以及依附關係的早期發展，發表許多篇報告。當他嘗試在醫院及其他公立機構，把個人透過心理研究所知悉的教誨應用在兒童照護上時，在醫院工作的背景讓他有機會發現，從研究轉化為實務的過程中，到底有哪些錯綜複雜之處。

他從 1964 年起任教於史崔克萊大學，在此得以建構以早期社會發展為關注焦點的大規模研究方案，這個方案尤其與社會化歷程以及早期關係的形成有關。他和研究團隊成員所研究的主題包括社會行為的認知基礎、嬰兒期非口語溝通的源起、語言發展的人際脈絡、父母親社會化技巧的本質等。同時，他繼續實踐個人職志，藉由出版書籍和發表文章，以及親身到許多國家對各行各業的專業人員發表演說，而讓世人注意到這些研究的實際用途。

⌘ 審訂者序 ⌘

「兒童發展」是一令人著迷的歷程。打從胚胎受精到出生，嬰兒即順著基因的預設，在基因反應範圍內與環境交互作用，逐漸發展成為一個獨特的個體。每個階段都有特定的發展任務，各階段展現的生命力著實令人嘆為觀止。

一般而言，我們發現大人總是容易錯估兒童的能力。記得有一次看到我姐姐的五歲女兒可以在不理解字或詞彙的狀況下去背誦課文，這種超級的記憶能力卻在稍後的發展階段消失。一般說來，發展是連續的，各項的心理官能愈趨分化與完美，但是，不可否認的，有些心理功能卻是反其道而行，在稍後的發展階段時，這個驚異能力卻消失了，上帝造人實在精妙。

有幸拜讀任凱先生與陳仙子老師翻譯 Schaffer 的《兒童發展心理學》一書。閱讀後，讚嘆兩位的翻譯功力，實已達到「信、達、雅」之境界，讀起來相當流暢，尤其美妙文句跳躍其中，更是心靈的饗宴，相信讀者亦會有所同感。

本書共有十章，第一章主題為「兒童的真相」，介紹什麼是兒童心理學與為何要研究兒童心理學。第二章為「兒童期的本質」，從歷史、文化及成人觀點來看兒童。第三章為「生命的開始」，主要陳述基因、胎兒期等因素對發展的影響。第四章談到「關係的形成」，討論家庭、依附關係及同儕關係的發展。第五章論及「情緒發展」，包含了兒童的情緒概念、情緒社會化及情緒能力等。第六章介紹「皮亞傑的認知發展理論」，說明其著名的認知發展各階段。第七章為「維果茨基的社會認知發展論」，談及社會脈絡的他人如何影響個體的發展。第八章主題為「兒童作為資訊處理者」，以認知的訊息處理觀點來談論兒童的思考、記憶等。第九章為「語言的使用」，闡述兒童語言發展、學習的歷程。最後第十章則為「邁向成年期」，說明自尊、自我的發展，及早期的發展經驗對後期發展狀況的預測力。

　　本書對兒童心理的介紹相當完整，對於重要的兒童發展理論均有廣泛與深入的介紹，並引用了重要的研究以茲論證。尤其能夠與時俱進的加入新近的研究更是本書的特色。此外，本書的「訊息窗」針對某些特定議題進行深度討論，更是不可錯過的部分。

　　本書適合大學生、研究生及社會大眾閱讀。相信本書將提供大學生對兒童發展有深入與廣泛的瞭解，對於研究生的研究將會有所啓發，而對社會大眾而言更提供了一些教養的知識，俾利孩子們在更適切的環境裡成長。

邱發忠 筆於國防大學心理學研究所

2007 年 9 月

⌘ 目 錄 ⌘

第六章　兒童如同科學家：皮亞傑的認知發展理論　　180

陳仙子 譯　徐芝君 校對

第七章　兒童作為學徒：維果茨基的社會認知發展論　　222

任凱 譯

第八章　兒童作為訊息處理者　　　　　　256

任凱　譯

兒 童 的 真 相

本章大綱

什麼是兒童心理學？爲什麼我們需要兒童心理學？在尚未進入兒童心理學研究的主題前，讓我們先釐清這些基本問題。

什麼是兒童心理學？

本質和目標

兒童心理學是一門研究兒童行爲和發展的*科學*。請注意此處特別強調「科學」一詞的原因，是因爲兒童心理學是以客觀方法來研究兒童。心理學家不再依賴模糊印象、猜測和不切實際的說明，而是仔細的、有系統的方式蒐集資料，描述和解釋兒童的行爲，及其隨著不同年齡改變的行爲。此外，在兒童的研究上，雖然情境的控制對某些主題是相當重要的，但是研究的進行也不會全然侷限在實驗室等嚴格控制的情境，也可從看似混亂的情境下做有系統的收集，例如在遊樂場、舞廳、或是家裡的晚餐桌旁。無論從什麼情境收集資料，兒童心理學的目的就是要建構兒童期（childhood）的普遍本質及每個兒童呈現獨特特質的知識。

接下來，我們將說明兒童心理學嘗試回答的問題，分別爲*何時*、*如何*和*爲何*的問題。

- *何時*（When）。「何時」是人們最常詢問的問題，此問題關心兒童明顯連續改變的歷程。*發展過程的里程碑*有許多形式，有些相當顯而易見，例如：兒童第一次走路和說話的年齡；有些則不明顯且難以捉摸，例如：兒童能玩信任他人的遊戲、認定他人的觀點，或是理解圖像意義的年齡。不論發展何種能力，研究目標是建立大多數的兒童，第一次展現其新能力的年齡範圍，透過這些基準，我們就能夠去檢視每個兒童的發展過程。

- *如何*（How）。此問題不探討兒童發展的時間點，而是兒童的行爲舉止。學齡前兒童是如何形成團體？是形成親密的 2 人、3

人團體或是更多人的團體？總是和相同的朋友在一起或是沒有區分？是屬於同一性別或是不分男女的團體？舉一個例子來說，兒童如何描繪一個人的形體？以什麼方式讓他們從無意義塗鴉進展到畫出有意義的圖像？他們如何做出圖像的空間安排？再舉一個例子，兒童如何判斷各種不當行為？他們是否發展出道德觀念？如果是，那是哪一種？他們能根據錯誤行為和所造成的結果做出判斷嗎？他們能解釋犯錯者的意圖嗎？關於上述所舉的三個例子，我們想要了解的是在特定年齡和特定情況下的兒童，是如何處理日常生活事務，及其年齡較長後的改變情形。

■ *為何*（Why）。對兒童行為的瞭解，重要的不僅是系統性的*描述*，而且還要知道如何*解釋*。為什麼有些兒童發展的速度比其他兒童慢？為什麼在特定地區有些兒童展現高度的發展能力，而在有些區域卻沒有？為什麼男孩的體力優於女孩？為什麼有些兒童具有反社會傾向？為什麼父母的處罰行為與兒童侵略行為有所關聯？為什麼…？疑問似乎不斷地被提出，不僅是因為兒童發展的每個面向都需要解釋，而且也是因為並非所描述的狀況都能給予合理的解釋，畢竟對事實的描述往往比解釋容易多了。由此可知，我們對於兒童行為的發生點與態度的研究是比解釋兒童事件發生原因還要容易得多（譯註：回答「何時」及「如何」的問題，比回答「為何」容易多了）。

　　理論上，心理學家可以討論兒童各個面向的發展問題。但是，實際上，心理學家傾向對有限的問題進行瞭解。此乃基於兩個理由：第一個理由是，來自於社會壓力，必須對當時發生的某些重要問題提出解答。例如：離婚在過去數十年來突然快速地增加，突顯出研究父母離異的兒童其發展狀況的重要性，因此引發了下列相關問題：是否能夠在短期內，預期哪些兒童會產生情緒困擾？是否會影響其學習和教室的行為？更長遠來看，這些陰影是否會影響到他們未來的婚姻生

活？因此，來自父母親、專業工作者、政治家和管理者的關心，決定了心理學家的研究方向，也激發他們著手進行這些議題的調查研究。第二個理由是，心理學家在某一時間點，因為某些問題具有理論上的研究意義，他們也會選擇此問題來研究。即使知識已到一個臨界點，也往往暗示某些新的研究方向，因此知識不斷擴張前進是再自然不過的事，且更多研究的加入將使這些議題的知識更加豐富化。例如：有研究發現害羞是兒童中期穩定且發展良好的特質，此論述造成日後各種害羞研究的產生。包括研究害羞的現象可以多早被發現？害羞在嬰兒期是否已經是一種常態的現象？遺傳因素是否與害羞發生的原因有關？早期極端害羞的兒童是否是後期病理發生的徵兆？這說明了一種現象就是研究本身具有一種推進力，會激起對知識的追求與探討。

無論如何，心理學家會針對那些能夠處理的問題來研究。一方面是因為有些問題要求的是價值判斷而不是研究數據。父母親是否可以體罰孩子？研究只能提供體罰對兒童的影響，卻無法決定父母親是否有體罰的權利。有些爭議是需要留待社會去回答。此外，兒童心理學的研究還會侷限在是否有便利且合適的研究方法，因為某些人類行為的研究，至今仍是相當難以適當描述，更遑論要做精確測量。例如，早期兒童的智力發展大部分是從認知測驗中得知；相對的，兒童的社會性和情緒性研究往往因為不容易掌握而被忽略。直到最近，相關研究工具的進步，才使得這些研究開始蓬勃發展。

研究方法

心理學家主要從以下三種方法來獲取兒童心理學的相關知識，分別為觀察法、詢問法和實驗法。

■ *觀察法*（observing）看起來似乎是一種簡單的應用技術，實際上，它的技巧使用是需要許多實務經驗及計畫安排。諸如觀察的內容、觀察的對象、何時做觀察及到哪裡觀察，以及決定要使用哪些觀察技巧，這些都需要妥善的規劃。觀察者可以是以

參與者或是以旁觀者的角色來進行觀察；可採取連續敘述的形式或侷限在某些事件；以時間或是以事件為主軸來觀察；焦點在不同的行為種類或單一種類；觀察某個人某時間內的行為或許多人之間的互動行為。此外，要完全客觀的記錄他人行為，對任何人都不是件容易的事，因此，觀察者間的交叉檢驗產生的信度檢核是非常重要的。（關於上述更詳盡的資料及其下所提及的資料收集方法請參閱 S. A. Miller, 1998。）

■ *詢問法*（asking）包括兩個主要的方法：面談（interviews）和問卷調查（questionnaires）。使用這種方法在幼兒身上顯然是相當受限的。然而，當問題是從自然對話當中進行時，仍然可從學齡前兒童上獲得重要且有用的資訊（例如 Bartsch & Wellman, 1995；Dunn & Hughes, 1998）。當研究對象是大一點的兒童、父母或老師時，在面談和問卷調查使用上，可以運用許多形式：結構或非結構性、正式或非正式性、事先設定或開放式形式的選擇。形式的採用大部分是決定於調查的目的，關於問題的準確形式和設計，則相當程度是取決於資訊取得後所隱含的意義。

■ *實驗法*（experimenting）：使用在兒童身上時，可能會引發一些困擾或難以收拾的狀況。事實上，它只不過是將兒童放置在一個盡可能精確控制，和標準化程序的情境。主要是透過這一程序來確保在這研究中的所有兒童所處的狀況是一樣的。接著，改變某些狀況以觀察兒童行為的改變。如此，對一些想要檢驗的假設才可能獲得可信的答案。舉例來說，若研究的假設為「兒童以團體方式學習解決問題比獨自學習較快」，為了獲得可信的證據，我們依年齡將兒童隨機分成二組，一組是許多兒童共同一組，另一組是兒童獨自一人，兩組兒童在可能影響結果的各個層面上被比較，如智商和學習成就。兒童所要處理的問題要確定是超過每個參與實驗的兒童能力。然後要求兩組兒童在所有其他變項都相同的狀況下解決問題，之後再實施後測（或經過一段時間進行後測）。最後我們可以從測驗中判斷二個問題，

一為後測與前測表現比較，兒童的進展情形、二是團體方式進
行是否比兒童獨自進行有較大的進步表現。兒童在共同學習的
表現比獨自學習好的這個結果（至少在這個實驗狀況下結果是
如此）是如此明確，而能獲得這樣的發現乃是透過嚴格控制狀
況產生的。研究者可以合理地推測，在實驗中工作表現的不同
來自於兒童人數的不同（譯註：多人團體合作比單獨一人完成
工作表現更好）。透過實驗法可推論因果關係，這也是其他方法
無法達到的。

橫斷及縱貫取向研究設計

某個兒童研究主題可能只涉及到某一特定年齡層：例如，3 歲兒
童能表現害羞嗎？或是 8 歲兒童能夠理解抽象的科學原理嗎？另一方
面，我們研究的興趣在於發展上的改變。例如，兒童與家人分離的反
應是如何隨著年齡而改變？10 歲兒童是否比 8 歲兒童有更敏銳的自我
概念？關於改變的問題往往要追蹤某些特定的心理功能年齡，例如：
當兒童再長大些是否證實了其功能上的改變，在發展過程所受到的影
響是否與其他年齡者相同；或團體間是否存在特定的差異，像是性別
類化，因此，需要做不同年齡群組的比較。

我們可以採用**橫斷研究設計**（cross-sectional research designs）[1]或**縱
貫研究設計**（longitudinal research designs）[2]來研究此種比較性的要求：

■ *橫斷研究設計*針對不同年齡層的兒童進行研究，且皆在同一狀
   況及技術下評量。此研究設計的好處是相當快速，因為不同年
   齡層可以在同一時間進行調查。缺點則是很難確定群組間的差
   異是否來自於年齡不同，因為再怎麼控制其他可能的影響因

---

[1] 橫斷研究設計（cross-sectional research designs）：在一特定時間內，同時對不同年
齡兒童進行觀測，以評量在發展過程中特定功能的改變。
[2] 縱貫研究設計（longitudinal research designs）：對同一組的兒童做追蹤研究，並在
不同年齡反覆進行觀測，以追蹤在發展過程中的改變。

素，例如，選取具相似的社會階級、智力和健康因素的兒童，仍然會有一些無法控制的個性和背景影響研究結果。

■ *縱貫研究設計*是對*相同*的兒童追蹤並在其不同年齡階段進行研究。如此可以減少因為兒童個別性所造成的差異，並確定不同群組的差異是來自於年齡因素。然而其不利之處是需要花很長的時間，因為調查的時間與兒童成長的時間一樣長，此外，在研究進行期間也可能會耗損或失去參與者。

　　無庸置疑地，如果要瞭解發展上的改變，縱貫研究設計是相當適合的。不幸的是，研究進行期間，追蹤兒童相當昂貴且費時，因此反而比橫斷研究設計更少使用。隨年齡而改變的研究大多是來自於橫斷研究，所以我們對這類研究要更加謹慎及小心，除非可以從縱貫研究得到實證資料。

為什麼我們需要兒童心理學？

　　讓我們回到本章一開始提出的第二個問題。我們需要正視一些經常聽到的批評，例如，我們在科學尚未發展完好前就已經知道如何養育兒童，這是身為人的特性之一，缺少這樣的概念，人類物種的生存幾乎不可能。而兒童心理學有時候可以說只是對已知的事情做一長串文字敘述，以及當有需要時能夠運用而已。

　　但是，讓我們來看看一些對兒童及其教養的一般聲明及主張：

・只有兒童是寂寞的。
・女孩比男孩敏感。
・看太多電視會妨礙兒童的智力發展。
・單親家庭是導致少年犯罪的原因。
・男性先天上比女性更不熟練親職角色。
・職業婦女的孩子有不適應環境的危機。

　　許多人視以上陳述爲常識，這些常識是如此明顯且不需要辯駁，更遑論去加以證實。但是有些被歸類爲常識的知識並非總是可信的，甚至有時候可能是危險的結論，因此我們需要更多有系統性的實證資料來驗證這些常識。讓我們辨別兩種獲得兒童問題答案的方法：主觀和客觀方法。

回答問題：主觀方法

　　面對兒童立即的需要及請求時，無可避免地，我們大多會依賴個人的感覺來決定「對」的程序。這些對的感覺來自不同管道：

■　最常見的是*直覺*（hunches）：知道如何安撫一個正在哭泣的兒童、如何激勵一個無聊的兒童、如何抑制一個具侵略性的兒童，直覺提供個人極佳的引導，可以不需要打開書本就能成功地養育後代。然而至今仍有許多父母透過女性雜誌或是所謂「專家」的回應專欄表達困惑或是絕望的字眼；或是一些以兒童照顧和教育爲目標，提供兒童現象的深入報導，而大受歡迎的電視節目；或是一些因政府的政策而創立的親職機構，皆是用來支持和改善親職教養實務。可以發現，使用直覺這個方式仍有許多難以確定的事。更嚴重的是，這些未經分析的直覺有時來自於根深蒂固的偏見或先入爲主的想法，例如，爭論男同性戀或女同性戀伴侶能否成功地養育兒童。

■　*個人經驗*，尤其是個人在兒童時期的經驗。此類的經驗會束縛並影響判斷，若非積極的讓下個世代去擁有相同的利益，就是盡自己最大的能力來保護兒童，避免其遭遇自己過去經歷的。對兒童而言，這樣的對待並非總是合適的。一方面，個人過去的記憶經常會引發高度情緒感受、扭曲其判斷；另一方面，個人獨有的經驗不一定可以類推到他人的經驗，因此可能造成兒童被不適當的處理。例如，以「它不曾對我造成傷害」來辯護

使用體罰不見得不好的說法。一般而言，對於制定兒童政策或兒童教養方式，個人經驗是不足夠的。我們也許永遠無法逃離我們的兒童期經驗，但是我們不可以爲自己的兒童期經驗可以歸納出他人的兒童期經驗。

■ *專家的忠告*，第三個資源比前兩項資源更明確清楚。例如，知名的兒童教養專家 Benjamin Spock，其著作《嬰兒和兒童的照顧》（*Baby and Child Care, 1948*）在 1950 和 1960 年代是父母親照顧兒童的重要指引。無庸置疑地，Spock 的大多數忠告是明確有用的，很多父母認爲他是一位貼心及值得信賴的專家。但是，若是仔細的檢驗 Spock 的著作及其忠告的立論基礎，很快地會發現他大部分的論點是混雜著個人觀點、臆測、民間傳說和臨床經驗，而非典型的個案說明。這情形同樣地適用在其他的專家身上，在這種情況之下，難怪每隔一段時間就會產生不同的兒童教養方式。舉例來說，在 1930 年代，受到小兒科醫生 Truby King（1924）的影響，父母親對兒童教養採取較嚴厲的措施，例如教導母親要按時餵奶、及早訓練兒童如廁、以及認爲嬰兒哭泣的目的是要吸引注意，因此要不予理會。在 1950 年代，由於 Spock 鼓吹放任教養，產生完全不同的養育方式。不過，當 Spock 被指責應爲學生造成的示威運動負責時，教養方式終於回歸先前狀態。像是 Spock 和 King 等具臨床經驗的重要人物，無庸置疑地，在說服父母採納其建議作爲兒童教養時，扮演極爲關鍵角色：他們的智慧被視爲理所當然，也因此被視爲權威人物。只有以更嚴密方式檢驗他們立論的基礎，才會發現其見解多是建立在主觀看法上。基於臨床經驗而來的觀點的確有實際的用途：他們可以專注描述有關兒童生活中重要和清楚的特定現象，以及他們可能對兒童行爲的歸因假設。不過，要注意的是，需要臨床醫師幫助的兒童不能視爲一般兒童的典型，且在臨床中獲得的發現很少是以系統化及標準化的方式來收集。此外，臨床中所獲得的與非臨床工作所獲得的資料是無法比較

的。因此，臨床工作中所得的結論往往是獲得重大發現的第一步，但是其本身不能形成直接證據。明確的引導比假設性的立論及一般印象來的重要（關於專家忠告的爭議性例子，請參見訊息窗 1.1）。

回答問題：客觀方法

兒童心理學的目的為使用科學方法研究人類的發展、試圖用科學方法回答兒童行為的問題、盡可能符合系統性方法來研究隨年齡而產生的改變、並降低主觀因素的影響，像是既定觀點、猜測和不切實際的理論。最後，在研究過程中採用各種防護措施，例如，詳細說明獲得研究發現的各個步驟，將研究公開化並開放給其他人檢視，對結果以統計分析決定其是否足以採信，堅持重複驗證的方式，而非只是依賴單一研究的結論。透過這些防護方式的應用可以區別主觀和客觀的研究方式。

舉個實務上的例子來說，若幼兒的母親是職業婦女，可能會有什麼結果？這不僅僅是許多人想要了解的訊息以便協助個人做選擇，也是政府和其他制訂政策的組織在草擬雇用法律和托兒所條款時的重要指導方針。心理學家如何設計一與主觀方法不同的客觀研究，以瞭解職業婦女對兒童會有什麼影響？

若要獲得有效的結論，心理學研究必須遵守某些程序。其中較重要步驟如下：

■ *精確地描述研究樣本*，及其所得的結果可以運用於何種類型的兒童及其家庭。母親就業的意義在貧困家庭中可能是相當不同的，因為其經濟壓力是最主要的考量，且母親不在家時，兒童的照顧是很難安排的。相較於富裕家庭而言，母親外出工作最主要是因為對事業抱持的理想，他會安排專業的保姆在她不在家的期間照顧兒童。從單一個案比較可能無法類推到其他個案，儘管理

訊息窗 1.1

兒童可以看多少電視節目？

　　擁有 55,000 名會員的美國小兒科醫學會是美國小兒科醫師的代表組織，在 1999 年專刊中發表了一份關於電視對兒童的影響評估報告。報告提出了下列說明：

1. 小於 2 歲的兒童不應該觀看任何電視節目。相反地，他們的父母應該和他們玩耍，因為這年齡的兒童亟需要發展社會互動的能力，如果沒有滿足，將會阻礙腦部健康的成長，也會阻礙其智力的成長。
2. 2 歲以上的兒童看電視的時間需要嚴格控制在每天至多 2 小時。在兒童的房間不能有任何電視螢幕或類似的東西（據發言人所言），房間應該像是休息室，可以讓兒童在房間省思當日發生的事。

不意外地，這份報告獲得媒體相當多的報導及評論。然而論點的證據卻沒有人提出質疑；論點的可信度及是否可重複檢驗，或阻礙腦部成長的聲明是否有實據支持，都沒有提出挑戰和質疑。相反地，有一種普遍性假設是美國小兒科醫學會的成員發布這類權威聲明，他人應該更嚴肅待之。他們如何求得其研究的論點似乎沒有太大的關係.：這可能是個人的因素導致偏見和誤解，使得小兒科醫師所檢驗的質量並非完全考慮周全。同樣重要的是有關民眾對報告的反應，舉兩個刊登在倫敦時代雜誌的回應信做說明（1999 年 8 月 10 日）。在其中一封信中，投書者完全贊成那些建議，因為直覺告訴她和她先生，那是養育孩子的適當方式。另一封也是來自一位媽媽的來信，她完全斥責那份報告，因為她發現「運用我自己的常識」鼓勵她的孩子甚至在 2 歲之前看電視，是有益而不是有妨礙發展。每一個媽媽清楚地確信她做事的方式是「對的」，因為她的勇氣感受告訴她實際狀況。然而他們卻獲得完全相反的結論：常識所呈現的不全然一致。

　　父母親理所當然地會以自己的感受來決定兒童看電視的時間。然而，他們也會從自稱專家的人士中尋求兒童教養的指導方針，因此這些專家有必要用適當證據來做其忠告的基礎，且媒體和所有的消費者都應該去問這個問題「他們怎麼會知道呢？」

想上，研究樣本必須在所有受影響的個體中具代表性，並且樣本數要夠大，但實務上的困難往往來自需限定調查的範圍，以確認其對特定和相對小群組的研究。群組的特徵限定是相當重要的，因此我們可以決定特定研究中的發現，其可資運用的廣度為何，及如何解釋與其他發現做比較時產生的差異。客觀的方式很少考慮到個別的特殊特色所做的立論基礎，但是傾向假設可以對一個群組至另一群組中的特徵變化做一簡單歸納。

■ *評量是建立在效度和信度的基礎上*。**效度**（validity）[3]是評量工具測出所要測量的特質的程度；**信度**（reliability）[4]是指在不同時間或不同受試者的測量結果的一致性程度。因此，任何關於受僱母親的影響的結論，例如兒童的情緒調整必須建立在為人所信任的測量方式，必須超越我們倚賴的日常生活中的模糊印象，並且更以主觀研究方式作為立論基礎。

■ *精確描述使用的方法*。無論研究者從研究中獲得什麼發現，都會被其使用的方法影響。不同的方法並不總是得到相同的結果：有關兒童情緒調整的評估，可以藉由和其母親面談、和兒童照顧者面談來評估，也可以對這些人中任一者實施問卷調查，或是由一位研究工作者進行直接觀察。方法的選擇關係到所獲得的研究結果；因此對使用的方法精確說明是相當重要的。對於所獲得的結論無法詳加說明會成為直覺式研究最主要的問題，意即對於兩組人所得完全相反的結論，是無法透過使用的方法檢視來解決他們的問題差異，而可能導致彼此固持己見。

---

[3] 效度（validity）：一種特定的評量工具，確實能反映出評量的目的。經常透過量化方式和其他的結果做比較來加以評量。

[4] 信度（reliability）：一種反應我們的信心指數的評量工具。經常透過在不同時間或不同受試者所得的結果做比較來加以評價。

- *控制組的使用*。例如，發現職業婦女的孩子有某些比例具有情緒困擾，這個現象對研究者是沒多大的意義。我們也必須去瞭解非職業婦女的孩子中情緒困擾的比例，並建立一種研究基線。然而，此控制組只有在其他可能影響結果的變項，如兒童的年齡、性別和社會地位、家庭結構和關係，與職業婦女相一致時才有實質上的助益。而且只有在比較結果能提出有意義的結論時，才能夠正確地詮釋。

- *偏見的事先預防*。假使透過觀察方式來比較職業婦女與非職業婦女的孩子時，觀察者不可以知道孩子的母親是職業或非職業婦女；如果可能的話，兒童也不能知道研究的任何假設和預期。在心理學的研究中，有許多事前預防的方法可以避免個人偏見的影響，而能夠意識到偏見會影響結果也許就是主觀和客觀方法的最大差別。

　　運用上述的步驟能說明，心理學研究以明確條理的方式，來研究兒童領域。但是我們得承認有關主觀及客觀研究方法的不同，並非如我們聲稱便於解釋之故而劃分的如此絕對。不論盡多大努力，減少研究中所有主觀性的影響仍相當困難，特別是研究者在不自覺中所產生的影響就更為深遠。以父母親離婚對兒童影響作為例子，早期這類主題的研究還是處在社會對離婚不認同的氛圍下，此類經驗對兒童所造成的傷害實在難以想像，而處在此氛圍下，研究工作者對所調查的兒童自然而然會主動關懷其病症狀況，並在問卷清單中所包含的項目也只涉及症狀方面，如焦躁性、激進性及逆行性行為時，或許就不覺得意外了，實際上都沒有考慮離婚對兒童也有可能有正面影響，到現在當離婚現象已是相當普遍且為社會所接受時，研究者才願意承認其所造成負面的影響為何。正面的影響，如焦慮的免除、更高的獨立性、壓力容忍性的提升等也可能在兒童身上被發現，因此應被列入問卷調查的內容，有時甚至我們都沒有注意到的價值判斷，往往會影響到如評估工具內容，因而對所獲得的發現造成扭曲。

另外要注意的是，除了排除主觀因素的可能影響外，並非所有研究都是好的研究。因為有些研究呈現的內容並不意味我們一定要去相信它，因為這可能是只是專家天真的信念而已。一般人往往認定研究者的專業權威地位，而忘了質疑其所採行之研究方式的相關問題：是否從這樣本中我們可以舉一反三？其步驟是否適當或值得信賴？是否有施以某種控制而可以排除其他解釋？最重要的是，是否這些發現曾被其他研究重複檢驗過？然而最理想方式是直到其他研究已經證實前，應採保留態度而非過早接受其研究的發現。知識及任何社會運動的進展都需要更確實的資料佐證，而非只看單一或尚未確認研究的資料。

然而兒童心理學所根據的研究基礎，並非如預期般如此紮實，並非每一個研究都是如此完美的設計及執行，雖然一些防護機制仍正常施行，而價值判斷及個人預期心理有時會產生困擾進而影響其結果。總之，主客觀研究方法並非是完全絕對不同的，相反地，它們只是程度上不同而已。不管如何，後者就研究觀點而言是優於前者的，因為其至少注意到未證實假設的危險，並認為假使有值得信賴的知識及行動方式可資遵循，所有可能的作為都應防護。

理論的角色

在日常對話中提及「理論」一詞時，往往具有輕蔑的意涵，例如「只不過是理論」，意指那只不過是一種猜測而已，之後便不予理會。然而在科學領域裡，理論代表的意涵是更為複雜的，透過理論可以將原本看似不相干之事情與一般性原理原則產生關聯，進而產生意義，可將所獲得的訊息訂定其次序與規則，得出更多待解的問題來引導研究方向以獲得更深入的訊息。因此，理論可以說是科學計畫中最關鍵的部分。

兒童心理學的研究受到許多理論的影響，如心理分析理論、行為主義理論、社會學習理論、皮亞傑理論、行為學（ethology），我們

應該在適當的領域中參酌這些理論，更多詳細內容可參閱如 Crain（1999）或 P. H. Miller（2002）的著作。在此我們暫且舉出兩點：第一點，理論會因為其所關注的方向不同，致使其涵蓋的內容也有所不同。例如：行為學的目標乃闡釋人類及動物可觀察行為的各個面向，皮亞傑專注在兒童認知功能發展情況，佛洛伊德則致力於瞭解成人的情緒生活及其發因的早期研究。因此，有許多小型理論可以運用在限定群組的現象研究上，如兒童同儕團體的形成或目標名稱的取得。理論並不總是相互矛盾，有些並非與心理分析或皮亞傑理論靠攏，因為這兩者以不同心理功能群組來進行，然而兩者就系統陳述及研究而言，仍公認是相當有助益且為人廣泛接受的。

　　第二點要強調的是理論應被視為是一種工具，能使人們思考已知及發現未知的知識，並且像所有工具一般，當發現理論使用的範圍有限時，應即摒除不用。例如有些心理分析理論的觀點不再被認為是有效的，因為其依賴的概念過於模糊不清或是無法證實，例如欲力（libido）或死亡欲望（death wish），不然就是已獲得實徵資料，但是尚未被再度確認，例如以嬰兒創傷理論（theory of infantile trauma）作為所有後期心理恐慌的起因。當理論不足於解釋現象時，將會被較佳的後期理論取代，一種新的工具以新的方向來提供新的觀點及洞察力，直到該理論無法再合理解釋現象為止。

本章摘要

　　兒童心理學不只提供許多事實資料，並且以特殊的方式獲得這樣的資料。我們不可能在不了解後者的情況下適當運用前者（事實資料）。因此，我們會開始檢視心理學家為了解答兒童及其發展所產生的疑問所使用的方式。

　　心理學家對兒童所提的疑問，基本上與一般人沒有什麼不同，

會含括*何時*、*如何*和*爲何*的問題，以便能了解時間、態度和事情根本發生的原因。問及何時和如何的問題時，會涉及兒童行爲描述，而爲何的問題則會涉及對發生行爲的解釋。

用以獲得資訊而探行的各種研究方法就是爲了回答這些問題，但最主要可分爲三個部分：即觀察法、詢問法及實驗法。有些關於兒童的問題只涉及某一特定年齡群組，而有些則是隨著年齡不同而產生改變的研究。故當試圖去回答這類改變的問題時，我們可以使用*橫斷*或*縱貫*分析方法，後者較爲研究者使用，但實務上也易產生問題。

有人說我們並不需要兒童心理學家，因爲我們本能地就知道如何照顧及養育兒童。獲得兒童的相關知識的方式有兩種：*主觀性*及*客觀性*研究。前者依賴本能預期、個人經驗及專家的忠告進行。然而就可信度而言，其助益是相當有限的。後者涉及科學性研究，最大的優點就是能夠以明確而開放的方式檢驗，避免個人偏見及價值判斷等主觀因素的影響。這兩種方式並不容易如此全然地劃分，因爲雖然研究中試圖以各種檢驗防堵主觀判斷，主觀判斷還是會對研究有所影響。

*理論*的形成乃是任一科學領域中最主要的部分。它的角色在於能將獲得的資訊加以整合，並導引探求新的訊息產生。然而理論只不過是一種工具，當它不再適用時就應該拋棄。

延伸閱讀

Miller, P. H. (2002). 《發展心理學理論》*Theories of Developmental Psychology* (4th edn). New York: W. H. Freeman. 學者提出不勝枚舉的理論來解釋兒童心理發展，這本書就這些理論提出了包羅萬象的說明，其中包括討論理論的定義、功能、以及發展心理學所面對的主要課題等，對讀者用處不小。

Miller, S. A. (1998). 《發展研究法》*Developmental Research Methods* (2nd edn). Englewood Cliffs, NJ: Prentice-Hall. 有些讀者想要對兒童心理學的各個面向有詳盡而跟得上時代的解說，這本書就是為了這些讀者而寫的。它包含研究設計、統計分析、倫理考量等主題。

Pettigrew, T. F. (1996). 《如何取法社會學家的思維》*How To Think Like A Social Scientist.* New York: HarperCollins. 這本書內容精妙、文筆不俗，介紹社會學家（包括兒童心理學家）的工作流程。這本書在社會學家對治問題所思索的獨特角度，和風行一時的分析（諸如傳播媒體的分析）之間，做了鮮明的對比。

Robson, C. (2002). 《真人實事的研究》*Real World Research.* Oxford: Blackwell. 這本書與兒童心理學議題無關，但是作者提出許多高明的見解，剖析應用在現實世界各個層面的社會問題之研究本質。

第二章

兒童期的本質

本章大綱

兒童是什麼？

歷史的觀點
兒童如同小大人

兒童身為受害者

今日的兒童

文化的觀點
兒童養育實務的影響因素

個人和群體主義文化傾向

以跨文化觀點看人格發展

成人眼中的兒童
信念系統的本質

兒童發展的相關議題

本章摘要

延伸閱讀

兒童是什麼？

　　乍看之下，您可能會覺得這是個蠢問題，因爲這個問題的答案是十分清楚明瞭的。兒童通常被視爲一個較小、較弱的大人，包括較依賴、較無智識、較無生存能力、較無社會化及情緒較難掌控等特質。從以上陳述可以發現皆是對兒童的負向描述，著重於兒童欠缺的，完全沒有描述到兒童未來發展的無限潛能。然而，這樣的陳述至少點出成人應對兒童負一定責任，且成人應以其自身資源補足兒童的不足，並幫助兒童獲取其應有的特質，養成其日後的人格特徵。

　　深入探討後可以發現，描述兒童期的本質爲何是一個複雜的工作，因爲我們本身就是從兒童成長而來，我們很難使用客觀詞彙定義，且在看待兒童期時，也無可避免的反映出我們自己。對某些人而言，兒童早期的歲月就如華茲華斯（Wordsworth）在其抒情詩《不朽的暗示》（*Intimations of Immortality*）中描述般，是具有魔力的時光：

　　草地，樹叢及小河流
　　土地及每一如常景象
　　對我而言似乎是
　　披滿了星光
　　在夢境中展現光芒和生氣

相反地，對於較不幸的人而言，童年時期的回憶是黑暗的，是受虐、受排擠、及強烈地不快樂，是一種淒涼痛苦而非溫暖照護的時光。從個人的角度來看，兒童期的信念是被建構的（constructed）：是從我們個人擁有的經驗中獲得及解釋的。

　　當我們比較不同歷史階段或文化後，兒童期是建構的這個概念就益顯清晰明瞭。因爲在不同時期及文化下，受到來自於社會、經濟、政治及宗教力量的影響，兒童如何被看待就會有所不同。因此，要回

答「什麼是兒童？」的問題就不能只以兒童生理、遺傳特徵來說明，還要從其成長環境中的社會、信仰和風俗習慣來瞭解。

歷史的觀點

首先，讓我們回顧及檢視我們祖先是如何看待兒童的。很明顯地，當我們越往回找，我們就越難找到可靠的資料作為佐證，歷史學家對於已發現的資料文獻也無一致性的說明。不過，至少有一些趨勢是相當明顯的：也許我們缺乏統計數據，但是仍可以一窺過去兒童被對待的方式，及潛在於教養過程中所形成的兒童期概念。

兒童如同小大人

根據一本探討兒童歷史的作品《兒童期的世紀演變》（*Centuries of Childhood, 1962*），其作者 Philippe Aries 認為兒童期是一種相當新近的用語。Aries 提到：

> 中世紀時，兒童期的概念尚不存在，但這並不意味當時的兒童是被忽略、遺忘或被輕視的。也就是兒童期的概念與對兒童的關愛是不能混淆的，因為兒童期是指特定的時期，用來區辨兒童和大人，甚至是青少年。在中世紀時，這樣的概念覺察是相當缺乏的。

也就是說，兒童被視作小大人，且盡可能地被當作大人來對待。例如，從中世紀遺留下來的畫作中，可以看到兒童被描繪成小大人的模樣，軀體大小成為唯一區別兒童與大人的記號。身體比例是沒有差別的，而且兒童身上穿的衣服也都是成年男女衣服的縮小版。再一次引用 Aries 的文章說明：

> 兒童一辭之用語並不是現今所下的定義，人們所說的「兒童」就
> 等同於大家每天所說的「小伙子」（lad）。而這樣定義的缺乏發生
> 在各種社會活動中，如遊戲、工藝及軍事活動中。在那個時代幾
> 乎所有圖片畫作都可看見兒童的蹤跡，有些是單獨的或成雙環繞
> 在婦女的肩頭上、或在角落尿尿、或在傳統節慶中扮演角色、或
> 在工匠店中做學徒、或者在服侍武士等等。

也就是說，兒童被教導像個大人，同時也期待兒童不論在工作或是遊
戲裡都與成人參與相同的活動。年齡的計算不像現今清楚，且缺乏出
生及其他紀錄也使得這項工作產生困難（**譯註：無法計算年齡，就無
法清楚知道兒童及成人的差別**）。此外，在那時代的經濟需求下，看重
的是兒童的強度及其能力，也就是他對家庭及人類社會的生存貢獻的
程度。

　　回顧過去人們對兒童的態度時，還需要考量在中世紀普遍存在的
嬰兒高死亡率。兒童能過第一個生日在當時是件了不起的事。當時出
生的嬰兒三個之中就有一個至二個會死亡（McLaughlin, 1974）。直到
十八世紀，這樣的情況才稍有改變，而到二十世紀初期，嬰兒死亡率
才真正獲得大幅度的改善。兒童的死亡在當時是一種普遍且經常發生
的現象，此現象自然會造成母親情緒混亂，連帶地影響其對存活兒童
的態度。根據一些歷史學家的說法，在這樣的背景下，往往造成母親
產生冷淡以對的自我保護方式。直到她們確認兒童能平安度過嬰幼期
階段，否則她們實在無法喜愛兒童。我們認為母親的愛在兒童發展中
是絕對必要的，因此很難相信當時母親會這樣對待兒童，此外，似乎
也沒有直接證據證明。不過，可以確定的是，至少有一些較富有的家
庭，父母親會將兒童送走，從小交給奶媽照顧，兒童長大後，也會跟
著師傅學習工藝，這種現象是相當普遍且為大眾接受的。顯然地，這
種現象反映出親子關係間情緒及生理的親近，並不如現今所認為的那
般必要。

根據 Ariès 的說法，直到十七、十八世紀，兒童期的概念才有顯著改變。兒童開始被描述其穿衣及外在的模樣，而首先被界定的是男孩。如同 Ariès 所說：「男孩是第一個被特定化的兒童」。一般而言，改變是相當緩慢的，且往往是不情願地接受兒童對教育的需要必須超越大人們利用其從事勞務工作的需要。十八世紀末的工業革命產生許多對低價勞工的需求，父母親依賴其微薄的薪水，而無恥重利的老闆也只想要將小至 6 歲的兒童送到工廠、深入礦坑、爬上煙囪，在極端惡劣之工作情況下替他們工作，長時間賣命。1883 年，英國國會通過眾多法案中的一條，工廠法中明文規定不許 9 至 13 歲的兒童在一週內工作超過 48 小時，而 13 至 18 歲的兒童在一週之內不可工作超過 68 個小時，這是當時比較進步的法案，但是仍讓許多兒童只有一點時間遊樂或學習。而這些改變也遭受到雇主們極大的反對聲浪，如其中一位雇主所言，礦區工作的兒童所受的實務教育往往優於學校的閱讀教育（Kessen, 1965）。直到今天，童工仍是許多國家存在的問題。當經濟狀況不好時，兒童期快樂、悠閒自在及受教育時間則相對地不太可能會發生。

兒童身為受害者

> 直到最近，我們才驚覺到兒童期歷史其實是一場噩夢。越往歷史回溯，越發現兒童被照護的程度越差，且兒童被殺、被遺棄、被揍、被恐嚇及受到性侵害的機率也越高。

以上論述由 Llody DeMause 所著的《兒童期的歷史》（*History of Childhood, 1974*）一書中擷取出來的，此書是集結許多訊息管道歸納而來的。當我們缺乏具體的統計資料時，實在不易做出精確的古今比較，不過，可以確定的是，在遠古及中世紀時代，兒童受虐的狀況遠比現今更為嚴重。

　　「兒童有權」的觀念是近年來才產生的。在古羅馬時代，父親擁有兒童的法定所有權，可以完全掌控兒童，假若他想要取走他的性命也被認為是家務事，不關別人的事。政府與父母親對兒童照顧的責任劃分是相當嚴格的。兒童是屬於父親的資產，其養育、教育甚至有關其生死的決定權完全歸屬於父親。因此，在沒有外在約束的情況下，兒童受虐的頻率相當高，特別是兒童性侵害事件，在當時古希臘及古羅馬時代是相當普遍的。當時有些人對兒童的責罰相當不人道且為現今所不容，例如在前十世紀中殺嬰事件就層出不窮，特別是針對新生兒及出生後帶有缺陷的女嬰最為常見。據說當時古羅馬的台柏地區到處是母親遺棄的嬰兒。

　　當然這並非暗示當時父母親對兒童的愛不符合倫常，而是相較於現今而言，過去虐童的惡行程度相當難見容於今日社會。就當時社會而言，都傾向於對兒童施行嚴厲措施，如 DeMause 在其著作中所述，一位十八世紀德國教育家曾公開吹噓說根據他的計算，他曾經對他的學生用棍子打了 911,527 下，用皮鞭抽了 124,000 下，用手打了 136,715 下及打耳光 1,115,800 下（DeMause, 1974）。不過，此時成人的生存也是相當辛苦的，因此也較少關注到兒童保護的需要及避免殘酷現實的對待。

　　在從前，尤其是在十七、十八世紀，由於宗教道德的考量，對兒童施以嚴格的對待，被認為是具有正當性且合理的。根據清教徒（原罪）的教義，認為人一出生後即具有惡的本質，因此父母親和教育者的任務即是修正兒童靈魂中邪惡的本質；兒童的本質並不純真，到世界後像個小野人，是沒有被塑造過的兒童，其邪惡本質對社會而言是個威脅。兒童養育最主要的目的，是摒除兒童與生俱來的負面本質，打破兒童的主觀意念是父母教養的中心要旨，如同方法學派的創始人 Wesley 在十八世紀寫的一段話：

> 我堅持應該及早消除兒童的自由意志，因為這是宗教教育的唯一
> 目的……天堂或地獄端賴此決策是否徹底實施。所以父母親壓抑
> 兒童的自我意識，就是與上帝一起拯救兒童的靈魂；若父母親放
> 縱兒童，即是在替惡魔工作……不論會花什麼樣的代價，一定要
> 征服兒童頑固的意志。如不想讓兒童變壞，一定要打破其自由意
> 識的思想。（引自 Newson & Newson, 1974）

基於兒童自然邪惡的本質，強化了嚴格對待兒童的正當性，而且也被
視為唯一可拯救兒童避免墮入永久邪惡深淵的方式。

今日的兒童

從兒童期的概念歷史演進，可以發現從前的兒童被視為成人的附
屬品，而非一個具有自我所有權的人，也就是說，兒童主要被視為一
種根據社會和家庭需要的附屬品。基於成人世界的需求而形成的道
德、經濟、宗教力量使得如此對待兒童的行為合理化，而很少去界定
兒童本身實際上的需要和特性。直到最近，才發展出兒童擁有其角色
地位的觀點，成人也應該調整自己去適應兒童。

兒童有權的這個概念在過去是相當陌生的，兒童的存在是用來服
伺成人的需要，甚至還有些遭受變態行為的案例出現，而在當時的社
會很少能夠保護這些受害者。兒童是無助者的這個角色、要求保護而
非剝削的概念，是在過去兩百年間才慢慢發展出來的。而且在二十世
紀的後半段，這樣的概念才進入國家立法及國際合約的內容中。

在今日，人們對待兒童的態度可以舉在 1989 年聯合國公約中所制
訂的兒童人權力說明。這個公約非常具有意義，因為一來其明訂兒童
是具有權力的，二來也試圖列舉這些權力（詳見訊息窗 2.1），三是明
訂所有政府有責任讓兒童擁有這些權力，最後則是因為公約是由對兒
童期具有相當明確、清楚概念的人所草擬的。在聯合國通過這個公約
後，其舉辦的世界兒童高峰會所採用的宣言，是將上述的概念透過這

些宣言被具體、詳細地說明：

> 全世界的兒童都是天真無邪的、容易受傷的、極具依賴性的，他
> 們也是好奇的、活潑的、充滿希望的，兒童時光應該是和平喜樂
> 的，且是不斷在學習、玩樂和成長的。他們的未來應該在祥和的、
> 合作的氛圍下被塑造，當他們擴展其視野及學習新的經驗時，他
> 們的生命也變得充實飽滿。

這樣有一點模糊又帶有情感性的內容，能夠表達出兒童心理層面確切
需要的價值，及達成滿足這些需求所應盡的社會責任。其次，我們想
說明的是，兒童需求與那些從事兒童照顧的成人所認定的需求並不一
定相同，兒童並非只是照顧者個體的延伸，他們是擁有自我權利的單
一個體。聯合國公約也做了以下陳述：

> 所有關懷兒童之作為，不論是公立或私立社福機構，如法院、行
> 政機關或立法機構，應以兒童最大的利益為主要的考量。

這樣的宣示仍然是理想大於實際上的作為，然而，能夠達到以上的
宣示已經經歷了一段很長的時間。遠古時代將兒童視為父親的私有
財產，做一個人卻沒有權利，遭致不明就裡地被忽略，殘酷對待及
剝削行為，當時的兒童是用來服侍成人世界的，然而現今的情況是
成人對兒童負有責任及義務，兒童既獨立又依賴的特性地位是應予
以認定及正視的。

文化的觀點

兒童期概念的不同，不只可以從歷史回溯發現，也可以經由對現存文
化比較加以確認。必須承認的是，世界真的是越來越小，藉由交通方

訊息窗 **2.1**

聯合國公約中有關兒童人權的內容

下列乃是聯合國公約中有關兒童人權的簡單說明，此說明在 1989 年的聯合國大會中加以採用認定：

- 兒童擁有生存權，其生存與發展應受到保護。
- 兒童擁有姓名及國籍權利，以維護其身分認同之權利。
- 任一與單親或雙親分離的兒童有權與他們維持關係。
- 有能力表達自我意見的兒童，擁有自由表達任何與其有關的事件的權利。
- 兒童擁有自由表達的權利。
- 兒童對思想、意識及宗教擁有自由表達的權利。
- 兒童有權自由地與他人產生關聯。
- 兒童擁有隱私權。
- 兒童對健康擁有最高追求的權利。
- 任何兒童都擁有對其身體、心理、精神、道德及社會發展上，取得足夠的生活水準的權利。
- 兒童擁有受教的權利。
- 兒童擁有在其適合的年齡應有的休閒活動及遊玩娛樂的權利。
- 兒童擁有不受經濟剝削及避免從事任何危及自身發展工作的權利。

式的改進及媒體傳播不斷擴張的影響，造成連偏遠的世界角落都逐漸西化。至今，如同人類學家的發現，有關「什麼是兒童」的答案仍存有許多面向有待發現。當我們以站在我們所在世界的位置中，認為我們是「正常」時，可能在世界其他地方的見解是不一樣的，這也說明了跨文化比較的必要性。每一個社會都有其特定的價值觀，而且這些價值觀會影響其對待兒童的方式。

兒童養育實務的影響因素

讓我們以下述範例說明「正確的兒童教養方式絕非對所有的社會一體適用」的觀點：

■ 觀察一位西方母親將嬰兒抱在膝蓋上時，你會發現兩者之間是如此緊密貼合在一起。母親以擁抱、微笑、輕搖，歌唱及交談方式，盡其全力與兒童互動，關注兒童的一舉一動。現在讓我們看看卡露力族（Kaluli）母親及其與孩子相處狀況（Schieffelin & Ochs, 1983）。卡露力族是位於巴布亞新幾內亞（Papua New Guibea）熱帶雨林的一個小社會，在這個族群中，母子互動模式是非常不一樣的，嬰兒並不會以一對一互動的方式被對待，母子之間沒有長時間的目光對視，雖然母親會抱著孩子，但是嬰兒的視線是向外看的，如此才能看到其他同族群的人。更甚者，母親很少與孩子直接對話，相反地，其他人（大部分是年紀較長的兒童） 反而會和嬰兒說話，而母親則以較高聲調與其嬰兒說話。從一開始，兒童即是在這種多方互動的關係成長。卡露力族的兒童會有這樣生活型態的原因，在於他們所組成的社群約有 60 至 90 人之多，所有的人都居住在沒有圍牆隔離的長形屋子裡。就我們所知，母子單位及家庭觀念是相當淺薄的，從早期生活開始，兒童即開始注意到整個社群的狀況，因此兒童會面朝外而非朝向母親，也抑制了一對一的互動關係。

■ 在肯亞的古西（Gusii）族人中，母親與孩子所進行的任何行為都避免兒童在一般一對一的人際互動中處於亢奮的狀態，也就是說，去壓抑而非燃起這種情緒。當有一點點面對面互動產生時，就會有試圖減緩或壓抑其情緒的行為產生。母親對其孩子的注視或呼叫最普遍的反應就是躲開，然而母子互動強調的是抱抱他及身體接觸，因此即使兒童在睡覺時，母親也會抱抱他。當兒童哭鬧時，母親會以餵乳、輕搖或抱抱的方式來避免兒童

情緒又亢奮起來。同樣地，母親會遵循既有的文化模式來教養兒童，當嬰兒可以交付給較大兒童照顧時，而這些大孩子有足夠能力及可以冷靜來處理照顧事宜時，母親就必須回到田裡工作。母親遵循文化決定的模式來養育嬰兒，被認為是一種「正確」的教養方式。

■ 在西方社會中被認為最重要的是依附關係的培養，母親須經常融入兒童的活動中，藉以培養其認知及教育性的技能。然而一些低收入家庭的墨西哥母親卻不認為如此，她們認為兒童玩樂一點都不重要，也不積極參與其後續的發展。當特別要求這些母親去參與兒童的活動時，母親會覺得這些活動相當奇怪且令人尷尬，且母親在活動中最主要扮演的角色是教導而非做出令這活動「有趣」的作為。就經濟狀況的考量下，這些母親似乎都是從事較為勞動階層方面的工作。生活是嚴肅的，玩樂是奢侈的，因此，這些兒童越早了解到這層意義對他們是比較好的（Farver & Howes, 1993）。

從以上的跨文化比較可以說明沒有唯一正確的兒童教養方式。在訊息窗 2.2 中，我們會對傳統日本社會中兒童養育提出詳細的說明。總而言之，當描述某種兒童養育方式具有普遍性並符合人性的假設時，我們是相當謹慎的，因為我們可能是參雜了自己的價值判斷在其中。某些族群的養育方式，如上述所提到的，對我們而言，可能是相當怪異的，然而，了解其特定的文化背景，會發現這樣的養育方式是為了適應其特定的社會模式，就一點都不覺得奇怪了。文化差異性而非文化匱乏性是這類研究最主要的觀點，而這差異性就是各個文化族群想要培養其兒童適應其文化所造成的。

訊息窗 2.2

日本母親和兒童的關係

　　將傳統日本社會對兒童養育的概念與西方社會做比較時，會發現兩者存有相當大的歧見。西方社會的母親會思考如何將處在兒童期具有高度依賴性的孩童訓練成具有獨立性格的人，因此從早期開始便著重於教育養成孩童的身體及生理方面的自律性。孩童被鼓勵以自己的能力來探索世界，專斷性是美德，情緒性則是不被贊同的。相反地，日本社會的母親對教養的態度則採相反的方向，從獨立性變成具有依賴性格。也就是說，日本母親把新生兒由一個具有獨力性格的個體，將之社會化成與團體其他成員具有互助依賴的性格。意即母親使用教養的方式將兒童逐漸轉變為離不開自己及其他人。

　　從對日本母親角色的描述中顯示其對兒童教養的方式與態度（例如：Bornstein, Tal & Tamis-LeMonda, 1991；Shimizu & LeVine, 2001）。特別是，身體親近感與西方社會母親與其孩子的方式有相當程度的差異。例如，兒童與父母親同睡，母親在兒童學齡前有較大部分會與其孩子維持身體接觸的親密，因此日本社會的家庭關係被稱為「親密」（skinship）系統（當然，這是西方學者定義的）。一般相信，兒童 6 或 7 歲時，才具有限的能力，而且只有到達那年紀才具有「理解力」。在兒童發展的早期，母親總是很少直接要求而是縱容，並完全對孩子表現出極大的包容心。

　　觀察母子互動可以發現，日本母親所採取的是為維持其社會連結的教育策略（Fernald & Morikawa, 1993）。然而，西方社會的母親喜歡以玩具來吸引兒童的注意以達到其要求的特性或發展，並激發其對事物的興趣；日本的母親則會將自己融入於遊戲中，並強調母子的連結性。例如，看到一部玩具車，西方社會母親會說：「那是一部車，看見了沒？你喜歡嗎？那車子的輪子相當漂亮。」而日本母親會說：「你看！這是部車，我給你。現在你再給我，是的，謝謝！」日本母親認為教導兒童東西的名稱或說明特性是一點都不重要的，重要的是教導兒童以有教養語氣來傳達文化的規範，玩具不過是文化儀式中的一種工具而已，但是確能將母子關係緊密連結一起。在這個例子中，母親的目標在於兒童被吸引的玩具上，而有些其他例子，則專注在人際互動的層面上。

　　就兒童人格發展的觀點來看，施以不同的對待方式就會產生不同的結果。例如，日本兒童剛開始是相當依賴其父母的，所以當其與父母分離時，也顯現出較為沮喪的情緒。此外，從其一生需要作為群體中的一位順從者的角度而言，其早期的經驗似乎造成長期的影響，而家庭親密關係的發展需求也影響延伸後期與同輩及同事間的相處關係。

個人和群體主義文化傾向

文化可以不同的形式呈現，且會以各種方式來展現其不同的特色。雖然如此，將文化做基本的分類是相當有益的，我們可將文化分為**個人主義文化**（ individualistic cultures ）[5]及**集體主義文化**（ collectivist cultures ）[6]（ Triandis, 1995 ）。

- *個人主義文化*是一種強調個體獨立性的文化價值。在這樣的社會，教養兒童從出生到會站立，到會進行社會判斷，到為追求自我成就及獨立而努力。任何一個人若不能達到自給自足，往往會被認為是社會化失敗。

- *集體主義文化*，相反地，強調相互依賴的特性。根據這一特性，兒童須學習對忠誠度、信任及合作精神的認同，並將群體目標的利益置於個體利益之前。因此，社會化的目標在於教育兒童有關服從、責任及團體歸屬的重要性。

兩種文化傾向的差異並非如此絕對，兩者可能在同一文化中並存。雖然如此，有些文化強調個人的程度是於其他文化，如西方社會國家，特別是美國。相反地，在許多亞洲及非洲國家，主要優先考量的是社群的聯繫感，群體的利益高於個人，在生活的各個層面，特別是兒童的社會化過程中更反映出這種現象。

舉例來說，讓我們看看美國大都會社群的父母和肯亞鄉下社群的父母用來形容其孩童的字眼（ Harkness & Super, 1992 ）。當問及美國母親有關兒童認知方面的能力時，聰明、聰穎及富有想像力是較常使用的；當提及有關兒童獨立性及自足能力用語時，像「能做決定」、「能自行玩耍」、「叛逆」或「反抗」等是最為清楚且可被接受

---

[5]　個人主義文化（ individualistic cultures ）是指社會將個體的獨立性視為首要價值，且個體能對自我有信心及自我肯定的方式成長。
[6]　集體主義文化（ collectivist cultures ）是指社會中強調與群體成員的互賴特性，也教養兒童重視群體目標的利益高於個體利益的價值觀。

的特質；說到社會性特質時，如「自信」及「與他人容易共處」的字眼也被視為可接受的。相反地，非洲的母親較注重兒童守紀律及樂於助人的特質，如「好心」、「受尊敬」、「值得崇敬」及「誠實」是較常用來形容兒童的字眼。很清楚地，這種類型的母親與美國母親有著極大的價值差異，前者認為一個所謂適應良好的兒童概念所反映出的是其社群的適應性，及能對共同利益做出貢獻，而不是要這些兒童具有與他人競爭能力的特質。

當思考這兩個社群的社會經濟環境時，這樣的差異是有其存在的道理。在西方競爭社會裡，「如何頭角崢嶸」是相當重要的。兒童從早期即被教導如何與他人競爭並進而爭取讚美、獎賞等。相反地，在非洲貧困的鄉下社會，如何與他人合作則是相當重要的。個人無法自行獨立完成太多事情，因此如何為共同利益做出貢獻是相當重要的。這樣的社會需求影響了父母親教養兒童的方式，進而影響了兒童的行為。從表 2.1 中，我們可以看到不同社群的兒童，在不同活動中花費的時間是相當不同的。對美國兒童而言，遊樂被父母親視為相當重要的活動，而且比重也隨著年齡不斷增加，因為玩樂能力是一種智力發展的準備。相反地，家事被認為對較小兒童而言較不恰當。然而，在肯亞，兒童從 2 歲開始，即開始減少遊戲時間而增加家事時間，代表父母親開始對兒童施予有關責任感及群體參與的社會化壓力。因此，兩種不同族群的兒童身上所展現的差異就不足為奇了。美國兒童在口語上所展現的優勢及想像活動的能力遠遠超過肯亞兒童，而肯亞兒童在 5 歲時即能負起照顧小嬰兒的責任，並且疼在 8 歲的時候為整個家庭烹調晚餐。

不同國家的兒童在相同的環境下，如在西方或東方的育幼院，文化造成的差異更為明顯。Tobin、Wu 和 Davidson（1989）三位學者曾清楚比較美國、日本及中國等三種文化中育幼院的教養方式，發現個體以及群體教育內容有相當程度的不同。美國之教養實務在一極端，而中國式教育則在另一端。在中國的育幼院中，強調的是群體教育。例如，玩樂並非如美式教育般是一種基本的個人活動，

表 2.1　兩個社群兒童的活動比較（以總花費時間作百分比比較）

	美國兒童		肯亞兒童	
	2 歲	4 歲	2 歲	4 歲
吃飯	23	18	14	9
離家	14	16	1	2
玩樂	36	42	42	28
家事	0	0	15	35

資料來源：引自 Harkness & Super（1992）

而是一種學習與他人共處的機會教育。「集體主義」是一種最主要的差異性特徵。行動的一致性及抑制個人需求以符合群體利益之重要性，在中國兒童早期教育即被要求。許多美國教師在看過中國育幼院影片後，往往對中國兒童個人特質無法被公平對待而感到惶恐；相同地，中國教師在看過美國育幼院影片後，往往對美國兒童自私行徑的教育方式感到悲哀，並顯得有些落寞。事實上，每一種文化的教師都很難判定到底何種教育方式才是正確的。

以跨文化觀點看人格發展

　　文化規範影響社會化教育實務，而社會化教育實務影響兒童人格發展。每一個社會成員的價值觀會透過教養傳至下一代。誠如上述有關肯亞及美國兒童的比較，兩個社群所培養的能力非常不同，一方強調認知能力，另一方則強調對家庭責任感的培養。兩者都是因社會需求而發展衍生出來的。

　　當思考與我們本身相當不同的社群時，有關文化、社會化及人格發展間的關聯性才變得相當清晰而明確。一篇馬格麗特米德（Margaret Mead, 1935）的研究曾描述到忙督古摩族（Mundugumor），此種族居住在新幾內亞的東邊，長期與鄰近族裔爭戰，因此視殘殺為榮。在這一種族中完全無悲憫的性格，攻擊性為唯一重視的價值，兒童也被教

養成具有戰鬥性、好鬥殘忍的性格。在社會中，嬰兒從出生開始也絲毫未感受到母親的關愛。這種特質在各種行事態度上及在兒童養育上處處表露無遺。兒童養育是以快速且專斷方式行之，母親以帶有憎恨且希望疾病或災難降臨兒童身上。當兒童感到害怕或沒安全感時，母親也拒絕兒童撫慰的要求。所有親密性的舉動都沒有，相反地，具有敵意的養育方式形成他們好戰的天性，而這種天性也使得他們能夠在這樣的社群中生存下來。

忙督古摩族的案例或許有些極端，但是文化－養育－人格間之關聯性在許多跨文化比較中是相當顯著的。以害羞為例，就某一程度而言，這種個人特質乃是遺傳而來，然而兒童後天養育方式也造成一定的影響。在西方，活潑外向的個性被視為是一種資產，也較為人所歡迎。相反地，害羞在某種程度上被視為一種障礙。更極端來說，害羞是一種心理障礙的徵兆，且研究顯示，具有害羞特質的兒童較容易受同儕排擠，較容易感覺孤單及受壓抑，並且對自我印象也較為負面（K. Rubin, 1998）。在遠東地區的國家如中國、泰國、印尼及韓國則有非常不同的看法。他們認為害羞是一種正面的價值，而外向專斷被視為是一種社會性破壞行為，因此兒童往往被要求要自我節制及少言。父母與老師也較會鼓勵及讚美具有這樣行為的兒童，並形容具害羞特質的兒童會較具社會競爭性，而這正與西方社會對害羞的態度完全相反。更甚者，害羞的兒童在遠東地區國家中也較獲得同儕間正面的肯定，較容易比外向者發展出正面的自我認同（Chen, Hasting, Rubin, Chen, Cen & Stewart, 1998）。

在不同文化情境中對相同人格特質有不同的意涵。在遠東地區國家中，群體意識高於個人意識，且孔夫子強調順從，教導兒童要順從長者，而害羞被視為維繫社會秩序的特質而被加以鼓勵。也難怪遠東地區國家害羞的兒童遠比西方社會生長的兒童多，因為西方社會認為這樣的特質並不可取，且和其社會所鼓勵的特質並不一致，如獨立與具主見。

成人眼中的兒童

即使在同一個文化中，成人思考兒童的方式也會有所不同。我們想要強調的是，父母親會有先入為主的想法，包括對成為父母親的角色、他們對兒童的本質的了解、及其發展階段中如何扮演父母親的角色，這些想法常是未臻成熟且未對外道出的，且這些先入為主的想法因人的不同而呈現出有趣的差異。有一段時間，心理學家曾以父母親的行為作為親子關係研究的主軸，現在則發現，假使我們想要一窺兒童發展的真實面貌，父母親的信念系統也必須一併考量（參見 Sigel & McGillicuddy-DeLisi, 2002）。

信念系統的本質

任何照顧到兒童的人，都對如何教養兒童有一組前提假設，而這會影響到人們對兒童發展的詮釋及其與兒童互動的方式。誠如我們所見，許多理論受到當時文化因素的影響，在這些影響中，人們對於信念議題仍存有許多歧異。例如人們試圖去回答以下問題：

- 為何有些兒童比其他兒童來的聰明？
- 什麼因素造成情緒性適應不良？
- 兒童是生來就害羞或經由後天因素造成？
- 男孩與女孩養育方式會有所不同嗎？
- 父母親對兒童學業成就是否扮演著重要角色？

當問及這些問題時，就會發現成人對兒童的本質及其如何發展的理由是如此地不同。然而，也會發現成人對這一系列的主題觀點是相當一致的，也就是他們的觀點是建立在一連貫信念系統上。

　　有些評量信念系統的工具已經發展出來了。在此，讓我們舉一包含 30 道選擇題的量表（Martin & Johnson, 1992）。

　　問題：為何兒童能編造出富有想像力的故事？

- 是兒童期本質的一部分
- 老師及父母親鼓勵並培養其想像能力
- 兒童與他人玩樂時，會思考事物，因此想像力得以發展

選第一個選項表示一種對成熟度重視的信念，認為兒童與生俱來就有想像力。選第二個選項是將責任放在成人身上，意指想像力發展是受到兒童如何被對待。選第三個選項則是強調兒童自身的角色，亦即透過參與相關活動而學習到新的技能。每一個人會選擇對自己最具說服力的答案，而且人們在回答問題時，會具有某種程度的一致性，這是一種從每個人對兒童發展的本質假設中所獲得的。

　　對兒童養育方式的信念系統，其中不同的主要因素沿著先天本性與後天教養兩種軸線變化。在軸線的一端，有一群人一致性地會選擇諸如上述第一個答案，他們相信兒童在出生後的某一時間已發展出一定的特質，而成人在這階段所應扮演的角色也是越少越好。成人會定位其自我角色為協助兒童發展內在潛能的機會，然而，他們也認為當事情發展不順利時，他們毋須去扮演一個積極的角色，因為無力改變。在軸線之另一端，有一群人認為兒童生命的起始就像黏土一般，是需要成人加以塑造成型的。他們會選擇諸如上述第二個答案，他們認為無論兒童所發展的特質如何，所反映的是他們成長的模式及其經驗的內容。因此，當兒童發展失敗時，父母親、老師、同儕、電視及其他外在影響因子都被認為應負直接的責任，而當成功時，也被認為是榮耀的歸功者。事實上，只有少數人處於這軸線的兩個極端，大部分的人會介於兩者。雖然如此，兒童教養實務會依父母親所持的價值信念而有所不同。

兒童發展的相關議題

　　信念系統存在於人們的大腦裡，它在人們心理層面建構著但不會直接對兒童產生影響。然而，它卻會影響人們對兒童的行為，其影響性是間接地運用在兒童養育上，而顯現在兒童的行為舉止及其信念系統上（參見圖 2.1）。

　　例如，以離婚對兒童影響的研究來做說明（Holloway & Machida, 1992）。兒童對於遭遇這樣經歷的反應存在著相當不同的差異，毫無疑問地，其所產生的各種影響也證實了這種差異性，其中一種在兒童歷經父母離異後，其監護人的信念系統認為其能控制事件，或其被事件控制著。這是從這個研究所發現的。有些母親相信她們對兒童的行為負有極大責任，兒童依賴她們提供保護及引導成熟長大。這些信念會施行在其對兒童的教養上，而這樣的母親會嚴格規定執行家事，以限定兒童的行為及例行事務規範的建立。而這些母親的孩子具有較佳的適應性，也較無心理及健康方面的問題，並具較佳的自尊認同感。然而，其他母親認為自己離婚是因為無法實行控制力，而常感到無助、被邊緣化，也

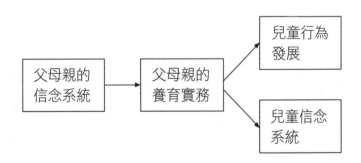

圖2.1　父母親的信念系統對養育實務及兒童發展的影響

較無法保護孩子掉入離婚負面影響的情境中。他們的家往往也亂七八糟，每日的生活相當混亂，而他們的孩子對父母離異後的新生活有適應上的困難，則一點都不令人訝異。母親如何看待自己單親的角色會決定其將如何安置兒童、日後生活實務上的安排，也會影響兒童日後的性格或是處理事情的能力。

　　然而，這個關係也是相當複雜的，例如，人們對兒童期所抱持的信念，只是如何對待兒童的其中一種決定因素而已。特別的是，父母親及兒童當下所產生的思考也扮演了重要角色，諸如立即要面對的各項問題、兒童的行為狀況、他人出現等因素。事實上，他們所表達的信念可作為其行為的合理性的說明，而信念是其兒童教養實務的指標，因此也會走向不同的方向。至今，信念傳達某種結構方向的事實，代表這樣的系統比任一特定父母親的行為對兒童發展更能提出更具預測性的說明。例如，假使父母親認為兒童對於環繞的好奇心主要是靠成人加以刺激啟發，那麼沒有任何單一因子能對其產生作用，只能經由歷史性累積與兒童互動來產生。相反地，父母親相信兒童早已存有內建的好奇因子，或是須依賴老師等專業人員來刺激兒童的興趣，則他們將會認為不同因子具有不同的影響效果，但各影響力卻是普遍的。也就是在這樣的階段，此信念系統會開始發揮它的影響力。

本章摘要

　　有關「兒童是什麼？」這樣問題的答案一點也不直接了當。我們如何看待兒童期需要依賴對歷史、文化及個人因素的了解。從歷史角度觀之，對兒童期的看法已漸漸從過去以成人為中心轉變成以兒童為中心。在遠古時候，兒童被視為小大人，像大人一樣，沒有個人清楚的需求或特徵。兒童需要保護及特別照顧的概念是很少被

考慮的，相反地，兒童被視爲是大人的私有財產而遭受到虐待的事情不斷發生。兒童有權的想法而大人應該尊敬其權的概念乃是近年來才產生。因此，在許多方面，兒童期的概念與過去普遍盛行的方式有著極大之不同。

甚至到現在，當我們與其他文化國家比較時，仍可發現對兒童期階段存有許多不同印象。一個社會所認同爲正常的現象，可能在另一社會無法被接受，而這些差異在日常的養育實務中相當顯而易見，如兒童是以何種方式被交談、懷抱及玩耍。每一社會都會有一套養育兒童的方式，培養其人格特質符合其自我價值的需要。特別是比較各種社會間的個人及群體主義傾向時，這種差異又更明顯易見，例如，若兒童是以獨立個別方式教養長大，則他對自給自足的方式多所肯定，而較反對群體互賴的模式。

在任一社會中，如西方社會，對兒童期思考模式的看法也存有某些差異。大部分的成人對兒童期本質及其在兒童發展中自我角色的信念系統多少有些認知，有些會強調兒童的自我潛能，有些則強調成人教養及教導實務的效果。信念影響成人對兒童之實際作爲，而這樣的行爲也決定兒童的發展過程。

延伸閱讀

Aries, P. (1962).《兒童的世紀》*Centuries of Childhood.* Harmondsworth: Penguin. 這本書介紹史上各個年代看待兒童期的角度，它引經據典，令人愛不釋手，但內容不無爭議之處。作者提出了聳動的觀點——直到相當晚近，兒童期才憑藉著自身的條件而被視爲一個特殊的時期。

DeLoache, J., & Gottlieb, A. (2000). 《嬰兒的世界：七個社會想像中的兒童照護守則》*A World of Babies: Imagined Childcare Guides for Seven Societies.* Cambridge: Cambridge University Press. 這本書以生

花妙筆介紹世上七個文化中的兒童照護作法，就好像是各個文化中的「專家」提供給初為父母者的指導方針。它鮮明地呈現出林林總總關於兒童本質和父母職責的假設。

DeMause, L. (ed.) (1974). 《兒童史》*The History of Childhood*. New York: Psychohistory Press. 本書各章由不同作者寫成，分別涵蓋羅馬帝國時期以至十九世紀的各個特定時期。它對各個時期兒童虐待的描述特別引人注目。

Harkness, S., & Super, C. M. (eds) (1996). 《父母的文化信念體系》*Parents' Cultural Belief Systems*. New York: Guilford Press. 這本書廣為蒐羅父母親對兒童本性所持有的信念之本質、源起、表現形式和後果。由全球各個社會所提供的例證呈現出來自不同文化背景的父母如何解讀子女的行為及親職的意涵。

Kessen, W. (1965). 《兒童》*The Child*. New York: Wiley. 這本書可讀性極高，介紹十七世紀以降世人對兒童觀點的種種發展。它是以摘自各個時期著作的文章為主，並透過評論把這些時期的看法與當今的觀點聯結在一起。

第三章

生 命 的 起 始

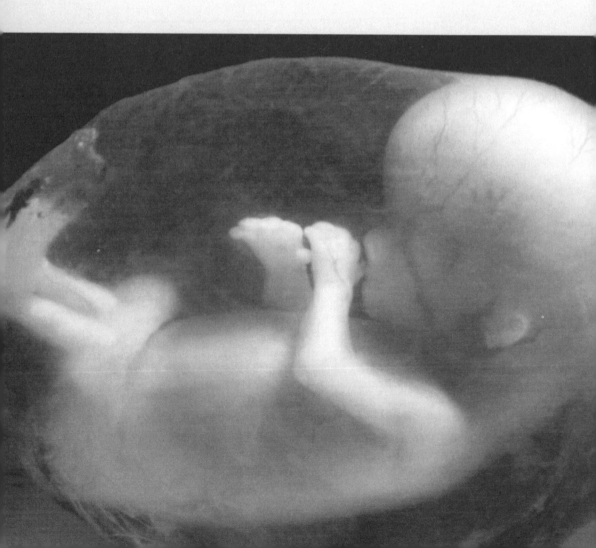

本章大綱

生命的傳承
基因遺傳

基因的病變

先天遺傳和後天教養

關於基因的真相和迷思

從懷孕到出生
胎兒期發展的階段

環境對胎兒期的影響

新生兒對外在世界的調適
嬰兒出生與其心理發展的結果

早產兒

世界如何看待新生兒

行為模式及大腦運作

父母親的調適

本章摘要

延伸閱讀

　　兒童的成長並非從出生而是從懷孕開始。出生時嬰兒已經 9 個月大，在這期間，許多影響兒童未來發展的重要因子已經發生。以父母的觀點而言，出生是一個新生命的開始；然而，以嬰兒的觀點來說，重要的是產前與產後的生命的*延續性*（continuity）。受孕時，嬰兒透過基因賦予而形成，接著，當胚胎在子宮孕育時，也會持續影響到嬰兒的心理成長。接下來我們將討論基因遺傳與產前懷孕期對嬰兒成長的影響。

生命的傳承

　　卵子與精子的結合表示一個全新且獨特生命的開始，在母親與父親傳遞給這個新生命獨特的基因組合時，這個基因組合不僅被新生個體保留一生，且也影響其未來人格的發展。直到近期，我們才開始了解基因的本質及其如何影響人類行為，並了解到一些我們對天性及教養的知識其實是錯誤的。

基因遺傳

　　從受孕開始，嬰兒發展的複雜性令人驚嘆。我們的生命源起於一個微小的單細胞，然而，在這個小小的細胞內卻包含著整個體內所有的遺傳基因。在成熟的個體中擁有兆萬個細胞，在這些細胞內可以找到相同的基因組合，稱之為**染色體**（chromosomes）[7]及**基因**（genes）[8]。細胞們提供自己成長的動力：當一個新細胞需要成長，或組織需要更新時，現有細胞會分裂複製成另一個擁有相同基因的細胞。受孕後生長的最初期，細胞分裂發展相當迅速，每隔幾小時數量就呈倍數成長，細胞們會聚結成群，每個集結都擔負某種特殊的功能：有些成為

---

[7] 染色體（chromosomes）：是一種存於身體細胞核中的一種狹長型組織結構體，而DNA 是構成基因的要素。

[8] 基因（genes）：是一種遺傳轉遞的單位。是由 DNA 組成，並存在染色體中的特定位置。

神經系統的一部分、有些組成肌肉、形成骨頭等。最後，一個發展完全的生命就如此成型。

除了**性細胞**（sex cell）[9]外，每一個細胞核都含有 46 個相同染色體，是一種成雙成對出現的狹長性結構體，每一對染色體會透過父母親的結合而遺傳至下一代（如圖 3.1）。性細胞（卵子及精子）所不同的是它只帶有 23 個染色體。一旦受孕後，性細胞會結合一起，提供新生命一個完整的 46 個染色體。染色體上成串像項鍊珠形狀的就是所謂的基因，是一種由 DNA 組合而成的一種化學粒子，像螺絲形的一種線形分子體。根據最新的預測資料，存在人體的基因數目約有 30,000 至 40,000 之多，是一種最基本的基因轉移單位，蘊藏每一個人特有的

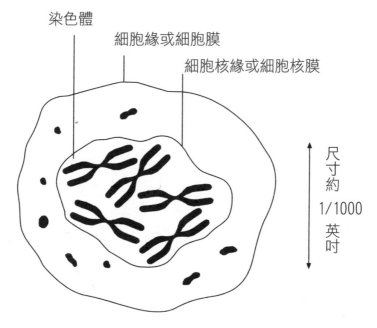

染色體

細胞緣或細胞膜

細胞核緣或細胞核膜

尺寸約 1/1000 英吋

圖3.1 包含成對染色體的細胞（橫面尺寸約1/1000英吋）

---

9 性細胞（sex cell）：是由女性的卵子及男性的精子受孕結合而成。不像其他細胞，它只帶有 23 個染色體而非 46 個。

基因密碼。雖然基因與個體特徵關係的複雜度相當高，每一個基因都與個體特有的特徵及發展過程息息相關，如身高、體重、眼睛顏色、智力、精神狀態及個性外放等。例如身體特徵的遺傳中，眼球顏色由單一基因所控管，心理特徵則是由多個基因間相互影響控制的，人類智力發展據估計是由至少 150 個基因所控管。然而，基因所涉及的不僅是靜態的特徵，如人類的外貌或個性，它也涉及到整個發展過程的轉變。因此，任何人類特定的技能或能力的出現，諸如開始會走路、會講話以及進入青春期等，都會因為基因功能的設計運作，讓我們可以適應這世界的發展。至目前為止，發現所有物種的每一基因都是位於特定染色體上，用以確認負責任何既定的功能發展任務。事實上，一個極具挑戰性的國際性研究「人類基因計畫（Human Genome Project）」，在這幾年已致力研究以確認所有人類基因的位置及其功能。在一定的時間下，這樣的努力一定能獲得極大的進展，透過產前檢查診斷遺傳性病變，甚至當嬰兒還在母親的子宮裡，也可以透過基因修正技術，如進行病變基因取代術，可降低許多遺傳性疾病的發生，包括某些形態的心智障礙。

人類的某些基因功能是相同的。例如，它們可以確保物種的每一成員可以發展出帶有兩隻手及兩隻腳的軀體，並擁有特定的神經系統，及在某一適當年齡會經歷性成熟過程。此外，這些發展遵循一定的順序進行，例如在二十世紀初期，由小兒科醫師及心理學家精心分類的嬰兒肢體行動發展過程中，說明此過程很有次序規律，在每一重要階段中展現出各種能力，如從頭部控制、坐直、爬行、站立及走路的能力等（參見圖 3.2）。這種發展順序的可預測性受基因內容決定。其他基因所透露的訊息乃是將我們區分為不同的個體，使得我們成為獨一無二的人，例如我們的外表及心理層面的特質。即使兒童的發展速度不同，仍會達到相同的肢體發展。這種獨特發展的特徵是來自父親的 23 個染色體及來自母親的 23 個染色體以各種可能方式組合而成，造就出極不同的個人特徵模式。至於基因結合的方式完全是機率，而這樣基因的樂透造就出我們這樣的最終產品來。

圖3.2　肢體動作發展的重要發展順序
(Oates, 1994, p. 217，引自Shirley, 1933)

基因的病變

　　基因遺傳是如此複雜，以致於當基因形成的過程中偶發不幸，也不會令人感到驚訝。此外，有些病變是直接遺傳而來，有些帶有病症的基因透過父母親遺傳至下一代，甚至有一些病症的顯現是因爲雙親擁有這種病變的隱性因子。這些病變發生是很難預防的，根據一項統計資料，懷孕後數週內每 3 個受孕體約有兩個會流產，主要原因可能是基因或染色體產生不正常的病變引起。基因病變以不同的形式出現，至今約可區分出 3,000 種，其中有些僅存在某些特定的種族中，有些則存於特定性別。以下爲一些常見的病變：

- *唐氏症*（Down's syndrome）：這是最常見的先天性疾病。曾經有一段時間以罹患者的外觀稱之為蒙古症（Mongolism）。患有此種病症的兒童會產生不同程度的學習障礙，還會有視覺、聽覺及心臟方面的問題。唐氏症是一種典型染色體異常的疾病，是染色體成形在受孕過程中的 21 對染色體中，多出第 3 個染色體所發生的不幸疾病。

- *克林菲特氏症*（Klinefelter syndrome）：這也是因為多出一個染色體而產生的病變，但這種疾病是因為第 6 對染色體多一個染色體所致。這疾病只發生在男性，若罹患此疾病者，在男性青春期後期無法發展出男性特徵，取而代之的是女性特徵，諸如胸部及臀部會增大，口語能力也常常有障礙。

- *透納氏症*（Turner syndrome）：是一種性染色體發生異常的疾病，這種疾病只發生在女性，是因為少了一個染色體而產生。因此，罹患此疾病的女性無法發展第二性徵及具有生殖能力。不過，如上述克林菲特氏症，只要在青春期期間給予適量的性賀爾蒙治療，就會有所改善。

- *苯酮尿症*（Phenylketonuria，或稱 PKU）：是一種代謝型疾病，患有此疾病的兒童從出生起即無法處理牛奶及其他食物中的氨基酸苯氨基丙酸（amio acid phenylaline）物質。假使沒有好好治療，會導致心理性障礙。在出生後，透過不含苯氨基丙酸成分的飲食處理可以避免產生後遺症。PKU 是一種**退化性基因病變**（recessive gene disorders）[10]，經由雙親中不良基因遺傳而來，無法進行相關食物的正常代謝。

- *泰薩二氏症*（Tay-Sachs syndrome）：是一種神經系統退化的疾病，會導致肢體及心理方面漸漸地喪失功能，在 5 歲前走向死亡之路。這種疾病幾乎特別好發於東歐猶太族裔兒童。也是一種基因性退化性病變，使原本存在於神經元中負責將有毒物質

---

[10] 退化性基因病變（recessive gene disorders）：當父母親雙方都提供相同退化性基因，而無較強基因來掩蓋其外顯效果時所出現的病變。

轉化無毒的基因退化至不存在。

■ *囊狀纖維化症*（Cystic fibrosis syndrome）：也是一種退化性基因的病變。患病的兒童因為缺乏一種避免黏液阻斷肺部及消化器官功能進行的酵素。罹患此疾病患者往往無法存活超過青少年時期，然而現今可透過早期診斷及施行改善性治療，讓此疾病的存活率大大提升。

■ *色盲*（colour blindness）：是一種無法辨別紅色與綠色色系的病變，多發生在男性身上，其原因是 **X 染色體**（X chromosomes）[11]發生基因性退化病變所引起。因為基因成對出現的特性使女性的基因同時具有 XX 染色體，當一 X 染色體有缺陷時，另一 X 染色體會適時補足功能運作。只有當成對的基因都具功能性缺陷時，才會產生色盲。另一方面，因為男性同時具有 X 與 Y 的染色體，所以較容易遭受此風險，因為 **Y 染色體** [11]（Y chromosomes）並沒有相同的機制來適時彌補有缺陷 X 染色體的基因功能。

■ *血友病*（Haemophilia）：是一種血液性凝血功能病變的疾病。患有此類疾病的兒童缺少一種凝血物質，導致因割傷或淤血後血流不止而死亡。這種疾病幾乎發生在男性，因為基因機制說明這種疾病的原因與罹患色盲的成因非常類似。最著名的案例發生於十九世紀某些具有歐洲皇家貴族身上，起因可回溯至維多利亞女王，在那時期，女王可能承襲父母親任一方而產生這樣基因性功能缺乏的疾病。然而，既非女王本身亦非女方家族的任何承繼者有此疾病，只有女王的男性繼承者較容易罹患此疾病。

　　因為遺傳機制已經相當清晰，故有關基因病變的預防及治療，至今已有長足的進步改善，部分原因是父母親面臨兒童有可能有基因功

---

[11]　X 與 Y 染色體（X and Y chromosomes）：是一種可以決定個體性別的相關 DNA 叢體。

能缺陷的風險時，會尋求相關的諮詢，其次是一些關於基因缺陷的相關檢測，如 DNA 分析有相當程度的進步，還有對此種疾病治療方式的有效發展，如對 PKU 疾病。因此，一旦能確認已知的所有基因分布位置及角色，以及有關基因治療的方式，將能確保降低這類疾病的發生，那麼對人類而言是最大的進步。

先天遺傳和後天教養

當試圖解釋人類行為時，首先需要思考先天遺傳和後天教養的問題。我們是否是遺傳的產物，且註定須根據遺傳的本質進行發展，或者我們會受出生後所遭遇的經驗影響而改變，特別是受到兒童期經驗的影響呢？在過去這兩種觀點都曾被視為主流，在二十世紀初期，*先天論*（nativism）在心理學領域叱吒風雲，占有一席之地，在 1920 年代早期，相反的由*環境論*（environmentalism）變成主流信念，在這種思潮下，兒童發展被認為是一種主要由父母親教養態度和實際經驗的過程，甚至是唯一的基礎。許多實證說明什麼樣的父母可以培養出什麼樣的兒童，例如具懲罰性格的父母親容易造就具偏激性的兒童，具壓抑性格的母親容易造就具壓抑性格的女兒，而敏感性的雙親則培養出具安全感性格的子女。事實上，父母親提供給子女的，除了環境外，也包括其遺傳給子女的基因。

直到近年來，這種爭辯才從猜測和流行觀點轉成較具有研究及實證基礎。這樣的轉變絕大部分是因為**行為遺傳學**（behavioural genetics）[12]出現，行為遺傳學的目的是針對基因及環境因素做調查及了解這兩種因素間相互影響的方式（更詳細說明請看 Plomin, DeFries, McClean & Rutter, 1997）。然而，在此我們要強調的是行為遺傳學只能解釋個體間的*差異性*，例如為何某一個人比另個一人聰明？或是更具社交性格？或更容易罹患精神分裂的疾病？而有關*成因*的問

---

[12] 行為遺傳學（behavioural genetics）：是一種研究人類和動物行為的遺傳要素的科學。

題，行為遺傳學是無法回答的，例如智力是屬於先天基因的遺傳影響而非後天環境影響，這樣的問題對每一個體而言，其回答方式會有所不同。因此，行為遺傳學所著重的部分僅僅是在個體的變異性，及人類獨特性的理由。

行為遺傳學採用兩種主要研究的方式，分別為雙胞胎研究及收養研究兩種，其內容如下：

■ *雙胞胎研究*（twin studies）：是一種對同卵或異卵雙胞胎進行的比較性研究，前者有時我們也稱為單合子研究（monozygotic，簡稱 MZ），因為它們是來自單一的受精卵細胞或合子，因此它們所形成的基因具有共通性。異卵雙胞胎（dizygotic，簡稱 DZ），則是源自於不同的受精卵細胞，故在基因體上兩者之間是不太相同，它們只共享 50%的相同基因內容。這研究提供基因的實證研究，一方面，同卵雙胞胎與異卵雙胞胎的基因有若干程度上的的差異，另一方面，兩者在受精後既開始共享相同的培育環境，即相同母親的子宮，相同的出生過程及家庭環境。它的立論基礎是假使其心理特質是受到遺傳影響，則同卵雙胞胎應比異卵雙胞胎有更大的類同性。但假使基因並非是影響的因子，則同卵和異卵雙胞胎之間的心理特質應不具太大的差異性。假使對同卵及異卵雙胞胎在出生後即分開並生活於不同家庭時進行研究的話，則可更清楚了解基因及環境因素對個體造成的影響。在表 3.1 顯示，當同卵雙胞胎分開扶養時，其心理特質的相似度比異卵雙胞胎在同一家庭中扶養高，由此可知，遺傳扮演的角色相當重要。

■ *收養研究*（adoption studies）：此乃是採用自然研究方法來探究遺傳及環境的影響，其包含兒童與養父母及親生父母做比較。假使兒童在一出生後很快被收養，且其與養父母的相似度是遠比其親生父母高，表示後天環境因素在發展過程中扮演著重要影響因素。相反地，假使與親生父母的相似度較高，甚至從未

接觸過親生父母，表示基因才是最主要的影響。在表 3.2 中可以發現，當這方法用於調查兩種不同人格特質時，一為外向性，一為中立性，兒童與親生父母親的性格相似度是高於與養父母親的性格相似度。然而基因影響程度會因為心理特質不同而有不同的結果。從收養研究的事例中證實，過去將親子間的相似性歸因於社會化影響是不正確的，事實上大部分是遺傳因素所致。

表 3.1　有關同卵及異卵雙胞胎一起扶養或分開扶養上，在其智力與外向性上的相關分析。

	同卵雙胞胎 一起扶養	同卵雙胞胎 分開扶養	異卵雙胞胎 一起扶養	異卵雙胞胎 分開扶養
智力	0.80	0.78	0.32	0.23
外向性	0.55	0.38	0.11	—

相關分析是一種對兩變數間關係程度的測量方式，在這研究中作為雙胞胎的評量分數。相關越接近 1，代表關係越強。上述有關同卵雙胞胎不論是分開或一起扶養，其分數顯示彼此間的類似度比異卵雙胞胎高。

資料來源：引自 Pederson et al.（1992）和 Rowe（1993）。

表 3.2　親生父母或養父母與子女間在個性上—外向性和中立性的相關分析

	親生父母親親子關係	養父母親親子關係
外向性	0.16	0.01
中立性	0.13	0.05

資料來源：引自於 Rowe（1993）。

　　這兩種研究得出兩種結論。第一是所有心理特質都受到某些基因影響（詳情請見表 3.3 的說明），至於影響的程度會因為人格特質的不同而有程度上的差別。然而認知領域諸如一般智力、空間能力、識字能力及識字困難症等，比起人格特質如外向性及中立性等更是受到遺傳因子所影響。此外，某些非預期性別上的差異也隱然出現，例如酗酒在男性即受基因影響，而女性則比較不受影響。而另一種限制是，並非雙胞胎及收養研究都會出現相同的結果，說明研究方法也可能會影響到研究的結果。然而，一般性的結論是相當清楚的：假使我們試圖去了解兒童發展的過程，及為何成為現在這個模樣原因時，我們就必須考量遺傳的影響，並瞭解基因在人類行為模式中扮演的角色。

表 **3.3**　受基因影響的心理特徵

認知領域	反社會性行為
一般智力	違法行為
語言能力	犯罪行為
閱讀能力（閱讀及拼字）	反社會人格
識字困難症	（請參閱 Rutter, Giller & Hagel,
空間能力	1999）
（請參閱 Plomin, 1990）	
人格	**心理領域**
外向性	精神分裂
中立性	自閉症
激進性	過動性
冒險性	（請參閱 Rutter, Silberg, O'Connor &
保守性	Simonoff, 1999）
自尊	
（請參閱 Loehlin, 1992）	

　　第二個結論，須記得任何與基因因素有關的事例，不能代表全部都是基因造成的。諸如一般智力與精神分裂的案例，遺傳因素扮演著極重要角色，然而環境因素的影響也不容小覷。因此，可以說是先天本質與後天教養相互影響，而非兩者之一造成的。這兩組因素並非獨立運作，彼此沒有交集，相反地，兩者是相互影響，共同產生作用。

　　在此，我們思考一些先天本質與後天教養的相互影響。以下例子可以說明，一個具特定遺傳性才能者，會增加其環境中人們以特定方式對待他的可能性。一個外向具社交性格的兒童比安靜又孤獨的兒童更能對他人產生積極的回應，甚至剛出生幾個月的小嬰兒若是較活潑、愛笑，則比被動性格的小嬰兒易獲得更多關注。因此，前者比後者會被鼓勵向外尋求更多的社會互動。這種性格傾向因為他人誘發而強化回應的力度。兒童完全是受父母的教養而定型的概念，是一種過於簡化的說法，更深一層的意涵應為兒童是受遺傳因子決定其自身被對待的方式。家中育有超過一個孩子的父母會發現，適用於對待第一個孩子的方式不見得適合對待第二個孩子，因為兩人的性格不同，對待方式就會有所不同，且父母會在不知不覺中依據兒童先天的本質而產生合適的對待方式。

　　另一個例子是人們會積極地尋找適合其特有遺傳性格的環境。因此，當兒童天生的性格較為活躍積極時，他會尋求與其相同特質的同儕作朋友，如此則有機會致力於感興趣的心智活動，並能夠展現出其天分。同樣地，個性較為害羞安靜的兒童也會尋求與其相合的生活情境和朋友，加強展現其原有的天分。我們可以輕易地看出許多成人會積極地選擇適合自己的認知環境，選擇他的朋友、結婚對象及工作等。然而，就算是個性安靜的兒童也會積極的參與這樣的作為，我們可稱之**適任選擇**（niche-picking）[13]，以便在這樣的環境中與其所遺傳而來的活力、智力及個性和諧發展。不論是基因或環境都無法單獨起作用，

---

[13]　適任選擇（niche-picking）：是一種個體積極選擇適合其基因特質環境的過程。

只有在相互作用後才會影響後續發展。如表 3.1 的說明，這樣的立論亦可應用在性別認同的發展上。

　　另一點須牢記的是，受到遺傳強烈影響的特質，不會因為外在環境而有多大的改變。例如，身高是一種深受人類遺傳影響的特質。不過，受到營養品質不斷提升之故，過去一百多年的演化，的確產生極大改變。同樣也適用於青春期開始的年紀，這也是受到基因遺傳極大影響的階段。至今，因為營養提升之故，兒童進入青春期的時間比起過去早了許多。可以說人類受基因及外在環境所影響。

訊息窗 **3.1**

男性或女性？性別認同的發展

　　性別基因決定於受孕時與女性卵子結合的是 X 或是 Y 染色體。假如是前者，兒童會是女性，若是後者，則是男性。女性卵子提供的都是 X 染色體，XX 染色體結合即是女性，XY 染色體結合則是男性。在受孕後 6 週，性別的差異化即開始出現，而 XY 染色體所傳輸的基因密碼即會進行男性睪丸的發展，再經過 6 週後，XX 染色體組則同樣地會確保女性卵巢功能的發展。因此，性別的決定其實是受早期發展影響。

　　然而，性別認同也受生活經驗影響，特別是父母親的對待方式。當我們發現某種特定的性別發展遭遇錯誤時，這種情況特別明顯。有關這種異常病症及其心理疾病的相關研究，Money 和 Ehrhdadt（1972）的著作有詳細說明。一令人難過的案例，有一個男孩（是雙胞胎男孩中的一位）在 7 個月大時，進行包皮環繞性電燒手術，卻因為外科手術的失誤而喪失了陰莖。經過一段期間的痛苦後，父母親決定以教養女孩的方式來教養這男孩，在 17 個月大時將名字從約翰改為瓊恩，並在服裝上及髮型上都改成女孩的模樣。其後又經歷一些外科手術的改變，並在青春期時透過荷爾蒙的治療使之具有女性性徵的發展。

　　因此，瓊恩很快就發展出一些女性性徵，並在許多方面表現與其雙胞胎兄弟明顯的差別。根據 Money 和 Ehrhdadt 的研究，會有這樣的結果大部分

是因為父母親教養方式所致，因為父母親刻意讓其穿著有滾邊的連身裙，給他穿戴手鍊及髮帶，並鼓勵他多從事家事類工作。不像他的哥哥，瓊恩看起來總是整齊而乾淨，對服飾充滿興趣，對自己的長髮充滿驕傲，外在也相當優雅漂亮。當他的兄弟喜歡陽剛性的玩具如汽車及槍等時，他則喜歡洋娃娃和其他女性化的玩具。然而至今，其女性化的過程卻都尚未完成。瓊恩被形容像女生的男孩，身上充滿活力，在與其他男生玩耍時，總是表現出盛氣凌人的樣子，大概是源自於胚胎期受男性賀爾蒙的影響。漸漸地，他會開始拒絕女性的衣物及玩具，特別是在 9 歲及 10 歲階段，開始對其充滿男性的外表及偏好男性勞動工作的狀況，產生非常嚴重的性別認同問題。在後期的報告顯示，經過一段期間後，這樣的問題變得更為嚴重，最後他決定去進行外科手術及賀爾蒙治療來解決其性別錯置的問題，讓他從女生又變成男生，並將名字改回約翰。其後，約翰變的非常快樂並較能輕鬆的面對自己，漸漸成為一位陽剛而有吸引力的男生。在他 25 歲時，娶了一位年紀比他還大的女生並領養了一個小孩。

此外，尚有一些性別認同困難的案例，都與兒童的性別基因有關（請參閱 Golombok 和 Fivush, 1994）。這些即是所謂的疑似雌雄同體（pseudo hermaphrodites），某些人出生時，出現所謂生殖官能不明症，會因為父母親一時的想法而將這小孩以男生或女生的方式教養。然而在大部分的案例中，兒童心理的認同會與其所賦予的性別角色相符，對於先天遺傳或後天環境的個別角色影響是不容易區別的。要注意的是，兒童需要在 3 歲之前確認其性別上的依歸，一旦超過這一時期，即會變得相當困難。另一件事是，父母親教養的影響是很難單獨完成，需要配合賀爾蒙的治療。要區別是心理或生物造成影響相當困難的，在此我們可推論的是先天遺傳及後天教養兩者都扮演著關鍵的角色，在正常環境下，這兩者乃是隨機的交互影響著兒童性別認同的發展。

關於基因的真相和迷思

理解基因構造的科學領域在這幾年有長足的進步（Rutter, 2002）。然而，在一些非專業人士眼中，對於遺傳議題及基因功能仍存有許多誤解，理解人類的發展仍極待開發。在信念上，我們已知道先天遺傳及後天教養是兩種不同的影響力量，實際上兩者又密不可分。然而，至今仍存有某些錯誤的觀念，在此讓我們檢視一些常被誤解的觀點，

及我們想要澄清的觀點：

- *迷思*：基因引發行為舉止。
- *事實*：基因對行為的影響不像論述一般直接。基因是一種化學性結構，在身體產生化學性影響，透過身體對外在環境做回應而間接對行為產生影響。例如，基因對精神病患者並無影響，雖然許多證據顯示這種疾病的特徵是基因所造成。然而，對精神疾病行為的基因性影響可能涉及神經系統，而讓其對壓力特別的敏感。同樣地，基因對酗酒亦無影響，而是基因在某些狀況下會影響身體對酒精產生敏感現象。因此，可知基因與行為的關係是間接而非直接的影響。

- *迷思*：某些心理特徵與特定基因運作有關。
- *事實*：不像特定單一基因病變，如苯酮尿症，實際上並無與單一基因有關聯的心理特徵。相反地，此類特徵複雜且可能由單一基因影響許多不同的心理特質，絕非單一的基因－行為連結。

- *迷思*：基因控制人類外在發展的順序及其發生的年齡。
- *事實*：只有部分正確。例如：早期運動神經發展的里程碑（頭部控制、坐、爬行、站立、走路等）都是經由基因所掌控的。然而，此生理時鐘的時間點會受外在環境因素影響，例如，當兒童在生活條件較差的環境中成長，其重要的發展階段會比其他兒童晚。這些重要階段發展的順序似乎並非一成不變，可能因為環境的機會缺乏而受到干擾。

- *迷思*：基因決定的狀況是不能修改的。
- *事實*：遺傳決定的生物特性是固定且不能修改的觀念是不正確的，因為展現的特徵是可以修正的。例如有些遺傳的病變，如苯酮尿症，可以治療且完全治癒；而有些案例，如恐懼症，雖然需要長時間治療但還是可以改變。因此，遺傳性疾病是無法治療的觀念，如基因即命運的說法，已經落伍了。

◆ *迷思*：基因特徵會在後續世代中產生。

◆ *事實*：這情況就像家族中發生血友病一樣，然而這並不意味在每一世代都受到影響。父母親可能是帶原者而將此病遺傳給兒女，然而有相當機會可以避此情況發生。同樣地，自閉症是基因所決定的，患有此種症狀的兒童，其父母親卻罕見有心理異常狀況發生，長久以來這種病症常被歸因環境因素，諸如父母親的態度所造成，但是這種假設後來被認為是不正確的。

◆ *迷思*：基因的影響會隨著年齡增長而逐漸消失。

◆ *事實*：有關遺傳性因素會在兒童發展的早期發揮最大的影響力，之後隨著環境因素而減低影響的說法是不正確的。就某些特質而言，可能是如此，其他的卻不是。例如，有實徵研究證實兒童在智力上的差異發現，當年紀越大越受基因影響。另一些案例說明基因決定的特徵會在較晚的階段出現，如青春期。同樣地，有一些基因病變也會到兒童期晚期或成人期才會發病。

◆ *迷思*：基因與遺傳因素有關，而與環境因素毫無關聯。

◆ *事實*：行為基因已告訴我們環境因素帶來的影響，其一是告訴我們先天基因與後天環境密不可分的關係；另一則是相當程度預估兩者互動對兒童發展的影響；最後，其能分析環境因素。特別是最後一項引起行為基因學者的注意，他們已發現這一種方法對於辨別共享或非共享方式兩種不同的環境影響因素是相當有助益的。就共享而言，對一般家庭兒童是相當普遍的方式，如社會階層、街坊鄰居社群、家中書的數量等。而非共享則針對家庭中的每一特定兒童，如出生序、父母親對每一孩子的不同喜好程度、疾病及意外事件等。對這兩者的區別是相當重要的，因為這種非共享性的影響，每一種小事件在兒童發展的階段中就如同共享環境一般造成極大影響。諷刺的是，基因受環境因素的影響可能就像受遺傳因素影響一樣多。

從懷孕到出生

　　從中國及日本觀念來看，兒童一出生就 1 歲了。就某些方面而言，這種方式比目前計算兒童年齡的方式更接近真實狀態。因為兒童待在母親子宮裡，已歷經無數次身體的發展變化。在這階段中，身體所歷經的改變比其他任何時期還要劇烈；此外，從心理層面而言，產前期對了解兒童發展的結果是相當重要的。

　　大家所關心的是到底胎兒在子宮階段發展的情況為何，及此階段的發展對出生的嬰兒會造成何種程度的影響。在過去有關星球方位、施展魔法及惡魔的操縱都被認為與胚胎發展具有決定性的影響。現今，已發展出一些精密技術，提供人們以相當客觀的方式了解實際狀況，讓我們可以看到胚胎靜止時的圖像，甚至可透過觀測影片解釋未出生嬰兒在後期懷孕中肢體活動的狀況，如吸吮大姆指、緩慢移動，情緒表達等動作。現代研究的技術可看出胎兒受到外在環境的影響，不過並不是如民間的說法，如讓母親在懷孕期間大量聽音樂可以造就所謂音樂神童的說法。對於待產的母親而言，藥物、抽煙、酒精及壓力都被認為會影響嬰兒的發育，例如服用安眠藥會造成長期不良的影響，甚至是永久性影響。

　　從這些例子中發現，母親的子宮是保護胎兒的庇護所，像城堡般保護胎兒避免外在影響。這些影響會透過母體影響胎兒，說明了母親在決定給予兒童何種成長環境上扮演了極重要角色，讓我們記住這種影響是相互的。母親影響了胎兒，胎兒同時也影響著母親。如 Hytten（1976）曾做如此清晰的論述：

> 胚胎是一個利己主義者，絕非是一個如母親認為的無助依賴體而已。只要一依附在母親的子宮壁，即開始尋求其需要的滿足，無視於其可能所造成的任何不便。胚胎幾乎已完全改變母親的生理狀態，藉改變其控制機制來達到目的。

似乎可以看出胚胎與照護者的相互影響，而這個影響會一直持續到出生後。

胎兒期發展的階段

我們常常會將 9 個月的懷孕期簡單劃分成時間相同的三個階段，以方便說明。然而，就發展觀點而言，根據胎兒不同明顯變化，而分為三個階段是更好的方式，即胚種期（germinal stage）、胚胎期（embryonic stage）和胎兒期（foetal stage）三個階段。

1 胚種期

這階段持續約兩週，從胚胎受孕後到在子宮壁著床。在這階段，形成個體的單一細胞會開始一分為二，之後新形成的細胞亦會持續進行細胞的分裂。這種細胞增生分裂過程進行非常快速，最終會成型為一具有生命細胞體的狀態。剛開始時，細胞是沒有任何差別的，但是在胚種後期時，它們會演化為身體特定的功能角色以發展形成各種器官、肢體及生理上的各種系統。

2 胚胎期

這階段會持續約 6 個月，在這階段會有越來越多的細胞形成，特定功能的發展如脊髓幹的形成，幾個主要的感覺器官、手臂、腿部及某些如心臟及大腦的器官開始形成。甚至手指、腳趾會在這階段出現，其他如嘴巴、舌頭及眼瞼部位也在發展。在這一階段的末期，胚胎不過只有 1 吋長而已，但他的外觀已形成人體雛型的模樣。只是這階段所形成的模樣與人類實際尺寸非常不同，其頭部比起其他後期階段的比例大了許多，如圖 3.3 所示。此外，各個器官已開始進行不同的功能發展，心臟開始會跳動，胃會分泌消化液及腎臟會過濾血液。然而，因為這一階段重要器官及身體組織快速發展成形的緣故，器官功能變的異常脆弱且容易受傷，是德國痲疹侵襲的危險期，此疾病會導致腦

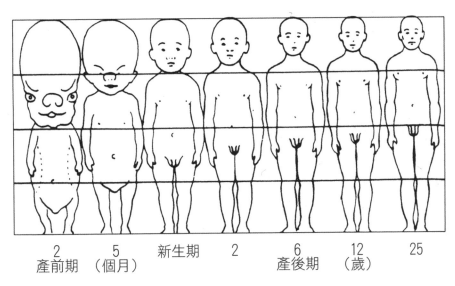

2　　　5　　　新生期　　2　　　6　　12　　25
產前期　（個月）　　　　　　　　產後期　（歲）

圖3.3　　人體從胚胎期至成年期的成長比例

部及眼睛無法治癒的危害，造成心理障礙及眼盲的風險。這階段同時須管制懷孕母親為了減輕晨間頭痛而服用鎮定劑等藥物，以避免造成新生兒肢體畸形，導致沒有手臂或大腿的缺憾。

3 胎兒期

　　這階段持續約 7 個月之久，在這期間可看到胎兒在身高（從 1 吋至 21 吋）及體重（從幾盎司到 7 磅重）的快速進展。這階段的主要發展是針對胚胎期這兩個月所發展的身體組織、器官增大及細緻性發展，骨頭開始形成，頭髮開始生長，感官器官如眼睛、耳朵及味覺器官會充分發展，受孕後約 28 週，神經、循環及呼吸系統都已能獨立運作以因應早產的可能。然而，早在嬰兒出生前很長的一段時間，嬰兒已經讓母親感覺到其存在，約在 16 週時，母親已可感覺胎兒在身體內移動，再過不久，就可感受到它具有活動力的踢踏，這些活動的產生

是因為嬰兒在運動四肢，因為在這階段早期，嬰兒已經能夠從前面轉到後面，甚至會有一些類似攻擊的舉動出現。直到晚期，這些活動才會減緩，因為他已經長得夠大而沒有足夠空間在子宮內進行這些活動。這些可透過超音波做觀察記錄的活動都是自發性的，也是腦部快速發展的徵兆，漸漸能夠掌控自己行為的舉動及方向。

環境對胎兒期的影響

當看到一些**畸形兒**（teratogens）[14]的不幸案例時，就可以清楚發現胎兒期的早期是腦部發展最快的階段，也是對母體環境最敏感的階段。易言之，有些物質經過母親胎盤時，被吸收而產生危害胎盤的物質，造成胎兒畸形以及永久的身體及心理傷害（tera 在希臘語是代表怪物的意思，是一種不幸且反應出對發生事件的驚慌害怕，這在民智未開充滿迷信的時代是相當普遍而難以遏止的）。

最常發生畸形兒的因素有三，分別為藥物、疾病及飲食：

1 藥物

■ *酒精*：在 1970 年代，產前飲酒所造成的後遺症曾是一群美國科學家研究的重心。有一個罹患身心症的兒童，其發病原因來自酒鬼母親，因此將這種病症取名為*胎兒酒精症候群*（foetal alcohol syndrome, FAS）。就生理而言，患有此症候群的兒童頭部顯得小而窄，具清楚的臉部外觀，眼大、鼻子短且下顎發育不完全，體態和同齡兒童相比較為嬌小。就心理而言，最顯著的症狀是心理發展遲緩，雖然不太嚴重，但仍會阻礙發展。其他常出現因中樞神經功能失調所引發的症狀，如過動、注意力短暫、睡眠障礙及反應功能失調。對於在懷孕期間飲用大量酒精，透過母體胎盤對胎兒產生極不利的影響及造成發

---

[14] 畸形兒（teratogens）：是因一種如酒精或古柯鹼的物質，透過母體胎盤而影響胎兒發展的病症。

展上永久性傷害是沒有太大的爭議。然而，發現發生這種病症的女童有高達 5%到 10%的酒精攝取量，而對於低量攝取（社交性飲酒）所造成的影響則尚存有爭議性。有一些實證說明胎兒仍會受影響，只是後遺症是較輕微，並可能會在兒童期晚期中出現。

■ *菸草*：老煙槍母親所生的子女，其身材尺寸往往顯著小於其他嬰兒。這是因為尼古丁會阻礙血液流向胎盤，限制了供應給胎兒的養分。同時，懷孕期間母親抽煙越多，胎兒早產的機率則越高，而早產會造成兒童在生理及行為上的問題。與酒精所造成的影響相較，尼古丁就長期而言並不會產生極為嚴重的後果。然而有一些研究顯示，母親在懷孕期間抽煙對兒童行為及學習上會造成困難，其影響程度與尼古丁吸入量是成正比增加的（請看訊息窗 3.2）。

■ *古柯鹼*（cocaine）：吸食古柯鹼的母親產下的嬰兒會面臨各種不同的問題，包括死胎、早產、出生體重過輕及各種神經性障礙，導致後來注意力及學習的問題。研究發現這些兒童從早期開始就並不好照顧，容易生氣及被激怒，很難將情緒平復下來，很難建立一種規則性睡眠習慣及拒絕社會性接觸。就母親而言，照顧這樣的兒童實在不容易，母子間充滿挫折的互動循環會造成更嚴重的二次傷害。

2 疾病

■ *德國麻疹*（Rubella）：德國麻疹在母親懷孕後數週垂直感染給胎兒，是一種非常危險的病症。德國麻疹會導致眼盲、耳聾、心智發展遲緩，心臟缺陷及其他可怕的問題。因此，這是未出生的胎兒會遇到的最危險的病症之一。幸運的是，這種危險已經獲得大眾廣泛的注意，並藉由兒童期注射疫苗方式來遏止此疾病。

訊息窗 3.2

懷孕期間的社交性飲酒，
是否會對胎兒造成不利的影響？

酗酒對未出生的胎兒所造成的影響已被證實，然而仍有一些人不願意接受社交性飲酒也會引起傷害的說法。在美國一個大規模的研究「西雅圖長期展望研究」曾深入研究酒精及懷孕議題，並提出具公信力的證據以確認真實性。

一個包括大約 500 位懷孕婦女的研究樣本，在懷孕中期接受訪問以建立對懷孕前及懷孕中飲用酒精習慣的資料。在這份資料中，遠低於 1% 的婦女有酗酒的問題，而 80% 承認在懷孕階段曾喝過酒。問卷中問及抽煙、咖啡因及藥物方面的問題。在出生之後兩天，對嬰兒進行評估，其後則在第 8 個月、第 18 個月、4 歲、7 歲及 14 歲也同樣進行評估。在每一追蹤點，兒童都會透過與其年紀相稱的神經性及心理性測試進行評估。

大多數低劑量酒精飲用的母親一開始都曾發現產前飲用酒精所造成的不利影響。出生後，對曾浸淫在酒精成分環境的嬰兒而言，較可能出現呼吸道方面的症狀，且心跳呈現較為不穩的狀態。出生後兩天，展現較弱的活動力，吸吮較無力，並有中樞神經運作不良的症狀。在其後的嬰兒期中，生理的活動力及心理發展則顯現較遲緩的症狀，從產前就浸淫超過每日 1 盎司酒精的環境中（約每天 2 杯）的嬰兒在 4 歲大時，其症狀則又更明顯了，且其智力測驗的分數低於懷孕期未曾受到酒精影響的兒童。其智力差異約為 7 分，雖是不大的差異，但屬於持續性並需長期服用藥物治療，其不足的範圍與母親飲用酒精的量有關。7 歲起，有關學習的障礙就相當明顯，在閱讀及算數方面的學習表現低落，特別是與有酗酒習慣者具極大關連，如在懷孕前期即不時有超過 5 杯的飲用量。種種有關認知性問題可能也反映出兒童無法維持專心注意的現象，其所出現的後遺症可能是因為中樞神經方面的器官病變之故。

對於出生前浸淫在相對低量酒精環境的兒童而言，到了青春期階段仍發生許多問題。有些問題是因為訊息吸收的遲緩或沒有效率，造成在校成績不理想。其他則像是對自我意象的負面評價及出現反社會行為。當然，並非每一個在產前暴露於酒精環境中者都會如此，然而，研究報告中清楚說明了甚至浸淫在低於社交性飲酒劑量的酒精環境中，都會讓兒童面臨出生後適應性功能發展的風險。

■ *愛滋病*（AIDS）：當感染愛滋病毒的婦女將病毒感染至胎兒身上，都會造成胎兒面臨生命風險。這樣的感染率約在 12%至 30％左右，雖然有些嬰兒會逃過一劫，有些則否。帶有愛滋病毒的母親常會有早產現象，並有胎兒體重過輕的可能。同時這些胎兒也面臨感染其他嚴重病症的風險，如肺炎。根據美國官方統計，愛滋病是造成從出生到 4 歲間兒童死亡原因的第 7 位。

3 飲食

■ *營養不良*（malnutrition）：胎兒期的營養完全仰賴母親供給，故其所攝取的食物來源會決定兒童的成長與發展。當胎兒無法從母親身上獲取足夠且重要的營養時，他會試圖直接從母親身上攝取養分。例如，假使從母親所供養的食物無法獲取足夠的鈣質時，胎兒會直接從母親的骨骼中攝取。假使面臨長期營養不良，母親個人的營養供給則會耗竭，進而會影響到胎兒而產生某些問題。例如在 1944 年第二次世界大戰期間就曾經發生過，當時因為納粹軍隊切斷食物供應，使荷蘭當地造成嚴重飢荒，人們普遍營養不良甚至到了餓死的地步。後續追蹤此狀況，發現許多因懷孕而餓死的事件。最糟糕是發生在受孕的前 3 個月，因為這是胎兒腦部發育最重要的階段，若營養不良，胎兒在中樞神經系統產生的病變比起一般發育者多出兩倍機率，如脊柱裂、腦水腫，甚至是死胎狀況。假使飢荒是發生在第二個三月期，特別是在第三個月，胎兒極可能在出生時會體重不足。然而，當荷蘭重獲自由後，食物快速地供應給這一區的民眾後，胎兒慢慢趕上其應該有的體重，且在身心方面都可獲得正常的發展，這飢餓母親所生的男孩到了 19 歲，在兵役體檢評估時也一切正常。其出生前所經歷的情況所影響的後果並不需太久就可以知道。然而在後續狀況中出現一個令人意外的發現，即這種後遺症是發生在第三代身上，其第二代母親在營養不良狀況下所懷的胎兒，在後期的三個月期間體重較輕且身高較矮（詳

情參見 Diamond, 1990）。像如此擴及三個世代所造成影響機制的評估，仍有待釐清。在此可以確定的是，人類在某方面而言是具有彈性的，並有一定的能力做修復工作。然而，從營養不良的案例及如上述在出生前發生一些不幸狀況，我們知道在發展期間發生某種程度的傷害都可能會對胎兒造成嚴重且難以彌補的後果。

我們所處的環境中仍有一些物質會影響到未出生胎兒的健康，諸如輻射線、鉛、水銀、安非他命、泡疹及天花等都會透過母親的胎盤影響胎兒生理健康，甚至會對心理造成危害。而其他被提及的猜測，如母親所承受的壓力，對於母親在懷孕期間感到的憂鬱，可能是連續性或突發性的壓力侵襲，都須注意其對胎兒的影響程度。然而，關於母親壓力對胎兒所造成後果的具體證據是相當難以進行研究的。有一些針對母親在懷孕期間經歷極大創傷的研究，如戰爭、疾病，地震及颶風等情況，但研究結果是沒有定論的。有一些研究顯示這些狀況對胎兒沒有影響，有些研究則顯示對胎兒有一些影響，不過很容易會歸因於母親身體對壓力的反應，如折磨、營養失調或生病，也需要考量到母親生產後的情緒狀態。有關母親遭受嚴重壓力導致腎上腺分泌賀爾蒙，透過胎盤直接影響到胎兒是一種真實的論述，然而，這種影響的結果及資料，至今尚未確立。

新生兒對外在世界的調適

胎兒待在母親的子宮中，就像待在水中，一個完全依賴的環境，在懷孕末期突然必須掙扎到一個全然不同的狀況中，包括他必須自己呼吸、自行調控體溫及以新的方式來獲取養分。難怪，至今對於這種明顯的創傷及突然的環境改變造成的影響，仍有許多臆測與猜想。

嬰兒出生與其心理發展的結果

嬰兒的出生並不僅是母親與胎兒生理上的改變，也具有極大的社會性意義，而這種意涵因文化的差異而有不同的見解與觀點。如 Mead 和 Newton（1967）所描述的：

> 兒童的出生會依據其文化所賦予的意義而有不同的境遇，可能是
> 危險且痛苦的、有趣且令人著迷的、兼具現實而帶有某些風險或
> 伴隨著極大不可知的危險。

因此，不同的社會對待出生過程的方式是相當不同的：出生的處所、出生時是誰陪伴母親並給予協助、對胎兒出生後立即處理的方式爲何、及出生後對母親生活影響爲何，諸如母親的工作。就我們自身的社會而言，嬰兒的出生會使父母親面臨極大改變，如爲了生產須來回家裡與醫院，鼓勵父親在妻子生產過程及產後能在身邊照料，提供妻子產後修復休養的陪伴。這些變異因素加上討論採用剖腹生產或自然生產，或是運用無痛分娩等，都說明生命出生及進行方式的複雜性。就兒童未來發展考量，這些差異性是否重要？

一般認爲兒童出生到這世界的第一步是關係著其未來發展的一項重要指標。如果生產過程是輕鬆自然的，如母親的行爲、甚至在當時其思慮及感覺的狀況、產前胎位等，這都是一些民間對懷孕過程所產生的信仰及假設，然而少有明確的立論根據支持這些說法。而這些非理性的情況在專業人士中也屢見不鮮，例如精神分析學家瑞克（Otto Rank, 1929）認爲生產是一種高度創傷過程，且是導致未來發生各種心理問題的根源。因此，當從受保護的母親子宮中生產出來，到一個充滿緊張及不確定的世界後，根據瑞克的說法，有關分離性焦慮問題及其他心理畏懼會在日後慢慢浮現出來，特別是生產過程特別冗長造成創傷性時間又特別明顯。在此須強調這理論尚未被證實；佛洛伊德是其中一位認爲這理論難以置信且不能認同者。

當然，有些難產會造成胎兒心理發育的問題，不過，只有實際造成身體傷害，尤其是腦部傷害才會如此。腦細胞需要持續維持氧氣的供應，才能正常運作。在**缺氧症**（anoxia）[15]的案件中，因為生產時腦缺氧的時間太長，造成腦細胞永久性損害，並釀成中樞神經癱瘓、智障、癲癇或認知功能不足症候群。因為現代婦科醫學的進步，讓嬰兒死亡率及疾病發生率急速地下降。然而嬰兒出生前必須歷經母親狹窄產道的風險並在突然間須面臨這個新世界，生產過程本身即極具危險性，雖然其過程中只有極少比例（約 1%）會發生嚴重的併發症。因此，在出生後細心照顧觀察嬰兒的狀況並記錄重要的生命跡象，諸如心跳、肌肉及呼吸狀況。最常用的檢測方式稱為**阿帕格量尺分數**（Apgar score scale，如表 3.4 的說明）[16]，乃根據五種標準衡量而求得最高 10 分的分數。低於 7 分被認為是一種危險徵兆，而低於 4 分則被認為是極度危險。

表 **3.4** 阿帕格量尺分數

功能	分數		
評估	0	1	2
心跳	無	低於 100	高於 100
吸呼狀況	無	慢而無規則	規則而強勁
肌肉狀況	不結實	較弱	具彈性
顏色	藍而蒼白	身體呈粉紅；極藍	粉紅
反射靈敏度	無反應	怪異相	充分反應

---

[15] 缺氧症（anoxia）：是一種腦中缺乏氧氣的情形，嚴重的話會導致心理及生理發展上的障礙。

[16] 阿帕格量尺分數（Apgar score scale）：一種測量新生兒的方式，所取得的量度分數可評量兒童主要功能的發展狀況。

阿帕格量尺分數過低可能與腦中氧氣供給過低有關，假使這嬰兒存活下來，也預期會永久的受到嚴重功能障礙。阿帕格量尺分數在中階附近（約為 5 至 8 分），則相反地幾乎無預期性後果發生，然其未來發展的結果除了依賴本身身體狀況外，也須視其所成長的社會及實際環境的狀況來決定。假使是生長在具支持性的環境下，最初發展的併發症狀都會降低，並在適當的時間獲得改善。然而，假使支持性不足，則兒童可能面臨永久性缺陷的遺憾。

早產兒

一群兒童在一種很不利的狀況下開始他們的人生，簡言之，他們是在早產且在體重不足的狀況下來到這世界。實際狀況如下：

- 所謂早產兒是指懷孕後不足 37 週即出生的嬰兒。就目前狀況得知，最小年紀的早產兒大約是 20 週左右的嬰兒。

- 一般而言，早產兒都是體重不足的。然而，體重不足的嬰兒也有不同的分類方式，有些足月生的嬰兒也會低於定義性標準 2,500 公克（5.5 磅）。

- 大約 5% 的嬰兒會早產，其發生機率會因為人口社群不同而有所差異。社會階層差異說明當母親是社經地位較低下的族群，其發生早產的比例相對較高。同時，早產狀況在少女媽媽中發生的比例也很高。

- 發生早產的原因很多，包括在懷孕期間喝酒、抽煙、吸毒、疾病如糖尿病、子癇前症（又名妊娠毒血症）及生殖系統發生異常狀況等；以及包括影響母親健康的狀況，如貧窮、營養不良、及懷孕期間醫療環境缺乏等社會性因素的影響。

- 早產兒在出生後可能會遭遇一些不利的狀況，包括黃膽、呼吸問題、體溫調控及吞嚥的困難，其風險的程度是從懷孕的年紀及出生時的體重得知。若是在危險邊緣的早產，可能發生嚴重

的併發症，因此，新生兒照護期間需要給予維生功能的輔助系統協助照顧。

就短期而言，早產兒是面對外在世界適應不良的狀況。長期的結果如何呢？針對這些兒童做長年的研究，一些追蹤到青少年時期，甚至到成人期。然而，這些研究成果卻呈現不一致的結論，但至少這些研究是針對早產兒（嬰兒出生時體重）議題為發展成因的主題做研究。整體而言，早產兒在發展的早期，在知覺性、肢體技巧、語言學習及遊戲上可能較一般兒童遲緩。而且根據報導，早產兒童也較靜不下來，無法專心及在情緒掌控上有極大困難。在後期，其智力表現也較低且學習較困難。根據一些研究，其在社會適應的困難也相當顯著。然而這種群體性研究的結果並無法公正地考量到早產兒相關的變異因素。一些歷經不利環境出生的兒童在後期的發展上還是會呈現發展障礙的情況，然而大部分的兒童在心理及生理功能上都能慢慢迎頭趕上。Sameroff 和 Chandler（1975）針對出生前其及出生期間早產兒不同結果所進行的一項具公信力的評論，認為兒童能否真的趕上、趕上的程度為何、多久時間能趕上，一部分是依據出生時的嚴重程度決定，而一部分端視後續的醫療照護及家庭生活後期所給予精神的支持度而定。

Sameroff 和 Chandler 認為，早產是一種危險因子，然而早產*本身*實際上不需要我們預測其後期發展是否能完美呈現認知及社會功能，考量後天教養環境因素則較具可行性。若父母親所提供的生活經驗足以消弭潛在疾病帶來的負面狀況，則兒童前景是一片大好。相反地，若家庭的支持度不足，甚至落井下石，則病情可能更加嚴重。假使我們想要了解有關早產兒發展的狀況，必須考量環境因素與兒童早期的狀況。當然，影響兒童未來發展相關的環境因素層面很多，而 Sameroff 和 Chandler 總結主因為社會階層。具社會優勢的家庭，其兒童所發現的早期病症就長期而言較少發生後遺症，而患有相同病症的兒童若生長在社會弱勢的家庭，相反地會有後遺症產生。當然，社會階層是一

種簡略的說法，說明有關兒童在具體生活經驗所經歷的不同情況的輪廓：家中擁有多少玩具及書本、語言的關注、教育激勵、營養補給，學校教育充分與否等因素。重點是有形無形的經驗對兒童出生的這個事件而言，具有長期性發展上的決定地位。

當然兒童照護品質是父母親最主要的責任。父母會提供一些生活經驗，如語言刺激及教育激勵，假使想要了解環境對出生即處於不利地位的兒童，如早產兒，能夠發揮多大的補償作用，我們就有必要研究父母親與早產兒的互動為何。毫無疑問的，出生時小小的又可能帶有滿身疾病的早產兒是父母親心中的痛。早產的程度越大，最初與父母親關係的形成可能是限制在保溫箱中的範圍，以避免與早產兒做直接接觸。這期間只能透過醫護人員對早產兒進行照護，父母親無助的心情及對兒童未來發展的不確定性，就連有經驗的專業人員都無法協助解決。此外，早產兒對父母親可能出現各種行為徵兆，我們須了解建立滿意的親子關係絕非是一件容易和直接的工作。

世界如何看待新生兒

「經歷不斷地摧折，才能綻放出最美的花朵」——這是十九世紀末期一位哲學家兼心理學家 William James 用來描繪新生兒心理狀態的令人難忘的詩句，已廣被人們用來形容新生兒。但不幸的是這句話會誤導人們覺得新生兒的心理狀態是充滿混亂及失序的，且強化嬰兒的無能，及暗示只有足月生產的嬰兒才能擁有健全心智。

這種立論觀點的基礎是新生兒的視覺器官在初期無法發揮功能，故可以說嬰兒在最初的數週是全盲的。當然，這個可能性不易釐清，因為嬰兒無法告訴我們實際上他看到了什麼，因此需要花費許多精力來瞭解其心智內容。直到 1950 年時期，當某些技術發展成熟後，求得的實證數據取代以往的臆測。下列將介紹現今主要的方法：

訊息窗 3.3

與早產兒的互動

　　早產兒往往被形容成行為難以捉摸、反應無法預測、難以適應規律性的改變、對某種刺激過度反應而對某些事敏感度又不夠；此外，在外表上也較不具魅力，這種種特質說明其與照護者間深刻的關連及親子間發展的社會互動關係。

　　對早產兒所處的社會發展環境有四種主要轉變方式（Eckerman & Oehler, 1992）：

1　在發展的早期即開始進行社會性互動，而小嬰兒可能都還未準備好以適應父母親所提供的視聽環境。

2　早產兒，特別是出生時體重過輕的嬰兒，不只是早產而已，還會帶有一身病症。特別是他們可能面臨著神經性病變的風險而導致偏差行為。

3　在出生後的一段期間，可能是父母親遭受壓力最大的時候，故父母親的行為也會因此而改變。

4　嬰兒處在加強醫療照護這種身體限制的環境下受撫養，並開始社會性互動行為。父母親與其直接接觸是相當有限的，而且害怕環境中的醫療設備。此外，父母親也會覺得他們的角色是相當微小，比起醫護人員是微不足道的。

因此，早期親子關係，如先前所觀察的面對面情境與足月生的兒童是相當不同。兒童的注意力不容易專注並保持，而父母親試圖以說話或接觸方式增加兒童學習刺激，效果往往令兒童的抗拒感更大。在此情況下，有些父母親會覺得受挫，因此對父母親進行特別的激勵是必要的。

　　在早產兒出生後數週，已經會對某些形式的社會性刺激產生反應，例如，說話會讓他們維持清醒的狀態，而這種視覺警覺的作為有利於學習社會互動。因此，不管最初可能會發生何種困難，像這樣的兒童會向他身邊的親人展現其內在潛在能力，而實際上絕大多數的早產兒都能在出生後 3 到 6 個月期間慢慢迎頭趕上。

■ *偏好技術*（preference technique）：Robert Fantz（1956）首先提出嬰兒可能在動作或語言上發展未成熟，然而其可以透過視覺來觀察週遭環境，也可以藉此告訴我們其心理歷程。我們可以在一控制條件下，紀錄嬰兒的視覺專注狀態（參見圖 3.4），不僅可以確認嬰兒的視覺內容，也可以了解他偏好的內容。透過這一方式，重複驗證得到嬰兒從出生後，很早就開始發展出視覺偏好，喜歡有花紋而非樸素的外觀，喜歡立體而非平面的事物，喜歡移動而非固定不動的事物，喜歡高對比而非低對比的色調，喜歡曲線而非方正的圖案，喜歡對稱而不是非對稱的刺激。

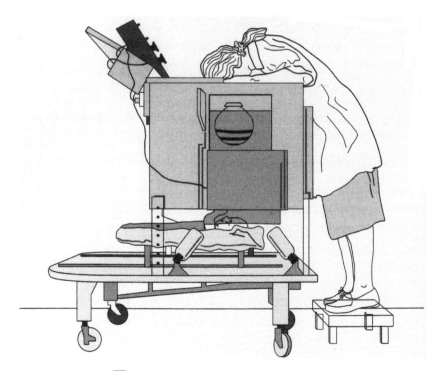

圖3.4 紀錄嬰兒視覺專注力的儀器

- *習慣技術*（habituation technique）：讓嬰兒反覆地看一特定刺激物時，嬰兒的注意力會慢慢降低（產生習慣化）。然後，顯示與第一種不同的視覺刺激物時，我們可以從嬰兒是否注視來判斷這兩種刺激物是否有差異。
- *吸吮器技術*（non-nutritive sucking technique）：當嬰兒在吸壓力控制的吸吮器時，即呈現有趣的景象或聲音。從他們吸吮越用力、越持久的表現，即可以用來區別刺激物及刺激喜好度。
- *心跳及呼吸的測量技術*（measures of heart and respiration）：根據環境給予的內容不同，會有產生不同的結果。因此，此法也可用以探求嬰幼兒知覺方面的能力。

這些技術的使用，讓我們發現新生兒絕非功能性全盲及視覺發展不全，而是比我們過去想像的更優秀。但比起年紀稍長的個體，新生兒的視覺系統在出生後數月間，在許多方面是明顯不足的，例如：敏銳度、色度及雙眼協調平衡能力遠低於一般成人的水準。此外，出生約數週的新生兒，也只能清楚目視在離眼睛約 8 吋遠的距離而已，而距離更近或更遠的物品會變得相當模糊。然而，對嬰兒而言，這樣的能力並不會構成任何障礙，因爲這些並不會妨礙其日後正常的發展，也不會阻礙嬰兒期該有的舉止行爲。8 吋遠的清楚距離剛好是襁褓時期，母親的臉及嬰兒的臉之間及其他社會性互動的距離範圍，讓嬰兒有充分機會認識母親並與他人互動。嬰兒可能不像成人看得那麼清楚，但是就嬰兒角色而言，這已足夠讓其充分發揮功能（Hainline, 1998）。

在許多案例中，視覺系統在最初出現的功能性不足，都能很快透過視覺經驗學習而慢慢迎頭趕上。也就是說，透過目視來改善視力之意。這種經驗一部分乃透過他人所提供的內容來獲得，如別人提供的玩具、別人扮演的鬼臉、別人指牆上的圖畫等。但如果認爲兒童只是消極接收別人所提供的資訊就大錯特錯了。其實從很早開始，兒童即透過他的眼睛積極對所處環境進行觀察，注視其有興趣的景象，也因

此獲得自身所需要的刺激性學習。在子宮生長環境中，嬰兒的眼睛已經開始動作，在黑暗中他們能夠被發現，所以他們不是被動地對刺激物有所反應，嬰兒一出生即準備好探究這充滿視覺變化的世界。此外，這樣的探索過程並非毫無章法，而是遵循這下列四種規律進行著（Haith, 1980）：

1　假使是清醒的，且燈光並非太亮，眼睛是睜開的。
2　假使處在黑暗中，會維持控制地、詳細地搜尋。
3　處在有燈光但無一定範圍的環境，會透過廣泛且急速的方式在視線範圍內做邊際搜尋。
4　假使找到邊際，便會停止廣泛搜尋掃描，而固定在邊際線範圍的附近停留。

因此可知，嬰兒已經具備好特定策略才降臨到這世界。如同我們現今了解的，嬰兒具有一特定注意力偏好，會開始掃視其週遭環境而非亂無目的地走馬看花，在可見的環境中積極尋找對其有重要意義的標的物。對他們而言，最重要的莫過於人類的臉了。

從視覺偏好技術方式，可以發現嬰兒偏好臉部的刺激。這一點讓人驚訝，把臉部做為視覺刺激標的，可說是已涵蓋所有嬰兒天生本能最值得積極搜尋的所有特徵。它是複雜的、圖樣性、對稱性、三度立體的、移動的，並總是出現在最適合專注的距離。雖然天生本能已經確保其能適應所處的環境，及對其生存及對待上最重要的他人。例如，出生後不久的嬰兒接觸如圖 3.5 所呈現的三種生活經驗刺激物，測試其能進行視覺移動的能力。從新生兒的視覺移動，可以發現其對臉部追蹤能力大於對其他兩種刺激物，這樣的結果讓我們推論兒童天生就有對臉部進行追蹤的能力，且能直接告訴嬰兒其視覺專注的方向。可能這樣的功能就位在眼睛及嘴部附近，能引領嬰兒與照護者進行接觸，並協助嬰兒日後進行社會性互動聯繫功能。

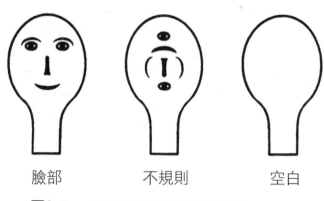

臉部　　　　　不規則　　　　　空白

圖3.5　　臉部接收刺激的實驗內容

　　然而嬰兒在很早的階段就能有效地進行臉部辨識，其中一項原因即所謂外部效果。嬰兒出生後數週即會專注在刺激物的外在輪廓，而忽視其內在，除了非常明顯特徵，如髮線及眼部周圍區域。雖然嬰兒對這些訊息最初的吸收能力仍有限，而且對臉部辨識能力的增加也只有當較為大一點時才有可能（參見圖 3.6）。這意謂剛開始時嬰兒並無法辨識每一種人臉部的差異，就視覺而言，人類臉部對嬰兒的相似度太高。根據 Johnson 和 Morton（1991）的說法，嬰兒臉部辨識發展的過程包含兩個階段：

1　從出生開始即從反射性傾向轉為較喜歡臉部類型的刺激對象。雖然沒有太大差別，這能確保嬰兒有接觸人類臉部的最大機會，也因此能有時間學習辨識人類的臉部差異。

2　經過數週的接觸後，嬰兒即透過專注臉部特徵而能發展出辨識人類臉部差異的能力。基於原始本能，一種接收偏好影響在透過重複性學習的經歷後，嬰兒可以逐漸地建構出特定臉部表情所代表的意涵。在第一階段時，嬰兒依賴一種較低等而原始的腦部本能做辨識；而第二階段，則相反地需要較高

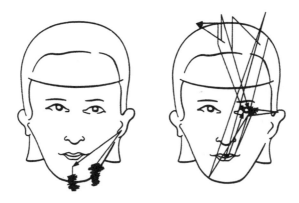

圖3.6　1個月及2個月大的嬰兒對人類臉部進行的掃描分布

層次腦皮層功能運作，約從嬰兒 2 至 3 個大開始，逐漸掌控視覺方向性的功能運作。

當我們轉向了解有關嬰兒聽覺世界能力時，我們發現，剛出生的嬰兒在聽覺方面的能力甚至比起先前所認為的強很多（Aslin, Jusczyk & Pisconi, 1998）。此外，有許多實證資料顯示，嬰兒出生時的身體組織會驅使小嬰兒積極地參與所屬環境及他人所提供的各種訊息。在出生時，嬰兒的聽覺系統在構造上的各種層面比起視覺系統好很多。事實上，在胚胎時期約 7 個月大時，功能性發展就已成熟，然而在出生後或後期，聽力部分也會對某種聲音發展產生一種偏好傾向，這些偏好內容在下列三種層次中發現：

1　就一般層次而言，最可能吸引新生兒注意力的聲音是人類的聲音。有關聲音偏好的測試大部分是針對嬰兒方向性回應的測試，如轉頭測試或者生理性測試，如心跳速率。而從這些實證資料可以發現，對新生兒而言，人類聲音的回應比起其他非人類聲音的回應大得多。對人類聲音的一些選擇性音頻

似乎是嬰兒來到世上即為其神經組織所偏好的一部分，類同於嬰兒的視力對於人類臉部偏好效果一樣。

2　而眾多聲音中，嬰兒較偏好成人女性的聲音。小嬰兒只偏好男性拉高音調所發出的聲音。然而，這種對成人女性聲音的偏好是因為在胚胎時期聽到母親的心跳聲所致。對於胚胎時期學習的可能性、在極早期便能辨別母親聲音的能力、及能辨別母親與其他女性的聲音都是近年來最令人欣喜的重要發現之一。在訊息窗 3.4 有詳細的說明。

3　更明確說法是嬰兒對於母親聲音的傾聽偏好稱之為**母親語言**（motherese）[17]。這種名稱是描述一種特定成人對孩童自然而然說話的方式並以此命名，這種聲音有一種誇大的音調，音階較高而聲音起伏較大。例如，在某一實驗中，嬰兒聽到一般聲音時，頭偏向一側，而當聽到母親語言時，則偏向另一側，結果是偏向母親語言的次數居多數。這結果說明對嬰兒而言，母親語言是較容易學習的語言。假使果真如此，則可知道嬰兒從出生開始即具有一種機制，有利於後來的各種學習。

訊息窗 3.4

新生兒能辨識母親的聲音

對於辨識他人的能力，無論是視覺或聽覺上都是相當複雜的心理過程。在過去人們一直認為嬰兒在出生後數週是沒有能力做到的，而到現今很清楚可以了解至少就聲音部分，在新生兒時期就已經出現這樣的能力了。

由 DeCasper 和 Fifer（1980）進行的經典研究顯示，利用吸吮器技術評估出生後 3 天的嬰兒，透過聽相同故事，是否可以辨別是母親或是另一女人

---

[17]　母親語言（motherese）：是一種成人和兒童的特殊說話方式，因此又稱為 A-C（adult-to-child）說話。對此成人會修正其平常的說話方式以利於兒童了解，並讓其傾聽他們所講述的內容。

所閱讀的聲音。經由以兩種不同方式吸吮奶嘴，嬰兒會發現這些吸吮器會產生一種或另一種不同的聲音。從嬰兒不斷以某種方式吸吮，以出現母親的聲音，得知嬰兒對母親聲音所出現一種偏好性。很清楚的，這些小嬰兒相當能夠辨識這兩種聲音的差別。

對這現象有兩種可能的解釋。其一是嬰兒出生後就一直習慣母親的聲音，所以知道如何辨識。然而嬰兒其實一出生後，往往會待在嬰兒室，只有幾小時能與母親相處，故這解釋意指嬰兒有過人的學習速度。而另一解釋則說明有關胚胎期的學習。誠如之前所了解，嬰兒是在懷孕第三期才具有聽的能力，而讓嬰兒最常聽見的就是母親的聲音。因此，嬰兒最早出現能夠分辨聲音的能力，其實是歷經了一段很長的學習過程，且大部分都是發生在產前階段。

已經有許多研究持續追蹤著 DeCasper 和 Fifer 的研究，得出的結論如下：

- 出生只有 2、3 天大的嬰兒，會對其在出生前 6 週，母親大聲朗誦、且尚未聽聞的故事產生極大偏好傾向。這種偏好同時會發生在當母親及另一婦女閱讀相同故事時（DeCasper & Spence, 1986）。
- 新生兒偏好母親在懷孕期間不斷重複對其哼唱的歌曲。當新生兒出生前長期處在古典音樂或爵士音樂（端視母親的音樂偏好），在出生後，則會偏好他們熟悉的音樂（Lecanuet, 1998）。
- 出生兩天大的嬰兒，一個母親說英文，一個母親說西班牙文，在懷孕期間讓嬰兒處在這兩種語言環境中，結果顯示嬰兒會偏好其自身母語的語言（Moon, Panneton-Cooper & Fifer, 1993）。
- 研究發現新生兒對父親或其他男性聲音沒有特殊偏好，即使與父親在其出生後 4 到 10 小時有接觸機會。這個發現與偏好母親聲音的結果不同，似乎是因為較少接觸到父親聲音的結果（DeCasper & Prescott, 1984）。
- 當母親的聲音以兩種版本對新生兒傳遞時，一種是母親自然的聲音，而另一種是類似母親子宮所發出的聲音。嬰兒對後者有極大的偏好（Moon & Fifer, 1990）。

研究結果不僅說明嬰兒在出生後有驚人的能力，能立即分辨各種不同聲音，而且暗示這種能力的形成很可能在母親子宮中即開始學習了。至少就某種層面言，嬰兒在產前及產後是有一個持續性的學習過程。

行動模式及大腦運作

　　嬰兒其實是很忙碌的。他們不但花時間吃、睡、哭，還會自動地回應外在刺激。大部分嬰兒的行為是原始形式的，以一些反射機能為例如呼吸、吸吮，眨眼及小便動作都是確保在某些層面上，其可以獨立自行運作，而其他自主行為，諸如握拳及轉頭動作，以引導發展成較複雜的模式則會在日後慢慢出現。甚至像小嬰兒花很多時間做的身體蠕動，若近一點觀察其行為，發現其實都不是隨意無規律，往往包含律動、制式的動作模式，以便嬰兒達到重要的自我刺激目的。而且，需強調的是，當嬰兒開始這樣的行為模式時，已不僅僅是受到外在刺激所造成的。

　　這類基礎大部分在胚胎時期就已經開始了。如同用超音波對嬰兒進行檢測記錄，顯示胚胎在 36 週大時，就已經可觀察到吸吮、呼吸、哭泣行為，雖然這些舉動在嬰兒出生後才開始發揮功能。胎兒在 26 週起對於睡眠及甦醒狀態的模式可以分辨，其模式約為每 40 分鐘一個循環，在後續發展的數週間，此模式會更形複雜。胎兒在 32 週前，其睡眠時的**快速眼球運動**（REM）[18]——動態期及**非快速眼球運動**（non-REM）[19]——靜態期即可以觀察得到。而在後續數週期間，會清楚地呈現其他不同的狀態，如假寐、安靜及警醒。一直到胎兒誕生後才能夠劃分有關休息及活動的時間，從極端興奮到深眠期做清楚的分割（如表 3.5 的內容）。

　　這些狀態及狀態的循環性改變，都會影響嬰兒及照護者的日常生活。然而嬰兒警覺性的暫停狀態就是嬰兒最想要熟悉了解其周圍狀態的時候。因此，這也是嬰兒學習社會性互動及了解週遭環境的最好時刻。然而，對父母親而言，其最關心的事情是嬰兒需要多少睡眠及何時會進

---

[18]　快速眼球運動睡眠期（REM sleep）：代表腦部相對性活躍的睡眠時期，導致不同的身體活動狀態，包括眼球的快速運動。
[19]　非快速眼球運動睡眠期（Non-REM sleep）：意指腦部處在最低的活動狀態，產生一種安靜而深沉的睡眠時期。

表 **3.5**　新生兒的睡眠及清醒狀態說明

狀態	說明
非快速眼球運動	眼睛閉合不動，規律性呼吸，充分休息。
快速眼球運動	出現眼球的快速移動，不規則呼吸，出現自主性活動，如鬼臉及受驚嚇的舉動。
定期性睡眠	舒緩的呼吸，有時伴隨著快速及淺層的呼吸。
昏睡	眼睛睜開又閉上，呼吸不定，活動性增加。
警覺性暫停	眼睛是明亮且專注，呼吸規律並且身體直挺。
警覺性活躍	經常性活動渙散，喃喃自語，呼吸不規則，較少注意到環境的變化。
沮喪	哭泣，肢體性的渙散性活動。

入睡眠狀態。一般而言，新生兒每天睡眠約 16 到 17 個小時，然而可能有些只需要 11 個小時，有些則需要 21 個小時。在出生後第 1 週，嬰兒的睡眠狀態是時間短而次數多，其中會有某些清醒的狀態，不過時間都很短。很快地，睡眠及清醒狀態的時間會變長，並會隨意分布在一天 24 小時當中。一種規律性形態會慢慢出現，而在適當的時間嬰兒會讓疲憊的父母親不需要這麼辛苦來照顧（見圖 3.7）。

　　諸如此類的改變是因為來自環境對身體的壓迫所致，特別是來自父母親要求嬰兒順應其個人偏好所造成。同樣地，嬰兒餵養律動性的改變從自然的方式到所謂的社會方便性，特別是來自母親所關注的方式，或是特定文化所認為對的形態而改變。嬰兒出生到這世界上帶有一些先天性特徵，如餵養的律動、睡眠清醒的週期等，但這些都會隨著外在環境的要求而有所改變。然而值得感謝的是，這些特質都是相當具有彈性，嬰兒社會化的第一步在生命的開端就開始進行了。

　　嬰兒的能力可以做到何種程度端視於腦部的發展狀況。然而，同樣地，腦能不能發展也端視嬰兒身體的運作程度狀況而定。因此，一

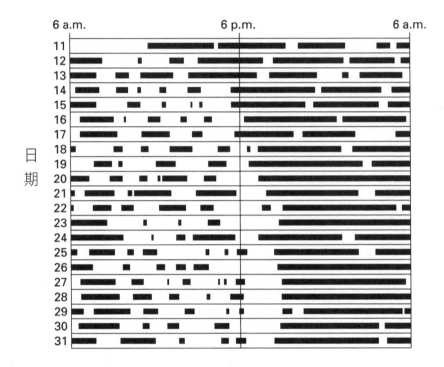

圖3.7 嬰兒從第11天至第31天有關每日的清醒及睡眠期間狀況
其中實線代表嬰兒正處於睡眠狀態
（資料來源：Sander, Stechler, Burns & Lee, 1979）。

方面，腦部在胚胎期及嬰兒期的發展是以一種特定的速率進行著，使嬰兒能夠逐漸地進行各式各樣的活動。另一方面，透過活動的刺激回饋，對腦部的進一步發展扮演著重要角色。因此，若嬰兒是在喪失此種互動的環境下養育，會造成發展性障礙，因為自體性成熟不足以提供嬰兒在行為上的改變。缺乏機能互動的機會，嬰兒的神經性發展會變得遲緩且偏離常軌。大腦、生活經驗及行為三者間是相互聯結互動的。

對於嬰兒早期腦部發展的已知事實，歸納整理如下（更詳細資料請參見先前調查 Molen & Ridderinkoff, 1998）：

- 胎兒期嬰兒腦部的發展超越身體其他部分的發展。例如，受孕後的第 4 到第 6 個月，胎兒腦部的重量會增加 4 倍之多。因此，出生時頭部的尺寸比其他身體的比例大得多（如圖 3.3 的說明）。

- 胎兒期的重量及細胞數量增加，純粹反映有關腦細胞方面數量的增加。每天約有 25,000 個神經細胞產生，而最後總合會達到數十億。

- 在出生後數年之間，細胞會不斷地持續增生（見圖 3.8）。出生時，嬰兒腦部的重量約占成人腦部重量的 25%，在 3 個月大時，其重量就會達到 40%。在 6 個月大前，則約為其最後成熟時的一半重量，就身體整體發展而言，可能約到 10 歲大才能夠發展到這樣的程度。

- 出生後重量及細胞數量增加，其原因並不是神經細胞的持續增生，而是細胞元之間連結網絡的持續發展。在 2 歲之前，任何單一神經元可能會與其他神經元有上萬的連結而創造出相當複雜的網絡關係，反映出有關兒童複雜的持續性心理活動運作。

- 然而，神經元連結的數量並不會隨著年紀增加而持續增加。大約在 2 歲大時，會發生一個整修的過程，消滅個體中不需要的連結，以便確認腦部的聯結路徑，適應兒童生命形態的需要。

- 腦部的發展在每一區域中並非等距平行地進展，會由較低部位向上發展。腦部最老的組織下皮質（subcortical）結構會最先發展，控制較高心理功能發展的大腦皮質（cerebral crotex）則是最後發展，而實際上在整個兒童期階段都是持續發展的。

- 大腦皮質本身的發展也是相當不一致。例如，專司視力的枕葉（occipital cortex）比專司不同執行功能如注意力及計畫的前額葉（prefrontal cortex）發展得快。

結構性的發展來自於功能性的進展，基於此，細胞會逐漸地致力於其所專司的部位發展。為了了解這個過程，我們須注意新生兒腦部中兩種不同神經系統的特性（Greenough, Black & Wallace, 1987）：

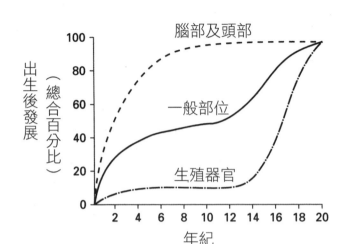

圖3.8 腦部發展、生殖器官及一般身體大小發育的相對速度內容

1 *經驗預置系統*（experience-expectant system）是指在出生時就已經建立的一種神經性通路，用以處理對人類而言相當熟悉的經驗及活動性事務。這系統最主要是與生存攸關的功能運作，如吸吮、呼吸及體溫調節功能。嬰兒必須具備這些先天具有的求生功能，雖然有些透過後天經驗的學習才能將這些功能運用得相當純熟。在所有人種中的基因程式都發現這些功能，是一種原始即已存在的功能，故人們在出生後一開始就知道如何運用。

2 *經驗依賴系統*（experience-dependent system）是一種在出生時的神經元通路中並沒有預置的功能。其功能的發揮完全來自於兒童所處環境所傳達的視覺輸入，因此就能形成特定神經元連結輸入的重複性經驗並強化其作為。隨時間的進展，兒童會透過學習及經驗的累積，慢慢地學會神經元連結功能的運用。相對於很早時期即建立的經驗預置系統，這一系統需要長時間累積學習的過程。因為不同的人會有不同的生活經驗，而經驗依賴系統能夠反映出每個人不同的生活形態。

大腦組織的某些層面是基因決定的,其他部位的發展則跟其個別經驗息息相關,這一部分可透過本章「世界如何看待新生兒」一節有關臉部認知兩階段發展內容說明。然而須承認的是兩個系統的差別並非絕對的,其所反映的是一種趨勢。例如,學習及經驗都在建立經驗預置系統時扮演著某些角色。然而,某種特定的認知及行為的學習速度非常快,因為身體的神經組織早已經預置好供其發揮,而針對細胞組合建立的經驗依賴系統則是相對緩慢的機制,需要透過不斷重複聽覺及視覺經驗加深學習效果。任一細胞組合若是不被使用或強化,將會被棄置。

　　然而,當大腦在其功能結構關係中不斷地被整合,某種程度的大腦*替代機制*也可能發生。也就是說,大腦不同部位會接管先前由其他部分所進行的某種特定功能。因此,當某部分的大腦組織因為受傷或是其他因素而無法正常執行功能時,這一機制就益顯重要了。然而,這種機能適應機制與年齡有極大的相關性。如訊息窗 3.5 中所指出的事證說明,年紀越小的兒童,其腦部其他部分的修補功能越強。因為年紀小的腦部發展尚未達到其應有發展的程度,比較容易發揮其原先未被賦予的功能機制。

訊息窗 3.5

大腦損壞及大腦替代機制

　　大腦的損傷在任何時間都可能會發生。可能因為有害物質在產前進入母體、生產過程中無法順產、產後胎兒期因為意外、疾病或其他事故發生而造成。對於這樣重要器官的損傷需要嚴肅看待。腦幹細胞是無法更新的,因此,唯一的希望是藉由腦部其他部分來接掌其受損部位的功能。然而這樣的修補機制能發揮多大效用呢?

　　長久以來,腦部的特定部位是否掌控特定心理功能是一直受爭議的,而且至今仍無法解決。毫無疑問的,腦部某特定區域有其負責的領域,如語言主要是透過腦皮質左側掌控,而空間能力是由右側掌控。所以假使特定大腦

皮質遭到破壞，其功將會發生何種改變呢？顯然地，這答案大多數端視兒童的年紀而定。腦部受傷的復原狀況是越年輕、其恢復情況越好。然而，其恢復狀況也須端視受傷部位屬於單側或雙側，以及是心理功能的哪一部分受到影響。

　　因此，可以有效地區別下列三個發展階段（Goodman, 1991）：

1　*胎兒期及嬰兒期早期*：在這段期間，就算是腦部雙側受到損傷，都能夠很快恢復運作。腦部未損部位會接管原不屬於其功能的部位。而此時期是替代機制功能發揮最大、神經元的重建最為可能的階段。

2　*兒童期至青春期*：有關大腦單側受損恢復的現象還是相當不錯，但是對於雙側損傷則無挽救機會。功能移轉由腦半部至腦另一半部還是可行，例如語言功能在受傷後還是可以由右腦移轉至左腦進行再學習的過程。

3　*成人期*：雙側及單側的損傷極可能造成永久性功能障礙，且腦神經組織不可能恢復到像早年一般。例如，有關左腦後續的傷害，對大部分成人而言，無法完全回復對語言的功能運用，因為右腦已特殊化，無法接管原本不屬於其掌控的功能。然而某些功能的回復仍是可能，有些人甚至是過了成人期，其腦部功能尚未發展完全，且尚有能力進行某種程度的腦部重建功能（C. Nelson & Bloom, 1997）。

就醫療診斷而言，年齡是最大、最重要的考量因素。然而，需要考慮是否涉及其他特定功能，如語言、視覺，空間技能及一般智力問題。然而比起晚期的腦部損傷，早期區域性腦部損傷較少導致某種特定功能缺陷，如失語症。這情況與一般智力方面所產生的影響是相反的，意即早期的損傷較可能造成全方面的智力降低，這可能是因為在腦神經元重建期間連結錯誤以及有不當連結所造成的（Rutter & Rutter, 1993）。

　　正在發展的腦部組織比起一般成人的腦而言較具彈性，並且是較容易受傷害的。而復原的程度端視這三種因素間的複雜聯繫狀況，易言之，損害發生時的年齡、單邊或雙邊受到影響及影響的類別評估狀況（有關特定功能或一般性智力）。

父母親的調適

誠如新生兒來到世界需要調適，父母親也需要適應家中新來的嬌客。就大部分的案例而言，這是一段充滿甜蜜的過程，然而，有許多夫妻經歷各式各樣的生活壓力，特別是當第一個孩子降臨時更會有如此的感覺。壓力有以下幾種（Sollie & Miller, 1980）：

1 *體力需求*：睡眠被中斷實在是很疲累的事，照顧一個高度依賴的新生命，不論任何方面都相當累人，特別是嬰兒需要父母親的經常性看顧。

2 *情緒消耗*：新生兒的到來在父母親心中的喜悅與滿足是無法形容的。然而，兒童的照顧及生活需求都得依賴父母親，故這也是一種壓力的來源，甚至比身體疲累更加累人。

3 *其他機會的限制*：不可避免地，兒童的依賴意謂著一種新的生活形態開始，即工作和休閒生活都會受到影響。母親必須放棄工作，家庭的財務狀況受到影響，而夫妻雙方都變得較少有機會參與家庭外的社交活動。一般而言，父母親每日所過的生活比起先前的生活都更為狹隘了。

4 *婚姻關係的壓力*：新生兒帶給一些父母親更親密的關係，對另一些父母親而言則是關係變糟（至少暫時是）。一對夫妻開始變成三人關係，在性關係中發生嫉妒、牽絆，並且因為上述三種因素導致關係緊張，都會降低夫妻間親密關係的品質。

5 夫妻過渡至父母親階段，雙方溝通協調會出現極大的差異（Heinicke, 2002）。有許多因素會產生下列差異：年齡及父母親的成熟度、他們與其父母親間的關係、可資運用的社會性支持、新生兒誕生前夫妻間互動的滿意程度、及母親可能會經歷的產後憂鬱症（參見訊息窗 3.6）。其他必須考慮父母親調適過程中影響的因素，易言之，即兒童本身；若兒童本身狀態不佳，不論是先天問題或是早產、疾病或身體障礙，父

母親不僅需經歷倍受壓力的過程，且這種容易受傷的關係會導致夫妻的分離（Putnam, Sanson & Rothbart, 2002）。

訊息窗 **3.6**

產後憂鬱症及其對兒童的影響

儘管新生命的到來會帶給母親莫大的歡樂，然而產後憂鬱對母親而言仍是相當常見的症狀。約有超過一半初次當母親的婦女會經歷情緒低落的過程，並且在生產後數天會有力不從心的心態出現。然而，以大部分人而言，這些症狀出現的時間相當短暫，但是卻相當累人。另一方面，約有 10％到 15％的婦女會持續出現產後憂鬱的症狀，而且症狀往往相當嚴重。

這些婦女會出現所有臨床憂鬱症症狀，感覺毫無希望、沮喪、非理性的擔憂、持續性的情緒低落、易怒，精神無法集中及睡不安穩的症狀。這些症狀大部分在產後約 6 到 8 週間會逐漸消失，而有些人（約 1％到 2％）1 年都還未好轉，有些人會拖得更久而產生心理病徵。一般而言，產後病變會出現在事先沒有預期要懷孕的婦女、沒有支持性伴侶在身邊及最近面臨生活上極大的轉變，如失業或親近的人死亡的婦女身上。這些都是發生的因素，雖然生產完的母體賀爾蒙改變可能是產後憂鬱發生的原因，然而至今對病症發生的原因仍不明。

產後憂鬱症對兒童的影響如何？從上述所呈現的病徵來看，這病症對母子關係是十分困擾的（參見 Cummings & Davies, 1994a；Radke-Yarrow, 1998）。從嬰兒期的觀察可以發現，婦女可能是人在兒童身邊，但心理上卻不見得。她們想逃避，對嬰兒的反應是相當遲鈍，並對各種嬰兒發出的徵候毫無反應，缺乏溫暖情緒，並且有時候會有敵意情緒出現。嬰兒的反應會透露出母親的憂鬱狀況。有些嬰兒會笑得少、哭得多、感覺退縮而無精打采，對週遭環境及互動沒有任何興趣，所呈現的情緒反應是較負面的，如悲傷或生氣，而不是正面情緒，如歡樂或興致勃勃。這樣的行為甚至會發生在與母親之外的人互動上，暗示他們正在發展一種扭曲的社會互動形態。

對這些兒童的後續追蹤研究中，例如由 Lynn Murray 及其同事們（例如 Murray, Hipwell, Hooper, Stein & Copper, 1996；Murray, Sinclair, Copper,

Ducournau, Turner & Stein, 1999；Sinclair & Murray, 1998）進行的研究顯示，有些發展層面以長期來看會造成傷害，即使母親生病的期間僅僅只有數個月之久。這些影響對小男孩而言特別容易看得見（與女孩相較，男孩在早期對這種生理及心理方面的壓力較容易感到受傷害），尤其是在發展的社交性情緒層面而非認知功能方面。Murray 所研究的兒童，在其 2 歲大進行觀察，發現比起母親沒有產後憂鬱的兒童，較會出現和母親間一種不安全感的依附關係。在 5 歲大時，再進行一次評估時，則呈現出和母親間的一種漸行漸遠的互動關係。當各種行為問題事件越大時，兒童會去玩較低階體力性的遊戲而非具創造性的互動遊戲。而且，根據老師們的說法，他們的行徑相當不成熟並且過動和不容易專心。然而在其他層面而言，跟其他對照組的兒童沒有差別。例如，與同儕及與老師的關係就像其他同年齡兒童一般。有些研究者發現，這些兒童有認知方面的缺陷，然而在 Murray 的調查中並沒有如此的發現。

　　這些結果顯示產後憂鬱症，甚至說其發生期間只有在產後早期數個月，還是會造成長期性的後遺症，且較會出現在男孩身上，比起其他兒童較會出現行為的問題。也就是說，這些兒童是有危險的，需要在母親自身康復後給予長期的協助。

本章摘要

　　兒童的生命起於受孕而非出生。嬰兒產前及產後的發展是連貫的，即產前所發生的任何事情都會對胎兒日後發展有著深遠的影響。

　　這特別與個體基因遺傳有關連，因為這與心理功能所有層面發展息息相關。然而，除了某些基因性病變外，這種關係其實是相當複雜的，因為至今沒有一個案例證實特定心理性特質是由單一基因來決定。此外，事實上，所有基因遺傳只會影響個體發展，誠如基因行為科學所顯示，它在發展過程中都是由先天及後天因素兩者同時作用影響著。

　　懷孕期間可以分為胚種期、胚胎期及胎兒期三個不同階段，每一

階段有其特定發展過程，並且可能受到特定的傷害。特別在胚胎期早期，腦部的發展最為迅速，且胎兒最容易成為*畸形*，若母親受到毒品、疾病及飲食相關的有毒物質侵害，會透過胎盤對胎兒造成生理及心理方面缺陷的不利影響。因為母體子宮絕非是一個完全受保護的環境，若未出生的胎兒已受到外在物質影響，其實就是透過母體傳輸感染的。嬰兒出生有多種形式，然而，卻沒有實證證實出生的過程會造成胎兒長期性心理上不利後果，也沒有證明對胎兒的腦部造成傷害。另一方面，早產兒的發展對於出生後早期數月有極大影響，若加上社會性支持不足，則對兒童發展晚期會形成一定的風險。

　　新生兒曾經被認為是完全無能為力的小生命，在心理層面也是相當貧乏。最近的研究顯示，他們出生到這世上時其實已經具備了一定的能力。例如，視力及聽力已經充分地發展而能讓嬰兒找出他人的方向，而且其行動模式，如吸吮、呼吸及哭泣，在胚胎期晚期其實就已經可以觀察得到。意指新生兒的腦部在此時已發展到可以執行生活上所需的各種基本功能。因此，腦袋並非完全空白，而是等待外在經驗填充，並透過外在刺激產生功能性進展。腦部發展是一種刺激依賴的過程。新生兒積極尋求各種經驗是一種腦部發展的天性，而獲得那樣的經驗後，則會回過頭來促進腦部的進一步發展。

　　對父母親而言，晉升至這一階段，意指家庭關係在調整，且是人生極大轉變的重要里程。大部分的父母親對這樣的轉變其實都沒有太大的困難，然而有些會有一些壓力，而有產後憂鬱症的母親，受苦的不僅是母親本身，兒童也同樣受到傷害。

延伸閱讀

Bateson, P., & Martin, P. (1999). 《持續一生的設計：行為的發展途徑》*Design for a Life: How Behavior Develops.* London: Vintage. 這本書描述眾多天性及養成（nature and nurture）因素是如何相互運作而

產生獨一無二的個體。作者以科學證據爲本，並大量援引文學作品以資佐證，使得這本書可讀性很高。

Ceci, S. J., & Williams, W. M. (eds) (1999). 《天性與養成論戰：經典選讀》 *The Nature-Nurture Debate: The Essential Readings.* Oxford: Blackwell. 這本書所蒐羅的論文就天性與養成的論戰，提出形形色色的重要議題，指出這個論戰對了解心理發展所產生的多元意涵。

Kellman, P. J., & Arterbeny, M. E. (1998). 《知識的搖籃：嬰兒期的知覺發展》 *The Cradle of Knowledge: Development of Perception in Infancy.* Boston: MIT Press. 兒童是如何知覺到這個世界的？這種知覺又是如何隨著歲月流轉而產生知識的？這本書針對這兩個主軸呈現世人業已知悉的重點。

Plomin, R., DeFries, J. C., McClearn, G. E., & Rutter, M. (1997). 《行爲遺傳學》 *Behavioral Genetics* (3rd edn). New York: W. H. Freeman. 這本書介紹遺傳學在心理學中所扮演的角色，旨在引介讀者熟悉行爲遺傳學的研究方法和研究發現。這本書對初學者而言比較艱澀，但收穫必然豐碩。

van der Molen, M. W., & Ridderinkoff, K. R. (1998). 《腦部的成長與老化：腦部和認知運作在生命全程中的改變》The growing and aging brain: Life-span changes in brain and cognitive functioning. In A. Demetriou, W. Doise & C. F. M. van Lieshout (eds), 《生命全程發展心理學》 *Life-span Developmental Psychology.* Chichester: Wiley. 這本書精簡地概觀人一生中的腦部發展，概述中樞神經構造以及大腦可塑性（brain plasticity）、神經元互動（neuronal interactions）、產前到成年期的老化效應等功能層面。

第四章

關 係 的 形 成

本章大綱

關係的本質

家庭
家庭如同系統
家庭類型和兒童發展
離婚及其後果

依附關係的發展
依附的本質和功能
發展過程
安全感－不安全感
內在運作模式

同儕關係
垂直關係和平行關係
同儕關係對發展的貢獻
同儕團體中的地位

本章摘要

延伸閱讀

通常，我們可以把成長視爲一連串發展性任務的歷程，它會在不同年齡階段按特定順序發生，且兒童需要在照顧者的協助下面對這個歷程。此類任務名單不勝枚舉，表 4.1 即爲一例，它是以幼兒期爲焦點——在這個時期中，發展性任務會驟然降臨，其接踵而至的速度會比任何其他後續階段迅速得多（Sroufe, 1979）。發展的出現主要端賴遺傳規畫（genetic programming），然而，其後續進程泰半取決於負責照顧兒童的成人。所有的心理功能都在社會脈絡中發展：雖然強勢的基因推力可能是新潛能產生及新功能階層轉換的初步主因。然而，除非照顧者支持、維繫、促進兒童的努力，否則，傾向和習性是無法養成的。

因此，與他人建立關係是兒童期最重要的任務之一，如同我們在表 4.1 中所看到的，它也是兒童期最初始的任務之一。近年來，對於兒童發展出初級依附關係（primary attachments，通常是與父母親）的途徑，以及此初級依附關係在不同兒童身上所呈現出來的差異，我們有了許多的學習。最初期所形成的關係之本質，是否如同佛洛伊德所說的，對於所有的後續親密關係（甚至到成年期亦然）會造成深遠的

表 4.1 早期發展任務

階段	年齡（月）	任務	照顧者的角色
1	0-3	心理調適	流暢穩定的例行性任務
2	3-6	緊張狀況管理	敏感而力求合作的互動
3	6-12	建立有效的依附關係	眼到耳到，有所回應
4	12-18	探索及熟稔	安全庫
5	18-30	自主性	堅定地支援
6	30-54	衝動管理、性別角色認同及同儕關係	清楚的角色與價值觀，具有彈性的自我控管

資料來源：Sroufe（1979）

影響，這一點仍然頗有爭議。無論答案為何，關係形成仍然是終身的課題。想想看，兒童所建立起的一切關係——與父母、兄弟姊妹、祖父母、其他親戚、家庭內外各種替代性照顧者、朋友與其他同儕、各個學齡階段的老師、以及青少年期起與異性的關係等，每一種關係都是如此豐富、複雜而微妙，以致於我們往往缺少必需的詞彙來加以形容。我們可以確定的是，關係提供兒童所有心理功能的發展脈絡：在這個脈絡裡，兒童首度接觸到外在世界，學習哪些事務是重要的、是值得關注的，學會溝通的符號及意義，並在此過程中發展出自己對這個世界的觀看模式。我們還可以確定，就每一名兒童所採取的特定發展途徑而言，兒童與他人關係本質上的差異，其意涵可能至深至遠。因而，就兒童發展的了解來說，關係形成的認識就是最關鍵的部分。

關係的本質

我們都透過個人經驗而了解人際關係，也都花費許多時間來思考這個課題。關係建立中的挫敗、誤解、衝突及疏離，正是各式災難的根源，正如同快樂、成功的關係，能提供主要的舒適感及安全感。對社工人員、精神科醫師及臨床心理師等專業人士而言，在其提供支援和協助時所採取的任何一項行動中，關係往往形成關鍵性焦點。然而，直到近年來，學者才開始耕耘關係學，在此門科學的襄助之下，我們才得以實際而客觀地分析人際的互動型態（Hinde, 1997）。我們所獲知的事實可歸納如下：

■ 關係並非出自直接的察覺，而是出自推論。我們所能察覺到的是人與人之間的*互動*：他們的撫摸、接吻、聊天、咆哮、打鬧，以及其他聽得到、看得到的接觸形式。唯有當互動關係隨著時間而形成一致的結果時，我們才能斷定某種特定關係類型是存在的。因此，父母親在許多接觸的歷程中一再毆打兒童時，就被稱做與兒童有施虐關係。這些插曲的總合（而非單靠其中任何一段插曲），讓我們得以針對這個關係做出推論。互動是此時此刻的現

象，關係則涉及一段歲月所醞釀出的延續性。雖然關係與互動這兩個術語常常會相互混淆，彷彿它們是可以互相交替使用的詞彙，但兩者仍有著根本上的差異。

■ 雖然關係是從互動中推論而得，然而，關係往往大過促成它的各式互動之總合：每一種關係自有其特色，這是無法在其他關係中找到的（Hinde, 1979）。以忠誠、親密或是無私奉獻等關係特質為例，沒有任何一者是與特定互動相稱的。同樣地，頻率、互惠性、強度等互動特質也不適於用來描繪一段關係的特性。就敘述性目的而言，將這兩個層面做清楚的區辨益顯重要。

■ 當我們試圖了解關係時，互動層級的高低並非唯一的相關因素。圖 4.1 是由 Hinde（1992）所繪製的，其所勾勒的架構呈現出鑲嵌在多種層級中的關係，這些層級始自個體的生理發展，而終於整

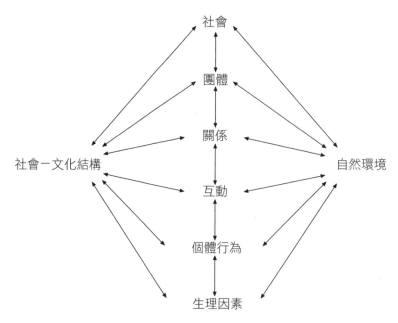

圖4.1 社會錯綜複雜體（social complexity）內連續層級之間的關係(Hinde, 1992)

個社會，層級越高就越趨複雜。這些層級是相互聯結的：某層級所發生的狀況會牽連到另一個層級。因此，最理想的狀況是，我們想充分理解關係內涵的話，就得關注所有其他層級——提供關係最直接立即的脈絡的家庭或團體，每一位參與者的個體性、其所隸屬的社會、以及形成關係背景的外在環境和文化結構，都得加以關照。實務上，這一切往往都過於複雜，以致於無法納入考量，我們因而自我限定在立即相關的層面上。重要的是，所有的層級應被視為互有差異的——例如，互動不應被視為參與者個人特質的總和，正如同關係不應該被視為互動的累加總和。

■ 關係是兩造之間的事。這個論述乍看之下似乎是理所當然的，可是長期以來，兒童心理學家在描繪親子關係時，竟然完全忽略這個觀念。相反地，他們把兒童的社會化描述成從親代到子代的單向歷程——就像黏土塑形一樣，父母親可以武斷地做出決定，將被動的孩子塑造成其所想要的任何模樣。現在我們清楚地認知到，即使是對最幼小的嬰兒而言，任何的關係或互動都是雙向開展的；子代對親代的影響雖然和親代對子代的影響有所不同，其效應卻不遑多讓；而且唯有採用雙邊而非單邊歷程來看待社會化，我們才能理解其效應。如果只就搭檔之一（儘管是年齡較長且較具權威的那一方）來檢視，是無法充分解釋兒童發展的。

■ 關係無法與其他關係隔離而單獨存在；每一種關係都與其他關係攀藤附葛。我們在下文討論到家庭時，會對這個議題進一步做說明。我們在此僅僅強調一點，關係往往是在人際網絡中產生的：夫妻之間發生的事情，將對其個別與子女間的關係產生影響；而手足之間發生的事情，將影響到母親與任一子女間的關係；餘者依此類推。同理，婚姻衝突研究也清楚顯示出，在這種情境中，親子關係往往會惡化：人際網絡某一端點所發生的事情，會反射到其他端點。

家庭

　　一般而言，兒童在關係上的初步經驗來自家庭。這個規模小而親密的團體成為基本場景，將大多數兒童引介進入社會生活，讓他們學到人際行為規則，當他們接觸到令其困惑不已的外在世界時，也充做他們的安全庇護所。從過去 50 年左右所發生的眾多社會變遷——離婚、單親家庭、職業婦女、夫妻角色互換、同性戀伴侶、繼親家庭（step-family）及混合型家庭（blended family）——觀之，我們清楚地看到，家庭不再像我們過去所假設的樣貌，它不再適於被狹隘地定義，因而，家庭形態的各種變異對於兒童發展的意涵，就成為需要探索的重要課題。接下來，我們將對這個課題深入探究，不過，在探究之前，我們需要先行考量家庭形態，這對我們如何理解家庭有所助益。

家庭如同系統

　　以圖 4.2 父母和一名兒童所組成的家庭為例。這個家庭涉及三個層面：個別成員、成員間的關係以及家庭整體。然而，家庭遠大於其組成分子的總合，它本身就是一個動態實體。為了公平對待這個實體，採用**系統理論**（system theory）[20]的概念來理解家庭是有所幫助的。

　　系統理論適用於各式各樣的複雜組織，在理解家庭上尤其有用（Minushin, 1988）。這個理論奠基於下列原則：

■　*整體性*：系統是有所組織的整體結構，大於其組成元素的總合。也因此，若我們只研究其個別組成元素的話，是無法一窺系統全貌的。當此觀念應用在家庭上時，這意謂著我們無法將家庭視為其組成元素或其關係的總合：它本身擁有凝聚力或情緒氛圍等特

---

[20]　系統理論（system theory）：是用來描述家庭等組織的特定方式。這些組織可以視為複雜的整體，也可以視為是由若干次系統所組成的；為了某些特定目的，這些次系統也可以視做獨立單位來看待。

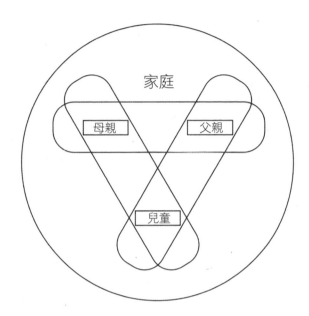

圖4.2　家庭及其次系統

性，這些特性不適用於其他層級之上。即使我們瞭解家庭裡全部
個體的所思所想、所作所爲，並掌握個體之間的全部關係，我們
仍未能揭露此團體本身的任何情況。

■　*次系統（subsystems）的完整性*：複雜的系統乃是由若干互相關聯
的次系統組合而成。每一個類似的關係本身，皆可視爲一次系統
而加以研究。當此觀念應用在家庭上時，不僅關係本身可視爲系
統，而且關係間的關係亦是如此。例如，夫妻關係與母子關係的
牽絲攀藤就是值得研究的主題。

■　*影響的循環性*（circularity）：系統的全部組成元素是相互依賴的；
其中一部分發生改變時，就會對其他部分產生影響。因此，諸如
「A導致B的發生」之類的敘述是不恰當的，因爲組成元素是相
互影響的。當此觀念應用在家庭上時，它變成最重要但又最難以
領會的結論之一。一些簡單的因果論述（特別是針對親子關係而

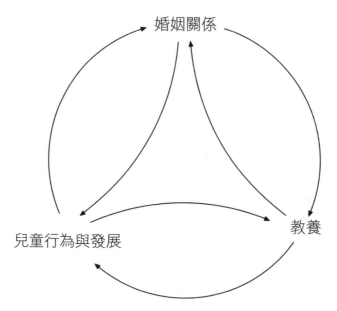

圖4.3 家庭影響的相互特性（Belsky, 1981）

提出的議論），幾乎都被視為是常識。然而，當我們考量到所有社會互動（包括兒童與成人的互動）中所一再重複出現的交互影響時，捨棄這種直線思考（linear thinking）而代之以循環思考（circular thinking）就變得重要無比。圖 4.3 描繪出家庭功能某些面向間的交互關係：兒童行為和父母行為交互影響；此外，兒童行為和父母間的關係也交互影響；而父母間的關係和教養活動也會交互影響。因此，系統的每一個面向和其他面向是相互牽扯的；只談論教養對兒童行為所產生的影響，是無法一窺全貌的。

■ *穩定性及改變*：家庭及各種關係等系統是*開放的*，亦即，它們可能受到外在影響而產生改變。單一組成元素的改變，意謂著所有其他元素的改變，以及這些元素之間關係的轉變。比方說，父親失業或孩子發生意外等驟然降臨的壓力，會對每一位個別成員及他們之間的關係有所作用，整個家庭的平衡很可能就此改觀。

　　讓我們挑出兩個主題來說明「家庭如同系統」的觀點。其一是關係的相互關聯特性：某個次系統所發生的事情，對家庭內其他次系統會有所影響。世人認為，良好的婚姻關係可能與良好的親子關係有所關聯，而後者轉而能導致兒童的最佳發展。基於這個前提，多數人關注的是父母親的婚姻品質如何影響到孩子的適應。反之，當父母失和時，其與孩子的關係被預期會隨之惡化。這些假設得到證據的支持（Cummings & Davies, 1994b）：研究者發現，婚姻品質與依附的安全性、有效的學習策略、衝動控制及情緒成熟度等諸多兒童發展層面正相關。基於這些研究結果，我們容易做出的結論是：*因為*父母琴瑟和鳴，兒童就會發展良好，易言之，父母親的行為是「因」，而兒童的發展是「果」。然而，這種單向線性思考正是系統理論提醒我們要慎防的，因為影響的運作途徑也可能是由孩子到父母親，或以循環模式交互影響。因而，兒童的特質從一開始浮現之後，就可能影響到父母親所可能提供的教養活動，也影響到婚姻關係的品質——當兒童有身心障礙而「難以」教養時，這種狀況就最為明顯了。在某些案例中，這類兒童的教養壓力會對婚姻關係產生負面影響，後者轉而醞釀出不利於兒童健康發展的家庭氣氛。單純的因果論述顯然未能充分說明家庭情境裡影響歷程的複雜程度（參見訊息窗 4.1 中較為詳細的說明）。

　　在家庭功能的各種面向裡也可以看到其他的聯結。其中一例是婚姻關係與手足關係的關聯性。幾項研究（例如：Dunn et al., 1999）的結果顯示，夫妻間敵視程度越高、越不滿意其婚姻生活時，子女手足相爭（sibling rivalry）及發生衝突的可能性就越高。因為某一關係的品質與其他關係的品質密切相關。同樣地，我們很容易以簡單的因果術語來思考，認為充滿敵意的婚姻關係可能會促成手足間的敵意——或者父母以身作則，或者父母營造出充滿壓力而不快樂的家庭氣氛，或者間接地改變父母親與子女的關係，而使他們受到忽視或較易致病。這種影響很可能會實際發生，然而影響途徑逆轉的可能性也必須加以考量，亦即手足間的衝突導致父母間關係緊張，其起因可能是父

母對此種狀況的處置方式意見不和，或者手足間的行為讓家中瀰漫著傾軋爭鬥的氣氛。不過，我們也不要忘了另一種可能性，亦即各個家庭成員所共有的基因影響也占有一席之地，換句話說，相近似的性情氣質會導致相近似的行為模式，不論環境影響的程度為何皆然。逐一檢視每一種效應所扮演的角色顯然是困難重重的工作；在勝任這項工作之前，當我們在說明個人所觀察到的聯結時，認定所有提及的效應可能都有一定程度的作用，這才是最安全的立論點。

訊息窗 4.1

家有殘障兒童

心理學對殘障兒童的研究，一度幾乎毫無例外地聚焦在兒童個別的特徵上：智力、適應、情緒控制等等。之後，學者的注意力開始觸及這些兒童所形成的互動及關係，特別是母子間的互動，以及其與其他非殘障兒童親子互動的差異（Marfo, 1988）。直到晚近，研究人員才採取另一種途徑，運用家庭系統架構來了解其研究結果，並考量其對家庭整體的意涵，以利理解殘障兒童的發展（參見 Hoddap, 2002）。

兒童具有任何一種殘障時，無疑會波及其他家庭成員。母親所受影響尤其深遠：舉例言之，憂鬱症的發生率普遍來說遠高於那些非殘障兒童的母親。相同的情況在父親身上亦為真，憂鬱症罹患率以及缺乏自尊、優勢地位下降等其他症狀的出現頻率，都比對照組來得高。家中其他兒童也可能受到影響，年紀較大或較小的手足出現情緒障礙或行為疾患的風險，要比同齡兒童組的常模來得高。

研究者也提及其對家庭關係和家人角色的影響。一些研究的結果顯示，這些家庭的離婚率比較高，研究者也大致同意，婚姻困境較有可能發生，當父母親對殘障兒童的反應有所不同時尤其如此，例如母親過度關注兒童而父親則疏遠退縮。不過，有些父親對兒童照顧的投入也越來越多，當兒童因殘障之故而還處在嬰兒期的依賴階段時尤其如此。就此狀況而言，手足在家庭中所扮演的角色也可能受到影響，他們可能被要求替代殘障兒童做家事，特別是年紀較大的姊姊們，可能會接掌母親家事上的部分職責。整體家庭角色

的本質及分配情形因而為之改觀，當兒童的狀況要求日常例行性活動的大幅變動、限制家庭以外社交生活的限度、並削減休閒活動及假期的機會時，情形尤其明顯。

　　孩子的殘障是全家人的議題，而家庭的反應則轉而影響到兒童日後的發展。然而，讓我們留意兩項額外的議題。第一，家庭的適應能力天差地別，並非每一個家庭都受到負面影響，而且，兒童殘障的嚴重程度只能為此差異性提出部分解釋。其他因素也有其影響，例如，父母能否從他人身上得到支持，家庭之前的凝聚力如何；因而，當前研究者所檢視的主要議題之一，是家庭成員何以能持正向的態度面對殘障兒童所帶來的挑戰。第二，我們要強調的是，家庭對此事件的反應並非是消極被動的，相反地，家人會為了殘障兒童的誕生而積極找出其意義所在；不論其為這個經驗賦予何種意義，都會影響到他們自身日後的言行舉止。因此，和那些以客觀、非關個人的態度審視此議題的父母相較之下，當父母親的罪惡感及責任感凌駕一切時，其對日常生活形態的調整很可能就大異其趣。不過，在某些案例中，個別家庭成員對此事件所賦予的意義有所不同，當差異性很大時，家庭整體運作的方式會帶來一些難題或困境（Gallimore, Weisner, Kaufman & Bernheimer, 1989）。

　　第二個刻畫出「家庭如同系統」觀點的主題所關注的是，當一樁事件起先只衝擊到某位家庭成員時，其對家庭整體所造成的影響。假若父親失業，這個經驗不單影響到個人而已，它對其他家庭成員也將產生影響，這一點從家人關係的轉變以及整個家庭平衡點的變化可以看出端倪，這一切轉而會進一步影響到父親的反應。Glen Elder 在其探討經濟大蕭條效應的經典研究（Elder, 1974；Elder & Caspi, 1988）中，詳實勾勒出此種現象（經濟大蕭條是 1930 年代初期重創美國的經濟危機，引起廣泛的失業潮和財務困境）。Elder 分析家有父母和青少年子女的家庭之反應時，追蹤父親因為頓時沒有收入，而在經濟及家庭角色上所歷經的各種轉變。父親們不再是負擔生計者，變得較無足輕重，不知道該扮演何種角色，日益陷入意志低沉的深淵。相反地，責任落在母親們身上，當為人母者可以在外找到工作而成為主要的生

計負擔者時，情況尤其顯著。不過，當情況更形惡化時，青少年子女的地位亦更顯重要，因為在這些貧困的家庭裡，他們也被要求協助處理日漸增加的工作和家事需求。因此，為人子者會試著找到付薪的工作，即使這是不需要技能的兼職工作也好，而為人女者則從受雇工作的母親手上接管許多家務事。這些年輕人分擔了此類額外的責任，而迅速地脫離兒童期，變得越來越獨立，而且比同齡的青少年更加認同成人的價值觀。簡言之，整個家庭變成不同的有機體，而家中各種變化的本質對於父親對個人創傷經驗的反應，有更進一步的影響。

在詮釋個體行為或某一特定關係的方向、路線時，我們習於聚焦在行為或方向本身，而將所有其他的家庭功能層面視作外在因素。相對地，系統理論提出的觀點認為，所有這些層面無可避免地相互糾葛，若要全盤理解，就必須全數納入考量。因此，把家庭視為始終尋求某種平衡的動態體，是有所助益的。任何發生的改變——出生、死亡、疾病、失業、離家求學或出國工作——會擾亂系統的平衡，家庭因而需要採取新的角色、關係及內部模式。最後，系統重新調適，在不同的平衡點上安頓下來。這些改變同時在個人、關係及家庭等三個層面上發生，就特定家庭的調適來說，這些層面間的千絲萬縷能為我們提供一些洞見。

家庭類型和兒童發展

何謂家庭？其答案一度是簡單明瞭的：家庭由一群人所組成，包含一位男子（賺錢養家者）、一位女子（持家者和養兒育女者）——兩者在婚姻中執子之手與子偕老——再加上這對夫妻所孕育的孩子。這種傳統家庭被視為穩定社會的基石，更被假定為培育適應良好孩童的主要背景。

二十世紀中葉，席捲西方社會的大幅度社會變遷終結了這個傳統的典型。婚姻不再被視為家庭生活的重要前提；離婚率大幅攀升；單親家庭變得很常見；許多兒童經歷了父母親的再婚而住在繼親家庭中；很高比例的母親們外出工作，以致分擔照顧責任的安排變成許多

家庭生活的一環；如今，爲人父者會參與兒童的照顧工作，在某些案例中還扮演著主要照顧者的角色；同性別伴侶（男女性皆然）日漸受到容忍，被視爲是「合適的」父母親。這些改變各有其推力，其進展速度之快令人咋舌；同時，兒童在這些非傳統家庭中的成長經驗，對於其心理發展有何影響，也令有識之士大爲憂心。

　　現在我們握有大量的研究結果，足以探討這個問題。我們總結其重要結論如下（更多細節請參見 Golombok, 2000）：

■　以統計觀點而言，在偏離傳統的家庭模式中，*母親受雇工作*是最常見的形態，也導致極多的爭議，當家中有幼兒時尤其如此。然而，許多研究所得出的證據顯示，其影響程度的結論無法乾淨俐落地以好壞對錯來做陳述，因爲，有眾多情境會對結果產生調和性影響——這些情境包括母親承受角色壓力的能力、來自父親及親友的支持程度、母親投入職場的動機強弱及其對個人士氣的影響、爲兒童安排的替代性照顧之品質與一致性。因此，以母親受雇爲因、兒童發展爲果的單純因果論模式是並不恰當的：母親受雇的事實只是背景的一部分，其中尚有許許多多其他需要納入考量的家庭變數，而且此事實並不是直截了當地產生結果，而是透過關係模式的轉變來發揮影響力。我們可以做出的安全結論是，在樂觀的狀況下，和非職業婦女的子女比較起來，受雇母親的子女有可能實際受惠，這主要是因爲，他們在日間托育場所裡與其他成人、同儕有額外的經歷，而且，即使就嬰兒期來說，在健全心理發展上來看，全天候照顧*本身*也未被視爲必要條件（Gottfried, Gottfried & 　Bathurst, 2002）。

■　近幾十年來，*單親家庭*正以倍數成長——其主因即在於高離婚率，另一項原因則是許多女性不認爲婚姻是*必經之路*。和單親共同生活的兒童是否就因而有所欠缺呢？單純地拿單親兒童和雙親兒童做比較，答案似乎是肯定的：單親兒童在許多指標上往往表現較差，如情緒調適、社會能力、自我概念及學業成就。但是，這個

結果必然是置身單親家庭結構中所導致的嗎？單親家庭的差別並不只在於家中少了父母親的一方而已，它們在財務上也處於弱勢，使得單親兒童比起同儕更常在物質層面受到剝奪。事實上，當剔除經濟收入較少的效應，再解除隨之而來對母親的壓力的話，單親及雙親兒童之間的差距就消弭了。一如母親受雇的例子，需要考量其他眾多變數。除了家庭收入之外，這些變數包括變成單親的理由（孀居婦人的孩子比離婚婦人的孩子表現好）、母親的年紀（未滿 20 歲的母親較無法勝任親職工作，往往面對較多的問題）、與未同住父親或其他父親形象人物的接觸多寡，母親可以利用的社會支持、以及母親個人的抗壓力。單親因而嵌入其他社會及個人狀況的整體網絡中；雖然和其他兒童比較起來，單親兒童有較高的某種發展不利風險，然而，這個現象大體上是與單親之外的其他面向有關（Weinraub, Hornath & Gringlas, 2002）。

■ *雙親中以男性為主*，這個現象雖然很少見，但也絕非像之前這麼罕見。父親對養育工作的參與當然比以往更為普及，越來越多兒童是在以父親為主的家庭中生活。長期以來，女性都被視為「天生的」親代，在生物層面上已預備好承擔這份責任，一般假設，她們與生俱來就有為人母的本能。因而任何偏離傳統分工的模式都會受到懷疑，因為世人相信，男性在養兒育女上的能力是遜於女性的。事實上，在不同的文化中，父親投入兒童照顧的程度差異極大，這意謂著，不論這個層面存在著何等的性別差異，它是社會傳統的課題，而非身為男女性恆久不變的部分。至於兒童由男性撫養長大的結果，非常稀少的證據顯示，這些兒童的發展與其他兒童相較下並無二致。此外，對於男性父親角色的直接觀察顯示，他們在溫暖及敏感度兩個層面上的能力不輸女性。簡言之，兒童發展的結果似乎不是受到父母親性別的影響，而是受到每一對親子所存有的關係類型所影響（Parke, 2002）。

■ 和任何其他非傳統家庭結構相較之下，*男女同性戀伴侶作為父母*引起最多的爭議，其中包括擔心這種「違反自然」的發展背景，

註定會對兒童發展造成不利的影響，尤其是疑慮它會對孩子個人的性別認同造成混淆。雖然這個議題仍然是相當新穎的研究主題，業已刊行的研究結果口徑一致之處卻很引人注目。男女同性戀家庭所撫養的兒童和異性戀父母所撫養的兒童相較之下，兩者在社會、情緒及智力發展的任何層面上並無差異。此外，當研究者追蹤到成人階段時，沒有證據顯示，其性別認同或性傾向會因為擁有同性父母親而受到影響。還有，關於男女同性戀者親職能力的研究顯示，這些父母跟異性戀父母同樣稱職、溫暖，同樣以兒童為生活重心——某些研究甚至認為，同性戀父母的能力勝過異性戀父母，據推測，其原因在於他們面對著世人的懷疑眼光，以致其表現動機更形強烈。「兒童要健全發展就得同時擁有父母親」的主張因而受到這些發現的挑戰（Golombok, 2000）。

還有其他非傳統家庭模式受到調查研究（訊息窗 4.2 詳細說明最新出現的類型之一，亦即運用當前的新式生殖技術，用人工的方式來生育）。我們概括論述所有關於家庭特徵對兒童發展的影響之研究，從累積而得的證據中，清楚得到一項結論，那就是，*家庭結構所扮演的角色遠遜於家庭功能*（Schaffer, 1998）。父母親人數、父母親的性別、親子之間是否具有血緣關係、父母所扮演的角色等結構變數，再三被發現對兒童的心理發展影響很小：人性是具有彈性的，可以在形形色色的家庭場景中健全發展。不論組成這個家庭的個體是誰，比較重要的是這些人之間的關係品質——例如溫暖、投入、相互理解、和諧等特性，也就是說，更重要的是顯現出這個家庭功能良窳的特徵（有關功能變數和結構變數的直接比較，可參酌 Chan, Raboy & Patterson, 1998 及 McFarlane, Bellissimo & Norman, 1995）。因而，不論是就總體政策層面或者是針對特定案例而言，任何改善家庭生活的嘗試，都該著重於這些功能層面，而不是試圖強行指定某一特定結構類型，要求每一個家庭都嚴格奉行。

訊息窗 4.2

藉由新式生殖技術而誕生的兒童

　　拜生殖技術日新月異之賜，原先無法生育的夫婦，有機會透過人工受孕方式而懷孕並生兒育女。人工受孕所採用的技術有幾種，如試管嬰兒（*in vitro fertilization*）是由父母親提供精子和卵子，然後在實驗室中結合這些配偶子（gametes）；人工授精（artificial insemination by donor）是指母親受孕時所使用的精子，是由丈夫之外的男性所提供的，孩子因而只跟母親有血緣關係；卵子捐贈則是指父親的精子讓其他女性的卵子受精，孩子因而只跟父親有血緣關係。此外，某些狀況下還會尋找代理孕母，由其他女性負責懷孕及生產，孩子則交付給扮演父母親的那一對夫妻來養育。

　　透過這種「非自然」途徑所誕生的兒童，會產生何種影響呢？兒童及父母親可能面對的潛在問題非只一端：漫長的受孕治療往往帶來壓力；環繞著受孕過程的秘密；夫妻間某一方不能生育所可能帶來的緊張狀態，而且這位父親或母親還心懷罪惡感或自覺有所欠缺；兒童察覺到自己在某些地方有所不同；兒童與父母親的一方或雙方並不具有血緣關係；以上是這些人工受孕技術所涉及的問題。到目前為止，只有數量不多的研究針對這些兒童進行追蹤，以評估其日後發展，然而，Susan Golombok 及其同事（Golombok, Cook, Bish & Murray, 1995；Golombok, Murray, Brinsden & Abdalla, 1999；Golombok, MacCallum & Goodman, 2001）的研究，提供了一些特別有益而廣泛的資訊。

　　她們的研究針對幾個族群進行調查，包含試管嬰兒受孕兒家庭、卵子捐贈受孕兒家庭以及人工授精受孕兒家庭。這些族群和兩個控制組進行比較：一組是自然受孕兒童，另一組是出生後即被收養的兒童。研究開始進行時，全體兒童的年齡分布在 4 到 12 歲之間。研究者訂出廣泛的標準，來評量這些兒童的社會－情緒發展以及認知能力；此外，父母的受評項目則包括其對兒童的溫暖親切度和情感涉入指數，以及其在教養過程中所承受的壓力程度。

　　研究結果並不支持世人對於「新式生殖技術對親代或子代有負面影響」的擔心──這個結論被其他此類家庭的研究所證實。和控制組親子相較之下，實驗組父母同樣稱職，兒童同樣適應良好，缺乏血緣關係的事實以及兒童受孕的方式對於這些家庭的幸福指數都無任何影響。尤其這些研究與領養兒童的研究案例共同顯示，血緣關係並非親子關係健全發展的必要因素；當親職角色切割為生物父母及心理父母時，研究結論仍然並無二致。生殖技術仍然非常新穎，以致於透過這些技術而誕生的兒童之調查研究尚未達到成熟階段；然而，目前這些研究所獲得的結果並未暗示，透過不自然的人工方式而誕生的兒童，會因此在任何層面上有心理缺陷的現象。

離婚及其後果

　　家庭持續處在變動的狀態下，不過，任何改變的影響都遠不及父母分居、離婚來得深遠。然而，即使母親下堂求去，帶著孩子過活，這仍然是個家，其經歷可能包含一連串的家庭重組；當母親再婚後，繼親家庭形成，嬰兒接著誕生，家庭做了新的生活安排，新的角色也各自確立。不平衡現象出現後，試圖求取平衡的嘗試相繼而來；尤其是為了涉入這個歷程的兒童之故，尋求新的調適作法是不可或缺的。

　　父母離婚對兒童所造成的影響為何？現今業已出版的眾多研究提出下列結論（請參見 Hetherington, 1999 的詳細說明）：

■　離婚並非是發生在某一特定時間點的特殊事件。它是持續多年的過程，其對兒童所造成的衝擊可能延續多年之久：它始自父母親的口角衝突，擴大到父母親一方的離家，終至法律上正式分手。兒童對此的反應會隨著時間轉換而大不相同，我們必須留心，別把過程中某一時間點所獲得的發現，概括推論到其他時間點上。

■　大部分兒童在父母離婚最初幾個月出現問題。這些問題形態不一，泰半取決於兒童的年齡層。沒有任何一個年齡層會比其他年齡層更容易受到傷害，其反應的差異在於「質」，而非在於「量」。

■　和父母未曾離婚的兒童相較下，父母離婚的兒童顯著適應不良現象的發生機率要高出二到三倍。即以後者而言，僅有少數兒童有此現象：約 70% 至 80% 的兒童並未出現任何嚴重或持續存在的問題。

■　長遠來看，大多數兒童都展現出相當的復原力；他們足可重新適應各式各樣的新家庭情境。不過，在少數案例中，業已消失的問題會再次浮現（尤以青少年期為然），或是以青少年犯罪的新形態出現。

■　林林總總的因素會影響到適應過程：諸如兒童的年齡、性別、先前分別與父母親之間的關係良窳、父母責任的安排處置、單親家庭的生活品質、父母親再婚等等。無怪乎研究者所發現的結果有如此大的變異性！

■ 一如後續追蹤研究所顯示的（例如 Chase-Lonsdale, Cherlin & Kiernan, 1995；O'Connor et al., 1999），經歷父母離婚的兒童進入成年期後，較可能產生憂鬱症等心理問題，和其他人相較之下也較有可能離婚。然而，其風險因子並不高，只有極少數人會因為父母仳離而受到影響。因此，「兒童因父母離婚而終生受創」的說法未能證明為通例。

到底離婚的哪個環節會帶來不利後果呢？離婚一詞太過籠統；它環繞著形形色色的層面，其中三個層面特別被挑選出來，認為是可能的成因：父母親某一方在家中缺席（通常是父親）、單親家庭生活面臨社會經濟後果、兒童目睹父母親離婚前的衝突（有時離婚後亦然）。

一些跡象顯示，上述三項因素對兒童的心理障礙都有其作用（Amato & Keith, 1991）。不過，顯而易見地，三者當中目前是以*衝突*的影響最為強烈。首先，從長遠看來，父親過世的兒童和父親離婚的兒童相較之下，其受到干擾的可能性較小。因此，要為兒童反應負責的，比較不是父母親任一方的缺席，而是環繞著這個缺席事實的情境。其次，當我們把因為離婚而造成社經地位低落的效應納入考量（透過統計方法移除其效應，或者只研究那些取得監護權且較為富裕的父母之家庭）後，其對兒童發展的負面影響仍然是顯而易見的。更重要的是，幾項針對兒童所做的追蹤研究顯示，雙親離婚的兒童最早在正式離婚 8 至 12 年前，就開始呈現心理不適的徵兆（例如 Amato & Booth, 1996）。據信，這個現象肇因於婚姻關係日漸惡化，以及這些家庭中典型的衝突氛圍。

婚姻衝突很可能是兒童心理發展上，最易致病的影響因素之一（Cummings, 1994）。其運作方式有直接及間接兩種：

■ *直接*影響包含兒童實際目睹口語及／或身體暴力、爭執的場面。兒童從很小的年齡起，就對他人的情緒相當敏銳；怒氣發作等負面情緒很可能會產生負面效應，當負面情緒變成家庭心理氛圍的常見特徵時更是如此。當兒童還在發展其情緒調節能力、並需要

成人協助時，父母親情緒失控極可能變成特別駭人的經驗，且因爲父母未能提供典範，而阻礙了此項發展的萌芽。

■ *間接影響*之所以發生，理由在於夫妻衝突會對父母雙方的親職能力有不利的影響，並進而對兒童的適應能力有負面影響。Erel 和 Burman 分析 68 份夫妻關係及親子關係相關性調查研究，結果顯示（Erel & Burman, 1995），其相關性並非採「補償」（compensatory）形式，而是採「滿溢」（spill-over）形式，亦即父母親之間的糾葛越深，父母任一方在適切照顧兒童上所遭遇的問題也就越大，而不是對兒童表現得特別關注而滿懷愛意，以便對婚姻關係不睦有所補償。即使兒童並未受到直接影響，親子關係的情緒狀態仍會受損。

我們不得不再次做出結論，家庭功能比家庭結構更要爲兒童的調適負責。家庭在父母離婚後所發生的劇烈重組，很可能產生一些顯著的短期效應，但是，能夠產生最具決定性及恆久性影響的，依舊是親職環境的品質。比方說，這一點說明了當父母並未離婚但有所衝突時，這些兒童和其他兒童相較之下，比較容易變成問題少年，而父母分居及離婚但未發生衝突的兒童，其發生問題的風險則未提高（Fergusson, Horwood & Lynskey, 1992）。同樣地，研究發現，父母死亡對成年期精神疾患而言並非風險因子，而父母離婚的狀況卻是風險因子——雖然兩者都造成兒童與父母一方分離的事實；前述觀點說明了其成因所在（Rodgers, Power & Hope, 1997）。因此，父母離婚必須放在兒童的家庭關係經驗脈絡中檢視，因爲，這些關係的本質可以減弱或強化離婚事件的後果。

依附關係的發展

兒童通常最先與母親發展關係，這在幾個層面上都具有特別的意義。其一，和任何其他後續關係相較之下，它對於個體的福祉更加必要，因爲它帶來保護、愛及安全感，充盈在兒童身心機能的各個面向中。其次，這份關係大體而言是一個長久的聯結，在整個兒童期持續

扮演著核心角色，甚至在青少年期及其後都是舒適感的來源。此外，許多人認爲，它是個體日後發展所有其他親密關係的原型，甚至到成年期也不例外。

嬰兒已經足以掌握和他人發展關係這麼錯綜複雜的事情，實在是了不起的成就。關係是極爲複雜的現象；它取決於兩個涉入其中的個體之特質，因而需要把這些特質緊密結合，形成行爲流（behavior flow），也需要把互動過程中偶爾會挑起的極其強烈的情緒相互交換、互相管理。所有的關係都蘊含著不同的面向，其中包含了親子之間的主要關係；不過，在過去數十年裡，依附關係這個面向顯然最受矚目，我們所學到的也最多。這主要得歸功於 John Bowlby 的著作（1969/1982, 1973, 1980），其依附關係理論變成了解早期社會發展最主要的管道，並帶動許多研究者針對兒童親密關係的形成進行實證研究。

依附的本質和功能

依附關係可以定義爲*對某一特定對象長期的情感聯結*。這種聯結具有下列特徵：

- 它具有*選擇性*，亦即它只針對能夠引發依附行爲的特定人士而來，其運作的方式與程度之強烈，未見於兒童與他人的互動中。
- 它包含尋求*身體的親密接觸*，亦即會試圖維持其與依附客體（object of attachment）的親密關係。
- 它提供*慰藉及安全感*，這兩者是達到身體親密接觸的結果。
- 當聯結中斷而無法獲得身體親密接觸時，則會產生*分離不適*（separation upset）的狀況。

根據 John Bowlby 的理論，這種聯結具有演化基礎及生物功能。它之所以形成，是因爲在遠古時代裡，掠食者會帶來真正的危險，人類需要一種機制，讓後代子孫靠近照顧者，藉此獲得保護，而提高其存活

的機率。由於演化天擇的結果，嬰兒與生俱來就有吸引父母親注意的本能（如啼哭），能維持其注意和興趣（如微笑與發聲），並獲得或維持其與父母的親近（如時時跟著大人或抱著不放）。換言之，嬰兒的基因有做設定，會緊跟著那些有可能保護他們、危急時施放訊號便能吸引其注意並伸出援手的個體。出生後幾個月起，嬰兒的反應譜系（response repertoire）裡就已經具有應用在此目的上的各式依附行為；這些行為起先以自動而千篇一律的模式運作，而且起初可以被各式各樣的個體所引發，但在誕生後一年內，依附行為會聚焦在一兩位個體身上，而且會受到目的性計畫的左右，而組織成較具彈性、較細膩的行為系統。因此，依附關係的*生物*功能即在於求生存，其*心理*功能則是在於獲得安全感。當然，這只有在父母回應兒童的行為時才能發生作用，人類從這裡發展出親職依附系統（parental attachment system），在演化的過程中以互補的風格顯現出來，同時也確保父母親被設定成能夠回應兒童所釋出的訊號。

　　根據 Bowlby 的理論，依附關係的功能有如控制系統，好比自動調溫器一般。其功能在於維持一特定的穩定狀態，也就是待在父母親身邊。當兒童處在這種狀態下的時候，依附行為是靜止的：兒童沒有啼哭、緊抱不放的需求，而能夠進行玩耍、探索等其他目標。當這個狀態受到威脅時，例如母親從眼前消失或是有陌生人靠近，則依附反應會啟動，兒童會主動尋求重返原來的狀態。兒童執行這項任務的行為，會隨著年齡的增長以及認知、行為能力的提升而有所改變：6 個月大的兒童只會啼哭，而 3 歲大的兒童則會呼叫母親，跟在她身旁，以及在特定區域尋找母親。這個行為也會依兒童的狀況而有所改變：當兒童生病或覺得疲憊時，依附反應的啟動速度會快得多，因為兒童需要待在母親身邊的需求已經大增。同樣地，這個行為也會視外在狀況而有所改變：在熟悉的環境裡，兒童忍受母親不在場的能力較高，在陌生環境裡則較低。然而，不論依附關係如何表現出來，它是由交織著行動、認知及情緒的網絡所組成的，其目的在於促進人類最根本的需求，也就是求生存。

發展過程

　　與他人建立關係是高度複雜的技能，嬰兒會把誕生第一年的大部分時間用在發展依附關係上，就不令人意外了。對人類的面貌與聲音投注選擇性注意力，辨識熟悉的個體，以微笑或啼哭來回應他人，直到某種不適因爲餵食或撫抱而消失爲止——這些是依附聯結的基石，但不是聯結關係本身。即使當此聯結出現時，它是以不太成熟的形式呈現，需要好幾年時間才會趨於圓熟。Bowlby 曾就此項發展提出四個時期的架構，以呈現當行爲變得越來越有條理、彈性而具意向性（intentional）時，依附關係的本質如何隨之逐步發展。以下介紹這四個時期（摘錄於表 4.2）。

　　第一期是*前依附期*（pre-attachment），嬰兒顯現出清楚的證據，在許多面向上顯示，他們誕生到這個世界時，就已經具備與他人互動的能力。這樣的社會前適應（social preadaptation）任務以兩種方式出現：

- *知覺選擇性*（perceptual selectivity），此係視覺及聽覺的傾向，使得嬰兒從出生起即會留意到其他人類。
- *訊號行爲*（signalling behaviour），意思是說，用笑或啼哭等機制，讓嬰兒能夠吸引、維持他人的注意。

表 4.2　依附關係發展的四個時期

時期	年齡	主要特徵
前依附期	0-2 個月	不加區辨的社會回應
依附成形期	2-7 個月	學習基本互動法則
依附明朗期	7-24 個月	對分離的抗議；提防陌生人；意向性溝通
目標修正夥伴關係	24 個月起	人際關係較有雙向色彩；兒童了解父母親的需要

在出生後幾週內，這些機制雖然是簡陋而不具區辨能力的，卻能確保嬰兒在此極度依賴他人的時期中，能與他人聯繫，以確保其生存。

　　第二期是*依附成形期*（attachment-in-the-making），界於出生後 2 到 7 個月間，嬰兒在此期獲得與他人互動的基本法則。這些法則特別包含注意與回應的相互調節，這在母親與嬰兒都樂在其中的面對面互動中特別有需要。要讓親子的互動很順暢的話，雙方的行爲必須同步，而嬰兒所需要熟稔的，是將個人反應與他人反應融合爲一的技巧。讓我們看看輪流回應的例子。就對話等某些互動類型而言，輪流回應是核心的要求——嬰兒與母親在前語言期的互動，就已經發現對話的存在。剛開始時，這項工作幾乎全部由母親包辦：母親會聆聽嬰兒所發出的聲音，並技巧地在聲音停頓處加入她自己的話語。換言之，母親負起這個責任，建立起輪流出聲的模式，而在這麼做的同時，她也給嬰兒機會弄清楚這種互動該如何進行。因此，嬰兒遲早會學到，有的時候該發聲，有的時候該聆聽，使得親子*共同*負責的輪流發聲成爲可能。

　　第三期是*依附明朗期*（clear-cut attachment），大約維持兩年，我們發現明確的跡象，知道嬰兒的個人互動已經形成持久的關係。尤其嬰兒從 7、8 個月大起，開始有思念母親的能力：在此之前，嬰兒與母親分開時，對於不在場的母親很少有所掛念，反而樂意接受其他人的關注，如今，分離不適以及不願意接觸陌生人的行爲顯示，親子間的聯結業已建立，這個聯結不再取決於母親的實際在場，反而具有*持久性*。人不再是可以替代的；嬰兒拒絕陌生人，因爲他心繫母親，即使母親不在場時亦然。如今，聚焦在某一特定個體身上的依附關係業已存在。這是嬰兒發展上極其重要的里程碑，其重要性在於，在形形色色的文化場景中，無論嬰兒的教養方式爲何，此依附聯結大致發生在同一個年齡。對於那些幼年處在被剝奪處境的兒童而言，他們未能在正常時機與特定親代對象形成依附關係，因而，依附關係是否必須在此年齡形成、它可否延後發生、如果可以的話能延遲多久，就成了重要的課題。研究者觀察較晚才被收養的兒童，其結果顯示，依附關係的建立時機有相當程度的彈性（詳見訊息窗 4.3）。

訊息窗 4.3

主要依附關係的形成可否延後發生？

　　基本上，兒童會在 1 歲的後半年，形成其第一個長久而在情緒上深具意義的關係。假若他們因缺乏機會而未能開展這個關係（例如在缺乏人情味的機構中被扶養長大，機構裡缺少前後一致或非常投入的親職人物），情形會怎樣發展呢？是否有所謂的關鍵期，一旦超過這個時期，發展依附關係的能力就會萎縮，使得兒童再也無法形成永久的關係呢？John Bowlby 認為的確是如此，並指出「如果延緩到 2 歲半的話，再稱職的母親幾乎也無用武之地」。假使延遲發展的狀況真的發生，兒童將被迫發展出 Bowlby 所謂的*缺乏情感的性格*（affectionless character），以沒有能力與他人形成依附關係為特徵。

　　有兩項調查研究考驗此項論點，檢視受試者的依附能力：受試者在幼年期處於社交剝奪狀態，直到 2 歲半的分界點後才被領養。其中一項研究由 Tizard 執行（1977；Hodges & Tizard, 1989），其所關注的兒童在出生後不久就由不同的育幼院撫養，他們由不斷更換的工作人員不帶情感地照顧，因而實際上並無機會與任何人發展出依附關係。這些兒童在嬰兒期過後許久才被收養，其中有些人遲至 7 歲才被領養；他們在 8 歲時首次接受評量，16 歲時再次接受評量。在某些方面，他們顯現出令人討厭的特質：例如，他們對陌生人過於友善，在學校中則往往性好挑釁，人緣不佳。然而在大部分案例中，領養家庭的親子關係是良好的：兒童很快就開始對新父母顯現真情，並進而發展成親密的依附聯結。甚至到青少年期階段，也沒有人出現 Bowlby 針對育幼院出身的兒童所描繪的刻板模式；未曾有跡象顯示，延遲數年之久會導致兒童完全無法形成親密的依附關係。

　　第二份報告係針對一群羅馬尼亞孤兒所進行（Chisholm, Carter, Ames & Morison, 1995；Chisholm, 1998），這群孤兒早年是在極度貧乏的教養機構中度過的，而後在 8 個月至 5 歲半大時被他人收養。同樣地，沒有證據顯示，其早年經驗會導致他們完全無法與養父母形成親密的依附關係：即使是那些遲至 4 或 5 歲才體驗到正常家庭生活者，也都能夠發展出情感聯結。另一方面，這些聯結的本質卻引起一些關注，因為他們缺乏傳統依附兒童會對父母親流露的安全感；這些兒童心情沮喪時，也往往難以安撫。更甚者，一如 Tizard 的案例所顯示的，這些兒童對陌生人也會表現出過度友善的傾向。

　　兩項研究都指出，假設依附能力是需要發展的，那麼，「2、3 歲係『關

> 鍵期』，兒童必須在此期形成依附關係」的說法，並不能成立。即使超過正
> 常年齡，甚至延遲數年之久，主要的依附關係仍然得以形成。這並不是說，
> 兒童經歷過早期經驗後能夠全無損傷：其對同儕、陌生人甚至是養父母的行
> 為，顯現出許多令人憂心的特質。然而，「兒童發展必須依據固定的時間表
> 而開展，他們一旦錯過某些經驗，日後就無法加以彌補」的說法，從現有的
> 證據觀之，並無充分佐證。

　　第四期是*目標修正夥伴關係*（goal-corrected partnership），始自 2
歲起，依附關係在此期會歷經眾多深層改變。尤其，兒童對他人的行
為越來越有意向性。以哭泣來說，3 個月大的嬰兒不舒服時，會以啼
哭作為對此不適的反應；相反地，2 歲大的兒童會以哭泣召喚母親前
來處理這個不適。年紀較小的前者並不因為個人行為而期待發生任何
可能的結果，年紀較大的後者則可以預見結果，因而會刻意放聲大哭
以獲得協助。更甚者，後者可能因應情境的不同而調整其哭法：例如，
母親離他越遠，哭聲就越大。假使哭泣無法奏效，他可以採用其他依
附反應以達到同樣的目標，諸如喊叫或者跟在母親身後。同時，兒童
開始了解他人的目標及感覺，在盤算個人行為時會將之納入考量。簡
言之，兒童越來越能夠依據個人及他人的目的，來規劃自己的行為舉
止，並透過這種方式投入 Bowlby 所謂的**目標修正夥伴關係**
（Goal-corrected partnerships）[21]。因此，雖則初期的依附關係是以外
在反應為主，會由特定情況所誘發及終結，後來，它卻越來越受到內
在感覺及期望所引導──Bowlby 把這種發展歸因為**內在運作模式**
（internal working models）[22]的成型。這些模式是指一些心理結構，
能把日復一日在依附對象身上所經驗到的互動及情緒具體呈現出來；

---

[21]　目標修正夥伴關係（Goal-corrected partnerships）：是 John Bowlby 依附關係理論
所採用的術語，以指稱成熟的關係。其特徵在於，夥伴雙方都能夠依據個人目標來
規劃行動，同時也將對方的目標納入考量。

[22]　內在運作模式（internal working models）：是指一種心理結構，John Bowlby 假定，
人會透過這些模式將嬰兒期所接觸到的依附相關經驗延續到成年期。

這些模式一旦成型，就能發揮作用，在所有未來的親密關係脈絡中引導兒童的行為。我們將在下文詳加討論這些模式。

安全感－不安全感

如果兒童的早期人際關係經驗對其心理發展而言是重要的，我們需要查明，不同的經驗如何產生不同的結果。依附關係是多重面向的，能夠以多種方式影響兒童；不過，其中一個面向特別受到矚目而被單獨挑選出來——兒童從這段關係獲得安全感的方式。這大部分要歸功於 Mary Ainsworth 及其同事的研究（1978），她們設計出評量依附安全感的方式，以及描述不同安全感模式的分類架構。

評量是以稱作**陌生情境**（Strange Situation）[23]的步驟為基礎，由一連串短暫而標準化的橋段所組成，在兒童感到陌生的實驗觀察室中進行，包括兒童與母親在一起，接觸到一位陌生成人，母親讓他和陌生人待在一起，單獨留在實驗室裡，最後再跟母親重聚。這種情境所誘發的壓力激發了兒童的依附行為，根據 Ainsworth 的看法，這會呈現出兒童把身為安全感來源的母親派上何種用場。這個設計因而可以作為標準化工具，來評量早期依附關係的核心本質，並且可以突顯出幼兒與母親所形成的依附關係在類型上有何不同。

這些差異已根據四種基本依附模式而加以分類（詳見表 4.3）。研究者認為，這些模式代表著社會關係初步建立方式上的根本差異，並顯現出主要聯結中形成的內在運作模式所本來俱有的安全感程度。大部分兒童落在*安全地依附*（securely attached）類別；基於其初期的正面經驗，我們可以預期他們和成人、同儕都可以形成信心十足的關係，並因而發展出穩固的自我形象，這個自我形象轉而將他們放在有利的位置，讓他們足以處理在學校及遊戲中所接觸到

---

[23] 陌生情境（Strange Situation）步驟可用來評估幼兒依附關係的品質。它包含一連串壓力大到足可誘發依附行為的橋段，並可用來將兒童分門別類，以指出其依附關係的安全度。

表 **4.3**　依附的類型

類型	陌生情境下的行為
安全地依附	兒童適度地表現出尋求靠近母親的舉動；與母親分離時感到不悅；與母親重聚時積極地迎接她
不安全的依附：迴避	兒童避免與母親接觸，與母親分離後再度重聚時尤其如此；與陌生人待在一起時並不會大感不悅
不安全的依附：抗拒	與母親分離時會大感不悅；母親回來時難以安撫，對安撫欲拒還迎
紊亂無序	兒童未曾展現一致的抗壓系統；對母親做出自相矛盾的行為，例如試圖靠近母親之後又予以迴避，顯示其對此關係感到迷惑及害怕

的各種認知任務。*不安全的依附*（insecurely attached）組就不具有這個優勢，其後續的關係岌岌可危，和安全組相較之下，其在許多生活層面中的調適並不那麼穩固紮實。少數落入*紊亂無序*（disorganized）組的兒童，特別被認為有在日後生活中衍生精神疾患的風險。如果這樣的預測為真，早期依附類型的分類的確深具重要性。

　　我們對於陌生情境所透露的內容有多大的信心呢？這個研究程序已經通過許多嚴格的評論（例如 Clarke-Stewart, Goossens & Allhusen, 2001）；其缺點包括它只適用於非常有限的年齡層（12 至 18 個月大）、人為操控的本質、所提供的行為樣本偏少，分類所主要依據的行為樣本更少（例如：兒童對分開後又再次重聚的母親之反應）、對某些類型兒童的運用讓人起疑——例如日間托兒所裡的兒童，以及對非傳統西方養育方式習以為常的兒童。如今我們手中握有的大量研究仍未提出決定性的答案，雖然它們對陌生情境研究所提出的問題已做了部分釐清。其概要如下所述（詳情請參見 Goldberg, 2000）：

■ *分類在不同年齡層的穩定性如何？* 早期依附模式的重要性大致奠基在這個假設上：某一特定模式一旦建立之後，將可永續存有。現在明顯可知的是（Thompson, 2000），在半年之類的短暫時期中穩定性很高；較長時期的穩定性就比較無法讓人留下深刻的印象。無可置疑的，拿嬰兒和年齡較大兒童做比較時，對於年齡大到不適於採用陌生情境的年齡組，就需要改採不同的評量方式，這一點攙入了複雜化因子。然而，可以明顯看到的是，評量之間的時間區隔越長，越多兒童的分類結果有所改變。依附行為所依據的內在運作模式似乎擁有一定程度的延續性，但也絕非是一成不變的——當父母養育方式的本質為了某些原因而大幅改變，或者兒童的家庭環境因疾病、離婚或虐待等壓力而有所轉變時，就可發現此現象（Waters, Merrick, Treboux, Crowell & Albersheim, 2000）。在這樣的狀況下，穩定性大致上是難以為繼的。

■ *對母親、父親的依附關係相似性如何？* 早期研究泰半只針對母親進行，這個作法符合當時「父親較無關緊要」的一般信念。現在，研究焦點已經擴大，為數頗多的研究結果讓我們得以比較對母親的依附關係和對父親的依附關係。這些研究指出分類狀況多半具一致性，據推測，這一點反應出父母雙方的養育方式具一致性。然而，兒童的依附類型會因照顧者的不同而改變，這一點說明了分類狀況是特定關係的作用，而不是兒童與生俱來的特質。

■ *兒童在依附分類上的差異成因何在？* 根據 Ainsworth 的說法，兒童是否覺得安全的主因，即在於出生後幾個月內母親對他們回應的敏感程度。也就是說，在哺育、遊戲或心情低落等情境下，母親能夠靈敏回應嬰兒需求的話，就向兒童傳達出關愛、關心的態度，讓兒童產生「母親隨時隨地可充當安全感來源」的信念；反之，未能提供這種靈敏度的母親，容易養育出未能建立初期安全感的兒童。不過，母親靈敏度與兒童安全感之間的關聯，並不像

Ainsworth 所指稱的這麼確切：學者針對其間關聯所完成的調查研究（例如 DeWolff & van IJzendoorn, 1997）的評論顯示，母親的靈敏度對依附安全度而言，是重要但非唯一僅有的條件，其他親職技能品質的重要性也不相上下。就這點而言，即使是極端異常的親職行為（例如虐兒事件中出現的行為），並不必然讓所有遭受這種對待的兒童，都產生異常的依附類型（請參見訊息窗 4.4）。

■ *早期的依附關係差異，是否會導致後期的心理功能差異？*這個問題極為重要，它試圖廓清嬰兒期經驗是否對長期發展有重要性可言。許多人主張，和被歸類到其他三種類別的兒童比較起來，幼年被歸類為具安全感的兒童，在未來歲月中，其在形形色色的心理功能（認知面及社會－情緒面皆然）上，能力較佳也較成熟。研究所提出的暗示性結果為數不少，特別是把早期依附安全度與後期社會能力做了聯結：例如，有安全感的嬰兒較可能長成受同儕歡迎的兒童。然而，這樣的聯結（特別是其認知功能的聯結）並未確切得到證實── 一部分原因在於兒童因應照顧者的不同而有不同的分類，主因則是檢驗而得的不同結果（例如，遊戲成熟度、獨立性、自尊、反社會行為等）同時也被林林總總的其他因素所決定，因此這些因素都需要納入考量。根據研究，這種聯結通常是在家庭穩定性與兒童照顧穩定性的情況下發生的，如此一來，兒童在嬰兒期及後來所得到的養育可能或多或少是相同的。

所以，比較便捷的解釋為：能夠說明兒童行為的，是其*現有*而非早年的關係模式。在我們全盤了解最早的關係如何為後續發展奠定基礎、其作用能發揮到何種程度之前，我們還需要更多的證據。

訊息窗 4.4

被父母虐待兒童的依附形成過程

　　依附的基本功能在於尋求保護，嬰幼兒相對上處在無助而依賴他人的狀況下，需要從照顧者身上得到保護。當照顧者未能滿足這項需求，例如兒童受到身體虐待、情緒虐待、疏忽及其他各種形式的虐待時，情形又是如何？這對兒童的依附形成有何影響？

　　有許多研究調查這些兒童，評量其在嬰兒期及稍後數年的依附關係形成能力（例如 Barnett, Ganiban & Cicchetti, 1999；Cicchetti & Barnett, 1991；Crittenden, 1988）。毫不令人意外地，研究發現，大部分有受虐史的兒童顯現出明顯的異常關係模式，這種現象在早期即明顯可見，並往往延續下去。和其他兒童相較之下，以陌生情境來進行評量時，受虐兒童的依附關係被歸類到安全依附組的比率大減（約 65% 比 15%），大部分兒童都被歸類到紊亂無序組（約 12% 比 80%）。在各種不安全感類別中，紊亂無序組或許是最令人憂心的部分，因為它突顯出兒童與照顧者的相處方式明顯異常。這些兒童似乎未曾發展出一致的相處策略，因為他們上一刻尋求靠近照顧者，下一刻又表現出迴避或抗拒的行為，其行為混雜著害怕和疑惑，缺乏任何正向情緒的表徵。研究者在兒童年紀稍大時，就其對父母的依附關係進行評量，發現這種關係異常的現象，在許多案例中仍持續存在，我們足可推論它將發生在其他關係上。例如，與同儕的互動顯然呈現「非打即逃」（fight or flight）的模式，也就是說，或者是高度的好鬥、挑釁，或者是高度的逃避、退縮。特別值得關注的發現是，受虐兒童日後較有可能變成施虐的成人，一代代將這種關係異常的模式傳遞下去。此外，各種跡象顯示，早年受虐會導致後期的精神疾病；和未曾受虐者相較之下，這些受虐兒童較常發生憂鬱症、壓力失調、行為異常及犯罪行為。

　　受虐兒童顯然置身於險境之中。最主要的原因是，施虐父母所挑起的懼怕以及隨後出現的缺乏基本信任的情形，剝奪了兒童的安全感，使得兒童難以發展出情緒調節的方法，也難以發展建立日後關係所必需的各種社會技能。此外，當其他家人（例如父母親之間的關係）也暴力相向時——這是兒童受虐案例中的常見狀況——恐懼的成分會被增強。至於貧困、酗酒、精神疾患等其他問題，往往也是這些家庭的特徵，受虐兒童的處境確實相當不利。

　　然而在這樣的低盪狀況下，也有兩項或許令人感到訝異的正面特質。其

一，受虐兒童往往對施虐的父母顯現出一些依附的跡象。其表達方式可能是困惑而紊亂無序的，但依附系統是這麼的強而有力，以至於即使缺乏一致的關愛與情緒溫暖，兒童仍會堅持嘗試依附在父母親身上。其二，在所有接受調查的家庭中，總有一些兒童會依循典型的模式發展，雖然無可否認其比例並不高。約有15%的兒童落入安全依附組；有些兒童在往後的歲月裡，能與同儕及他人發展良好的關係；同時，並非所有的受虐兒童日後都會變成施虐的成人。我們至今對於這些例外所知有限，然而，對這些能逃脫大部分受虐兒童命運的案例多加了解，終究將有助於協助其他受虐兒童。

內在運作模式

長久以來，以陌生情境作為評量工具的發展，幾乎完全聚焦在幼兒依附關係的行為表現形式上。直到近年，新式評量方法讓我們得以將關注焦點擴及較大的年齡層，甚至包括成人在內，緣此之故，Bowlby最被看好的概念之一「獲得如日中天的地位」，就是所謂的內在運作模式概念。

如同先前所提及的，Bowlby認為，這些模式是兒童基於先前與依附者所發生的經驗而形成的心理結構。透過這種結構，兒童能夠在心中刻劃各個依附者的適當屬性，以及其與此人所發展出的關係類型。從1歲末期開始，兒童越來越能在心裡以象徵形式來呈現世界，亦即，他們會思索其依附者、自己以及自己與他人的關係。他們能夠呼叫*不在場*的母親，這個事實意謂著，現在其行為是由內在的母親模型所引導，這些模型遲早將對兒童行為發揮更大的影響力。因此，溫暖而有包容力的母親所帶來的經驗，會在兒童身上建構出內在運作模式，將母親描繪成安全感與支持的來源；緣此之故，兒童對於「自己有任何需求時母親都會在身邊」的信念有信心，並且視母親為安全的避風港。此外，兒童的自我模型會反映出其與母親所建構的關係：若這個關係的體驗令其感到滿意，兒童會感到很安全且被接納，因而較可能形成正向的自我形象；反之，施虐的關係會帶來負面的自我形象，進而對

其行爲產生不利影響。於是，最初形成的模型可能擴及其他人，也擴及到其他關係上：覺得自己討人喜愛的兒童，可能期待自己與他人有正向的互動；覺得自己被拒絕的兒童，很可能懷抱著負面的期待來著手處理任何一段新關係。於是，內在運作模式一方面是過去的表徵，另一方面則在未來親密關係的脈絡中被用來引導行爲。由於新經驗不斷加入之故，這些模式絕非不具彈性的或是不爲改變所動的；然而，Bowlby 認爲，最早形成的模式最有可能持續下去，其主因在於，它們往往存在於意識之外，因而較無法輕而易舉地取得。表 4.4 摘要列出內在運作模式最主要的特徵：

這些模式強調一項事實：依附是畢生的現象，並不限定於誕生後的頭幾年。不過，依附的外在呈現雖然可輕易加以觀察，但內在現象的擷取則較爲困難。研究者做過很多嘗試，以發展出適用於不同年齡層的技術，其中尤以成人爲然（參見 Crowell & Treboux, 1995），這些

表 4.4　內在運作模式的特徵

- 內在運作模式是心理的表徵，不僅僅是對他人或一段關係的「圖像」而已，也指涉這段關係所挑起的感受。
- 內在運作模式一旦形成，大致上存在於意識之外。
- 兒童尋求靠近父母親所得到的經驗，以及其是否得到滿足，將會左右這些模式的發展。
- 尋求靠近父母親的嘗試被前後一致地接納的嬰兒，以及這個嘗試被阻擋或未被前後一致地接納的嬰兒，其運作模式的本質存在著根本差異。
- 在發展的過程中，運作模式穩定下來，但對於日後關係經驗的影響並非是不爲所動的。
- 這些模式的功能，在於提供個體一些準則，以引導其關於重要他人的行爲及感受。它們使得個體得以預測及解讀他人的行爲，並規劃個人行爲以作爲回應。

資料來源：引自 Main, Kaplan & Cassidy（1985）

技術以**成人依附訪談**（Adult Attachment Interview，簡稱 AAI）[24]使用最爲普及。它包含一連串問題，置於半結構式訪談的架構中，設計目的在於引出個體嬰兒期依附關係的經驗，並讓受試者評估這些經驗如何影響到其後的發展與目前的運作。事實上，被認爲重要的比較不是這些回憶的內容，而是這些回憶被表述的方式，而其連貫性和情緒開放度尤其受到關注。研究者藉由一連串的給分而得出其分類類型，摘述個體關於依附關係的心理狀態。此分類包含下列四種類別：

- *自發組*（autonomous）：歸類到這一組的個體，坦率而條理分明地討論其兒童期經驗，同時承認正面及負面的事件與情緒。他們因而被視爲安全的，有別於以下三組。
- *回絕組*（dismissing）：這些個體似乎被阻絕於兒童期的情緒本質之外，尤其會否認其負面經驗或者不考慮其意涵。
- *出神組*（preoccupied）：這些個體過於投入其回憶內容，顯得神魂顛倒，以致於在訪談中變得前後不一致和困惑不已。
- *無解組*（unresolved）：當受試者指出，他們在經歷到包含創傷及失落在內的童年痛苦經驗之後，未能成功地重建其心靈生活時，就會被歸類到這一組。

初步證據顯示，這四種分類分別與幼兒依附關係中所發現的安全、迴避、抗拒及紊亂等四種類型互有關聯。也就是說，歸類到特定類別的母親，很可能養育出落入相對應類別的兒童。假使這個推論爲真，這意謂著，母親本身在童年所建構出的內在運作模式，將會影響到其與孩子的互動模式，緣此之故，兒童與她形成特定的依附類型。代間持續性（intergenerational continuity）因而出現。甚至有跡象顯示，一定程度的持續性可以橫跨三個世代，亦即從祖母、母親傳遞到兒童身上（Benoit & Parker, 1994）。

24　成人依附訪談（Adult Attachment Interview，簡稱 AAI）是半結構式訪談程序，用以引出成人在兒童期與依附者之間的經驗。我們可以藉由它將個體分類，這些不同的類別分別摘述其在親密關係中的心理狀態。

同儕關係

　　兒童漸漸長大時，開始形成差異性日漸明顯的人際關係。在各種關係中，與年紀相仿者所形成的聯結在兒童的生活中扮演著特別重要的角色。「只有父母親（甚至是只有母親）關乎兒童心理發展」的舊有論調未能獲得證實：在所有的文化中，兒童花相當多的時間與同伴相處；更甚者，從兒童年齡很小的時期起，我們發現其與兒童作伴的機率多過與大人作伴的機率（參見圖4.4）。光是這一點就意謂著，同儕關係對兒童行為、思考的影響不可輕忽──的確，Judith Harris（1998）及 Steven Pinker（2002）等某些作家的觀點很引人注目，她們認為，社會化主要發生在同儕團體裡，而父母親的影響力過去一直被誇大其詞。這種觀點或許是言過其實；較有可能的結論是：父母親與同儕負責不同的功能，這兩者在迎合兒童生活的特定需求上，都扮演著獨特的角色。

垂直關係和平行關係

　　將關係劃分為以下兩種類型來思考，會有所助益（Hartup, 1989）：

■ *垂直關係*是指跟知識、權力都比兒童高者所形成的關係，因此大體上包括父母、老師等年長者。其互動的基礎往往具有互補性質：成人掌控而兒童遵從；兒童尋求協助而大人提供協助。垂直關係的主要功能在於提供兒童安全感及保護、協助他們獲得知識與技能。

■ *平行關係*是指具有同等社會權力的個體間所形成的關係；個體間是平起平坐的，其互動的基礎往往是互惠而非互補的。甲躲藏，則乙尋覓；甲投球，則乙接球。角色可以互換，因為夥伴們的能力旗鼓相當。平行關係的功能，在於獲得只能在同儕中學習到的技能，例如合作與競爭所涉及的技巧。

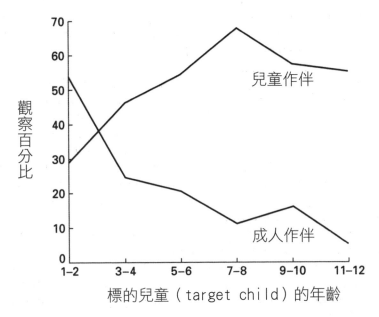

圖4.4　不同年齡的兒童與同儕、成人作伴的時間
（Ellis, Rogoff & Cromer, 1981）

　　在某些方面，平行關係比垂直關係更難維持。父母往往會維繫其
與幼兒的互動：他們可能讓兒童設定對話主題，將兒童的話語完整說
出，解讀兒童的願望──即使這些願望未曾被明白表述出來，父母的
做法也如出一轍。這些殷勤的舉動未曾見於同儕關係；在同儕關係裡，
每一位兒童各有其行程，雖然這些行程會隨著年齡增長而益形重疊，
然而在許多層面中，兒童獲得共同互動所需技能的壓力會大得多。因
此，兒童在彼此的陪伴中，學到與成人作伴時所無法學到的能力──
領導品格、衝突化解技巧、分享的角色、服從的運用、如何面對敵意
及霸凌行為等。此外，兒童團體一旦形成，很快就會發展出團體的價
值觀及習俗慣例──從衣服、髮型等外貌事項，到世界如何運作的概
念都是。兒童就這樣彼此社會化，其方式與父母社會化的要旨差距頗
大。

　　然而，不管家庭與同儕團體所提供的經驗差異性有多大，兩者之間並非是涇渭分明的。某個場域所發生的事情會影響到另一個場域，這一點可見於從親子關係延伸到同儕關係的兩種影響力（Ladd, 1992）：

■ *直接影響*是指父母親扮演著兒童社會生活的「設計者」角色。例如，父母親選擇居住在特定區域，因爲這個區域有安全的環境可供兒童玩耍，或者特定社會群體中有未來可能的玩伴；父母會邀請他們認爲「合適的」朋友到家裡；父母可能會直接介入同儕團體的活動，以確保孩子能獲得「適切的」經驗。這種舉動主要發生在幼兒身上，兒童年齡稍大時則較少。不過，跡象顯示，父母親干預過多時結果會適得其反，使得兒童社會能力有所不足，這個現象甚至在學齡前兒童身上也爲真。

■ *間接影響*並非是刻意安排的作爲，而是指兒童的家庭經驗對同儕互動所產生的影響。例如，依附安全性被認爲可以提升全面性的社會能力，尤其對同儕關係有正面影響。而且，某些子女教養風格類型與同儕關係品質之間具有關聯性：因此，和溫暖而支持孩子的父母相較之下，冷漠而拒絕孩子的父母較可能教養出好鬥挑釁的兒童（譯註：aggressive 一詞在英文中有多種意涵，如好鬥挑釁、攻擊侵犯、有進取精神等，此處取其挑釁的意思）；高度專制父母所教養出的兒童，往往社會技能不足；過於溺愛而不設定界線的父母所教養出的兒童，與他人相處時行爲往往缺乏控制；而用心接納、敏於覺察的父母，會把對於人際關係的信心傳遞給兒童，這份信心能協助兒童參與家庭之外的各種社交活動。在這些例子中，我們的立論是某一環境所發生的事情會延伸到其他情境中；基於家庭是兒童最主要的成長背景之事實，影響力大致上是從家庭延伸到同儕世界的。

　　讓我們看看圖 4.5 的實線箭頭，這幅圖把以上說明所提出的影響鏈扼要呈現出來。父母的人格決定了其所採用的教養方式；教養方式轉而影響兒童的人格特質；兒童的人格特質則影響其與其他兒童所形

成的關係。不過,虛線箭頭指出,單向因果解釋會失之過度簡化:兒童的同儕經驗能影響其自我概念,進而影響其所發展的人格特質;這些特質會影響父母對待兒童的方式;父母與兒童的特質在許多面向上都是相互關聯的,其聯結不只是透過共同的血緣關係來運作。家庭關係與同儕關係無疑是彼此相關的,然而,其關聯性並不單純,也無法讓人一眼看穿。

同儕關係對發展的貢獻

　　小嬰兒也對其他嬰兒感到興趣,即使剛開始時只不過是注視、碰觸以及偶爾發生的玩具搶奪。不過,從學步期開始,兒童間的互動益形複雜:特別的是,兒童變成有一起玩耍的能力,而不只是在別人身旁玩耍。於是,有所聯結的行為序列變得更長、更頻繁,合作、互惠性質的遊戲開始出現;此外,兒童在夥伴的選擇上更具有選擇性。這個現象可見於兒童團體日益突顯的性別區隔(gender segregation)現象中:大約從 3 歲起,男生較喜歡和男生玩在一起,而女生較喜歡和女生玩在一起——這個趨勢會延續整個兒童期(Maccoby, 1998)。這個現象也可見於兒童對特定個體的偏好上:友誼變得深具意義而備受重視,因而,兒童主要是跟其所喜歡、重視、主動尋求一起作伴的個體交往。同儕關係所被賦予的功能,泰半來自刻意挑選出來的孩子們;這些孩子們在兒童的日常生活中,可能形成影響力日漸高漲的一環。

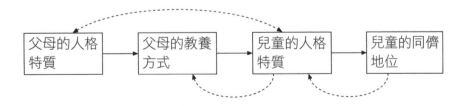

圖4.5　　家庭系統與同儕系統的聯結關係

同儕關係在社會及智能這兩個層面，分別對兒童發展有所貢獻。就社會發展而言，兒童期的基本任務之一即在於建立認同感——亦即試圖為最重要的問題「我是誰？」找到答案（我們將在第十章進一步討論這個主題）。自我感（sense of self）主要是在關係的脈絡裡建構的——最初是與父母，之後同儕的分量日漸加重。從學齡前到青少年階段，其他兒童如何看待這個個體，他們對這名兒童做出何種行為舉止，都是事關緊要的議題。這是友誼的重要性在兒童期無出其右的理由所在：它意謂著受到別人的賞識與接納，因而有助於協助兒童形成正面的自我感（「他們喜歡我，所以我是很棒的」）。在同儕團體中，兒童也發現自己適於扮演的社會角色是哪一些——是做領導者或跟隨者？是做霸凌者或霸凌受害者？要扮演小丑、策士、大施主，或是團體自然而然賦予成員的眾多其他可能身分之一？此外，兒童隸屬於同儕團體的事實意謂著，關於外表、行為以及最後出現的道德價值觀等種種規範，會融入兒童的自我感，主導著世事是否可以接受的決定。兒童團體通常會採行某些例行儀式或習俗，期待團體成員予以遵守：他們可能有自己打招呼和穿著的方式，有自己的私房笑話和耍嘴皮子的慣例，對某些流行樂團有特定的偏好，對師長或公眾人物有一致的觀感，也對日常生活中的是非對錯有共同的價值觀。同儕文化就循此途徑發展，它可能與兒童和成人所共有的文化大異其趣；同儕文化是兒童強烈認同的對象，對於其對自我和他人的觀感影響至鉅。因此，同儕一方面把獨樹一幟的個體性指派給每一名兒童，另一方面也藉著服從團體規範的壓力讓成員如出一轍。

同儕對兒童智能發展的影響也是顯而易見的。有種假設認為，兒童只能從成人身上獲得知識，而教育不過是父母師長將其所知傳授給一無所知的人；這個看法是過度簡化了。以*同儕合作*的研究為例：目前有許多論證顯示，純真無邪的兒童一起著手處理問題時，其在理解問題的進展上，要比他們自行處理問題時深遠得多。這包含了各方面技能的發展（例如數學、音樂作曲、物理、道德思辨、計算等），指涉到非常廣泛的年齡層及能力範疇。讓兩名同樣一無所知的兒童解決一

道智能問題，現場沒有老師給予指導；兩人的關係是基於共同興趣而非權威來運作。透過積極討論和意見交換，藉著分享個人片面而不完整的觀點，兩名兒童終於找到其個人所無法單獨完成的解答。學習因而是共同探索的過程：三個臭皮匠似乎勝過一個諸葛亮。人必須和對此問題持有不同觀點者互動，這個事實挑戰了兒童，讓他們檢視個人的看法，新的解題模式因而浮現，這個解答要比兒童個人的構思周延得多。不論解題的主要過程涉及的是合作或者（正好相反）是其不同意見的分歧衝突，同儕合作是極有效能的學習工具（至少在某些情況下是如此），但其成因尚未釐清。可以確定的是，同樣一無所知的兒童在處理他們所面對的問題時，以較不受拘束的討論以及可能採行的各種解決方案來啟迪新的洞察，並提升其個別的學習成效。看起來，同儕合作可以提升兒童的認知與社會發展（Howe, 1993）。

同儕團體中的地位

我們可以就智能、焦慮程度或藝術能力等特質，針對兒童個人加以評量。我們同樣也能以團體成員的身分，也就是說針對兒童在同儕間的地位，來做評量。兒童在同儕間是否受歡迎？是擔任領導者或追隨者？是否被同儕接納或拒於門外？人緣好不好？就他們重視同儕意見的程度而言，以上這些特質對兒童來說事關緊要。而同樣顯而易見的是，這些特質可以勾勒出其未來心理調適及行為舉止的可能趨勢。

現今用於兒童社會地位的評量測驗可說是不勝枚舉，**社會計量法**（sociometric techniques）[25]即是其中應用最為廣泛者。例如，為查明兒童受歡迎的程度，兒童可能收到一份列有全班同學姓名的清單，然後就「你最想跟誰一起玩？」「你不想跟誰一起玩？」等問題作答。另一種方式是逐一針對班上每一位同學來問問題，例如「你

---

[25] 社會計量法（sociometric techniques）形式五花八門，其宗旨都在於提供個體在團體中的地位之量化指標（例如其受歡迎的程度）。

有多喜歡與這位同學在一起？」，然後在喜歡－不喜歡的尺度上得出每一個人的等級。同儕提名所得的答案，可以進而用來確定任何一位兒童受歡迎的程度。另一種方式是觀察遊戲場所之類情境裡的兒童，留意誰跟誰互動，每一名兒童各有多少人來找他作伴。透過這種方式，我們可以建構出團體的社會結構，從中找出某一特定個體的受歡迎或被排斥程度。

研究者透過這些工具，根據兒童在正負向同儕提名中頻率的高低，訂出五種*社會計量地位類型*，也就是：受歡迎組、被排斥組、被忽略組、有所爭議組及一般組。研究者對前三組興趣濃厚；有所爭議組是指那些有人喜歡、有人不喜歡的兒童，一般組兒童則落在同儕評比的中間，其他同學對他們沒有強烈的好惡感覺。如同表 4.5 所摘述的，受歡迎組、被排斥組、被忽略組的兒童則大異其趣。受歡迎的兒童外向、友善，往往是天生的領袖。被排斥的兒童之所以不受歡迎，是因為他們往往情緒波動強烈或性好挑釁，因而其對他人的主動示意往往被拒絕。被忽略的兒童往往拙於社交；他們生性害羞而缺乏自信，常常自己玩耍或者在大團體的邊緣地帶玩耍。

後續研究中發現，早期同儕地位與兒童的後續調適能力息息相關。換言之，兒童對同儕的評價，可以透露出這些同儕日後發展的可能結果。相對於其他四組，受歡迎的兒童之後往往表現出高度的社交能力以及較高的認知能力，在挑釁好鬥及社會退縮兩個項目上的得分也往往最低。或許令人大感訝異的是，被忽略的兒童並沒有後期調適障礙的危機——其原因部分在於，他們和其他組別不同，其同儕社會計量地位並不十分穩定，比較取決於他們在評量時所恰巧隸屬的特定團體。他們往往變成社交性較弱的個體，可能有點被動，但是這些特質很少會到達病態的程度。

另一方面，被排斥的兒童必定引來最深切的關注，他們也是被研究得最透徹的一組。基於預測目的，把這一組劃分為兩個子群實際上是有所助益的：其一是因為情緒波動和挑釁行為而被同儕排斥者，占大多數；其二則是因為社會退縮及過度克制而被同儕排斥者。兩個子

表 **4.5**　有關受歡迎、被排斥及受忽略兒童的人格特質

受歡迎的兒童

- 正向而愉悅的氣質
- 外表具吸引力
- 有許多雙向互動
- 合作遊戲的程度很高
- 願意分享
- 能夠維繫互動
- 被認為是優秀的領導者
- 較無挑釁行為

被排斥的兒童

- 有許多紊亂的行為
- 好爭辯、反社會行為
- 太過活潑好動
- 愛說話
- 熱中於嘗試社交門路
- 很少進行合作遊戲，不願意分享
- 較常單獨行動
- 行為失當

被忽略的兒童

- 害羞
- 難得做出挑釁行為，面對他人挑釁時會退縮
- 很少做出反社會行為
- 不夠果斷
- 經常單獨行動
- 迴避雙向互動，與較大型團體的相處時間較多

群都是後期心理疾患的高風險者：被排斥／好挑釁的兒童將**問題外化**（externalizing problems）[26]，而被排斥／社會退縮的兒童則將**問題內化**（internalizing problems）[27]。問題外化包括人際互動敵意、行為紊亂失序、缺乏衝動控制、犯罪行為等特徵；具有這些特徵的兒童，會參與各式各樣粗野、反社會的活動，可能有欺壓弱小、逃學曠課等行為，可能在學校出現學業成就低落、中輟等適應困難現象。在成年期，他們也可能持續表現出達到病態程度的公然張揚行為。問題內化包括焦慮、孤獨、沮喪及懼怕感；這些兒童很容易變成受害者，並會發展成社會孤立的個體，很少與人互動，建立人際關係的技能很有限。和其他兒童相較之下，這兩個被排斥兒童的子群，在後期發展出心理社會障礙的機率較高，因而必須認定是處在險境中的兒童組別。我們可以總結，兒童與其同儕所形成的關係類型，可以讓我們對其面對整體社會世界的因應機制略知一二；這些機制歷經多年後，似乎仍具有一定的穩定性，因而可以協助我們預測其未來在適應障礙上的可能發展（K. Rubin, Bukowski & Parker, 1998；Slee & Rigby, 1998）。

　　依附關係之於嬰兒期，一如同儕關係之於後來的歲月：就此二者而言，其所形成關係的本質都為未來提供了一些有趣的洞見。無可否認的，預測必須謹慎為之；後續經驗很有可能改變期待中的發展歷程，但在環境穩定的狀況下，預測理所當然是易如反掌的。然而，一如研究者所認為的，依附關係不安全的嬰兒有發生後期社會障礙的風險，被同儕排斥的兒童同樣也有風險。我們在此強調，風險與必然性有其分野；它只意謂著，這些個體在統計上*較有可能*有異於常人的發展方式。就此而言，針對依附類型與同儕關係地位所得到的關聯性並無不同之處：數量有限但無從否認的證據指出，依附關係不安全的個體在形成同儕關係上*較有可能*遭遇困難，因為，和那些嬰兒期被歸類到安

---

[26]　問題外化（externalizing problems）是指將行為疾患向外「宣洩」，諸如挑釁、使用暴力及犯罪行為。

[27]　問題內化（internalizing problems）是指疾患透過內在症狀而呈現出來，如焦慮及憂鬱症。

全依附組別的兒童相較之下,他們較不受歡迎、朋友較少、在團體情境中自信心較不足(Sroufe, Egeland & Carlson, 1999)。就研究方法論而言,隨著年齡的增長來驗證持續性是極其困難的任務;然而,我們有足夠的證據顯示,不論年齡層爲何,個人關係品質是預測後期調適狀況的最佳指標之一。

本章摘要

兒童發展是在人際關係的脈絡中進行的,而關係主要是在家庭背景中接觸到的。

除了已婚夫妻養兒育女的傳統家庭形態之外,家庭的形式不拘一格,而且也沒有跡象顯示,出自非傳統家庭會爲兒童帶來任何不利的影響。研究顯示,決定適應能力的因素並非是家庭結構,而是家庭功能,也就是人際關係的品質。就所有家庭類型而言,系統觀是最爲適切的視角,它把家庭視爲動態的實體,由個別成員及其人際關係所組成。這三個層面是互相依賴的:某一層面所發生的事件會影響到其他層面。舉例言之,離婚不僅影響到家庭整體的平衡狀態,也牽動到其他兩個層面。然而,就其對兒童的影響而言,離婚最大的危害來自於父母親之間的衝突;即使離婚並未成真,它仍可能具有致病力。

從出生開始,兒童處於前適應狀態,準備和其他人發展關係。依附關係始於嬰兒期,並在隨後數年中,從類似反射作用的行爲模式發展成具有高度選擇性、計畫性與彈性的反應系統。隨著關係的內在運作模式之發展,兒童比較能容忍其與父母親的分離時間逐步拉長;逐漸地,兒童也能夠將他人的意向納入考量,他們的關係因而變得更趨平衡而具有彈性。

兒童所形成的依附關係在本質上有顯著的差異,這在聯結的安全感-不安全感向度上尤其明顯,一如 Ainsworth 的陌生情境實驗所呈

現的結果。Ainsworth 根據嬰兒在這些情境中的行為將兒童分成四組，據信，這種分類法可以預測未來形形色色的心理功能，包括兒童的社會能力、自我形象以及多種情緒發展層面。然而，這種聯結並非牢不可破：早期經驗可能奠定基礎，但後續事件也可以改變發展的方向。

同儕關係的影響也非常顯著，與來自父母親的影響有所不同。與同儕交往可協助兒童獲得各式各樣的社會能力，形成兒童的社會認同（social identity）；同儕合作也能提升其智能發展。學者發現，受歡迎、被忽略及被排斥等兒童同儕地位分類法，可用來預測其後續適應狀況；被排斥的兒童特別處在險境之中，有可能在日後罹患心理疾患。

延伸閱讀

Dunn, J. (1993). 《幼兒的親密關係》*Young Children's Close Relationships.* London: Sage. 這是值得一讀的作品，介紹兒童和父母、手足、朋友及其他兒童所分別形成的關係，尤其關注這些關係在本質及意涵上的個別差異。

Goldberg, S. (2000). 《依附與發展》*Attachment and Development.* London: Arnold. 這本書針對依附本質與發展的研究做極為廣泛的敘述。作者提供了理論和實證研究結果，尤其著眼在型塑早期依附關係的因素、內在運作模式的發展，以及不同依附類型對身心健康的影響。

Hetherington, E. M. (ed.) (1999). 《離婚、單親和再婚的調適：風險及復原力的課題》*Coping with Divorce, Single Parenting and Remarriage: A Risk and Resiliency Perspective.* Mahwah, NJ: Erlbaum. 本書各章節是由首屈一指的研究者就家庭功能和失功能（dysfunctioning）的多元主題進行論述，尤其關切兒童對離婚、繼親（step-parenting）以及在不同的家庭情境中生活的種種適應，並深入探討親子雙方在復原力及脆弱性這兩個向度上表現大異其趣的原因。

Hinde, R A, & Stevenson-Hinde, J. (eds) (1988). 《家庭裡的關係：相互影響》*Relationships Within Families: Mutual Influences*. Oxford: Clarendon Press. 本書探討的是家庭關係的不同面向，再三強調這些關係之間牽絲攀藤的關連性，以及它們對兒童發展的影響途徑。本書涵蓋的主題包括系統理論（systems theory）在家庭上的應用、夫妻關係和親子關係之間的交互影響、新生兒對家庭所造成的影響、跨代行為（behaviour across generations）的一致性、以及衝突和離婚對家庭所造成的後果。

Schaffer, H. R. (1998). 《為兒童做決定：心理學上的疑問與解答》*Making Decisions about Children: Psychological Questions and Answers* (2nd edn). Oxford: Blackwell. 研究可以就家庭的實務議題提供引導，這本書即針對眾多領域提供資訊，例如母親受雇的影響、離婚的效應、不同家庭形態的意涵，以及男女性作為父母的相對適切性。

Slee, P. T., & Rigby, K. (eds) (1998). 《兒童的同儕關係》*Children's Peer Relations*. London: Routledge. 本書蒐羅同儕關係研究中的時興議題之相關報告，內容包括文化、家庭和父母親對兒童社交能力的影響、性別和種族對同儕關係本質所帶來的衝擊、殘障和疾病所造成的影響、以及促進和諧同儕關係的介入方法之效力。

第五章

情緒發展

　　兒童主要是透過人際關係學習到各種情緒。親密的人際互動必然包含各種情緒經驗，包括愛、厭惡、驕傲、羞恥，悲傷及快樂的情緒。亦即當與他人互動時，兒童即能透過此機會來觀察他人如何處理感受和情緒，而且了解到自身的情緒回應如何影響他人。為了兒童社會調適及心理健康之故，有些重要情緒經驗是兒童應該學習且可從中獲得助益的。

　　更精確地說，兒童應該學習什麼呢？讓我們舉出三個重要面向來做說明：

- *注意自身的情緒狀態*。兒童需要學習，處在何種情境下，他們會變的很容易生氣（或害怕、害羞等）？到底是在什麼情境下？每一種內在情緒的感覺為何且如何表現於外呢？應標記為何種情緒？這些都包含一定程度的自我覺察，亦是一種能反觀自身感覺及行為的能力。要完全發展此能力，需要相當複雜細緻的工程，雖然這種能力在兒童早期就開始發展。

- *控制自身情緒的外在回應*。在所有社會中，要表達情緒性的感受，皆有其可接受的範圍。尤其在一些攻擊行為上，特別會加以禁止或以一種不影響一般社會生活的方式做疏通處理。這對於正向情緒性回應也一樣適用，如高興或驕傲行為。特別在一些文化中，這種過於外顯的情緒性表達往往會令人蹙眉且不受歡迎。因此，兒童必須學習將內心感受與外在表達分離，並找出合適的模式來表達情緒，這是學習社會化的重要歷程。

- *辨識他人的情緒回應*。從他人外在行為來解讀其內在情緒的能力，是社會人際關係中相當重要的。從他人外在行為可辨識其情緒，並理解其所傳達的情境內涵，有助於兒童採取適當的模式回應。因此，從某些不愉快的經驗中，兒童可以學習到情緒處理的準則。例如：父親工作回家後，皺著眉、嘟著嘴、不講話及避免目光接觸時，即代表他正處在某種憤怒、挫折及需要清靜的情境，或母親面帶微笑、一派輕鬆及講話輕柔時，表示她現在很高興，

可以接近並尋求慰藉和協助，說明在家庭中學習到的各種情緒經
驗都可運用在其他情境中。雖然在某些狀況下需要做一些調整以
符合特定人物的情緒狀態，然而在任何社會中，各種情緒表達模
式其實是相當有限的。

　　我們應對所有面向進行說明，特別是我們應考慮到早期兒童期情
緒發展的本質，及生理和社會層面對發展歷程所產生的直接影響。兒
童應學會一定的**情緒能力**（emotional competence）[28]，是一種代表兒
童能處理其自身情緒並能確認及處理他人情緒問題的能力。若沒學會
這樣的能力，會導致相當嚴重的後果，這也是另一個我們需要進行研
究情緒發展是如何發生的重要原因。

情緒是什麼？

　　我們常覺得「情緒」一詞是如此熟悉，以至於問及這一問題時，
我們似乎會感到有些荒謬。雖然情緒與我們息息相關，但是對情緒進
行嚴謹的科學研究還是近數十年才開始。一部分的原因是過去我們看
待情緒時，總是抱持相當負面的態度，情緒被認為是不安而混亂的心
理狀態，會干擾人類認知功能的運作。認知功能主要依據人類的中樞
神經系統運作，而情緒最主要涵蓋在自律神經系統中，這是人類最原
始的部分，這讓我們更貼近於動物物種特性，並且讓我們具有演化為
最高進化物種的功能。直到最近，對情緒予以正面看待已是相當普遍，
人們對於情緒已不再將其視為身體系統的一種噪音而已，而是認為其
對於推動人類發展及身心調適有其一定的功能存在。在現今，有關兒
童情緒發展的研究已是相當熱門（請參閱 Denham, 1998；Saarni,
1999；Sroufe, 1996）。

---

[28]　情緒能力（emotional competence）：是一種說明個人處理自身情緒及他人情緒能
力的用語。

本質和功能

　　情緒仍是屬於相當模糊的研究領域，故最好的方式就是從下定義
開始：

　　情緒是一種因某一重大事件發生而產生的主觀性反應，其導致心
　　理上、經驗上及外在行爲上的改變。（Sroufe, 1996）

這只是許多定義中的一種，反映出詮釋情緒本質的不易。然而，這一
定義卻能包含許多造成情緒發生的元素：

■ *誘發的事件*。每一情緒的產生總是由一特定的事件所引發。例如：
　　驚訝是經由非預期的事件而產生的感覺、生氣是因爲目標受干擾
　　而產生、害怕是因爲處於受威脅的情境而產生、害羞則是因爲自
　　尊受打擊而產生等等。

■ *生理成分的影響*。例如：心律及脈搏的改變、急速呼吸、不斷流
　　汗、皮膚發熱、及其他由自律神經系統所控管的功能改變。

■ *經驗成分的影響*。例如：自身內在所引發的感覺。這是個人經驗
　　中最令我們熟悉的領域。一方面這是一種藉由心理層面的改變所
　　產生的意識覺醒，另一方面也是對誘發情境所產生的認知評估。
　　在兒童期中更重要的是，年紀的改變在認知層面扮演的角色越來
　　越重要：受驚嚇的嬰兒只不過是對所有恐懼做出回應而已；而年
　　紀較大的兒童則會對此做出因應之道，如逃跑，不會只是傳達，
　　還會控制恐懼的情緒。

■ *外在行爲的改變*。大多數人可以從他人外在行爲的改變確認其情
　　緒狀態。最明顯的莫過於面部的表情，及以下我們將看到的部分，
　　如聲音的改變（例如：高音調往往與驚恐有關）及特別的姿勢（例
　　如：當生氣時拳頭的搖動）都是屬於外顯的徵兆，都能使他人了
　　解個人不只喚起了情緒，也喚起何種特定情緒。

　　讓我們再次重申情緒有其積極性的功能，它們不只是身體系統的噪音而已。就如對陌生人的害怕而言，兒童 6 個月半時，這種現象就會開始顯現，而漸漸地在與其他人相處時的反應中區別出來（Schaffer, 1974）。因此，與陌生人的初次認識往往會產生焦慮與不安，而這種焦慮與不安的情緒又與兒童本身的性格有關。這種情緒性反應對兒童相當有幫助，因爲兒童與其習慣性反應互相連貫，例如抗拒性、退縮性及向父母親求助的慣性。此外，兒童的哭泣被當作一種溝通工具，用以提醒其母親採取合適的舉動。透過情緒性反應及象徵，兒童在其尚未有足夠能力利用言語表達時，可以用來告知別人他的需求。因此，兒童害怕的模樣可確保其會與值得信賴的人在一起而不會獨自面對，這樣的生存法則毫無疑問地將這種回應模式深植於個體的內在機制中。所有情緒都帶有某種生存價值，並在人際關係及人際相處中發揮一定的功能。

生理基礎

　　不需教導兒童害怕、生氣或喜樂。此類情緒表達是相當自然的事，是與生俱來的。然而，這並不代表嬰兒出生後即具有完整的情緒能力，如同我們剛剛所說的，兒童對陌生人的恐懼直到他出生後第 1 年晚期時才顯現出來；而複雜的情緒，例如驕傲和害羞，則又更晚才會出現。直到現在，並沒有明確的證據說兒童需要特定的經驗來將這些情緒融入其反應中。然而遺傳基因似乎可確保兒童有不同的情緒反應，在不同的年齡層會有不同的情緒發展，且是對所有人是以相同的形式呈現，不會因爲其社會或種族而有所不同。

　　而這正是達爾文（Charles Darwin）的信念，在其著作《人類與動物的情緒表情》（*The expression of the Emotions in Man and Animals, 1872*）一書中，達爾文首次嘗試以科學方法，從許多不同的層面來記錄兒童的情緒行爲，並解釋其行爲起源。許多實徵資料都是來自於達爾文對兒子多迪的深入觀察，有關多迪表達憤怒情緒的觀察如下：

> 要瞭解究竟是在多早的年紀即會表達憤怒是相當困難的事。在他
> 出生後第 8 天開始哭泣,之前所展現的皺眉及眼睛周圍的皺紋可能
> 是因為感覺痛苦或沮喪所引起的,而非是一種憤怒的感覺。當他
> 約 10 周大,被餵以冷牛奶時,他一邊吸吮,他的前額即會經常性
> 地出現輕微皺眉的現象,所以他看起來就像一個被強迫去做一些
> 他並不喜歡的事情的大人。當他近 4 個月大時,或許再更早一點,
> 從其滿臉及頭皮脹紅的現象中,毫無疑問地可以說他在表達憤怒
> 了。(Darwin, 1872)

從這個例子可以看出,達爾文相當著墨於情緒的面部表情,特別是他認為,這些是人類遺傳的部分,經由來自對求生存奮鬥的回應形態演化而來,並且與許多其他靈長類動物所展現的方式有很多共通處。因此,某些情緒表現,例如,因為驚恐而產生的寒毛直豎,或因為極度憤怒而產生牙齒外露的現象,除非人類曾經在較低等且如動物般生活情境下生活,不然人類為什麼會有像動物般的反應這個現象是很難解釋的(Darwin, 1872)。

　　過去曾有多位研究者試圖了解情緒成長的過程,特別是想要知道即使是在新生兒身上也可發現的人類基本情緒反應。情緒性表達是一種快速發生的現象,許多早期研究往往只能單靠感覺印象(impressions)而已。然而近年來,發展出許多技術可以對這些面部表情進行客觀而詳盡的描述,如 Ekman 和 Friesen(1978)的臉部活動辨識系統(facial action coding system, FACS)或 Izard(1979)的臉部活動最大辨識系統(maximally discriminative facial movement coding system, MAX)。至今雖然仍無一通則來精確說明情緒到底是在人類出生後多久開始出現,但有許多專家表示大約 6 週開始,基本情緒表達已是可以確認,亦即*憤怒、害怕、驚訝、噁心、喜樂及悲傷*的情緒反應。每一種情緒都與一特定神經相連接,並以特定方式表現出來,對每一種情境,其反應會出現特定適應性功能(詳見表 5.1)。當然,這樣的表達反應會暗示他人這個兒童目前的感覺為何。例如:當處在一

表 **5.1** 六個基本情緒及其表情

情緒	面部表情	生理反應	適應性功能
憤怒	眉頭深鎖並上提，張開嘴並嘟嘴	心跳加快、體溫上升且臉部泛紅	克服障礙，達成目標
害怕	揚起眉頭，張大眼並僵直性注視刺激物	快速穩定的心跳、體溫降低、呼吸急促	知道威脅物，避免危險
噁心	眉頭深鎖、皺鼻、兩頰上揚、嘴上提	心跳變慢、體溫降低、皮膚抵抗力增加	避免危險來源
悲傷	眉心上揚、嘴角下拉、下巴中間上揚	心跳降低、體溫下降、低皮膚傳導力	鼓勵他人予以安慰
喜樂	嘴角上揚、雙頰突起、眼睛瞇起	心跳增加、呼吸不規則、皮膚傳導性增加	準備好與他人進行友誼交流
驚訝	眼睜大、眉心上揚、嘴張大、持續性注意刺激物	心跳變慢、呼吸短促、有時出現肌肉無力	準備適應新的經驗，擴大視野

種實驗情境下（Lewis, Alessandri & Sullivan, 1990），一個 2 個月大的嬰兒坐在嬰兒車中，並且有一條拉線位於嬰兒手臂邊，嬰兒很快就會發現，當他每拉一次這條線時，就會發出短暫的音樂聲響，這是一種令其產生愉快微笑的東西，一種會讓其張大嘴、睜大眼及微笑的感覺。當實驗者關掉音樂使拉線不再發出想要的效果時，嬰兒的表情很清楚的會出現生氣的表情，緊咬並露出牙齒、嘟嘴、皺眉的表情。同樣地，每一種情緒的行為呈現都有其特定的適應性功能，例如：當給嬰兒味道不好的食物時，他會出現厭惡的表情，當他試圖吐出這樣東西時，會以哭泣方式告訴照護者來做出適當的處理措施。

　　假使情緒表達是屬於生理基礎所決定，則他們傳達的內容應該是相當一致的。根據達爾文從不同文化所採集到的資料，有助於釐清全世界人們是否都以類似方式表達情緒。他先前努力從許多不同社會中，特別是無文字民族且與外界較無聯繫的社會中收集大量資料（請

看訊息窗 5.1 的說明）。透過這些實證資料，我們可以得知全世界人類透過面部、聲音及肢體動作所傳達的情緒內容的確有許多相似處（請參閱 Mesquita & Frijda, 1992）。例如，被問及有關得知他人的死訊時、面對危險的動物時、或被別人用貶抑式言語挑釁時，如何做適當的情緒表達，各民族基本上具有一定性內容。這也意謂著對他人情緒的認知能力也具有一定的普遍性，當看到不同的情緒照片時，儘管不同文化的人們，包括無文字的民族，幾乎都可以很容易地確認其所表達的情緒為何（請參見表 5.2）。事實上，嬰兒在 3 個月大左右，似乎就知道人類某些情緒表達的意義，所以他們會以不同的表情回應快樂、中立或生氣的臉部表情。

不可否認地，普遍性原則並不全然表示這是一種與生俱來的特質，原因在於產生共同行為模式可能來自相同物種的學習經驗。不過，我們可以從以下事例得出證明，一個從出生即又聾又啞，全然缺乏此種經驗的嬰兒而言，其情緒表達亦如同其他正常人（Eibl-Eibestfeldt, 1973）。從一開始他們在相同處境下以相同方式微笑、大笑、皺眉，及表現驚恐和哭泣的情緒。當生氣時，他們會握緊拳頭；當悲傷時，他們的肩膀會下垂，聲音表情也具相當適切地傳達。事實上，這些兒童未從他人身上聽過這些聲音。其實人類內在情緒是與生俱來的想法確實存在。

表 5.2 不同文化對照片中面部情緒認定的一致性（百分比）比較表

情緒	美國	日本	巴西	蘇格蘭	新幾內亞
快樂	97	87	87	98	92
悲傷	73	74	82	86	79
生氣	69	63	82	84	84
噁心	82	82	86	79	81
驚訝	91	87	82	88	68
害怕	88	71	77	86	80

資料來源：引自 EKman（1980）和 Fridlund（1994）。

訊息窗 **5.1**

原始社會的情緒研究

　　人類情緒表達的能力是與生俱來的，還是透過學習而來的呢？假使是前者，情緒表達對全人類而言，是不會因其文化背景的差異而有所不同，甚至對於居住在荒島及沒有受到西方文明影響的人，應該都具有一致的情緒特質。

　　對於跨文化研究，最完整來檢視這個問題的莫過於 Paul Ekman（1980；Ekman, Sorenson & Friesen, 1969）及其同事，他們研究的對象為福爾族（Fore People），此族是一居住在遙遠的新幾內亞的原始族裔，直到 Ekman 等到達前，都未曾有其他族外人士到訪過。這個調查以許多方式進行，例如，每一受訪者都會被告知不同情境的故事背景（翻譯成當地的語言進行），如單獨一人遇見一隻野豬，或有一些朋友來訪，每個故事都要求他們從各種西方人臉部情緒表情照片中，挑選出最適合的情緒表達。在大部分的情況下，他們的回答都相當正確，例如，對於快樂表情，他們答對率高達 92%；對於生氣表情，他們答對率達 84%；對於厭惡表情，他們答對率達 81%；對於悲傷表情，他們答對率則達 79%。測試福爾族兒童，結果也是相當類似。另一研究方式為對福爾族人展示西方人及東方人已認定的特定情緒表達照片，然後要求每一個人根據其臉部表情來編故事，說明現在到底怎麼了、過去發生了什麼事情、以及其後續會如何進展。這一方式對這一群人而言是相當困難的測試方式，然而研究結果顯示，由照片所傳達出來的訊息，福爾族人的感受與其他文化民族是一樣的。而另一項研究方式則要求福爾族人表現出一定的情緒表情，如他們生氣到想要打架，或朋友到訪的快樂表情。事後分析錄影帶所呈現的表情時，發現他們會移動與其他文化民族一樣的面部肌肉，藉以感覺或刺激這些情緒表情的產生。甚至，當這些錄影帶播放給西方人觀看，西方人也都能正確的說明其表情情緒。

　　毫無疑問地，從福爾人的研究可以說明情緒表達的一致性。也就是說，快樂、驚訝、悲傷、生氣、害怕、及厭惡是人類共通的基本情緒。不過，不是所有的人都會同意這樣的結論（例如 Russell, 1994），不僅是這些研究所使用的方法不易懂，也是因為使用其他的理論也可解釋得通。然而配合其他實證研究，目前仍相信人類與生俱有一定的行為模式來傳達基本情緒。

發展過程

　　就情緒發展的過程而言，會隨著個體成熟及社會化的結果而改變。例如，在兒童 2 歲或 3 歲時，會出現新的情緒，開始展現各種如罪惡感、驕傲、丟臉，及困窘等情緒。情緒會彼此混雜在一起，害怕及生氣可能在同一時間展現出來。當然，基本的情緒還是占個人生活情境的大部分，然而隨著環境刺激和年紀的影響而產生變化。特別是從 2 歲開始，各種情境的符號表徵會誘發不同的情緒反應，而不只是情境本身會誘發而已。例如：一個兒童舒舒服服地待在家中，坐在椅子上聽著或回想恐怖情節，即可產生害怕的感覺。另一個改變是，當兒童越來越能掌控其行為能力並學習以符合社會化的方式表達時，其情緒會以更細膩的方式呈現。因此，當兒童學會教養，有關情緒的表達及外顯作為往往會漸行分離，即學會在其他兒童得到其夢想已久的大獎時，他也不會感覺生氣，或當禮物並不是想要的，他也不會覺得失望，其會展現出比真實感覺更多的禮貌以掩飾其情感。

　　情緒發展與認知發展是密不可分的。透過所謂「自覺」情緒的出現，諸如驕傲、害羞、罪惡感及困窘等一些在 2 歲會出現的情緒，兒童可以做一清楚的說明。對於兒童能夠說明這樣的情緒過程，表示他們已經開始感覺到自我，是一種大約在 18 個月大會出現的改變。而諸如害怕及生氣的情緒並不需要這樣的過程，故其出現的時間會比較早。然而當兒童會感覺驕傲或害羞時，其實是一種自我評價（Lewis, 1992）。易言之，個人必須擁有一定程度客觀的自我認知的能力，才能夠對自我進行評價，而這也是嬰兒期尚未出現的一種相對複雜且細緻的認知能力（第十章有更詳盡的說明）。因此，直到兒童在心理認知上已具備一定客觀的能力看待自我時，他們才有能力對自我行為進行評價，也才能與對他人或自我所設立的準則做比較，可以說「我做了一件很棒的事」，或「很糟糕的事」，因此，能對自我表現感到滿意或不滿意（有關驕傲及害羞的研究，可詳見訊息窗 5.2）。

訊息窗 5.2

驕傲及害羞情緒的調查

　　基本的情緒反應，諸如生氣及害怕對年紀較小的兒童而言，是相當容易分辨的。他們外在反應大致上都具有一定的相同性。這與後期出現的不易透過臉部表情傳達的自覺情緒相較，如驕傲和害羞，是相當不同的情況。因此，為了研究此類情況，研究者首先應知道該如何測量這些情緒（參見 Lewis, 1992；Stipek, Recchia & McClintic, 1992）。

　　驕傲及害羞情緒是屬於全身性的情緒反應。這種反應非以特定的面部表情傳達，而是以個體的整體反應呈現，特別是對於某些不善於以外顯方式表達情緒的年幼兒童。將兒童安置在一種可能會獲取成功或遭遇失敗的情境下，觀察者將兒童對驕傲及害羞象徵的反應記錄下來。對於驕傲情緒的反應，一般都同意其主要會產生身體的外張，如兒童會採用一種外擴、挺立式的身體姿態、肩膀後仰、頭部上仰及／或手臂高舉，眼睛上揚並伴隨微笑，有時會以口語表達出「我做到了」或「這沒有什麼」的反應。相反地，對於害羞情緒而言，身體則呈現較為鬆垮、肩膀內縮、手向下並往身體方向靠近或置於臉部前，試圖表達一種躲避的情緒，嘴角下垂、眼睛下視、活動力停滯，也出現負面性的口語表達，如「我表現得不太好」。透過這些反應，觀察者可獲知兒童內在的想法為何，也可以讓驕傲及害羞的客觀調查成為可能。

　　在此，我們舉 Lewis、Alessandri 和 Sullivan（1992）的研究作說明。在此研究中，我們以年約 3 歲的男孩及女孩為研究對象，讓其執行某些容易或困難的工作（例如：組合 4 片或 25 片的拼圖，或是複製一條直線或一個三角形的形狀），並透過錄影方式了解兒童對這些工作所產生的驕傲及害羞情緒反應的狀況。這一研究最大的目的是了解透過工作的難易度所產生的驕傲及害羞的情緒反應的差異程度，並且了解兒童的行為反應是否存有性別差異。研究結果顯示，兒童所呈現的驕傲及害羞的反應相當不同，並且能適切反應出其情緒差異，即沒有兒童對於失敗結果做出驕傲的反應，也沒有兒童對於成功的結果做出害羞的反應。然而，兒童也會根據工作的困難度表現出符合實際的評量，因此，當完成較為困難的工作時，他們會表現出較多的驕傲感。簡單地以成功或失敗來說明兒童的情緒反應是不足夠的，因為甚至對於 3 歲大的兒童來說，也都能根據所欲達成的目的做自我評價。在性別差異方面的結果，男生與女生對於驕傲的情緒並沒有差異，然而對於失敗的結果，特別是簡易工作的失敗，女孩往往較男生表現出更多的害羞情緒，而這在成人身上的觀察亦發現類似的結果。

兒童情緒的概念

一旦兒童能夠開始說話時，其情緒發展已進行到一新的領域。情緒開始成為一種反思產品：兒童有能力對其經歷的感覺標籤化時，開始自我省思，即能客觀地理解真實的自我內在思維。與情緒對話時，兒童也開始對自我情緒進行討論：一方面，可以傳達他人內在的思維；另一方面，透過傾聽，也可以了解他人對自我情緒經驗的理解。開始可以與他人分享情緒，也能學習情緒的因果關係。一旦知道如何透過口語溝通時，情緒管理即變得相當容易。

情緒語言的出現

兒童從 2 歲半開始，會使用內在情感表達的用語，如快樂、悲傷，生氣及害怕（Bretherton & Beeghly, 1982；Bretherton & Munn, 1987）。最常使用的主題為表達其快樂與痛苦，而最常使用來表達此主題的語言功能也只是表達兒童的感受，如我害怕或我高興。在 3 歲時，情緒性用語的使用不但在數量上快速增加，其範圍也變得更寬廣。在 6 歲之前，大部分的兒童會慣用某些情緒用語，例如：覺得興奮、生氣、困擾、高興、不悅、放鬆、失望、擔心、緊張、及愉快。更甚者，一開始兒童大多只談論其自身感受，而在 2 歲半時，他們會開始關心他人的感覺。在自然情境中記錄兒童的言談，就可聽到諸如下列的對話：

> 「天色變黑，我好害怕。」
> 「凱蒂臉色不太好，感覺有點悲傷。」
> 「我給一個擁抱，小嬰兒就高興起來。」

這些對話的最大意義在於呈現出年紀很小的兒童能對內在情緒狀態做推論。所以早在 3 歲之前，他們不僅談論有關外在行為的議題（哭、吻、笑等），也會移轉到心理層面的話題，而且能夠關心自身與他人內

在的感受及情緒。此外，其所做的推論往往是相當正確的。當對 3 歲大的兒童呈現各種不同的情緒反應的臉部表情，然後要求他們陳述這些人的感覺，及使用基本情緒來確認其適當的情境時，他們幾乎不會有太大的問題。某些對話，如她正在流眼淚、她正感到傷心，都能推論出適當的情緒。

　　學齡前階段的兒童，其情緒用語更爲精準、清晰並具有一定的複雜度，更重要是在使用時參酌別人情緒發生的可能成因。某些情境對話如：「天色變黑，我好害怕」、「我在牆上寫字，祖母很生氣」，和「我對浩克很害怕，所以我會閉上眼睛」等，都可清楚說明情緒發生的原因。這些小朋友已經開始猜測人們感受的理由。對於他們目睹的事件而產生的情緒性反應，會建構一套具說服力的理論，並會將這些情緒反應與人際關係發生的事件相關連，如父母親的爭吵或母親責罵小孩。此外，也會論及到有關因應情緒的方式（爸，我對你非常生氣，我要離家出走，再見）。一旦他們了解情緒發生的原因，他們就可以開始操控他人的情感作爲（爸，假使你生氣，我會跟媽說）。

　　有能力談論情緒的內容，即代表兒童能以客觀眼光看待內在情感，包括自身及他人的部分。這種能力在兒童期中期漸漸增強，讓兒童能夠討論過去的情緒及預期未來發生的事，會分析前因後果，體會情緒的好壞會影響行爲的表現，且對於人們不同的情緒反應天性更具包容力。因此，有能力思考內在的情感並能與他人討論，一方面代表兒童能試著去了解其自身的情緒狀態；另一方面，兒童能聽他人對其情感的見解並學習闡述不同情境的事件。也就是說，情緒交談對情緒發展具有相當大的意涵，並且大大增加兒童了解人際關係真正面貌的機會。

關於情緒的對話

　　兒童透過社會互動的過程，對情緒發展產生興趣並進而了解，且常經由與其父母親的對話中顯現出來。就這部分而言，兒童會主動了解任何有關情緒方面的議題，甚至，有些尚未能清楚表達其感覺情緒

年紀的兒童亦是如此，他們對於人們行為的原因仍表現出極大的好奇心。從以下由 Dunn（1988）所做的研究報告，以一個 2 歲半的兒童在無意間與其母親對於一隻死老鼠的對話內容做說明：

兒童：什麼事讓你如此害怕，媽？

母親：沒事！

兒童：是什麼東西嚇到妳了？

母親：真的沒事！

兒童：這是什麼？那東西是什麼？媽！那嚇到了妳嗎？

母親：沒事！

兒童：那東西沒嚇到妳嗎？

母親：沒有，那並沒有嚇到我。

兒童：那東西到底是什麼？

從這對話中，這位兒童相信母親情緒性反應的行為，一定有明確的原因存在，並堅持找出真正的原因為何。對於母親敷衍性的言語回應，兒童顯然不滿意，他試圖發現隱藏在情緒背後的原因，並找出引發此種情緒原因的情況。

開始時，情緒性的對話主要可以協助兒童了解自身的情感，並從中獲得慰藉。這現象可從一位看過一本怪物圖畫書的 2 歲兒童進行了解：

兒童：媽！媽！

母親：怎麼了？

兒童：我怕！

母親：是這本書嗎？

兒童：是！

母親：它並不會嚇人呀？

兒童：是！

母親：它會嗎？

兒童：會！

對話提供了許多功能，如：

* 能夠讓兒童面對其自身的情緒需要；
* 幫助釐清他人的情緒行為；
* 協助兒童了解各種情緒內容；
* 提供兒童對於人際關係本質及情境的深刻觀察；
* 以及讓兒童懂得與他人分享其情緒經驗並融入其人際關係中。

此種存在於親子間的對話，在兒童早期增加的速度是相當快的，一方面也因應著兒童日益增進的口語技能及其理解能力的發展。從表 5.3 中我們可看出，兒童在第 2 及第 3 年期間，其涉入情感事物發生的頻率越來越多。然而，母親與兒童間的情感對話的發生頻率亦相當快速。事實上，母親對兒童的對話與兒童對母親的對話平行發展。剛開始時，他們只提及有關兒童自身的情緒內容，之後才會問及有關他人的部分。而且，其所提及的情緒相關次數及內容會符合兒童的本身現況，並隨著兒童年紀增長而增加。同樣地，就如同她們自己的小孩一樣，母親與其討論更多有關情緒發生的原因和後果。是否母親引發兒童有關情緒方面的對話？或者在另一方面，他們只是跟隨著兒童與日增進的口語表達及理解能力的腳步而已？我們並不清楚其中的原因，然而，假使兩者論點都說得通，亦不令人覺得驚訝，也就是說，兩者之間是互相影響的。

　　另一個有關性別差異的因果問題已浮現檯面。Dunn 等人的研究（1987）發現，母女間的情感對話比母子間還來得多。一方面，女孩

表 **5.3**　有關 1 歲半至 2 歲半兒童與其母親間情感相關發生的頻率

	1.5 歲	**2 歲**	**2.5 歲**
兒童	0.8	4.7	12.4
母親	7.1	11.1	17.4

資料來源：Dunn et al., 1987。

間對於情感方面議題的對話比男孩子來的多，這種例證在 2 歲大時已
相當明顯。另一方面，作爲女孩的母親比起作爲男孩的母親會談論更
多有關情緒方面的話題。是否母親對於兒童的回應有一種先天性性別
關聯的傾向？或者是他們自身所引發的呢？Dunn 及其同事發現，較大
年紀的兄弟也會向女孩而非男孩談論有關情感方面的事，是否暗示前
者所說的較爲可能，然而這一說法尚未具一定的必然性。

　　當情緒議題擴及到家庭層次時，其變異性又更大了。Dunn、
Brown 和 Beardall（1991）在自然狀態下記錄家中有 3 歲兒童的家
庭對話內容。他們發現，有些家庭抒發內在情感的對話次數每小時
低於兩句，而有些則多達 25 句。對於兒童涉及此類情緒對話的頻
率次數似乎會對其產生長期影響。透過 Dunn 等人對一兒童追蹤至
其 6 歲大的研究結果顯示，那些有機會長期浸淫於此類對話的兒童
比少有機會接觸的兒童較具有理解情緒各種層面的能力。透過長期
了解人們的情緒狀況，有助於兒童在早期開始即能注意有關人類行
爲的狀況，且對於人類情緒表達的各種層次內涵也會有較爲敏銳的
觀察，並有助於兒童在適當時間點對情緒行爲的因果關係能有連貫
性清晰的知識與理解。

關於情緒的思考

　　當兒童漸漸長大時，他們就不只是經驗情緒而已，也會開始思考
情緒爲何。他們試著去理解情緒對自己及對他人的意義，也會融入情
緒的情節中，並依其所經驗到的情緒本質和原因來建構其理論。

　　這些理論剛開始時是相當粗糙的，不過，很快地就會產生複雜的
形式。兒童會看出情緒不僅僅是一種外在行爲的表現，亦是包含內在
情感的狀態。例如：一位看到「她的眼睛正在哭泣」或「她感到很悲
哀」圖畫的小女孩，她不僅會注意到相關行爲的暗示，她也會利用這
暗示推論哪種內在狀態會致使產生這樣的行爲。進一步來說，當兒童
漸漸長大時，他們的思考模式就會從行爲層面轉移至心理層面進行思

考。從兒童早期開始就意識到情緒是人類內在生活的一部分，而且其影響比外在環境所產生的反應來得多，因此，會對情緒做更精確的評價並理解其所造成的影響。

　　透過兒童對其他兒童的情緒表現來看待這問題。Fabes、Eisenberg、Nyman 和 Michaelieu（1991）針對育幼院中 3 至 5 歲的兒童進行觀察，記錄兒童任何情緒性的相關事情（如為了一個玩具而爭吵、為了次序先後問題爭執、為了傷人的言語而產生的各種反應等等）。在每個事件中，觀察者不僅要記錄兒童的反應狀況，而且也會要求在場目睹到這一事件的其他兒童來描述其情緒，呈現狀態及事件發生的原因。結果如表 5.4 的說明，在觀察者適度同意下，甚至一個 3 歲兒童都能公正且正確地說明事件發生時的情緒，特別是對一些負面情緒，如生氣及悲傷。在表中也說明年紀較小的兒童也能夠確認事情發生的原因。分析各種解釋，我們發現，年紀較小的兒童較會注意外在發生的原因為何（因為他拿走她的玩具，所以她很生氣；因為他打她，所以她很不高興），而年紀較長的兒童會較注意到內在的狀況（因為她思念母親，所以她很悲傷；他認為現在該輪到她，所以她很不高興）。內在解釋通常特別用於強烈情緒，且發生在負面情緒的狀態比正面的為多。隨著年紀增長，兒童會從外在原因移至內在原因來探討，並且參酌別人改變的原因而來改變自身行為，慢慢地會增強兒童對他人複雜內在世界的理解能力。

表 **5.4**　有關兒童確認情緒發生的本質及原因的正確率（正確率是由成人觀察者同意的百分比訂定之）

	年齡組群			情緒狀態	
	3 歲	4 歲	5 歲	正面	負面
情緒的本質	69	72	83	66	83
情緒的原因	67	71	85	85	64

資料來源：Fabes et al., 1991。

　　爲了真正理解內在的世界，兒童必須了解每一個體都擁有不同的特質，並不能假定一般人的想法都是一樣的。再者，有資料顯示學齡前兒童已經擁有此種洞察能力。Dunn 和 Hughes（1998）提出的研究是藉由詢問一位 4 歲的兒童，讓他每天詢問讓他自己、他的朋友及母親覺得快樂、生氣、悲傷及害怕的原因爲何。他們的回答不僅相當具條理及說服力，並且會依不同的對象而有不同的描述。例如，當問及何種因素會令母親快樂時，他們提出可能的原因諸如一杯茶、睡一好覺；媽媽從未好好睡一覺，所以睡好覺會讓她快樂；還有香水，媽媽喜歡香水。當問及自身對於快樂的感覺時，回答的內容與回答令其媽媽快樂的內容是相當不同的，然而回答對自身及對朋友方面則相當雷同。這些兒童的回答充分說明其能體會以自身的權益或立場來思考問題。也就是說，情緒是透過個人的需求來解釋的，而非從兒童自身的經驗歸納出結果。

　　在此，有一種兒童早期的發展指標「**心智理論**」（Theory of Mind, TOM）[29]，是兒童瞭解他人擁有其獨有的內在世界，而且此內心世界會因人的不同而顯示差異。對此，我們將在其他章節中再行說明，在此，我們所關切的是這種能力如何協助我們理解人們的情緒內涵。如同 Paul Harris（1989）指出在，學齡前階段大部分理解力的發展原因來自於兒童日漸嫻熟歸納一些原理原則，能幫助其理解他人的感情狀況。理解任一情緒衝擊，往往不是端賴其情境本身的客觀條件，而是來自個人對於情境的評價方式，而讓其發展的原理原則變得更複雜化。年紀很小的兒童會認爲每一種情境對每個人的意義都是相同的，而意義即端賴兒童的直接反應而來。然而學齡前的兒童會慢慢理解，並非情境本身造成如此的情緒反應，而是每個人的心理特質所造成。因此，會令某個人害怕的事情不盡然會令其他人害怕，而會令某人感到窩心的驚喜，則可能讓其他人感到失望。一旦兒童能周全地考量每個人的特質，會越來越能掌握他人的情緒反應；先抽離自身的立場，

---

[29]　心智理論（Theory of Mind, TOM）：兒童能說明他人思考及感覺的內在世界的知識，此知識獨立於兒童的心理狀態。

並藉由跳躍式的想像能力進入他人的心智領域，即能嫻熟於此種能力的取得。藉著告訴兒童有關想像人物的故事及其互動關係（請參見訊息窗 5.3 的例子），Harris 說兒童最晚在 6 歲之前就能擁有此能力而能理解他人的心理狀況。屆時，他們就能了解，人們思考的方式往往端賴於其對情境預期的信念及期待方式，並以此評價整個情境的狀況。因此，他們就能預期在那樣的情況下，人們的反應為何。最晚在什麼年紀之前，兒童就能充分具備判斷他人的情緒、情緒表達的可能方式及情緒終止的適當時機。也就是說，在學齡前階段，兒童對於心*智閱讀*（mindreading）的能力已經具有顯著的進步了。

情緒的社會化研究

　　情緒發展建基在一般生理基礎上。然而，其後續的發展會因個體不同的社會經驗而產生變化。因此，情緒表達的方式會因為社會文化的差異而有極大的不同。現在以下列不同文化說明之：

■ 位於西太平洋島嶼有一族裔名為依伐露克（Ifaluk），此族裔不同意其族人表達出快樂情緒的表情，他們相信那是不道德的，且會導致怠慢。因此，在培育下一代時，會避免讓其表露出興奮的表情，因為興奮的表情會引起行為失當及情緒崩解的問題。相反地，他們總是要求兒童要有禮貌、安靜及情緒平和（Lutz, 1987）。

■ 亞農馬龍族（Yanomamo）是一個位於委內瑞拉及巴西邊境的印地安族裔，他們認為個性剛猛在人際關係中是最為崇高的美德。他們長年與鄰近族裔戰爭，目標在殺害敵人並掠奪女人，且族人中解決問題的方式也相當殘暴。兒童受到這種文化影響長大，無論男孩或女孩都被教導以攻擊的方式與其他兒童交往（Chagnon, 1968）。

訊息窗 5.3

大象阿里的情緒生活

對年紀較小的兒童進行理解他人感覺的研究，往往需要使用兒童能理解的研究技術及其有能力回應的方法來設計。因此，當 Harris（1989）開始進行有關兒童如何及何時發展理解別人對待事情的觀點時，他設計一系列動物故事，並要求受測兒童評斷，在此情況下，這些動物主角是如何看待自己。

舉例來說，對學齡前兒童講述有關一隻名叫阿里的大象的故事。阿里對於所喝的東西相當挑剔，有些兒童被告知阿里只喜歡喝牛奶，而有些兒童被告知阿里只喜歡喝可樂。有一天，阿里出來散步時，牠感到非常口渴，希望在回家後能喝到喜歡的飲料。不幸的是，有一隻頑皮的、名叫麥奇的猴子，趁阿里不在時將飲料調換。例如，牠將阿里喜歡的可樂全部倒掉，換成牛奶，然後給阿里一罐裝滿牛奶的可樂罐。看完此段故事後，即詢問兒童，當阿里喝到那罐飲料後，卻發現飲料不是牠要的，牠的感覺會如何？

不管年紀多大的兒童，都能從阿里的喜好來判斷牠的感覺。他們說，假使阿里喜歡可樂，當牠發現罐中飲料是可樂時，牠應該是快樂的。若牠喜歡牛奶，而罐中是可樂時，牠會感到悲傷。從 3 歲起，兒童即會從他人先前的感覺狀況產生*預期*。他們會開始以他人的立場著想，並依據其滿意或不滿意的狀況來判斷個人的真正感受。此外，他也不會先顧及自身的感覺或預期的結果。

然而，年紀較小兒童的理解力在某些情況下仍是有限的。誠如當問及阿里第一眼看到但尚未喝到飲料罐前，其感覺為何？例如阿里喜歡可樂，但麥奇這隻猴子偷偷的調換成牛奶時，牠的反應會如何？年紀較大的兒童能夠正確地回答，他們會從阿里預知的信念看之，即認為這罐飲料就是含有可樂，而牠即將去喝令其快樂的飲料，雖然它實際上喝到的是牛奶後會感覺有點悲傷。而年紀較小的兒童較不能如此思考，因為他們自己已經知道罐中的飲料，因而假定阿里應該也會有同樣的認知才對。

因此可以說，在理解引發別人情緒的想法及信念的部分，不同年齡的兒童是存在某些差異的。接受測試的較小兒童都能認同阿里的想法，例如，他們理解牠對特定飲料的偏好會影響拿到何種飲料的反應狀況。不過，這些兒童也不會轉移自身的信念。剛開始時，對於情緒的理解是相當自我中心的，漸漸地，在學齡前階段的過程中，兒童會開始培養較為成熟的態度來站在他人的立場做考慮。

■ 巴里人（Balinese）認為任何情緒的展現都是有害的，而且是必須避免的。例如，族人為了避免害怕，就不知不覺睡著。因此，剛開始時，兒童除了淡淡的表情外，幾乎缺乏任何外顯的情緒（Bateson & Mead, 1940）。

每一個社會（包括我們自身所處的社會）都已產生出一種社會許可的情緒表情方式，並且在表達自身感受時，其社會成員能遵循一種區別內在及外顯的表達方式。對兒童傳達這些情緒是一非常重要的社會化過程。如訊息窗 5.4 中詳細說明的案例。此外，對於西方社會而言，一些社會遵循的規範看起來是相當特別的。

表現原則的獲得

表現原則（display rules）[30]是用在一特定的社群中，可能是文化、家庭或同儕團體中，一種情緒外在表現的習慣準則。藉由這樣習俗的產生，人們可以預期他人的情緒表現，所有情緒的表現透過這個模式出現，他人就可以知道其情緒感覺的意涵，有助於那一群體的成員做有效的溝通。為了更了解這樣的論點，只要把自己當作任一上述社群中的賓客即可，你會發現不論賓客是如何善於當地的語言，還是會因無效溝通結果而感到困惑不解。因此，可以知道的是，在越早的年紀開始學習其社群中普遍運用的情緒表現原則，就能夠知道在何種場合中怎樣適當表現自己的情緒。在某些情況下，以自然方式表現情緒是可以被接受的，然而在許多情況下，甚至對於兒童而言，對這樣自然性表現法有所疑慮，甚至會採用特定情緒，而不以其真正內心感覺的方式來回應。

讓我們回想一些畫面。當某人給你某樣東西、並預期你會喜歡它時，你可能並非感受如此，你的表現原則通常是「看起來」很高興吧。

---

[30] 表現原則（display rules）：涉及情緒表達的文化性基礎，包含情緒表現的種類，以及在當下的情境他們所能表現的。

訊息窗 5.4

永不生氣，愛斯基摩人奧特古族的生活方式

　　人類學家 Jean Briggs 花了 17 個月居住在接近極圈的地區，與愛斯基摩人奧特古族（Utku, Eskimos）一起生活。她寄宿在一戶人家的冰屋中，如此，能使她以近距離方式觀察他們及鄰居的生活方式。她的觀察報告集結在 1970 年出版，名為《永不生氣》（Never in Anger）一書中。

　　讓奧特古族族人如此了不起的原因，在於其人際領域中完全沒有任何暴力攻擊的跡象。奧特古族人並不允許任何生氣情緒的展現，對其族人而言，最優秀的人莫過於在與他人相處時，總是給予他人溫暖、保護、態度平和，而且外在行為也絕對不會表現出敵意。最大的暴力攻擊的行為也不過是嘲諷他人、背後說長道短及冷漠對待而已。若遇到狗不友善的時候，可以表現出生氣的表情，然而也不過是基本的防衛而已。因為生氣對以情感及教養包容對待他人為最高價值原則的奧特古族社會而言是不相容的，故這種情緒的表達是不被許可的。若某人真的表現出這樣的情緒，會被視為失去理性的象徵，並認為這種人的行為像小孩子的行徑。奧特古族人甚至不允許產生生氣的念頭，因為他們認為這樣的想法足以殺掉一個實際上在保護幫助他的人。他們認為，所有的爭端應藉由理性平和的方式解決，實際上，他們也相當成功地達到這樣的目的。

　　兒童在 2、3 歲大的時候，奧特古族的父母親還可以允許其有生氣的情緒，但是一超過此年紀時，則清楚地要求兒童不可將生氣的情緒表達出來。他們大部分社會化的努力即在於將兒童負面的情緒引導至其他方向上，俾利其能夠學習到有關奧特古族對有關容忍及自制美德的要求。父母親不能採咆哮或威脅方式，而是安靜地以言語與表情傳達出他們對這樣負面情緒的不允許，以達到教育的目的。對如此的要求遵守並非是強迫性的，然而對他們而言，遵守規定是一種美德，而父母親也很少特別強調。兒童從未受到體罰，他們都被教導任何對生氣、憎惡及敵意的情緒呈現都是不允許的。

　　當然，學習這樣的課題是相當不易的。Briggs 描述一位其寄宿家庭的女孩如何因應與兄弟姊妹間所產生敵意問題：當她情緒不滿時，她會趁著父母親不注意時偷捏妹妹一把；或者當父母親不在時，會搶妹妹的玩具作為報復。她對父母親的要求大部分都採不慍不火的態度回應，如她會以面無表情的方式或面壁靜靜地哭泣。然而在回應一些來自父母親不為其所認同的要求讓步時，她會瞪著眼並淚流滿面回應，臉上不會顯現出生氣的表情。透過這樣教育的結果，與西方教育方式相較時，可以發現他們較少出現暴力攻擊的行為，並且在很小的年紀時，同儕間出現敵意的狀況也是極少發生。

Carolyn Saarni（1984）的研究想要觀察兒童在 6 到 8 歲會決定使用這一表現原則的程度，例如在何種情況下，兒童會隱藏其失望的情緒而假裝很愉快。每一位兒童被要求去幫助一位大人從事有關課本的評量工作，一旦完成，兒童會獲得一份禮物跟衷心的感謝。幾天之後，在第二個處所，兒童又被要求協助一次，然這次只給適合於嬰兒使用且超級無聊無趣的玩具而已。研究者錄影兒童打開禮物時的臉部表情，並同時記錄其聲音及身體的反應狀況。

　　兒童收到第一份禮物時表現出各式的愉快表情，如微笑、看著給禮物的大人、並以充滿興奮的言語感謝等。當收到不喜歡的禮物時，年紀較大的兒童會隱藏自己略感失望的表情，並至少表現出一絲絲明顯愉快的樣子，而年紀較小的兒童則較無法掩飾其真實的感情，且往往會公開表示自己的失望。不過，即使如此，大部分的人，尤其是女孩，仍會努力遵循傳統而努力維持表面快樂的樣子。較大的兒童還是較善於掩飾其內在真實的情感而不表現於外，年紀較小的兒童還只是剛開始學習有關特定的情緒表現原則。

　　情緒表現原則可分為四種：

- *最小表現原則*（minimization rules）：降低內心真實感受的外在表現強度。如上述有關愛斯基摩人奧特古族在生氣時所表現的策略。
- *最大表現原則*（maximization rules）：這主要是有關正向情緒的表現方式。就像 Saarni 研究中年紀較大的兒童一般，在收到他們第一份禮物時，會以熱情的微笑表達超出禮物本身代表的意涵，因為他們認為這是應該做的。
- *偽裝表現原則*（masking rules）：中性表情，如撲克臉，被認為是適當的，即如依伐露克族所表現的行為一般。
- *替代表現原則*（substitution rules）：當某個人認為應以其他不同的方式，通常是相反的表情，來替代其應有的表情時。當兒童收到嬰兒玩具時，並不表現出內心的不滿，相反地，在外表上表現快樂的樣子，則可說明他已充分學習到這一原則。

似乎可以很明顯看出，相較於其他兩種原則時，最小表現及最大表現原則是兒童早期較容易學習及發現的。對於一個 2 歲大的兒童而言，在其以誇張方式獲取母親的同情注意時，已很嫻熟最大表現原則。然而在此，讓我們對於能夠*使用*與*知道*表現原則之間做一清楚區別。Harris（1989）對能理解替代原則策略、且對快樂事情能成功隱藏自己失望情緒的學齡前兒童進行訪談後發現，兒童的真正感覺與外在實際行為表現是不同的。這些兒童似乎還不了解其真正用意時，就能表現出符合社會要求的行為表現。只有到了 6 歲大時，兒童才能分辨有關真實與外在情緒行為的差別，因為只有在那年紀的兒童才能真正理解內在感覺與行為表現是可以不一致的，也才能為了社會傳統的理由而隱藏其真實情緒。

父母親的影響

兒童第一次學習到情緒是從家庭開始的。會想要了解他人是如何與情緒互動、甚至在嬰兒期都會傳達出如何表達情緒的信息，在何種情況情緒是如何被表現出來、以及應以何種方式來因應被引發出的情緒。他們所處的關係形態決定情緒社會化發生的方式及廣度，似乎從兒童的情緒發展與其依附關係形態做檢驗即可看出端倪（Gassidy, 1994）。

依附被定義為一種情緒情感連結方式，如兒童早期所經歷的親密情感經驗。父母親對於這些情感經驗所傳達的內容及如何回應有關兒童情感抒發的方式，都會對兒童日後的情緒發展產生決定性的影響。如同上一章節所提及，母親對兒童情緒表達的敏感被認為能加強兒童依附的安全感。相反地，反應遲鈍會造成兒童沒安全感。兒童由具敏感性的父母親帶大並培養其具安全感的依附關係，與由非敏感性父母親及不具安全依附關係的兒童相較，比較能發展出不同的情緒因應策略。有三種主要的依附關係種類，說明如下（Goldberg, 2000）：

■　具*安全感*的兒童，知道不論採正面或負面的情緒表達方式，父母

親都會包容與接受，因此，他們會較自由而無拘束地直接表達其真正的情緒。例如：他們知道他們感到沮喪的樣子會警示並傳達給父母親，並能得到他們的協助與安慰，因此，他們會毫不猶豫地表達其憂慮與悲傷的情感。同樣地，他們知道他們感到快樂及歡樂的樣子會得到同樣的效果，因此，他們會自由地表達出這些情感。漸漸地，兒童能夠因應他人各種不同的情緒。

■ 具*逃避性格*的兒童，在過去常受到他人的拒絕。有關負面情緒的處理較少得到母親的關注與回應。因此，兒童容易發展出對任何沮喪情緒皆採取迴避的態度，甚至經歷與一般兒童相同的情境，也會以迴避的態度避免被忽略或被拒絕。其正面的情緒也會被抑制，因為他們可能意識到，和他們互動的那個人可能不見得有同樣的想法。

■ 具*抗拒性格*的兒童知道他們情緒傳達的結果不具一致性，意即他們產生對結果的不確定感與非預期性。結果是這些兒童會採取誇張的方式傳達情緒，特別是負面的情緒，因為他們知道唯有這樣的方式才能獲得父母親的注意。

因此，可以了解情緒受到親子關係發展形態的影響，不同的依附關係又常與父母親所傳達給子女、其對情緒表達的接受程度有極大關聯。兒童在這段期間所學到的會延續至之後的發展階段，漸漸歸納應用在其他關係上，而成為個人情緒能力的特質。

下列三種方式是父母親及其他成人傳達訊息的方式：

■ *教練型*（coaching）：由父母親直接的教導。如「孩子，別哭」、「祖母給禮物時記得要微笑」或「沒必要對狗感到害怕」。

■ *示範型*（modeling）：兒童不可避免地會模仿父母親及其他人物角色，因此，他們會透過觀察所謂適當的行為角色來學習。成人如何表現或不表現其情緒的方式，都給予兒童充分的學習資源，並影響日後情緒表達的方式。

■ *權變學習型*（contingency learning）：這大概是對社會影響最顯著的方式。透過仔細檢視過往在嬰幼期階段所發生的情節，成為親子間對話的主要內容，意即當臉部、手勢及其他方式的交換，不論期間是否有言語介入，*情緒性對話*即變得清晰可見（Malatesta, Culver, Tesman & Shepard, 1989）。起初，大部分是由母親決定對兒童隨意性情緒訊號回應與否，也就是說，特定情緒表達常伴隨著相符的情緒回應表達。例如，兒童的快樂往往伴隨著母親的快樂。另一方面，害怕會伴隨著柔弱的特質。因此，兒童會知道他人的行為是可預測的。例如，當一特定的情緒表達得到一些正面的回應時，兒童可能會不斷地重複此種情緒表達。然而，當情緒表達獲得負面的回應時，兒童日後即會抑制不再做同樣的事情。而到底這樣抑制的效果可以多快產生，則可藉由研究某些無情緒表達的母親看出，例如，一些罹患嚴重疾病的母親，或是因實驗要求而呈現無面部表情的母親（請參見訊息窗 5.5 更詳細的資料）。

儘管父母親對兒童情緒發展的影響是相當顯著的，然而他人亦扮演著關鍵的角色，特別是在面對同儕壓力、讓男孩成為群體認同的男孩以及讓女孩成為群體認同的女孩角色時，則又更為明顯。然而一般預期男孩必須較為堅毅，而女孩則傾向溫柔的特質，亦即男孩扮演著積極而具攻擊性的角色，需要發現適當的管道做有效抒發，同時必須降低其柔性情緒抒發的方式。另一方面，女孩則須抑制其外在衝突的特質，強調和諧合作，並對他人的情感具有一定的敏感性，並嫻熟於抒發自我的情緒。諸如此類模式只是一概略式的歸類，並不能說明所有的情境狀況。然而這能提醒我們，所有同儕團體就像家庭一般，有其特有的情緒特質，他們也希望其所屬的團體成員能夠遵循這種情緒特質的模式。這一特質說明成員的情緒表達強度為何、何種情緒抒發是可以被容忍的、以及可以對誰抒發如此的情緒行為。同儕團體會嚴格要求倫理輩分，若是對輩分較高者表達憤怒生氣的情緒，則是自找麻煩。同時，在前一章有關同儕關係的討論中，可看出兒童團體中對

訊息窗 5.5

斬斷情緒交流

　　母親與嬰兒面對面情緒交流可說明，即使沒有語言的溝通，對話猶能進行，亦即所有對話內容的組成來自面部表情、手勢、眼神注視、聲音表情，並不單單只有對話內容而已。兩個個體間因為這些成分彼此交織運作而呈現出對話內容，由一個人表達完之後，再由另一人回應，透過這樣不斷互動的過程，嬰兒很快可以了解他的情緒訊號正持續著對另一人產生興趣，並以一種可預期的方式來回應。因此，年幼的兒童有機會能夠學習有關社會互動的基本規則，他們也能獲得有關情緒表達的方式，及依據他人的預期來修正自我情緒的表達方式。

　　只有從不斷干擾人際互動的情緒交流，才能瞭解交流的重要性。曾有一個名為「撲克臉」的實驗，這是一種透過實驗室控制來進行的實驗。剛開始，母親會被要求與其兒童做平常的互動，並進行一預期性的日常對話，之後，母親就開始保持沉默，直到最後時刻對於兒童的任何要求都不回應。研究者藉著記錄兒童的行為模式，可以比較這兩種情況，如此，就可以決定情緒干擾的效果為何（詳細的資料請參閱 Cohn & Tronick, 1983；Tronick, Als, Adamson, Wise & Brazelton, 1978）。這實驗在兒童 2 個月大時就非常顯著，嬰兒會很清楚地感到困擾，然後開始對不能吸引母親的興趣及回應感到不安與生氣。他們會積極地企圖吸引母親的注意，如會以微笑注視著母親。當這些舉動都沒有效果時，他們就會停止微笑，而顯現出其他情緒表情，如哭泣、皺眉、持續地扮鬼臉。看著母親漸漸地都沒有任何反應，兒童就會完全放棄，然而這一切看在母親眼裡也是相當難以承受的。之後，兒童看起來會有點沮喪，而此狀況會一直持續到母親恢復其正常的互動行為為止。

　　顯然地，從這些實驗觀察中可以發現，母親的情緒性的不回應是相當令人沮喪的，甚至比母親暫時離開還來得嚴重。從這實驗與之前母親離開實驗室的兒童的行為反應做比較，可以看出端倪。兒童在 1 歲大時，已能充分預期來自母親所展現的各種回應方式，不過由於年紀大小而無法獨立規則化情緒性的行為模式。母親須隨時在兒童身邊提供最適當行為刺激的效果，來規則化兒童的覺知程度，並透過與兒童有效的互動過程中，來內化其日後情緒發展的模式。若母親無法做到，兒童情緒發展可能面臨極大風險，而必須延長其受挫沮喪的時間（請參見訊息窗 3.6）。

於在何種環境中如何表達情緒已有一定的想法存在。男生表現的太過於侵略性也不會被同儕接受，然而完全沒主見者也很難取得同儕的認可。因此，從學前開始，兒童所浸淫接觸的各種不同人際互動的學習，會影響其日後情緒發展的能力，而家庭及同儕團體間的成員關係會協助擴展其不同的情緒能力，使兒童能運用在其與他人的相處上。

情緒能力

　　兒童在智力上的差異是普遍為人接受的，然而，若以類比方式思考情緒能力，這往往較難讓人認可及重視。大概是因為情緒特質與認知功能相比，是模糊且難以辨認的。人們可以精確評量情緒，且決定某人比另一人更能有效處理情緒，是到最近才被認真思考的議題。現在我們才理解到，原來情緒能力應該視為心理結構的一環，且扮演與智力能力一般重要的位置。丹尼爾高曼（Daniel Goleman, 1995）曾出版《情緒智商》（*Emotional Intelligence*）一書，此書曾吸引許多人對情緒知識（emotional literacy）議題的重視，此書也對情緒失調所產生的嚴重後果提出警告。現在我們已經累積足夠的研究，來了解有關組成人類行為的本質及產生個別差異的情緒能力的決定因素，特別是我們可以確定這些差異已深植在兒童期，並深深影響其後的發展。

什麼是情緒管理

　　由於情緒是多面向的，所以要回答這個問題是不容易的。表 5.5 列出八種情緒能力的主要構成因素，每一項目都代表著兒童需要精熟學習以邁向成熟之路。這八種構成因素並不全然需要一次具備，此外，嫻熟其中一項也不保證能夠熟悉其他項目。因此，若將情緒能力像 IQ 指數般量化是不具任何意義的。一種跨越此準則而能描繪出個體的優缺點則可能更有用處，然而諸如此類的評量工具至今尚未發展出來。

表 5.5　情緒能力的構成因素

---

1. 能夠注意個人自身的情緒狀態。
2. 能夠辨識他人情緒狀態的能力。
3. 能夠使用文化中（或次文化中）普遍的情緒語彙能力。
4. 對於他人的情緒經驗具有理解的能力。
5. 能了解不論對自身或他人的狀況而言，內在情緒狀態並不一定與外在表達能力相稱。
6. 面對令人厭惡或沮喪的情緒狀況，具順勢調和的能力。
7. 能夠意識到關係是建立在彼此的情緒交流與在情緒對等上。
8. 自我情緒的掌控力，例如能夠掌控及接受自我的情緒經驗。

資料來源：Saarni, 1999。

　　當然所謂的能力總是會依據年紀大小作為判斷的準則。一個 4 歲大的兒童相較於同年紀者表現優秀，而相對於 10 歲大兒童則是不成熟的。情緒能力就如同智力一般，都需要考量年齡因素。對於能力的判斷也需要考慮個體所處的文化背景因素，如同我們先前所提，在一文化中所謂的「成熟」行為對另一文化而言則不盡然。例如：對愛斯基摩人奧特古族與印地安亞農馬龍人的比較中，可看出有關社會人際互動關係對於具激進侵略性的角色所給予不同的價值差異，能夠看出每個社會對於個體情緒能力要求有所不同。同樣地，當比較泰國與美國社會時，在泰國情緒表現較為抑制，害羞者最為人們所讚賞，然而這樣特質的人在強調自由意識表達的美國社會中是被視為無能力的。每個社會總是要求其社會成員遵守某種特定的標準，但不論在何種環境下，人的情緒能力仍會有好壞之別。

　　情緒能力與社會能力是密切相關的，尤其是社會互動過程中處理有關自身及他人情緒的能力更是如此（Halberstadt, Denham & Dunsmore, 2001）。這在同儕互動中特別明顯，在同儕互動中，受歡迎和成功建立友誼的原因是個人能細心處理自己與他人間的情緒問題。下列是某些研究中所發現的（例如 Calkins, Gill, Johnson & Smith,

1999；Fabes & Eisenberg, 1992；Murphy & Eisenberg, 1997）：

- 對於能用建設性方式控制自身情緒經驗的兒童（如控制脾氣、不亂掉眼淚）在同儕關係中是較為成功者。
- 能夠清楚對他人表示自身的情緒狀態的兒童，較會被其他兒童喜歡。
- 能夠精確選擇表達適當的情緒訊息的兒童較受同輩歡迎。
- 能夠採取積極表達情緒的兒童比起消極表達的兒童具有較佳的同儕關係。
- 能夠精確理解他人的情緒內容的兒童，在社會評價中可得高分。
- 能夠以和平方式處理憤怒情緒的兒童是較受歡迎的，且能成功地扮演領導者及具有社會能力。

有一些例子能說明兒童情緒行為與其人際關係間緊密的連結情況。兒童是否受歡迎或不受歡迎、是否有朋友、在群體功能中是否具建設性的影響力，這些和其他社會互動相關層面的因素都得視兒童是否能控管其情緒能力而定。兒童若是有強烈的情緒表現，不能好好操控其情緒表達時，則會產生不利的影響。這些兒童相較於能控管自身情緒者，在同儕互動中較容易引發衝突，遭受同儕拒絕的可能性也較大。因此，情緒能力與社會能力間具有一定的重疊性，事實上，在參酌《有效的社會能力》（*Effective Social Competence*）一書時，有些作者認為將這兩者視為一整體是更適合的（請參閱 Halberstadt et al., 2001）。

從他控到自控

在 Frijda（1986）出版的書中說到，人們不僅擁有情緒，也處理情緒。在此我們將針對情緒能力的面向做說明，即人們能夠抑制或修正其情緒以符合社會能接受的方式。假使社會想要順利運作，則需要要求情緒的表現，特別是控制過於激進的情緒，轉向修正以符合社會普遍要求的規範。無法控管情緒及施加暴力於他人者，會被視為是極端情緒無能控管者，此些人無法如一般正常兒童，發展從外在控制轉

至內在控制的狀態。

　　情緒操控的轉移從照護者至兒童本身是兒童發展中最主要的工作，須歷經整個兒童期來進行，然而卻很少能真正達成這項任務的要求，甚至對成人而言也是無法完全落實，特別是當面臨危急時，還是需要依賴其他親近的人協助。然而，在兒童期期間，兒童會逐漸累積一些對情緒感覺及其表達操控的策略（參見表 5.6）。兒童若越能廣泛及彈性地運用這些策略，則其社會適應性的成功可能性就越高。只是各種不同策略性運用端賴其感覺機制及其感官發展而定，下列針對四階段的發展過程做一概要說明（更詳細內容請參見 Cole, Michel & Teti, 1994）。

1　*嬰兒期*（0 至 1 歲）：剛開始時，兒童相當依賴成人的協助以因應面臨的不安、沮喪情緒，他們的哭泣是一種向照護者尋求安慰的訊號。令人驚訝的是，從這階段後，嬰兒即會開始運用自我控管

表 **5.6**　情緒調節的策略

策略	行為表現	展現的年紀
吸引力轉移	轉移能喚起其情緒的標的	大約 3 個月大
自我安慰	咬指甲、撥動頭髮	第 1 年
向成人尋求協助	表現緊靠、追隨、尋求具安全感的依附行為	第 1 年後半期
暫時目標物運用	抓取軟質玩具、布製或感覺安全的物品	第 1 年後半期
身體上的逃避	從令其情緒沮喪的情境中走開	第 2 年初期
幻想性遊戲	在假裝信任的遊戲中安適地表達其情緒	第 2 至第 3 年
口語上的控制	與他人論及情緒議題並思考	學齡前時期
情緒感覺的抑制	自由地轉移令其沮喪的想法	學齡前時期
情緒概念化	反思情緒經驗並以抽象方式表達	兒童期中段
認知疏遠	自覺情緒如何產生及控管	兒童期中段

的技巧，或許有時只是突然出現一下，如大拇指會伸進嘴巴中，產生令其安靜的效果。接下來，便會運用部分的規律行為。一種特別有效的技巧，甚至對於小嬰兒也曾看過，即當某一事件過於顯著激烈時，他們會將目光轉移。如大人過於刺激嬰兒時，就會產生這種反應。剛開始時，這是一種純粹自發性過程，漸漸地，會演變成一種包括眼睛或耳朵不自覺產生的反應。

2　*學步期*（1 至 3 歲）：一旦兒童能夠走路，他會讓自己遠離令其不舒服的情境。此外，他們會積極外尋與其有密切關係的成人協助自己。藉由與依附者間緊密的聯繫，或至少維持身體的靠近，兒童主動性地獲得安全性保護。當兒童逐漸地擁有思考事情的能力時，在這個階段，其情緒規範的過程則進一步演進至更為符號性的層次。因此，他們可以開始玩有關信任的遊戲以作為情緒發洩的出口，開始論及相關的經驗，而更重要的是他們自身發展出一套自發系統來感應事件的發生，而能進行情緒的掌控。同時，除了一些較輕微的情緒喚起外，照護者一樣維持著協助者的角色，來幫助兒童處理情緒的問題。

3　*學齡前期*（3 至 5 歲）：兒童越來越能使用語言及思考方式來考慮有關情緒方面的問題，因此，會客觀化這些現象，並採一定距離的方式來看待自己與事件本身。他們會以不同方式試圖解釋事件本身，以便讓事件不會造成傷害。同樣地，藉由與他人討論的過程，他們可以分享他人的感覺，並傾聽他人的解釋。這種在遊戲中能夠化解或降低情緒的能力越強，他們也就越有能力掩飾或降低他們所經歷的情緒問題。

4　*兒童期後期*（5 歲以後）：認知能力的發展讓兒童漸漸具有以抽象的方式處理情緒的能力，並可以做擬人化的回應。他們會自覺意識到如何控管其情緒，並且會問自己：「我要如何處理我的害怕、害羞或者是生氣的情緒呢？」同樣地，他們也會發展各種方式來規範自身對他人的情緒表達，例如，會找出一些方式來降低對他人感覺生氣的情緒，所以也會控制瀕臨爆發的情緒。這種規範性

策略的範圍越大，可資兒童運用的策略的差異性及其成功的可能性則越明顯。

上述只是一種理想性的論說，大多數的兒童根本無法做到。在上述階段中，可以看到兒童出現情緒控管不良的情況，而情緒的失控是導致日後產生心理問題的原因，所以調查兒童期情緒失控的原因是相當重要且核心的工作。

為什麼兒童在情緒能力上會有所不同？

為何有些兒童的情緒能力比他人優異呢？為了簡單說明，我們將造成的原因劃分為生理、人際及生態的影響：

- *生理的影響*：基因所產生的性格差異是主導情緒行為中的主要原因，其特徵諸如對情緒反應的強度、產生反應的引發點、抑制情緒衝動的能力、情緒激發後的舒緩能力，即隱含說明個人操控情緒衝動的能力，這在病理學上特別明顯。例如，唐氏症兒童對情緒自律處理有些問題，其中一部分是因為大腦皮層延遲發展之故，導致影響其行為抑制，而一部分乃是心理反應能力低的因素所造成（Cicchetti, Caniban & Barnett, 1991）。因此，這類的兒童不易被激發情緒，然而一旦被激發出來，就相當難以控制。
- *人際的影響*：不論生理因素所扮演的角色為何，總是需要與外在因素互動產生最終的結果（Calkins, 1994）。例如，兒童如何因應沮喪的能力有賴先天性格的特質而定。然而，這些特質又受到父母親所提供支援程度的影響。當這些支援是不足的（Cicchetti et al., 1991），兒童會無法發展必要的情緒自控機制。同樣地，若所處家庭常產生衝突，兒童則無法學習控管自我的情緒。而且，有些家庭中父母親有心理性病變，諸如沮喪情緒，兒童也就極可能無法正常引導其情緒發展。如先前的觀察，兒童依附的歷史用來說明個體差異結果的原因，可追蹤其間的聯繫對於情緒能力的影響，

及嬰兒期與父母親的關係形態。

■ *生態的影響*：父母親所提供兒童成長的環境，也是影響兒童情緒能力的變異因素之一。以生活在貧窮環境爲例說明（Garner, Jones & Miner, 1994；Garner & Spears, 2000），因收入低下所造成的壓力會造成父母親情緒的惡化，這也會讓兒童在社會情緒功能性上產生極大風險。這影響的結果會以不同的方式呈現，如因貧窮環境使家庭會擔憂財務狀況、因環境過度擁擠及健康狀況不良而產生回應性遲緩問題等原因，造成兒童沒安全感的依附狀況。母親常感到疲倦、超時工作及擔憂、沒有太多時間與孩子說話，因而無法與孩子討論了解對其有助益的情緒經驗。又因經濟狀況不佳而產生壓力會導致家庭常發生憤怒及攻擊的情緒行爲。兒童若在這樣的環境成長，則不可能培養出良好的情緒能力。因此，貧窮所帶給我們思考的議題是，假使我們想要了解兒童情緒能力的差異，必須思考兒童所處的環境。

總之，兒童情緒能力的變異因素是很多面向的，理解某人狀況時需要多方考量。例如，受虐兒童在情緒發展上面臨風險且會產生異常行爲。受虐兒童可能對他人情緒的挫折問題毫無回應，也會表現出生氣及害怕的情緒。他們在情緒表現上是善變的，且對於情緒促發的回應是不適當的（請參閱 Denham, 1998）。然而，並非所有受虐兒童都會產生這樣的狀況，有些會因應得很好。爲何會有這樣的差異呢？這答案依據兒童所處的風險因素多寡而論。例如，遭受父母親施虐的兒童產生個性受創的因子，使其面對壓力時的情緒反應相當激烈。再者，因貧窮環境的影響，會讓如此的壓力更大。這會讓兒童在情緒發展上產生異常的機率就又更高了。當然，在這樣強烈環境因素影響下難以逃避地會造成神經性機能損害的狀況，也是產生心理病變的主要直接原因。自閉症是其中一種狀況，如訊息窗 5.6 中詳述自閉症情緒功能失調所產生的情況。然而，在大部分的案例中，情緒性失調的原因很多，通常是由上述三種分類相互影響造成的。

訊息窗 5.6

自閉兒的情緒病狀

　　自閉症（Autism）是一種相當罕見的症狀，其複雜及至今仍難解的一些成因，使這疾病需要極大的照護和注意。一開始認為病因是因為家中有「冰冷父母親」，意即是冷酷、沒有反應的父母親。然而現今幾乎可以確定的是因為官能性因素，可能是基因所造成。此症狀至今尚無法治療，然症狀較輕的兒童可以協助其達到具社會化功能的狀態。

　　自閉症兒童從早年開始就展現出三種主要的心理性症狀：（1）無法發展正常的社交關係；（2）語言發展有異常及遲緩的狀況；（3）具儀式性及重複性行為。近年來有一些研究對於一般性功能不足所產生的特定病因帶來一線曙光。例如，對於有語言障礙的自閉症兒童被認為有連續性、抽象性及組織性的認知技能不足，對於關係形成的困難被認為是缺乏心智技能，即這些兒童似乎無法體會他人思考的事情，甚至無法體會他人思考事件的本質為何。

　　這樣典型病狀會因為情緒性功能不足而反應在這類社會問題上。患有自閉症的兒童常被發現缺乏對他人的同理心。在一項實驗中，一位成人佯裝感到痛苦或害怕行為，自閉症兒童不像其他發展正常的兒童一般，毫不注意這位成人的臉部表情；相反地，只是檢視不相干的物品。因此，可以說自閉兒對於他人所傳遞的訊息毫無反應，或以相當不專注的方式應對，暗示他們對他人的行為及感覺毫無興趣。就這事件而言，自閉兒對區別他人的情緒是相當困難的，或許他們很少與他人建立目光接觸的習慣。就典型發展而言，當心智障礙者與自閉症者被要求將一堆照片分類時，前者會以人物表情作為分類的原則；相反地，自閉症者會以人物所戴的帽子的種類做區分。

　　情緒功能領域中諸如兒童情緒的延遲發展也會被研究。因此，當這類兒童與父母親或同儕互動時，並不會表現太多正向的情緒，如愉悅或喜樂的感情。他們也會在不適當的場合中試圖表達出情緒，如應該是快樂場合卻感到悲傷，而該悲傷的場合卻表現出快樂的情緒。因此，自閉症者對他人情緒表達的一致性，會影響同儕間的和諧關係，而變得較不受歡迎或被拒絕。有一些自閉兒的智力發展相當優越，並在適當的年齡也能發展認知方面的能力，如掌握因果關係的概念。然而他們只能了解踢球會讓球往一定方向動的道理，卻無法理解問題涉及心理層面的因果關係，如失望會導致一個人感到悲傷的道理一般。

　　諸如此類情緒性不足與社會性功能不足是息息相關的。假使兒童無法了

解他人所釋放的情緒訊號，無論是透過臉部表情、肢體或聲音傳達到，則對其參與人際互動會有困難。並且，假使他們無法分辨每個人的情緒差異，就會對他人傳達不適當的情緒，而這會加深其人際關係發展的困難（Denham, 1998；P. Harris, 1989；Rutter, 1999）。

本章摘要

　　情緒曾經被視為一種負向詞彙，是一種干擾人們有效功能運作的搗蛋分子。直到近年，情緒議題才被以較為正向的觀點看待，並認為對情緒的理解有助於人們的適應功能，且在人際關係上扮演著舉足輕重的角色。

　　情緒是具生理基礎、而且是所有人類一出生即與生俱來的。有一些基本情緒在人們出生後數週便開始表現出來，然而其他情緒需要一些較複雜的認知功能才會展現出來，諸如自覺，因此會在嬰兒期後才會發展。生理基礎是指所有人類都享有相同的情緒知覺，這從人類學家在一個荒島、無文化社會中研究、及從小既盲且瞎的兒童觀察研究中做確認。然而，其後續發展因為兒童不同的教養及生長經驗，而會發展出不同的情緒。

　　兒童不僅經歷情緒過程，他們也會思考情緒是什麼。一旦他們可以說話，他們會加以標記，反思並與他人討論情緒的議題。同時，從 3 歲起，兒童會對他人的內在情緒做推斷，並逐漸地會理解他人情緒發生的原因，也會預期其結果。兒童會在適當時間建構複雜的理論，來說明為何別人會展現如此的作為，因此會學習到更加繁複的「心智閱讀」技巧。

　　這一過程隨著兒童經常與父母親及其他兒童提及情緒的議題而更加精進。這說明兒童在很小的年紀即對自身、以及他人的情緒情感發生的原因充滿好奇。在家庭提及情緒方面越頻繁，兒童對情緒

的了解會比生長在較不談論的家庭中更容易理解進步。情緒發展往往受到其所經驗的社會經驗而有所修正，以兒童在不同文化社群中所必須學習的「情緒表達原則」做比較，就更清楚了，即學習在不同環境中以特定方式表達情緒的定律。

　　如同個體在智力上發展會有不同，情緒能力亦是。有許多不同的原因：生理的影響，是一種體質及其他與生俱來的差異；人際互動性，如兒童被教養長大的方式差異；生態性，如貧窮的原因。有一種特別重要用以規範及控管人們自身的情緒能力，若無法學習這樣的技能，會導致嚴重的社會性不良後果。這種能力的發展是將情緒掌控力從照護者中移轉至兒童本身，此過程需要花費整個兒童期並運用各種不同的策略，才能學習如何規範人們自身的情感及情緒表達。

延伸閱讀

Denham, S. (1998). 《幼兒情緒發展》*Emotional Development in Young Children.* New York: Guilford Press. 這本書聚焦在學前階段的情緒發展上，從晚近研究所蒐集而得的資訊提供豐富的概論，作者以溫馨雋永的文筆介紹許多個案。

Fox, N. A. (ed.) (1994). 《情緒調節的發展：生物學及行爲上的考量》The development of emotion regulation: Biological and behavioral considerations. 《兒童發展研究學會專題論文集》*Monographs of the Society for Research in Child Development,* 59 (2-3, Serial No. 240). 這本論文集特別以情緒調節爲主題，涵蓋形形色色的生理、行爲和人際層面，讓讀者深入了解研究者所提出的問題以及他們用來尋找答案的方法。

Oatley, K., & Jenkins, J. M. (1996). 《了解情緒》*Understanding Emotions.* Oxford: Blackwell. 這是情緒研究的頂尖入門作品，其中

一章是以發展層面為題。作者從演化和文化脈絡的觀點來刻畫情緒，尤其關注到精神病理（psychopathological）層面。

Saarni, C. (1999). 《情緒能力的發展》*The Development of Emotional Competence.* New York: Guilford Press. 作者清晰地解釋何謂情緒能力，以及組成這個概念的各種成分。這本書深受作者臨床經驗的影響，而特別關照到發展失敗和功能不全的面向。

第 六 章

兒童如同科學家：
皮亞傑的認知發展理論

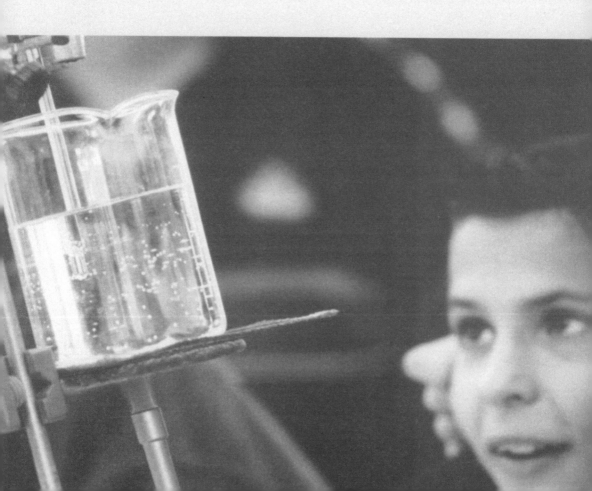

本章大綱

概論
目標和方法
理論的特色

認知發展的階段
感覺動作期
前運思期
具體運思期
形式運思期

皮亞傑理論的正負面評價
貢獻
缺點

本章摘要

延伸閱讀

認知就是獲得知識（knowing），而認知發展就是在兒童期時獲得知識的過程。這過程包含認識、理解、思考、問題解決、學習、概念化，分類及記憶。簡言之，即包含所有人類用以適應及理解這世界所需的智能。

傳統上，相對於情緒發展這種「暖」知識，認知發展一直被視為一種「冷」知識，其原因為認知發展所關切的純粹是智力功能，且可以與社會情緒功能分開研究。在這一章中，我們會針對認知發展這種「冷」知識所產生的深遠影響及理論做說明，易言之，會以皮亞傑（Jean Piaget）的理論進行闡述，此學者對兒童理解世界的方式有廣泛的研究。然而，他的理論有些部分相當冷（譯註：僅考慮兒童的智力發展），因此在下一章，我們會對其他認知發展理論做介紹，如維果茨基（Lev Vygotsky），其試圖將人類行為上的社會情緒與智能發展做一平衡探討。

概論

在二十世紀的兒童心理學領域中，皮亞傑是一位占有相當分量的學者。他出生於瑞士，一生（1896-1980）貢獻無數的理論觀點及實證觀察，都深深影響到我們對兒童及其智力發展的思考方式。然而諷刺的是，皮亞傑從未擁有心理學方面的學歷，其主要研究領域是生物學，就此領域而言，皮亞傑在 11 歲時即出版第一本有關大麻雀白化症方面的著作。到成人時期，皮亞傑開始對於認識論（epistemology）產生極大興趣，此學門乃是哲學領域的分支，對知識的起源相當關心。皮亞傑終其一生都一直維持對這學門研究的興趣。然而，為了對這主題進行研究，皮亞傑決定採用發展取向，使用心理研究方法來追蹤兒童獲取知識的方式，且如何使用這種方式來適應其所處環境。

皮亞傑寫過超過 50 本的著作，如《兒童的判斷及理解》（*Judgment and Reasoning in the Child, 1926*）、《兒童對世界的概念》（*The Child's*

Conception of the World, 1929）、《兒童期的遊戲、夢想及其模仿》（*Play, Dreams and Imitation in Childhood, 1951*）、《兒童對真實世界的建構》（*The Construction of Reality in the Child, 1954*）。不過，皮亞傑的理論一開始時並沒有造成轟動，原因之一是其著作以法文出版，直到幾年後被翻譯成英文，才獲得英美人士的重視；另一原因是其所採用的研究方法及理論概念與當時的研究主流並不相同。然而，經過一段時間後，皮亞傑的理論喚起全世界人們的注意，並激發相關研究的蓬勃發展，而這些研究開始時是複製皮亞傑的發現到其他樣本，接著，瞭解兩種結果的差異並推廣至其他的研究主題中，最後才是修正並取代某些皮亞傑的觀點。

目標和方法

　　皮亞傑早期曾與 IQ 之父比奈（Binet）共事過，比奈將智力測驗標準化，此種評分標準是以兒童回答問題的正確率來訂定標準。皮亞傑很快地意識到他感興趣的部分並不是這些兒童有沒有成功的回答，而是他們是*如何*回答正確的答案。換句話說，兒童的回答其實蘊含著一種心理歷程，而這是皮亞傑想要了解的部分。兒童對這世界的理解情況為何，這些過程是否會隨著年紀增長而有所改變，以及兒童如何變得越來越有能力來處理真實世界所發生的問題。跟比奈不同，他很少會關注兒童的個別差異以及智力表現，以作為心理年紀的判斷指標。因此，皮亞傑一點也不介意兒童取樣是否具代表性的問題。事實上，一些最具影響力的研究只觀察三位兒童，而這三位兒童還是他自己的孩子。有關發展的常模則留待比奈及其同事來建立，皮亞傑的目標是研究發展的*本質*，即一種他希望能藉由追蹤了解到的兒童如何能漸漸適應這世界的能力。

　　皮亞傑的研究工作主要經歷兩個階段：

1　最初，他先對兒童如何發展某種特定概念的理解進行研究，諸如對時間、空間、速度、階級、關係、因果等一些有關知識的基本分

類，及對理解現實世界的基礎概念。這些研究的對象為 3 到 10 歲大的兒童，透過訪談的方式，從這些兒童身上獲得相關的資訊，目的在了解兒童對於特定現象的觀察。例如：什麼原因讓雲朵移動？夢是從何而來？為何河水會流動？訪談的內容完全沒有一定的標準，即每一個問題都會依據其先前的回答來提出，直到皮亞傑認為他已經知道兒童對這現象的概念為何後才停止訪談（詳見訊息窗 6.1）。皮亞傑曾說過：「透過不斷地詢問，請兒童回答問題。此目的是要發現回答，特別是答錯時，兒童的推理過程。」藉由與不同年齡兒童的訪談，皮亞傑可以追蹤每一種概念理解的發展，因而讓他相信思考的改變並不是漸進式，而是階段式的，因此，他認為對於發展最適合的形容用語應以階段性做說明。例如，表 6.1 皮亞傑對兒童理解因果關係所進行的概念性研究。藉由詢問一連串的問題，如什麼原因讓雲朵移動，皮亞傑從所得到的回答中，得到不同年齡的思考方式有質的不同。對於特定概念的理解發展，皮亞傑以三個階段說明，分別是魔幻性（magical）、泛靈性（animistic）到邏輯性（logical）的理解。

表 6.1　因果關係理解的階段

問題：什麼原因讓雲朵移動？

思考類型	回答例子
1 魔幻性（3 歲之前），換言之，兒童可以透過思考或行動來影響外在的事物	藉著散步就可以移動它們
2 泛靈性（3 到 7 歲），換言之，兒童會歸因為物體本身的特色	因為雲是活的，所以它本身就可以移動
3 邏輯性（8 歲以上），換言之，兒童會以客觀的方式來理解這世界	風吹的

2　皮亞傑在第二階段的研究重心是以更整體的方式來看待兒童智力發展，取代先前對兒童各方面理解的檢視。他結合各層面內容，提出一種從出生到成熟階段的認知成長，捨棄個體概念發展階段論的進行，代之以四階段連續發展機制，來對智力成長做整合的解釋說明。我們會在以下內容對這四個階段做詳細說明。在此我們須注意的是，皮亞傑將研究的年齡下降至嬰兒，意謂著他的研究調查不只依賴面談的方式，而是同時觀察受訪者的行為，他安排特殊場景來進行研究。例如，為了了解兒童對事情分類的能力，皮亞傑會給受訪者一套他所選定的物品或是圖片（人物、房子、玩具或動物等），並要求他們將相同或相似的物品分成一類。透過這方式，皮亞傑可以了解兒童何時開始有分類的概念、對有能力將放置一起的物品做分類的標準為何－諸如概念性的特徵，就像依據大小或是顏色來分類（年紀較輕者通常會以此種方法分類），或者以較為抽象性特徵如物品的形態（如玩具或衣服）或使用的方式（如是否可食用）來進行分類。如同之前的陳述，皮亞傑對於受訪兒童是否正確地回答並不太感興趣，因為他想了解其處理事情的方式及其在當時所透露出來的心理狀態為何。為了這個目的，他設計了詳細的行為及口語回應的準則，並且在其出版的書中都有引用（如訊息窗 6.1 提供的例子）。

訊息窗 6.1

皮亞傑蒐集資料的技術

　　為了說明皮亞傑如何從兒童那裡獲取資料，我們將說明兩個曾經使用的研究技術。第一種是屬於臨床面談的方式，以開放性對話來釐清兒童思考的內容及其對特定現象的解釋。在這案例中，進行研究調查的現象是夢境，受訪兒童年約 5 歲 9 個月大。

皮亞傑：夢境從何而來？

兒　　童：我認為睡得好就會作夢。

皮亞傑：夢境從自身或從外在而來？

兒　　童：從外在。

皮亞傑：你夢到什麼？

兒　　童：不知道！

皮亞傑：有夢到手嗎？或是什麼都沒有？

兒　　童：是啊！什麼都沒有。

皮亞傑：你何時上床睡覺及何時開始作夢，夢境在哪裡發生？

兒　　童：在床上、毯子底下發生。我真的不知道。假使夢境在胃部發生，應該也會看見骨頭，但我什麼都沒有看見。

皮亞傑：睡覺時才作夢吧？

兒　　童：是啊！在床上發生。

皮亞傑：還記得你的夢嗎？

兒　　童：是。我在我的夢境中，並不是在我的腦袋中。作夢的時候，我並不知道我在床上，你會知道你正在走路，在床上時，你並不知道你正在作夢。

皮亞傑：當夢境發生在房間內，是否離你很近？

兒　　童：是啊，就在附近（就在眼前約 30 公分遠）。

　　這一段內容是摘自皮亞傑出版的書，書名為《兒童對世界的概念》，內容包含許多皮亞傑對兒童心理現象的研究，如思考、作夢，理解能力方面。這本書也說明皮亞傑對於各種細節及相關問題設計的能力及其意志力的展現，同時也說明若是將一些原本不存在於兒童腦中的想法意念做不當的灌輸，將可能導致一定程度的危險，而這也是皮亞傑在他的研究工作中比較少強調訪談技巧的原因之一。然而，在這本書中所引用的兒童說法，的確對於理解心理現象會有程度上的困難，諸如夢境，因為都是以心理而非生理的描述，如將事件以具體方式形容。皮亞傑將這種傾向稱之為現實主義（realism），此現象也同樣發生在皮亞傑對年紀約 4 到 5 歲小朋友進行訪談時。

　　第二個範例來自於皮亞傑後期的著作《兒童對真實世界的建構》，這一本書是對年紀非常小的兒童所進行的觀察。這本書的主角就是皮亞傑自己的女兒賈桂琳，她當時的年紀只有 18 個月大。

> 賈桂琳坐在一張綠色的地毯上，正在玩著她非常著迷的馬鈴薯（對
> 她而言，這是一個新玩意）。她口中喃喃自語念著：「大蕃薯」，並
> 不斷地將它放進空的盒子中，然後又把它拿出來。之後，我將馬
> 鈴薯拿起來，並在賈桂琳的注視下把它放進空盒子中。之後，我
> 將盒子放在地毯下，將馬鈴薯留在地毯下而不讓賈桂琳知道我的
> 計謀，再將空盒子拿出。我目不轉睛地盯著地毯看，知道我曾經
> 動過某些手腳的賈桂琳對空盒子蒐尋一番，接著看著我，又再一
> 次看的空盒子，而又轉向地毯等，但是她並沒有將地毯掀起，以
> 便找出藏在地毯下面的馬鈴薯。
>
> 許多有關皮亞傑的觀察都是屬於對兒童自發性行為的研究，而在這一案例
> 中，他也使用半實驗的方式來測試兒童對其所營造環境的反應狀況，是一種
> 藉由問題訪談的方式來評估其心理狀況的觀察方式。這是一種瞭解兒童對物
> 體恆常理解的能力，這能力對兒童前 2 年的智力發展而言是相當重要的。

理論的特色

　　認知發展與行為的其他面向一樣，究竟是受到先天或是後天因
素影響？一方面，有些人士相信環境只不過是對既存的心理結構提供
素材而已，而其先天既有的結構才是認知發展最主要的基礎；另一方
面，有一派人士認為所有發展的各種層面都是因為環境刺激所產生。
因此，欲了解知識獲得方式，就需要深入研究兒童學習經驗的內容。

　　皮亞傑發展理論的精髓在於說明智力發展端視兒童與其所處環境
間動態及持續性的互動。爭辯到底是兒童先天能力或是後天環境影響
為最主要因素是沒有意義的。相反地，假使我們欲了解兒童是如何獲
得知識的，則我們必須經過長年研究有關兒童與環境的互動。這是皮
亞傑對自己所設定的工作內容。他並不相信新生兒來到這世界只是像
一艘空船一般，被動地等待經驗的刺激而已，而是認為新生兒先天即
具有某種特定的心理組織功能，雖然原始、簡單，卻能讓他充分運用
他所經歷的各種資訊內容。在所有發展的階段中，兒童能夠對其經驗

的內容進行選擇、詮釋、轉化及得到樂趣，以便適應其既存的心理結構內容。剛開始時，這些結構非常單純，只是基於一些反射性活動而已，如吸吮發展。給一個 2 個月大的嬰兒一個洋娃娃，她只會試圖進行吸吮的動作而已，而不會像 2 歲大的兒童有各式的玩法。如同皮亞傑所述，*吸吮*是這時最主要運用功能，因此，就會決定在當時嬰兒對於所經驗物品的使用方式。然而，同時嬰兒也會從經驗中知道洋娃娃所其他的使用可能，如搓弄、抱抱、折扁及搖晃等。也就是說，嬰兒會慢慢適應了解這樣物品的使用。根據皮亞傑說法，這種有關**同化**（assimilation）[31]及**調適**（accommodation）[32]的過程代表認知改變的基本機制，兒童將外在的現實狀況融入其自身的心理結構中，並且修正擴展爲個人行動作爲以適應外在環境的需求（詳情見表 6.2 中一些皮亞傑理論的相關用語定義）。

　　以下範例說明皮亞傑理論的基本特色：

■　智力並非像字義呈現的僅只是複雜的心理過程，而是由出生時所展現的原始性反射般的行爲模式開始。然而，這些行爲模式是可以修改的：當它們與外在世界的事物接觸時，就會改變、適應、結合以及越來越精緻化。

■　知識的*建構*來自兒童與環境的互動。它既不是出生即具備，亦非單靠經驗獲得，而是來自兒童對於事件及想法的積極探索。知識的獲得是基於行動模式而來，而不是一種被動性資訊累積的過程。這對所有年紀的人們都可一體適用，正如嬰兒在與玩具間的互動中發現物體的特徵，同樣地，學校的兒童必須透過參與腦力激盪來找出其中的發展可能性。

---

[31]　同化（assimilation）：皮亞傑理論的用語，是一使用個體既存心理結構吸收訊息的歷程。
[32]　調適（accommodation）：皮亞傑理論的用語，是一修改個體心理結構以融入新的訊息的歷程。

表 **6.2**　皮亞傑理論的相關用語定義

用語	定義
智力	根據皮亞傑的說法，智力是一種生物性適應的特殊例子，是一種因適應所衍生的心理性過程，而不是有關個體間認知能力的差異性。
適應	在所有生物體中都會發現的一種先天性能力，以適應來自環境方面的各種需要。
基模	是能力或思考方面的一種基本認知架構，而讓個體對其週遭環境的發生事件能夠產生意義。
同化	一種個體融合新經驗在既定架構中的一種心理性過程，而後轉化新獲得的資訊以符合先前的思考方式。
調適	即個體修正既存的架構以符合新經驗的需要，因此是一種將先前思考的模式轉變以符合新資訊的需求。
平衡	是一種個體架構與所處環境間達到平衡的狀態。當彼此間有不平衡狀況產生，則架構的重組勢必會發生。

■ 智力的成長被認為是一種與環境間非常精確與複雜的適應過程。所有生物都是很努力成功地來適應其週遭環境，而這也是透過雙重的吸收及適應機制達成，即一方面利用外在物體來發展既存心理架構機制，而另一方面在這過程中會依據所接觸的經驗做修正。

■ 不論何時，當兒童所遭遇的新經驗與其既存的心理架構機制不相合時，即產生所謂**失衡**（disequilibrium）[33]。兒童因為好奇之故會不斷地遭遇這樣的經驗，且會迫使他們對這些進行理解，如會去尋求所謂的**平衡**（equilibrium）[34]。根據皮亞傑的說法，這包含對智力發展的驅動力，然而，這種情況只會發生在當事件本身與兒

---

[33]　失衡（disequilibrium）：依據皮亞傑理論，即當個體遭遇新資訊，既有的心理架構機制無法配合的心理狀態。
[34]　平衡（equilibrium）：依據皮亞傑理論，即個體吸收並對新知識經由吸收及適應過程產生理解所達成的狀態。

童所熟悉部分的差異性並不大時。因此，可知父母親及老師最重要的任務即是提供兒童介於熟悉與不熟悉間一種最適狀態的新經驗內容。

現在我們可以了解為何皮亞傑喜歡稱兒童為「小科學家」。就像科學家一樣，兒童會面臨許多的問題。首先，會先以既存的理論架構來了解其所觀察到的事物，假使不順利或不成功，即會擴展其理論或創造新的理論。因此，剛開始時，兒童會試著以其熟悉的方式來同化陌生事物及經驗內容，或是以既存的心理或行為模式來擴展、適應新的經驗。在上述兩種方式中，個體都是積極、主動地尋求解決的方法，並以不同的方式達成瞭解（可能是透過嘗試錯誤的方式）。最後，則經由一種創新行為回應挑戰，使得觀察和瞭解之間產生一令人滿意的結果。下列為皮亞傑對 10 個月大的兒童所進行的觀察報告：

> 羅倫背靠著躺下，他抓著一隻玩具天鵝及一個盒子等，之後他將雙臂打開讓它們掉下來，他會清楚地知道有關東西掉落的位置。有時，他會垂直地將雙臂打開，有時會斜斜的緊握著，可能在眼睛前方或後方。當物體在新的位置掉落，他會讓它在新的位置重複 2 或 3 次，以了解其空間的關係，然後他會做修正。在某一時間點，玩具天鵝會掉在靠近嘴巴附近，他並沒有拿來吸吮它（雖然這是這物體的用途之一），而再多丟 3 次，他也只不過擺出張嘴的姿勢而已。（Piaget, 1953）

兒童基於好奇心，會忙著到處尋找新的事物，來了解其所可能發現的新的經驗內容，並藉由積極性探索來學習。在這過程中，他會發現事物的特性及其在空間中的表現之重要性。剛開始時，其探索過程可能是出自於偶然。然而，就像科學家一般，其探索能力會引導他以各種方式來尋求新的經驗現象，瀏覽事件的各種可能性，並小心留意事件產生的後果。知識的範疇，就兒童為一小科學家角色來說，可以說從此已邁進一大步。

認知發展的階段

　　皮亞傑理論中最重要的部分在於相信發展是一階段性過程。皮亞傑認為，認知發展不應僅僅被視為知識量的增加而已，它應是可區分為數階段，而非一連續性的累積，而每一階段在對世界的思考上，比起前一階段或後一階段是具有*質的差異*（qualitatively different）。皮亞傑從他的觀察中認為，對理解的一種全新策略會在兒童期階段定期地出現。剛開始時，皮亞傑會限定對於不同個體的心理性概念，如上述像因果的描述，最後他將所有資料整合而產生一包含四階段論的架構。有三個主要的心智重組是在兒童期發生（第 2 年的末期、6 到 7 歲之間、及約在 11 至 12 歲左右），而皮亞傑相信這種心智重組會廣泛地影響到理解的各種層面。當兒童遇到這種分界點時，會因年紀不同而使反應有所不同，而且並非每一個個體都會走到發展的最後一個階段。然而，發展的順序是一定的，即兒童若非經歷前一階段的過程就無法在較高階段中正常發揮功能。每一階段乃代表產生一種對環境更加複雜及具適應性的理解能力，是一種理解力在質上有所差異的結果表現。這四種階段的特色詳述如下，表 6.3 提供一個概要說明。

感覺動作期

　　這一階段是從出生到 2 歲，此階段的命名也是源於其主要特徵而來。簡言之，即說明兒童最初是透過在環境中的動作表現來認識這世界。也就是說，知識是透過吸吮、抓取、觀察、撫摸、咬嚼及其他外顯作為與環境互動而獲得認識，並不是透過內在思考過程來使兒童可以心理操件物體。然而，皮亞傑相信，最初這種以行動為基礎的階段乃是有關思考發展最為關鍵的前奏曲。根據皮亞傑的說法，有關心智的運作乃是一種內化作為。

表 **6.3** 皮亞傑的認知發展階段

階段	特色
感覺動作期 （出生到 2 歲）	嬰兒會依賴感覺及動作的方式來學習及理解其所處（出生到 2 歲）的環境。認知架構以行為為基礎，而後才漸行複雜及具協調性。在這一階段後期才會內化行為，形成表徵符號。
前運思期 （2 到 7 歲）	兒童能夠使用符號（如文字或心理圖像）來理解世界。想像性的遊戲變得可能，而兒童也能清楚辨別實際與虛幻之間的差別。其思考相當以自我為中心，一直到這個階段後期，兒童才能夠顧及別人的觀點。
具體運思期 （7 到 11 歲）	兒童學會各種不同心智運作的方式，如乘法、分類、倒置、連續、保留，並可以在心理以不同方式運作這些符號。邏輯思考開始出現，然而問題的解決仍需要依賴具體事件而非抽象概念來處理。
形式運思期 （11 歲以上）	兒童能夠進行心理運作，包括抽象及邏輯推理的能力。他們對問題會思考不同的解決方案，因此能夠處理有關假設性議題的能力。這階段會漸漸以抽象而非具象來思考。

　　然而感覺動作期的活動是兒童在前 2 年間，以主動方式與環境產生關聯，但這一階段絕非是靜悄悄而毫無進展，根據皮亞傑的說法，這一階段被形容為一連串次階段所連結的歷程。讓我們選擇一些在這一發展次序中重要的發展趨勢做說明：

■　*從僵化到彈性的行為模式*。兒童出生時即擁有一些反應模式，使其在一出生後便能與環境產生聯繫。最初這些模式只能對某種特定刺激做反應處理，例如，吸吮是一出生即擁有的能力，然而最初能引起反應的就只有母親的乳頭，其他物品接近新生兒嘴唇時都會被拒絕。然而，基於皮亞傑對於自己三個孩子的詳細觀察，他形容在出生後幾個月的期間，嬰兒會慢慢從僵化轉變為較具彈

性來調適自身的行為，開始能接受尺寸較大的刺激物。例如，他的兒子羅倫，在只有 9 天大時，有時會靠過來碰碰他的手，會試著想要吸吮一下，然後便放棄了，之後嬰兒又試著想要吸吮他的軟質衣料，結果也是一樣，只有母親的胸部可以讓他接受。但在 1 週或 2 週後，嬰兒會開始吸吮他自己的大拇指，漸漸地可以接受不同物體，如先前拒絕接受的軟質衣料、父親的手指頭及其他各種不同形狀的玩具與織品。此外，剛開始嬰兒只吸吮接近他嘴唇的東西，之後慢慢的會學習依據物品的外觀而產生不同的關聯。皮亞傑的女兒賈桂琳在 4 個月大時，看見奶瓶時就會將嘴巴張開；在她 7 個月時，則會根據給她的是奶瓶或是湯匙而有不同的張嘴程度。在皮亞傑的觀點中，認為這種適應性反應作為乃是智能的開始。

- *從單獨到協調性的行為模式*。剛開始時，物體是放在那兒等著被觀看、抓取或吸吮。到後來，嬰兒才知道對於相同的物體，其實可以同時進行一連串作為，或者以一種協調性次序運作。例如，嬰兒只抓取他的手可以觸及的物體，但並沒有試圖想要拿起來以便能仔細地觀察。這是一種後期性的進展，雖然在剛開始時只有在物體和手都在可以看見的範圍時。最後，嬰兒會主動靠近他所注視的物體，並看著他所抓取的物體。之後，他會將物體拿來吸吮或搖晃，形成一種新的視覺與動作的協調模式，產生的聲響會將聽覺帶入這一畫面中。因此，兒童的行為模式會愈形複雜、愈具協調性及更有效率。

- *從被動回應到意向回應行為*。雖然剛開始時兒童相當積極回應，然而其行動卻毫無意向性或計畫性，對環境所表現的行為效果是偶發的。例如：當嬰兒擊打掛在嬰兒車上的珠珠時，讓它們上下跳動產生叮叮咚咚的聲響，他並沒有意識到其行為與結果間的關聯，因此也沒有試圖想要恣意地反覆進行這樣的行為。直到第 1 年的末期時，故意性的行為才會愈明顯表現出來。皮亞傑藉著記錄他三個子女在試著獲得一些想要的物品但遭遇困難時的表現來

做說明。思考一下下列的觀察內容：

> 我秀給小羅倫（約 6 個月大）一個火柴盒，然後另一隻手以橫向
> 方式在其抓取之處形成一個障礙。小羅倫會試著越過我的手或這
> 一界線，但是他並無意去移動它。然而在 7 個半月大的時候，小
> 羅倫的反應則是相當不同。我將火柴盒放在以手為障礙線的上方
> 後面，因此小羅倫若沒有將障礙線移開的話，是無法拿到火柴盒
> 的。在試過多次都無法達到目的的情況下，小羅倫突然會敲打我
> 的手來將這一障礙物移除或將高度降低。後來我讓他達到目的，
> 就讓他抓取到這個火柴盒。當小羅倫所面臨的障礙物是一種緩衝
> 材質而不是手時，小羅斯會試圖接進火柴盒，一旦被這障礙物干
> 擾時，他會立即敲打它，然後將高度拉低直到他的視線清晰可見
> 處。（Piaget, 1953）

直覺地區別有意向性與非意向性行為是沒有什麼問題的，從小羅
倫執意要去抓取這一火柴盒的舉動可以明顯發現。嬰兒期是進展
至這種直接性、計畫性行為非常重要的階段之一，可以展現兒童
的獨特與成熟。

■ *從外顯行為到心理表徵*。當感覺動作活動引領嬰兒期的作為時，
在這一階段的末期，心智歷程的信號會慢慢展現。剛開始時，對
於兒童運用圖像、符號，思考及其他內在機制，其實是毫無徵候
可循的。皮亞傑以處理問題時所展現的行為方式做說明，諸如當
一個玩具離開身體可及之處，但可以用附近的木條搆到。對於大
部分 1 歲大的兒童而言，其實是無法看出這兩種物體間的連結為
何，有時候甚至會看到小朋友使用木條移動玩具的狀況。頂多，
對問題解決而言可進展至嘗試錯誤發現的階段。一直到 2 歲的時
候，兒童才*想到*用木條為工具來搆到這一目標物的方式。最初的
時候，兒童需要看見木條就在玩具附近才會想到它的重要性，接
下來，他們會理解到在這樣的情況下，木條是有需要的，若是沒
有了它，兒童反而會去找木條來使用。當這樣的情況出現，兒童

的行為就變得越來越多樣化。除此之外，語言的發展對兒童而言也變得較為容易，因為兒童會開始將物品與人符號化。因此兒童可以開始運用心智的方式來計畫應進行各種活動，而並不需要實際執行這些活動。心智符號的運用在這一階段仍是相當原始而沒有效率的，然而這對於朝向成人成熟功能發展而言則是相當重要的一大步。

在感覺動作期中有一個非常重要的發展值得一提，即是兒童對**物體恆存性**（object performance）[35]的發現。對此的理解是這世界乃是由許多外在物體所構成，不論我們有沒有發覺到它們的存在，它們都是獨立的個體。以上假設對成人而言相當自然，且沒有其他的觀點可取代。然而，皮亞傑卻理解到嬰兒看待世界的觀點往往與成人不同，易言之，是一種純然、短暫的感覺印象，物體只不過是因為獲得嬰兒的注意而存在。所有的事情，諸如吵雜、拇指、母親、瓶子、玩具熊及其他兒童曾經接觸的事物，都因兒童的注視、聆聽或接觸而存在。當兒童不再與這些物品做直接接觸的時候，這些物體即不存在，*因為看不見，所以不存在*。同樣地，此時兒童也無法感受到自我的存在，因為太需要連結不同感官印象，這也是兒童在第 1 年的發展過程中會出現無助、無能的現象的原因。

皮亞傑使用了隱藏測驗以證實他的觀點。他對參與者展現某些具吸引力的玩具，正當他們要伸手去拿的時候，皮亞傑就將這玩具以一塊布遮蓋住，讓他們看不見。小嬰兒就立刻表現出看不見就心不在焉的情況出來，他們就不再去拿它，而將注意力移轉至別處，表現得就像這玩具根本不存在的樣子。另一方面，年紀較大的兒童就會持續想要去拿這個玩具，甚至是將這玩具隱藏之後，他們還會瞪著這一塊布，去拿它，並將布塊拿起，然後蒐尋藏在布下面的玩具。對於這種持續性蒐尋不見的物體，則是皮亞傑所提出的例證，說明這玩具其實是仍

---

[35]　物體恆存性（object performance）：皮亞傑理論的用語，係指物體是一種獨立個體，能持續存在，不會因為個人的不注意而不存在。

停留在兒童的心裡,並知道它存在。

然而,這種將物體視為恆存的新概念並不是以一種突然成熟的形式表現。皮亞傑以其過去的病人對此做追蹤發展,詳細紀錄其從嬰兒期與其他各種年紀的小朋友玩的捉迷藏遊戲,並在兒童漸大時增加複雜度。然而有關第一個物體呈現的指標是在第 1 年的末期出現,皮亞傑認為,直到幾乎第 1 年的晚期時,兒童才能像成人般以較成熟的方式理解事物,說物體本來就在那裡,不論你有沒有去注意它。也就是說,物體恆存是一種概念,需要兒童理解並能*具體化*。其他概念如空間與時間,皮亞傑認為,在生命發展這些概念時,不應被視為理所當然,而是需要給予機會來學習。訊息窗 6.2 中,我們對此有詳細的說明,而此種發展在整個主要感覺運動期階段中需要給予更多時間學習。

前運思期

兒童在出生後第 2 年後段對於認知能力方面的改變是最大的,因為從這一階段開始,兒童即開始發展符號性思考,而且不再拘泥於「現狀」所呈現的事實。符號是一種文字或一種圖像,用以代表某件事的意涵,如以下有關皮亞傑的觀察內容:

> 賈桂琳在 21 個月大時看見一個貝殼,然後說「杯子」。說完之後,就把這東西拿起來,並假裝要用來喝東西。第 2 天,看到相同的東西,她說「玻璃」,然後又說「杯子」,然後又是「帽子」,最後說這是「在水中的船」。3 天過後,她拿一個空盒子,前後來回移動著,然後說「電動車」。(Piaget, 1953)

藉由觀察整個遊戲的順序過程,皮亞傑才能夠證實直到第 2 年的後期才是心理功能發揮的過程。不單只有與玩具間互動的感覺運動性活動,一種搖動、擊打、吸吮、投擲的狀態,而在這階段,兒童可以開始進行想像式遊戲。會給予洋娃娃一個空的杯子喝水,一張紙可以變成床單、一張桌布或斗篷。兒童可以進行符號性思考,想像可以透過

訊息窗 **6.2**

尋找隱藏的物體

　　皮亞傑的三個孩子在整個嬰兒期階段，都在進行著隱藏的遊戲，從他們玩樂的事物一直到父親及來自於我們的啟發。透過在不同年紀對於遊戲所產生的回應狀況而啟發*物體恆存*的想法，並說明在出生後 2 年中有關概念性發展的過程。

　　皮亞傑以數個階段論方式陳述這樣的發展模式。剛開始時，約在出生後前 4 個月的期間，嬰兒並不會試圖去尋找已經消失的物體。他們只會約略看一下物體（人）消失的地方，但是這並不會有持續性的回應出現。之後，約在 9 或 10 個月大的時候，嬰兒會開始展現出對於消失物體的積極興趣，並不像過去只是被動的看著物體消失的地方，現在他們會用目光尋找物體可能會存在的新位置。皮亞傑注意到，在羅倫 6 個月大的時候，在躺下去時所掉的一個盒子，他會立刻找出它的新掉落地點。當他持續動作時：

> 然後我抓著這一個盒子，由我自己以垂直方向並以羅倫目視可及的速度來看到物體掉落的軌跡。他的眼睛立刻蒐尋到物體所掉落的沙發上。在進行這實驗時，我設法消除任何可能在他的左右側會發出的聲響或震動，這實驗結果總是給予正面回應。

在這樣年紀的嬰兒可以透過掉落物體行進的軌道，來預期未來的掉落的位置，而且目光蒐尋在這一階段也是有可能性的。然而要蒐尋隱藏物體下的東西仍然做不到的。如其下的摘錄陳述：

> 賈桂琳約在 8 月大的時候，試圖去抓取位在絲絨衣服上的玩具鴨。然而這鴨子因為滑動而掉落到離她的手非常近的地方，但是被一張摺紙遮住。賈桂琳的目光順著物體移動的方向游動，甚至跟到手拿不到的地方。但只要看不到這一玩具鴨，賈桂琳的動作也就停止。之後，我將玩具鴨從隱藏處拿出，並拿到離她手很近的地方 3 次。這 3 次之後，她又試圖來抓它，但是就在幾乎拿到的時候，我又非常明顯地將玩具放在紙下隱藏著，賈桂琳立刻縮手並放棄其動作。

在這狀況中，我們很清楚地看到有關「視線外」和「心不在焉」的說明。她是有能力來執行這一必要性的動作，但因不在視線內，所以她無法去抓取她

想要的物體。

　　嬰兒在 9 或 10 個月大的時候，會開始尋找隱藏的物體，並有能力將隱藏於下的物體抓取出來。然而，她的蒐尋仍是有所限制的，我們可以賈桂琳在 10 個月大時的行為做說明：

> 賈桂琳正坐在床墊上，沒有任何干擾使她分心。我將賈桂琳手上的玩具鸚鵡拿走，並連著 2 次將之藏在她左側邊的床墊下方位置 A。2 次賈桂琳都會立刻尋找並抓這一物體。然後，我又從她手中抓這隻鸚鵡，並且在她眼前非常緩慢地移動到右側邊床墊下相對的位置 B。賈桂琳非常專心地看著物體的移動，但是當物體在位置 B 點消失時，她轉向左側邊並看看是否如前的在位置 A 的地方。

賈桂琳覺察隱藏物體覺察新發展的能力並非到此即停滯。有關物體恆存的概念仍有所限制的。雖然賈桂琳所看見的是物體被隱藏於新位置 B 的事實，她還是重複她先前的反應動作，並再一次尋找位置 A──這就是所謂的 A／B 誤差。兒童只不過重複先前曾做過的部分，物體仍停留在過去行為印象之中，並尚未成為真正獨立性的物體。

　　在第 2 年的發展過程中，這種成為真正獨立體的概念才會產生，但其呈現的方式並非是立即而以兩階段方式產生。首先，當物體置放的位置是可視的，兒童就能夠發現有關在 B 的位置，如兒童乃實際上看到物體是由 A 移動至 B 的位置。這種看不見實際的物體移動，仍在超出兒童這時的能力。例如，假使移動一個小型物體從離手很近的位置到新的地點，兒童會持續去蒐尋 A 的位置。兒童尚未有能力利用心智的能力來掌控物體可能移動的軌道及新的置放點。而一直到這一階段晚期，兒童才能理解這種*目標*物體置放的位置：

> 賈桂琳在 1 歲半大的時候，坐在三個阻隔物體 A、B 和 C 之前（帽子、手帕及夾克）。我在手裡藏了一個小型鉛筆，說這是鉛筆。我持續緊抓著並將之放至於 A 物體的下方，然後放在物體 B 的下方，而後在 C 的下方（就讓鉛筆留在 C 的下方處）。在每一個步驟，我都再一次伸出我緊握的手，然後重複說這是鉛筆。賈桂琳之後會直接去位置 C 搜索一番，找到它，然後滿意地笑了。

賈桂琳在這一實驗中顯示出她相信這一物體在整個非目視的移動過程中都一直在父親的手上，她並且利用物體的心智印象基礎來找到物體的位置。只有在最後的步驟中，皮亞傑才視為真正物體呈現的清楚證據說明。

心智力量來操控，文字可以用來代表某一物體或是人們，並且所創造出的幻想性世界可以以自己喜歡的方式，其與真實世界全然不同。不採與真實環境做直接互動，兒童可以利用*心智想像*與環境進行互動。

　　然而，有關這年紀的兒童思考的許多層面仍然與成人間有許多差別。皮亞傑將這一階段命名為運作前期以作為一種區別。根據皮亞傑的說法，所謂**運思**（operation）[36]是一種內化的行為，而環境傳達的訊息可以依據個人的選擇做安排。例如，3 加 3 是一種心智的運作，根據物體的尺寸大小而進行數個物體間的次序安排是另一個範例。其他諸如對不同物種間的分類，如蒼蠅、大象、狗及貓可以根據同一物種向下分類。皮亞傑看出了心智發展端賴於運作性的獲得，然而符號性的思考能力卻是獲得這種發展的必要階段。兒童在運作前期的階段，對於思考特質的使用仍然有障礙，易言之，是自我中心主義、生命主義、僵化性及邏輯推理力不足所造成的結果。我們可以參酌皮亞傑的觀察及實驗的內容來說明每一特徵的內容。

自我中心主義

　　這一用語乃是說明以自我觀點來理解這世界的傾向。皮亞傑認為自我中心主義並不具有貶抑的意涵，也不是自私，只是兒童在此階段不知道別人可能對事情有不同的看法。皮亞傑以三山實驗（three-mountains landscape）（參見圖 6.1）做說明。這一方式乃是讓兒童坐在具有三座不同尺寸及形狀的風景圖卡前面。之後，他們會準備一組以各種不同角度拍攝的風景圖片給兒童觀看，然後請兒童針對所看到的圖像來選擇相同的山景為何，這種測試對學齡前的兒童通常都是沒有困難的。之後，一個洋娃娃被放置在展示面的其他兩側任一邊，然後要求兒童根據洋娃娃所能看到的景點來選擇圖片。大部分學齡前的兒童都會根據自己所看得到的景點來指認這圖片。

　　根據皮亞傑的說法，這是自我中心主義的實證，如不具能力的兒

---

[36]　運思（operation）：在皮亞傑的理論中是指利用心智力量呈現物體面貌的過程。

童從自我觀察的焦點做移轉，就能了解其他人可以用不同的方式看到
相同的景色。如我們以下看到的內容，研究人員尚未完全確認其研究
發現。然而，對皮亞傑而言，他認為自我中心主義是一種具有普遍性
的傾向，在許多兒童行為表現上都看得見。例如，當問一位兒童他是
否有兄弟，他會說有。然後問他，他的兄弟是否是有兄弟，他則非常
有可能說沒有。由此，我們再次證實，兒童無法將其自有的注意焦點
做移轉的現象，對關係理解的能力會有不利的影響。相同的情況也可
以在兒童的對話中發現，而這常常以*集體性獨白形式*（collective
monologues）呈現。這一情況就是 A 兒童在說完一段話後，接著由 B
兒童說，然而其內容主題卻與 A 兒童所說的內容毫無相關，即是以一
種不具意義的方式來回應。彼此之間毫無實際對話，因為對話的雙方
只不過是在自言自語而沒有交集。

萬物有靈論

這一部分乃涵蓋有關兒童對真實世界認知的研究報告，而皮亞傑
也開始決定了兒童視真實世界中哪些存在物體為有生命體、而哪些則
沒有。他會問的問題如：若我將這鈕扣拔除，它是否會有所感覺？

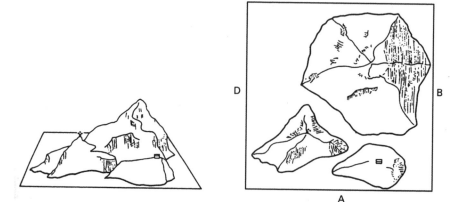

圖6.1 皮亞傑的三山實驗

太陽是否知道它正給予大地光芒？椅子是否介意被人們坐在上面？皮亞傑從兒童的答案中發現，在學齡前的兒童對於哪些物體具有生命、哪些則沒有並沒有辦法做清楚的界定。相反地，他只能針對物體的特性歸類為具有生命或不具生命的有機體。這樣的傾向我們稱之為萬物有靈論，可由下列對話說明：

皮亞傑：當烏雲出現並開始下雨時，太陽會怎麼樣？

兒　童：因為天氣轉壞，所以太陽會躲起來。

皮亞傑：為什麼？

兒　童：因為它不想淋到雨。

在學齡前階段的兒童會慢慢地學會分辨有生命及無生命的差別。剛開始時，任一物體都會被視為是有知覺的，例如，石頭知道自己是被移動的。然後，只有會移動的物體會被視為是有生命的，如腳踏車或者是樹葉變黃的時候。之後，生命被定義為具有自發性移動的特點，如：河流。最後，兒童才會理解到生命只會在動物及人類身上發現，這是一種生命體及非生命體最根本的區別。

思考僵固

這種現象以許多不同的方式呈現：在此我們舉兩個例子來做說明。第一種為*不可逆性*（irreversibility），例如會試圖以先前曾經歷過程的順序來思考一個物體或一件事情。學齡前兒童無法以逆向方式思考，他們的思考從訊息接收以來都是如此具有僵固性。成熟思考的優點之一就是可以藉由想像力將訊息符號以任何方式重新安排，是一種以各種方式處理真實事件的可能性。因此，只有當兒童可以進行逆向思考時，他才能夠專精於加法及減法的運用。只有當他了解 3 加 4 等於 7 時，才會理解 7 減 4 會等於 3 的道理。減法其實是加法的相反原理，而只有兒童了解到這些原理原則時，才能夠掌握算數。

思考的僵固也出現在對事件外在改變調適的無能為力上。以下列實驗做說明：當對學齡前兒童展示一隻狗，然後告訴他來確認這隻動

物。他們通常可以正確地標示這是一隻狗。之後準備貓的面具，當兒童正在看的時候，將之戴在狗的臉上。然後再問一次，並要求兒童再次做確認，大多數的兒童會說這是一隻貓。每一次當這一面具被戴上或拿下來的時候，兒童就會同時改變牠的名稱標示。似乎可以說兒童會因為接收特質而受到影響，無關先前對動物的認定。

推理發展前期

學齡前兒童的推理能力與成人相較是明顯不足的。此階段的兒童尚不能進行有關歸納式或演繹式的思考，例如，從特殊性到一般性或者從一般性到特殊性的思考過程。這些兒童只能夠呈現一種推理形態，即皮亞傑所提出的*轉換性邏輯*（transductive）。例如，若錯失原本應有的午睡，皮亞傑的女兒露西納會說：「都還沒有睡午覺，所以現在一定不是下午。」露西納所呈現的是從一種特定性（午睡）到另一個（下午）的推理過程，然後得出結論是由其一來決定另一個存在的思考模式。因此轉換性思考模式可以看出兩個完全沒有交集的事件間，只因為同時發生而產生一種因果關係連結。兒童可能也會將因果關係倒置，如以下由一個學齡前兒童的陳述可見端倪：這個人從腳踏車上跌倒是因為他的手臂跌斷了。在這樣典型的年紀階段，我們可以看到兒童無法了解因果間的次序關係。然而，就兒童思考而言，皮亞傑並不會輕易地將之解釋為兒童的無知或愚昧徵兆就滿足。相反地，他將這樣的過程視為一種朝向成熟思考的重要階段。他說兒童在這推理發展前並不是沒有*邏輯*能力的，只不過邏輯推理過程式系統思考的重要部分在這年紀尚未發展成熟，但兒童會依據其原始本能，自然而然地培養出這樣的能力。

具體運思期

兒童大約在 6、7 歲時是智力發展的另一個質變化的發生階段。在這階段的兒童有能力進行心智運作，換言之，他們可以進行系統性的

邏輯推理，以邏輯方式解決問題，而最終可以免除如皮亞傑所指出的
自我中心的思考模式。特別是在新發現一種轉換思考能力時，可以看
見兒童這樣的改變，而這會影響到其做決定的模式，並且發現兒童不
再受到事件發生的外在形式的影響。因此，思考乃更具彈性且更有效
率，然而，在某一重要層面上，其思考仍受到某一程度的限制，兒童
需要具體的物體及事件內容作為心智運作的依據，因此皮亞傑將這一
階段命名為具體運思期。假設性及抽象性概念的思考模式在這一階段
仍然超出兒童的能力範圍。

　　讓我們思考一些在具體運思階段會產生的新進展：

■ *序列*（seriation）：運思思考最大的特色之一，就是具有依據一些
度量標準來對事件做安排的心智運用能力，例如：高度、重量、
時間或速度因素標準。如兒童在這一階段可以依據*相對*身高來看
待朋友，而不像以往只把朋友當作單一個體來看待。而這也有助
於引導兒童建立一種*轉換性參考*的能力，如解決問題的能力。例
如：假使詹姆士跑得比哈利快，而哈利跑得比山姆快，則詹姆士
與山姆誰跑得快？這個問題需要對三個物體及兩個關係間所傳達
的資訊做整合性了解，並隱含對數字及量度概念的觀念。皮亞傑
相信這樣的觀念須到 6、7 歲才有辦法理解（然而這結果受到後續
研究的挑戰，因為後續研究發現年紀更小的兒童其實已經具備此
種能力）。

■ *分類*（classification）：兒童在這階段具有能夠依據某些準則而將
物體做分類並了解*歸類*（class inclusion）的能力，換言之，就是
能夠理解部分與整體間的關係。皮亞傑藉由展示兒童一個以 10 個
木製圓珠做成的項鍊來說明這一概念。這 10 個木珠中，有 7 個是
棕色，3 個是白色。當被問及棕色珠或木珠誰多時，前運思期的
兒童會回答棕色珠較多，這顯示他們無法思考有關整體（木珠）
與次類（棕色珠）之間的關係。然而，具體運思期的兒童就能夠
看出次分類與個體間的關係為何。這一階段的兒童能夠免除對先

前物體的特徵印象（諸如棕色的色系差異）並且了解兩種特徵上的不同，而知道其實其中一項是附屬於另一項物體的。

■ *數的概念*（number concepts）：根據皮亞傑的說法，兒童具有對物體序列化及分類化的能力，以協助其了解數字的概念。年紀較小的兒童可能可以數數字，但這樣的練習只是一種硬記，實際上並沒有對數字所隱含的概念有所了解。剛開始時，兒童只是將這些物體賦予數字名稱而已，所以這一特定的數字就變成這物體的一種特徵。直到具體運作期的階段，兒童才能夠對這些數字具有更成熟的概念。他們會理解到數字賦予是一種隨機性過程，因此數字本身是可以轉換的。他會了解其實可以依照類群或次類群做安排（如 3 加 4 會等於 7，同樣的道理，白色珠加上棕色珠就構成木珠）。他們開始發展*數字的不變性*觀念，例如：長型排列的硬幣與散置擺放的硬幣，其數量是一樣的道理，並且了解只有另外加入或減少才會改變它的總數。

到目前為止，發生在具體運思期階段的另一發展已成為關注的重點，是由皮亞傑發現並且是兒童思考領域中最為值得關注的進展。此發展稱之為**守恆現象**（conservation）[37]，即了解到事物的本質並不會因為外在的改變而有所不同。讓我們闡述說明於下（請見圖 6.2）。當兒童被要求將水等分注入兩個相同的杯子 A 及 B 中，並確認這兩個杯子的確是裝有等量的水。之後，將 B 水杯的水倒入另一個更細長的 C 水杯中，因此，C 的水位看起來會比 A 水杯更高。當問兒童是否 A 及 C 水杯是擁有相同的水量時，學齡前的兒童會說兩者不同，並確定 C 水杯的水量是比較多的。只有待他們到達具體運思期階段時，他們才會回答正確的答案，即 A 與 C 水杯的水量是相同的。皮亞傑認為這階段的兒童才對數量具有守恆的觀念。

---

[37] 守恆現象（conservation）：是皮亞傑對於理解物體某些基本特點所賦予的用詞，如有關物體的數量，重量只是表面性做轉換，其本質是維持不變的。

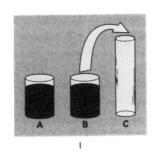

圖6.2 有關質量守恆測試實驗

　　為什麼這種簡單的實驗的意涵如此重要？事實上，它只是皮亞傑一連串實驗內容之一，說明守恆概念在物體的不同特性上是隨處可見的，如長度、數量、整體、重量、區域及其質量（請見訊息窗 6.3 的詳細說明）。這都一再顯示兒童對這世界觀點（如皮亞傑說法）已經從知覺依賴發展到邏輯思考。以上述的水杯為例，當水倒進 C 水杯時，對學齡前兒童而言，判斷是受水杯外在的特徵所影響，易言之，就是水杯高度，因此當從 B 水杯倒入時，其高度提升，讓其認為 C 水杯的水量是較多的。年紀較小的兒童尚無法自動地同時考量高度及寬度兩種特徵，因此無法了解一方的改變會因另一方同時改變而彌補。同樣地，學齡前兒童也無法理解過程的逆轉，體會到當水杯 C 再倒入 B 水杯中，其水位會回復到原來的水準。這些都包括運思思考，只有在學齡前階段後，才能讓兒童以邏輯性思考來解決問題，而不只是依據物體的顯著性但不相關的特徵來做思考判斷。

　　要再一次強調，思考能進展到更成熟的階段並不是因為給予兒童必要資訊而使兒童能學習到正確解決問題的方式。例如，先前試圖教導運思前期的兒童有關守恆的觀念時，其效果是相當有限的。這是因為這一階段的兒童尚未具有足夠心智能力來進行邏輯思考，並不是給予足夠的訓練就能讓其學會邏輯思考。

訊息窗 6.3

兒童的守恆概念研究

　　皮亞傑以一系列的任務說明兒童的思考本質,守恆實驗可能是其中最為人所知的。在每一案例中,皮亞傑說明學齡前兒童對物體的概念來自其外顯特質,因此很容易受外在的改變而動搖。然而,對於處於具體運思期的兒童而言,是否理解到這些改變其實都無損於物體的本質內容。在他所進行的案例中,基本上過程都是相同。他會讓兒童同意所看到的物體是一樣的,並詢問兒童如果物體以其他形態出現,是否也是相同的。

　　以數字的守恆實驗為例(見圖6.3)。兒童所看見的是兩排鈕扣,所以很明顯地這兩排鈕扣的數目是相同的。當兒童正在注視的時候,將其中一排鈕扣拉長排放並問兒童是否鈕扣的數目仍相同?在學齡前的兒童會說較長排的鈕扣的數量比較多。假使將這排鈕扣靠攏排放而變得更短時,兒童會說現在這一排鈕扣的數量比較少。

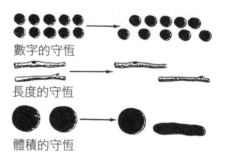

數字的守恆

長度的守恆

體積的守恆

圖6.3 有關數量,長度及體積的守恆實驗

　　為了研究有關*長度*的守恆概念,將兩條木棍分毫不差的上下擺放,讓兒童同意這兩者之間的長度是相同的。之後移動其中一條木棍,突出另一條,問兒童兩者的長度是否是相同?兒童會因為出現這一突出部分而有所改變,於是說這一木棍是較長的。

　　另一個範例是有關於*體積*的守恆。兩個一樣的泥團放在兒童面前,兒童也同意這兩者的體積相同。當兒童正在觀看時,將其中一團揉捏成像香腸般細長,問學齡前兒童這兩種不同形狀的泥團的體積是否相同?兒童會回答說形狀較長的泥團是體積較大的。

當問兒童為何會有這樣的回答時，學齡前兒童毫不遲疑地說是因為知覺到物體外在的改變。之後，他會指向香腸形狀的泥團說：「現在它比較長」，或者說：「你讓這一木棍變長了」。相反地，處於具體運思期兒童的解釋會強調所做的改變是沒有影響的。「你沒有將泥團拿走，所以兩者之間還是相同的」、「它現在比較長，但是它也變細了」，或者說「你可以將泥團再捲回去，兩者又相同了」。

最後的三種解釋可以說明守恆的概念須具有不同的心智運作能力。第一種著重於當物體沒有增加或減少時，兩者是相同的。第二種是有關於*補償*概念，即知道某一量度上的改變會因為另一方面的同時改變而補償。第三個解釋則說明年紀較大兒童具有的思考*轉換力*。這樣的孩子可以運用想像力來設想當像香腸的泥團捲回成一球狀可能發生的狀況，而認為泥團的體積並不會因為外在的變化而產生體積的改變。

形式運思期

兒童約在 11 或 12 歲時是思考達到最進步的階段。然而，我們須注意的是，在這方面兒童之間仍存有極大的個別差異。我們也須注意到，並非每一個兒童都可以發展到此階段，有些兒童仍然停留在較低的層次。就這一部分而言，就算是思想最為成熟的個體，在這一階段仍無法時時維持及發揮功能，有時候也需要借助更原始的思考模式。

形式運思期與具體運思期有以下差異存在：

■ *抽象推理*（reasoning about abstractions）：在這階段，兒童對於非直接經歷的事情也能夠理解。雖然與實物或實際事件之間並沒有聯繫，兒童可以純粹透過假設及抽象概念做因應。因此，他們可以思考未來，包括自身，也可以思考各種可能性，並計畫未來。他們了解到發生在周遭的實際問題並非是問題的全部，還有他們還沒有想像到的其他問題。假使希望的話，也可以讓他們各就各位。因此，青春期階段兒童可能變成一個完美主義者，會為了政治、道德、宗教理想而奮鬥。

- *邏輯運用*（applying logic）：歸納推理在這階段成為可能。兒童會根據某些一般性前提，並依「假如」、「所以」原則找出解決之道。亦即透過其他事件，他們可以很快在科學理解上獲得進步。科學本身充斥著許多前提，因此許多特定的觀察是因一般性原理原則推理而產生的。兒童慢慢體會到透過一般理論陳述，我們可以對未來進行預測，例如星系的發現不僅僅是隨機在天空尋找，它是遵循著一種數學性軌跡而存在天空的特定位置。

- *問題解決能力的精進*（advanced problem solving）：皮亞傑透過給予參與者各種不同的任務，如化學或物理問題，然後瞭解兒童解決問題的方式及運用思考的模式。例如，他要求受試者探索鐘擺是如何運作的。他會給予兒童不同重量的物體及不同長度的細線，然後詢問他們是否能夠找出解決這一問題的原理原則。和具體運思期的兒童不同，具有心智形式運作能力的兒童能夠以系統性方式解決這樣的問題：劃分不同的影響因素，如在某一時間點的重量、高度及重力，並以此建立一個具整合性及一貫性的具體程序。面對這樣問題的使用策略與處在具體運思期階段的兒童會產生一種假設性機制，先思考各種不同結果，然後想出各種不同可能的解決方案，之後才會付諸進行問題測試。也就是說，這階段的青少年已採取一種假設歸納的方式來解決所面臨的問題。

在經歷前三個階段後，形式運思期是兒童能夠發展到最佳狀況的階段。在這一階段，思考已經具有理性、系統性、抽象性，雖然之後的成人期尚有進一步發展的空間，而這些思考能力的發展是在某一個領域知識，而非思考的基本本質。

皮亞傑理論的正負面評價

　　皮亞傑對兒童發展的各種研究努力已經造成極大而深遠的影響。長久以來，皮亞傑的理論一直影響著我們對兒童知識學習的理解，而來自世界各地的研究者不斷仿效並擴展其理論的研究。因此，我們可以更容易的評估這理論的良窳，並確認其對兒童發展理解的貢獻。然而其理論的某些缺失也同樣越來越清晰可見。

貢獻

　　皮亞傑並非是一位不切實際的研究者。他所提出的看法都是在實際的觀察下產生，因此理論不但具有實証資料，並具有理論闡釋，以便協助我們了解兒童在不同年紀對世界的看法，及在發展階段中其觀念看法是如何改變。下列乃是皮亞傑最重要的貢獻：

- *兒童的思考與成人在質上有所不同*。智能的發展並不只是給予兒童更多的資訊、使其增加知識的儲存量而已。如先前皮亞傑的說明，兒童是以*不同*方式思考，而這些不同的本質會隨著不同階段而改變。有時兒童試圖去了解或解決問題時，就成人的眼光可能會覺得相當的愚蠢。事實上，兒童發展至成熟階段必須經歷各種不同階段，而這樣的方式才是一般的發展進程。
- *從出生後，智能的發展是持續進行的*。皮亞傑的說明非常著重發展的概念，他強調新生兒對乳頭的適應及在學兒童試圖去解決教室內的問題都是基於某種相同的機制，說明任何試圖了解有關智力的發展必須從出生後即開始。因此，雖然在發展的各個階段都有某些變化產生，但仍維持一定的持續性進展。
- *兒童是主動的學習者*。知識的獲得並非來自於被動的訊息吸收而已。皮亞傑常常一而再地強調，兒童對世界強烈的好奇心是促使他們勇於嘗試及學習的動力。從他對自己孩子身上的觀察中

可以發現這一論點是相當確定的。兒童不願意只是等著別人提供刺激，而是從出生後幾個月的時候就開始扮演小小科學家的角色。

- *多變的環境可以開啓兒童的學習*。皮亞傑用物體呈現、自我中心主義、歸類、守恆概念等來說明兒童理解的本質內容。他不僅僅讓我們對這現象產生注意，也提供研究他們的方法，使得其他研究者能持續進行類似的研究。

從皮亞傑的理論內容可以了解這爲何會吸引許多老師的興趣。「兒童是*主動的學習者*」並不是一個新議題，然而皮亞傑比其他人對於兒童天性所賦予好奇心的本質如何驅動其學習及探索世界提供更詳盡的說明，並因而發現這世界如何運作的方式。有關兒童待在課桌前被動聆聽做知識傳遞的想法對皮亞傑而言是完全無法認同的。他認爲兒童須積極參與學習的過程，尤其年紀越小的兒童，越是需要透過親自動手做的過程來增加學習的機會。這理論提供了以探索教學方法的基礎，認爲老師的責任就是創造一個能讓兒童自行建構知識基礎的環境。這樣的知識是有意義的，而傳授告知的知識則否。

接下來，對於處理特定的經驗，仔細的思考是必須的，這也是皮亞傑對於教育的最大貢獻，特別是在數學及科學的教導上。如我們先前觀察，兒童的思考在質上與成人有極大的差異。此外，其本質從認知階段到另一階段都是會改變的。我們不能假設兒童對問題的理解是與成人相同的，因此需要以兒童爲中心的教育方法，而工作內容最好是符應兒童的認知階段可以達成的。例如，前運思期階段的兒童需要透過處理、接觸及操作材料才能獲得學習，此知識是經由與環境直接互動而產生的。同樣地，兒童在具體運思階段雖然有能力進行心智性的運作，卻還是需要具體的事物作爲解決問題的依據。若只是基於抽象的基礎，其實仍是超出兒童問題解決的能力。因此成功的教學首先須確認個別兒童的認知能力情況；其次，分析了解特定任務工作的需求爲何；第三，將兒童能力與工作內容做整合，讓兩者充分配合。皮

亞傑對於不同年紀兒童能力的詳盡分析，讓這樣的搭配性工作變得容易許多。

缺點

　　大部分對皮亞傑理論的批評有兩個方面，分別是年齡及階段的問題。

　　首先，*皮亞傑是否低估兒童的能力呢*？許多後續研究顯示，皮亞傑對於第一認知階段的年齡有相當誤導，說明皮亞傑對於幼兒所具備的能力相當悲觀。皮亞傑的確較不重視年齡的劃分，其對各種能力出現的先後次序較有興趣，這樣的論述在後期的研究工作中其實多多少少已經證實。然而，年齡的區別有理論闡釋是相當重要的。以物體恆存的概念為例，皮亞傑認為這樣的能力要到出生後第 1 年末期時才會出現。他以物體隱藏的實驗做說明，當運用在其他兒童身上時也出現相同的結果。然而，當使用不同的技術時，會發現甚至更小年紀的兒童對物體從視界中隱藏又出現的狀況已經展現某種特定的理解能力。例如，Bower（1974）對只有 3 個月大的小嬰兒展示一個令其極有興趣的玩具，然後又讓它在一個螢幕前隱藏不見。其中一個情況是，當這螢幕在後續又被拿開後，玩具也消失不見。而另外一個狀況是，玩具仍保持在那兒（請見圖 6.4）。藉著測量嬰兒的心跳速率（一種用以測量驚訝或生氣的指標），Bower 指出，對於年紀非常小的兒童而言，當玩具不在那裡比起玩具還待在原處時，其心跳速率改變更明顯。這是一個指標，說明這些嬰兒預期玩具會待在原處，甚至當它曾經有短暫不見的狀況。同樣地，當有不同的物體替代時，嬰兒會顯現出比起相同玩具待在原處更大的驚訝。因此，藉著使用視覺而非雙手找尋的研究方法，說明物體恆存的年齡比皮亞傑認為的還要小很多。

　　讓我們引用另一例子來說明程序的改變可能會造成不同的結果。根據皮亞傑的說法，守恆概念是要在兒童到達具體運思期的時候才能夠擁有的能力。因此（如在訊息窗 6.3 所見的），當兩排數目相同的鈕

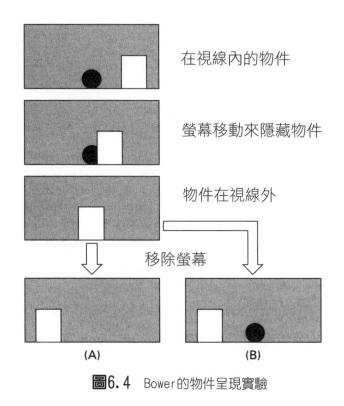

在視線內的物件

螢幕移動來隱藏物件

物件在視線外

移除螢幕

(A)   (B)

圖6.4 Bower的物件呈現實驗

釦中的一排由實驗者將之推擠成較短的一列時，年紀在 6 歲以下的兒童會斷定這一排的數量比起原先不動的那一排來得少，說明這些兒童是不具保留概念的。McGarrigle 和 Donaldson（1974）重新複製這個實驗，但帶進一個頑皮的泰迪寶寶，從下往上衝，恰巧將一排鈕釦位置弄亂，使某排鈕釦變短。當實驗者弄亂這些鈕釦而使其變短時，只有少數學齡前兒童能夠保留這些數字的能力，但是若是經由頑皮的泰迪寶寶為之，則大部分的學齡前兒童都有物體守恆的概念。因此，在某一情況下，4 歲兒童可能具有數字守恆的能力，而其他則無。為何會有這樣的差別呢？根據 McGarrigle 和 Donaldson 的說法，原因在於兒童對狀況的詮釋方式。當成人移動一排鈕扣並要求兒童去做數目的比較時，學齡前的兒童會認為大人一定動過手腳，否則沒有必要問這

訊息窗 6.4

文化對皮亞傑理論的影響

　　皮亞傑從瑞士兒童的研究中獲得重要發現，開始對兒童獲得知識的方式進行相關研究。皮亞傑對於階段性安排的方式，給予人的印象總無法跳脫以人類本身觀點作判斷基準，然而來自於兒童所處環境的外在影響方面，在他的發展理論中並沒有考量到。

　　但結果真的是如此嗎？有一對不同文化背景的兒童遵循著皮亞傑的研究方式而獲得的結果可資參考（參見 Dasen, 1977 的舉例）。曾以不同的對象來瞭解兒童的守恆概念，如愛斯基摩原住民的兒童、位於非洲塞內加爾及盧安達的兒童、香港的兒童、巴布亞紐新幾內亞的兒童、及其他來自許多不同文化的族群，針對與認知發展相關的兒童養育及教育經驗進行大規模的研究。從這些原本針對歐系兒童所設計的研究來看，這些兒童的表現端賴於對所使用研究教材的熟悉度、研究工作進行的溝通方式、及兒童掌握測試的技巧而定。然而，一些所獲得的結論則是相當顯而易見的。

　　首先，來自於非西方社會的兒童對於學習運用性思考的能力呈現出一定程度的遲緩現象。例如，對來自中澳洲的原住民及與西方文化有極少接觸的兒童而言，對於保留概念的能力比起歐系年紀相仿的兒童是晚了幾年，有些到了青少年末期或甚至是成人階段仍尚未具有具體運作思考的能力。然而，居住在白人社區的原住民兒童，參與了學校的學習課程，並能夠如皮亞傑所論述的具備了其年齡階層應有的解決問題的能力，其原因乃是學校提供兒童運思思考所需的概念性刺激。然而，還有其他更為顯著的部分：當發展受到嚴重的耽誤時，每一階段的過程仍舊依據皮亞傑的論述般依序進行。每個地方的兒童都只有在經歷前運作期階段後才能進行到具體運思階段，若無法發展至形式運思期，則繼續維持在具體運思期階段。也就是說，文化因素會影響發展過程的速度，但不會改變發展的次序。

　　此外，也可以很明顯地觀察到每一個文化族群特有的認知技能比起其他部分重要多了，而這是因為每一階段內的概念性發展都會受到不同性質的影響所致。如由 Price-Williams、Gordon 和 Ramirez（1969）針對 6 至 9 歲的墨西哥兒童所進行的研究報告中，其中有一些家庭是從事陶製品的家庭，而有些是來自於不同工作的家庭。這份研究針對這些兒童進行一連串藉由黏土的外觀改變的物質守恆概念實驗，結果顯示，相較於其他不同家庭背景的兒童，所有陶製品家庭的兒童對於物質守恆概念的理解能力強了許多。我們可以結論，不同文化在某些認知理解領域上比起其他文化是有所助益提升的，因此可以了解經驗性因素比起皮亞傑所論述部分要來得重要許多。

個問題。但是當頑皮的泰迪寶寶出奇不意地改變一排鈕扣的外觀時，兒童會輕易地展示出已經發展的守恆概念能力。

很清楚地可以看到，實驗中兒童的表現會受到許多因素影響，如社會既存的環境、兒童對成人意圖的詮釋、實驗的步驟、評量的方式，這些都可能對結果產生影響，然而皮亞傑在他的研究中並沒有考量到這些。甚至必須考慮到在詢問時需要使用兒童熟悉的語言。研究兒童對整體／部分的關係概念時，所使用的話語必須聽起來就像是兒童的用語。研究者使用兒童熟悉的語言再問一遍時，而非皮亞傑使用的問題如「棕色珠子多還是木珠多？」可以發現甚至是比皮亞傑認定可回答的年紀還要再小的兒童都具有理解這問題的能力。因此，對於他所提出研究結果，還需要再進行評估，亦即研究的結論須特別對兒童所處的環境做說明。如訊息窗 6.4 中詳細的內容，將皮亞傑的實證方式應用於其他文化因素，則可以提供較爲實用而深入的觀察，特別是強調在這實驗性因素中已考慮到皮亞傑過去所忽略的部分。

讓我們回過頭來看看皮亞傑理論中引起爭議的第二個部分：*發展是否會階段性地進行？*如何區辨是兒童是連續性或是階段性發展，有三個判準（Flavell, Miller & Miller, 1993）：

1 *質的改變*（qualitative changes）：兒童行爲及思考發展的某些方面，不只是具有做某些事情的能力、做得更快或做得更精確而已，而是做事情的方式會有所不同，諸如會採取不同方式的心理策略等。

2 *突然性的改變*（abruptness of change）：發展的階段性模式就像階梯一般，不是一種緩慢的上升趨勢。改變的方式相當急速，而非漸進的模式。

3 *全面的改變*（across-the-board of change）：是自動、廣泛性的功能改變。例如理解能力方面，新階段的產生會影響到其對問題解決的所有層面，並不是只有單一層面的改變而已。

階段性模式的迷人之處就如皮亞傑理論一般，在於其簡化的特質，及具有一種容易理解及歸納的優點。但這一方式有效嗎？心理學家在近幾年獲得一個結論：假定發展論述是越來越複雜而無一定的形態，發展的改變並不會在一夕之間產生，若以**領域特定**（domain-specific）描述，會比**領域一般**（domain-general）[38]更精確。

　　以自我中心為例（如本章「自我中心主義」一節所述）。根據皮亞傑的理論，兒童到了 7 歲尚未能理解別人可能會與自己採取不同觀點，相反地會假定任何他人的感受都會與自己相同。一直到具體運思期階段，兒童才有能力感受到他們以自我為中心的心態，並從他人與自我不同觀點間取得協調。

　　但是這樣的說法不斷地受到挑戰。皮亞傑所獲得的實證來自於一特定的實驗，即三山實驗（參見圖 6.1）。在一篇對皮亞傑研究極具影響性的評論中， Margaret Donaldson（1978）說到其對兒童能力所進行評量的方法太過於複雜而且是不具意義的，並認為對於幼兒進行測試時，需要與日常生活情境更緊密連結。例如，她引用 Martin Hughes 的研究，在這一研究中，兒童被告知的情境如圖 6.5 中所設計的，將一個洋娃娃藏起來，不讓兩個警察知道。這一情境包含了兩座十字交叉而高度夠隱藏洋娃娃的牆面。這個實驗要兒童不用注意自己會看見什麼，而只考慮自己所處的狀況，就如以非自我中心來表現般。Hughes 發現，兒童年紀在 3 歲半大時，就能夠將洋娃娃隱藏在適當的角落。Donaldson 認為，這一發現與皮亞傑的結論差異就在於這一實驗比起三山實驗更接近人類的經驗模式。

　　曾有許多其他實證說明，兒童即使年齡遠小於 7 歲，在*某種情境下*也能夠表現出非自我為中心的心態，大部分端賴研究本身及其內容對兒童的要求而定，認為透視能力會在特定年紀出現的說法因而不被接受。另外，根據下列三種分類方式，立場取替能力可以有效地區別則是相當顯而易見的：

---

[38] 領域特定（domain-specific）及領域一般（domain-general）：用以形容發展的過程是否只運用某特定心智功能亦或全部的用語。

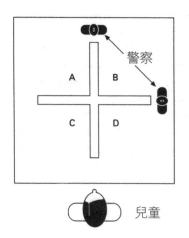

圖6.5 Hughes測試自我中心的「隱藏」實驗

- *知覺的*立場取替能力（perceptual perspective-taking）：一種能理解他人擁有不同想法的觀點。
- *情感的*立場取替能力（affective perspective-taking）：一種能評估他人情緒狀態的能力。
- *認知的*立場取替能力（cognitive perspective-taking）：一種能理解他人想法的能力。

這三種層面的發展過程是截然不同的。以兒童所展現的行為來觀察（Lempers, Flavell & Flavell, 1977），*知覺的*立場取替能力最早出現。當兒童被要求展示一個玩具給坐在正對面的成人，甚至連 1 歲大的兒童都會將玩具高高舉起。而 1 歲半大的兒童則不僅僅將玩具高高舉起，並且會將它的正面直接朝向成年人。當給予兒童一個中空的正方物體，然後將一張圖片放在裡邊底層的表面，並要兒童展示給大人看看這一張圖片，2 歲大的兒童會將正方體傾斜至成人可以看到的方向，甚至這樣的方式可能使兒童自己都無法看見圖片

的真正位置。這很清楚地說明兒童並不如人們所認為的，而是展現一種非以自我為中心的態度。因此在兒童出生後的第 2 年，在某些層面上其實就已經注意到他人會有與我們有不同看待事情的方式。此外，這種能力的發展並不是一直在發生，而是採行漸進的發展方式。

*情感的*立場取替能力的發展比較晚，然而仍是在相當早期的階段就已開始進行。例如，這種情況在許多學齡前兒童的研究中可以看見。在研究中會告訴兒童一些有關角色的小故事，然後要求兒童從每一段故事內容中選擇一張圖片，其所顯示的臉部情緒表情是最為恰當的（高興、生氣、害怕或悲傷）。已經 3 歲的兒童其成功機率有限，而 4 歲大的兒童對每一種情境的情緒認定則非常優異（Broke, 1971）。至於*認知的*立場取替能力，一種讀心術的理論（請參酌第五章內容，在第八章有更詳盡的說明）指出，學齡前後期的兒童已經具有考慮他人意念想法的能力則是清楚的事實，即說明約 5 歲大的兒童已經能對他人可能採取與自己不同觀點的事實，具有一定理解及包容力的細密心思。因此，知道他人感覺內容、感受及想法為何的能力，在學齡前階段就開始持續地漸進發展。

我們曾舉過一件自我中心主義的特殊案例，說明有關皮亞傑的階段論的困難之處在其他研究領域也曾發現過：發展其實很少如同階段性所假定的模式進行。當採近距離檢驗時會發現，一種基於定期性質變化所產生的持續狀態理論其實並不存在。同時，一般也普遍接受，領域一般的觀點是需要被領域指定取代的；即理論以不同的節奏及不同的方式產生，其會橫跨不同功能進行著，而不像皮亞傑先前所言，是將全部都置之於一種類別下的狀況。

本章摘要

皮亞傑的認知發展理論不但深入而且內容廣泛,不是其他認知發展理論可以匹敵的。他的主要貢獻在推動於一種研究架構,不僅藉著對共同性過程的闡釋方式(諸如同化及適應、運思及自我中心主義的形成等)將不同認知功能串連起來,並且發現兒童的認知功能是從一個階段到另一年齡階段,說明兒童對這世界的認識從出生到成熟都是靠自己的方式,即已維持其基本連續性存在。

根據皮亞傑理論,智力應可以藉由對環境的適應性來發覺,他的目標是追蹤兒童逐漸達成環境適應的能力方式。他不關心個體差異的問題,相反地,發展的本能性較能引起他的興趣,易言之,即是一種從新生兒有限的心理機能到成熟個體所具有細密心思間的一種演化過程。為了解釋這種演化的現象,皮亞傑捨棄純粹從知識累積層面來理解,反而強調兒童試圖認識其所處環境方式所表現的一種主動天性。兒童對所處的環境充滿著極大好奇心,他們會想要去探索及研究;然而,他們不會採行危險的做法,而是根據其所具備的心理架構學習生活經驗。知識是被建構累積的,是兒童主動從物體中或一種想法中透過積極探索而來的。也就是說,兒童就像是一個小小科學家一樣,藉由不斷嘗試以理解新經驗的內容,並會試圖融合這種經驗與既有的理解方式。假使既有方式不可行,則會延伸發展或另行創造新的方法。

皮亞傑的守恆概念讓他認為兒童對世界的理解能力是透過一連串的步驟,而非以一種連續性直線方式進行。他相信從出生到成熟的過程可分為四個主要階段,而每一階段都代表著對知識的一種質的差異:

1 感覺運動期:從出生到第 2 年末期的階段。在這一階段,兒童尚未有心智理解的能力,對物體的知識是以直接方式從物體本身學

習而來。

2　前運思期：約從 2 歲到 7 歲期間。在這段期間，兒童能夠進行符號性思考、語言及假想性的遊戲。

3　具體運思期：從 7 歲到 11 歲期間。在這段期間的兒童具有系統性的理解及邏輯性解決問題的能力，然而其問題解決只能針對物體及事件來處理。

4　形式運思期：從 11 歲到成人階段。從這一階段起兒童能夠理解有關純粹性的抽象概念及假設性想法。

這些階段以一種不定的順序進行著。在每一個新的階段會產生不同的心智策略，代表著對這環境的理解能力趨向細緻化。

　　毫無疑問地，皮亞傑的理論大大地擴展我們對兒童發展知識的瞭解，並對教育實務有貢獻。然而仍存在一些批評，特別是以下兩種看法。首先，皮亞傑對年紀較小的兒童所具有的能力抱悲觀的態度。藉著使用不同方式及更具意義性的研究方式，其他的研究者發現，其實兒童可以成功達到研究要求的年紀遠比皮亞傑所認爲的還要早。第二是質疑皮亞傑所提出的發展階段性的觀點。現在有具體實證說明認知功能的改變較少屬於突然性的發生，且並不如皮亞傑階段性模式所指稱是以全面的改變來進行的。

延伸閱讀

Boden, M. (1994). 《皮亞傑》（楊俐容譯）。台北：桂冠。*Piaget* (2nd edn). London: Fontana. 這本書不但描述皮亞傑的理論，也把這些理論和其他學科（哲學、生物學和電腦控制學〔cybernetics〕）聯結起來。

Crain, W. (1999). 《發展論：概念與應用》（劉文英・沈琇靖譯）。台北：華騰文化。*Theories of Development: Concepts and Applications*

(4th edn) . Englewood Cliffs, NJ: Prentice-Hall. 這本篇幅不長的書概述皮亞傑的生平，介紹其學理，評價其在提升世人的兒童發展知識上所做的貢獻。

Donaldson, M. (1978). 《兒童心智》（漢菊德與陳正乾譯）。台北：遠流。*Children's Minds*. London: Fontana. 這本書可讀性很高，已經變成評論皮亞傑研究方法及概念的經典作品。

Ginsburg, H., & Opper, S. (1983). 《皮亞傑的智能發展論》*Piaget's Theory of Intellectual Development* (3rd edn). Englewood Cliffs, NJ: Prentice-Hall. 這本書內容較爲詳盡，以初學者爲對象而寫成。作者在第一章扼要敘述皮亞傑的生平和基本概念，對讀者特別有幫助。

Mier, P. H. (2002). 《發展心理學理論》*Theories of Developmental Psychology* (4th edn). New York: W. H. Freeman. 本書利用一章的篇幅摘要呈現皮亞傑的理論，內容精簡明晰，是坊間關於皮亞傑的簡介中最出色的一本。

Piaget, J. (1951). 《兒童期的遊戲、夢想及其模仿》*Play, Dreams, and Imitation in Childhood*. London: Routledge & Kegan Paul. 皮亞傑的著作基本上都很艱澀，因爲他的寫作風格晦澀，難以理解，其所使用的術語又泰半來自個人的構思。不過，對於初次接觸皮亞傑取向的讀者而言，這本書很可能是上上之選，尤其它提到一些有趣的主題，同時也納入一些很吸引人的觀察結果。

第 七 章

兒童作為學徒：維果茨基的社會認知發展論

在皮亞傑的理論中，認知發展的社會脈絡扮演著微不足道的角色。在他的想像中，兒童是單獨存在的生物體；其他人類的角色，只有極少部分被承認與兒童的發展相關。在皮亞傑對兒童遊戲、問題解決的觀察中，占有一席之地的老鼠、盒子、杯子似乎是憑空冒出來的；這些物體頻頻在兒童和成人的互動中出現，卻不被認為是有所關聯的。兒童無論達到什麼成就，都被認為是其獨自一人、未經旁人協助的努力結果；根據皮亞傑的觀點，兒童試圖靠著自己來了解世界。

俄國心理學家維果茨基（Lev Semeonovich Vygotsky）的著作中，出現了大相逕庭的概念──這個概念在晚近越來越受到關注，因為它在智力形成的過程中，賦予社會脈絡不可或缺的角色。皮亞傑和維果茨基都同意，發展無法在與世隔絕的狀態下發生，而知識則是兒童積極參與外在環境所造成的結果。然而，皮亞傑大致上是從非關社會的術語來構思這個環境；維果茨基則深信，兒童置身其中的特定文化，他們與知識較豐富的人互動所帶來的經驗，構成了認知發展不可或缺的一環。人類的本質無法簡明扼要地加以敘述；不論兒童心智成長的途徑為何，它大體上是文化工具的作用，而這些工具是由其他人傳承給兒童的。因此，這兩位作者的影響涇渭分明：皮亞傑引導我們思考兒童的內在心智過程，以及其在成長歷程中的轉變，維果茨基則引導我們關注社會團體以及人際歷程所扮演的角色，因為它是智力蛻變的成因。

概論

維果茨基生平

維果茨基（1896-1934）在蘇聯出生，與皮亞傑同年。他主修歷史和文學，1917 年蘇聯革命爆發的同年畢業於莫斯科大學，在一所中學教文學。然而他興趣廣泛，很快就對心理學入迷，在當地的師範學院

教心理學，並提出藝術心理學博士論文。他有一篇論文以意識的本質為題，1924 年發表於列寧格勒的精神－神經會議（Psycho-Neurological Congress），頗受與會者矚目，以致受邀加入莫斯科心理學會（Institute of Psychology in Moscow）。心理學一直是他的專業立足點，但是他在長達 10 年的歲月中一再發病，於 38 歲因肺結核英年早逝。

　　維果茨基的一生相當短暫，但是他所寫成的書籍和論文數量驚人。他的心智顯然相當豐富而具獨創性，我們不得不猜想，他若是和皮亞傑一樣長壽，不知將企及何等成就。不過，他和皮亞傑的差異在於，他沒有創造出任何完整詮釋的理論，或是連貫一致的研究主體；他的許多想法並未詳加闡述，一直到他死後多年，他的兩本主要著作《思考和語言》（*Thought and Language, 1962*）和《社會中的心智》（*Mind in Society, 1978*）被譯成英文後，他的著作才在國際上大放異彩。

　　此外，即使是在蘇聯，維果茨基的著作也是困境重重──其情形之嚴重，甚至到了被史達林政權查禁的地步。這一點相當矛盾，因為維果茨基是忠誠的馬克思主義信徒，他堅信人類行為是透過社會組織塑造而成的，我們若想了解兒童發展的歷程，就得考慮到塑造社會的歷史勢力。在接觸到皮亞傑的著作後，維果茨基深信必須提出另一種發展概念──這個概念不把兒童視為個體，而是把兒童看作主流文化的一環。因此，心理學的任務是調查兒童和社會間的壓力，並釐清這股壓力在發展過程中是如何化解的。他相信，心理學可透過釐清發展過程，而成為較好的社會主義社會（socialist society）之創造手段。然而，1930 年代的蘇聯瀰漫著偏執的氛圍，維果茨基的著作引發了質疑：當時政治上可以接受的人類本質理論是建立在巴夫洛夫的制約反應理論上，維果茨基的想法相形之下複雜得多，這個事實就足以讓他遭受放逐的命運。他過世時，心中必定酸楚難當。

維果茨基的理論

認知發展基本上是社會過程。這是維果茨基著作的基本主題；他為自己設定的任務，是詳加說明推論、理解、計畫、記憶等較高層次的智力功能如何從兒童的社會經驗衍生而得。

他的作法是從三個層次，也就是分別從文化、人際與個體，來審視人類發展，這三者的整合決定了每一名兒童所歷經的過程。我們概述這三個層次如下：

1 文化層面

維果茨基把人類本質視為社會－文化的產物，這一點吻合其對馬克思主義的信仰。兒童無需一無所有地從零出發來創造世界（雖然皮亞傑的信念似乎恰巧相反）。兒童可以從先前世代所累積的智慧中受惠，而且在其與照顧者的互動中，會無可避免地受惠於前人。因此，每一個世代都站在先前世代的肩膀上，接收特定的文化——包括智能、物質、科學和藝術上的成就——以便在交棒給下一代之前，讓它有更進一步的發展。

傳承下去的是哪些事物？維果茨基用**文化工具**（cultural tools）[39]的概念來描述兒童繼承物的本質。他所謂的文化工具包含技術工具和心理工具：前者是書籍、時鐘、腳踏車、計算機、日曆、筆、地圖及其他實物，後者則是語言、文學、數學和科學理論等概念與符號，以及速度、效率和動力等數據。兒童得到這些工具之後，得以用特定的方式過生活，而被我們的社會視這種生活方式為更有效率、更令人滿意的；他們運用自己的方法學習理解世界的運作之道。以時間及其在我們的社會所扮演的核心角色為例，從很小的年紀起，兒童學到的日常經驗是被時間單位所切割的：在人類語言中，早晨、晚上、很快地、

---

[39] 文化工具（cultural tools）：是指每一個社會中，千錘百鍊以傳承其傳統，並且必須代代相傳的物件和技巧。

遲到、1 小時、3 小時、馬上、星期二、下星期等詞彙唾手可得，兒童
照護者就用這些詞彙傳達，把事件置於時間架構下的需求，並且用這
些詞彙組織思考他們自己的活動。這些心理工具被手錶、時鐘、日曆
等技術工具所增強；精通這些事物不只學到某一特定技巧，也是在教
導兒童思索這個世界的特定方式──和其他文化相較下，這個思考方
式在西方文化裡扮演著比較不可或缺的角色。

　　心理和技術這兩種層面的文化工具，往往一前一後地發揮其影響
力；當然，在個別兒童的發展中，我們很難分辨二者孰先孰後：對時
間的概念或者對鐘錶的興趣、讀寫能力的覺察或是對圖畫、書籍的著
迷。某些場合中，技術似乎居於前導地位，其對發展的影響力是我們
起初一無所知的。一個顯著的當代例證是電腦的角色：在很短的時間
內，電腦在生活的各個層面裡占有核心地位，緣此之故，電腦的用法
越來越早被介紹給兒童。這個誕生年代最晚的文化產物，將影響認知
發展到何種地步，或者就此而言，它將影響社會發展到何種境地，我
們只能臆測一二；訊息窗 7.1 將進一步探討這個讓人困惑的議題。

　　不過，在傳承給兒童的文化工具中，語言是其犖犖大者。和皮
亞傑相較之下，在兒童智能技巧的獲取上，維果茨基賦予語言更高
的重要性。皮亞傑以爲，語言在幼年時期對思考並不具有形成效應；
在這個時期裡，兒童的話語僅僅是兒童活動時自我引導的副產品，
並不具有溝通或管控的功能。維果茨基卻認爲，語言在許多面向上
扮演著核心角色。首先，語言是社會經驗代代相傳最卓越不凡的途
徑：他人如何說話、談論哪些事物，這是文化從成人傳遞給兒童的
主要管道。其次，語言協助兒童管理自己的活動：幼兒所發出的獨
白，雖然被皮亞傑視爲自我中心取向的跡象，但是它顯現出兒童能
夠使用語言做爲思考工具的事實，而它源自兒童與他人的對話，因
此其源起基本上具有社會意涵。第三，語言會在適當時機（約在學
前期末期）內化，並轉化成思考：這項以社會意涵爲主的功能因而
變成認知運作的主要工具。

訊息窗 7.1

電腦作為文化工具

　　像電腦這樣，能夠在史上以新科技發明的姿態、實際上在人類活動的所有層面中占有這麼強勢角色的例子非常罕見。而且，其速度之快堪稱舉世無雙，以致於才幾十年的工夫，電腦專門知識已被視為必備技能，連年齡相當幼小的兒童也無法置身事外。隨著電腦價格逐步下滑，其使用更是無遠弗屆，所以，在電腦成為兒童正規教育的一環之前，他們可能早就在家中或托兒所接觸到它了。

　　基於這種接觸的普及性，我們必須調查電腦使用在心理層面上的結果，尤其是在兒童發展方面的影響。學者提出各式問題，其中多數關切電腦作為教學器材、資訊提供者的效能，其他問題則關注電腦使用的成癮性和社會隔離效應（Grook, 1994）。然而，讓許多人所感到焦慮的是，電腦對教育的社會架構具有潛在的破壞性意涵，但是，這個潛在威脅尚未得到證實：電腦非但未曾將兒童分別束縛在單一機器之前，實際上反而常常被發現是高效能的合作學習工具——這一點首先是基於經濟需求，而要求兒童在教室裡共用電腦，接著也因為許多老師發現，共用電腦導致更高的學習成效與動機。大量研究主要受到維果茨基對於學習的社會本質論點所影響，它們業已證實，和個人使用電腦相較之下，以電腦為主的團體工作有許多優點，學習個別化（individualization of learning）因而不必然是現代科技的結果（Light, 1997；Littleton & Light, 1998）。

　　我們對於電腦影響兒童認知活動的途徑所知甚少。例如，和傳統的紙筆方式相較之下，文字處理技術是否改變了兒童創作文字的方式？是否使兒童寫得更多、速度更快？是否因為編輯工具更形簡易而更大膽、直接？電腦的本質是否促進了特定的思考方式？或是促進了特定的認知技巧類型？最後這項可能性是由探討電玩的研究所提出的，由 Patricia Greenfield 及其同事（Greenfield, 1994）所進行。對許多兒童而言，電玩是他們的電腦科技入門課程，其特定的符號系統與操作規定，大有可能引導玩家去獲得特定的能力，一如印刷刊物中的知識，可以協助讀者發展特定的認知技巧。Greenfield的研究報告主要聚焦在一種技巧之上，那就是處理空間訊息的能力。大多數電玩依賴迅速移動的圖像，兒童在試圖引導它向特定標的物移動或者攔截其他物件時，必須判斷其速度和距離。在許多類似的遊戲中，迅速而精準地操

控圖像會讓玩家成功過關；這些技巧因此被電玩所重視和培養。Greenfield 的研究指出，電玩的操練能夠推廣到其他林林總總同樣講究空間技巧的情境裡：詮釋視覺影像、操控它們、在心智上改變它們、或者讓它們彼此產生關聯——這都是教育和職業工作上必備的能力，尤其以科學、數學和工程為然。兒童先在電腦的二度空間螢幕上練習導航，然後按照要求，在真實的三度空間情境中實際操作時，這種轉換也確實可以發生。女性在空間任務上的表現基本上遜於男性的事實，或許可以說明何以女孩子不像男孩子那麼受電玩所吸引；然而，值得注意的是，也有人建議，對於那些空間表現較不理想者而言，練習電玩可充做補救教學的手段。

　　一如其他文化工具，電腦顯然能夠就認知社會化歷程構成強而有力的根源，這是因為它選擇性地培養一些技能，而忽略掉其他技能。科技原先提供這些工具時，這樣的結果往往是未能預見到的，因而監控其後續效應就變得更形重要。

2 人際層面

　　這個層面是維果茨基的主要貢獻所在，他探討和認知發展有關的互動歷程，就其本質闡明一些觀念，大多數研究者受到這些觀念的啓迪而進行後續研究。我們接下來將更加仔細地檢視這項研究，呈現其觀念的通盤概要。

　　根據維果茨基的看法，兒童認知發展的發生，主要是與知識更淵博、能力更高的他人互動的結果，這些人可以把智力活動所必需的文化工具傳承給兒童——這些工具在各個社會歷史的進展中發展出來，能夠協助兒童以社會一份子的身分運作，例如語言即是此類工具之一。兒童在生活中，時時刻刻與那些足可擴展其世界知識的成人在一起——有的是在正式場景裡，好比在學校接觸到老師，有的是在非正式場景裡，例如在家中接觸到父母；在每一次類似的接觸中，兒童不但有機會獲得某些特定的問題解決技巧，而且還逐漸通曉其所隸屬的文化之本質。因此，個別兒童在智力上的任何進展，都根植於文化和人際的脈絡，而文化、互動與個體等三種勢力就在人際層面融會交流。

　　維果茨基相信，兒童從幫助和指導獲益的能力，構成人類本質的根本特性之一，而這個特性與另一種特性，亦即成人提供協助和指導的能力，巧妙地相輔相成。能力較高的師傅所做的貢獻是認知發展的關鍵：成人引導兒童，教導他們使用適當的文化工具，兒童思考和解決問題的能力因而得以逐步開展；就在這時時刻刻的引導互動中，兒童的智力發展逐漸成形。兒童有機會參與形形色色的社交活動後，會逐步熟悉程序，這些程序將在適當的時機協助他們獨立運作。

　　維果茨基因此提出，智能的顯現是解決問題方式內化的結果，這些解決問題的方式，起初是兒童與他人相處時所接觸到的。一如他在一段屢次被引述的文字中所說的：

> 兒童文化發展上的任何功能會出現兩次，或者出現在兩個層面上。它首先出現在社會層面上，然後出現在心理層面上。它首先出現在人與人之間，亦即人際間的心理歷程（interpsychological）範疇，然後出現在兒童內心，亦即個體內在的心理歷程（intrapsychological）範疇。這在自主注意力（voluntary attention）、邏輯記憶、概念的形成和決斷力的發展上，同樣為真。（Vygotsky, 1981a）

因此，任何智力技巧起先都得和能力較高的成人共同執行，直到兒童接手過來，將之內化為止。因此，認知發展是從*人際間的心智面*（intermental）進展到*個體內在的心智面*（intramental）的過程；從共同調節邁向自我調節。維果茨基所提出的圖像和皮亞傑的描述大異其趣：兒童並非獨自一人的問題解決者（必須從自身的活動中獲益），反而是共同努力運作的夥伴——儘管是較資淺的夥伴，也就是*學徒*或生手。

　　因此，師徒互動中相互調整的本質就是發展進步的關鍵，而維果茨基某些最有趣的建議就與此種互動發生的方式有關。我們將在下文更仔細地檢視這些互動。這裡我們先關注維果茨基的描述中一項根本

的革新觀點──他深信，兒童潛能的最佳證明在於他們和能力較高的
人一起工作時所能達成的目標，而非他們獨自工作時所能達成的目
標。這項主張當然是和大眾普遍接受的觀點唱反調──後者可見於心
理測量和其他評量步驟，認爲兒童的真實能力只有在單獨施測時才能
顯現出來。維果茨基雖然同意兒童的個人成就讓人感興趣，但他也主
張，兒童和知識較豐富的人一起工作時，可以企及最佳層次，與獨自
工作的狀況對照下，能達到更高等的思考方式，而且，和未受支持的
問題解決努力相較下，兒童從協助中受惠的能力，能夠告訴我們更多
關於其能力界限的訊息。此外，獨自工作和共同工作所獲成就之間的
落差具有重要意義：這是維果茨基所謂的**近側發展區**（zone of proximal
development）[40]，是其理論中極重要的一環，因爲我們可以在此發現
「發展的芽點」，而非其「果實」；維果茨基認爲，就個別兒童的進展
來看，「發展的芽點」更具有診斷價值。一如他所說的：

> 設若我們對兩名兒童施測，判定其心智年齡都是 7 歲。這意謂著，
> 兩名兒童都可以解決 7 歲兒童足可理解的任務。然而，當我們試
> 圖督促這兩名兒童進一步接受施測時，兩者之間出現根本上的落
> 差。透過誘導性提問、示例和示範，其中一位輕易解出超過其發
> 展程度 2 年以上的測驗項目。另一位只能解出超過其發展程度半年
> 以上的測驗項目。（Vygotsky, 1956）

因此，依照傳統評量方式來看，這兩名兒童在實際發展程度上是如此
接近，但是他們在未來發展潛力上的差異的確頗大（參見圖 7.1）。此
外，我們可以推斷，成人若想對兒童發展發揮任何影響力，就得在近
側發展區內施展教誨的力量。這個觀點讓我們關注到一個課題──成
人需要對兒童能力和潛能具有敏感度，也提出一個問題──成人該如
何扮演其指導角色。一如我們將在下文看到的，受到維果茨基啓迪而

---

[40] 近側發展區（zone of proximal development）：根據維果茨基的看法，這是兒童業
已知悉的部分以及其在引導下足可學習部分之間的差距。

進行的大部分後續研究致力於釐清這些問題，以利在了解師徒關係時，做得比維果茨基更細膩詳盡。

3 個體層面

比起前述兩個層面，維果茨基很少提及個體層面。他和皮亞傑不同，不曾花費很多精力去追蹤橫跨各個年齡層的發展：他不像皮亞傑這樣致力提出階段理論，其關於兒童在共同問題解決情境中的角色之論述，同樣適用於學前期和青少年期的孩子。他唯一提到關於年齡的看法是，2 歲以下兒童主要受到生物力量所影響，而形成其著述核心的社會—文化影響力，則要到 2 歲以後才開始發揮作用——這項主張顯然未獲晚近研究支持。

另一方面，他和皮亞傑一樣，大體上認為兒童本身會為個人發展做出積極主動的貢獻。易言之，兒童並非是成人教誨的被動接收者：他們探索、選擇和建構旁人的協助，以便學習如何解決問題；成人要講究效能的話，就得覺察並密切注意兒童的學習動機。維果茨基較少留意到兒童扮演個人角色的明確方式，以及各個兒童對於互動所做貢獻的差異。他對「認知發展必須被視作合作事業」的通盤性原則感到滿意：一方面，兒童發出信號表達其需求，提供成人其能力所及的線索；另一方面，成人需要敏於覺察這些線索，並據此修正其介入的性質和時機。維果茨基和皮亞傑一樣，強調認知發展的*建構*本質：兒童在增進知識、成為有能力的問題解決者這些任務上，扮演著積極的角色。維果茨基和皮亞傑不同的是，他不相信兒童能自行完成任務：他們只能在共同事業的脈絡下，與他人協同達成任務。他所提出的立場因而被稱做**社會建構論**（social constructivism）[41]。

---

[41] 社會建構論（social constructivism）是維果茨基等人所採取的立場，他們主張，兒童的學習奠基於積極努力理解世界的作為，而不是採取被動獲得知識的立場；兒童結合他人的力量來學習時，其效能最高。

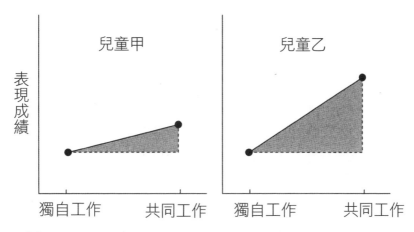

圖7.1 兩名兒童獨自工作或是和知識較豐富者
　　　共同工作時的表現；灰色區域代表近側發展區
（引自Siegler, 1998）

從他助到自助

　　維果茨基用大而化之的術語呈現想法，很少用實證數據來支持其
理論。填補細節的工作就留待他人完成，大多數這類後繼作品都專注
在人際層面，尤其是兒童在問題解決情境中，從成人的協助中受惠的
途徑。維果茨基提出近側發展區作爲統合性概念，試圖了解兒童在認
知運作上，從依賴他人進步到獨立自主的過程，但卻留下許多未曾解
答的問題，以待後繼研究者繼續加以檢視。以下讓我們回顧這些問題。

近側發展區發生哪些運作？

　　近側發展區是指，兒童在未經協助下所能達成的水平以及其在知
識較豐富者協助下所能達成的水平之間的差距。教導所應著力的關鍵
區域因而就在此處；易言之，成人應當對兒童的成就及其潛力都很敏

感，靈敏地將智能挑戰設定在比兒童業已理解的程度稍高一些的位置上。成人以現有知識爲發展基礎，可以藉此引導兒童企及更高一層的成就。

透過近側發展區所達成的進展，在下列三個連續階段中有詳盡說明（Tharp & Gallimore, 1988）：

- *第一階段：表現受惠於較有能力者*。兒童在能夠獨立運作之前，必須仰賴其他人的幫助。起初，兒童可能不甚了解任務性質或有待達成的目標；成人因而必須在示範和指導上扮演主導角色，兒童只是聽從教導和模仿成人。例如，幼兒面對著拼圖時，可能對於如何拼湊不同的圖塊全無概念，也不清楚最後的結果會是什麼；因此，成人需要作爲模範，鼓勵兒童模仿和助其一臂之力，指出孰「對」孰「錯」，把注意力聚焦在拼圖逐步擴大終至完成的過程上。在隨後的場合裡，當兒童的能力有所提升時，成人會逐漸將任務中某一特定層面的責任交付給兒童，理想上，其所採用的速度和手法要密切配合兒童的發展。當兒童需要協助與支持的任何時候，成人都要在場。這個要點適用於兒童被預期去完成的所有任務上，無論是指拼圖或學習閱讀，無論其所花費的時間是幾分鐘或幾年皆然。

- *第二階段：表現受助於兒童本身*。兒童漸次從成人手中把成功完成任務的主要任務接掌過來，因而可以獨立作業，不需要成人待在一旁。但是此階段仍然有其限制：兒童不再依賴成人的口頭指導，反而依賴個人公開表述的話語——重複指示、要求和提示，而在執行任務時採用自我指導式話語作爲引導。因此，兒童在這個階段公開發聲，對自己說話，這是管控任務行動的必要措施，讓來自他人的管控指示轉變成內在歷程。

- *第三階段：表現自動化*。兒童藉由反覆練習，不再依賴任何形式的公開自我指導。如今，任務表現臻至順境，會自動執行。任務執行的知識因而內化，也就是從社會（或*人際間的心智*）層面轉

換到心理（或*個體內在的心智*）層面。

如果受到干擾的話，這個發展會隨之受阻——因為倦怠或生病而暫時受阻，或因為長期缺乏練習或創傷而較長久地受阻。於是，個體不再能夠自動執行任務，反而退回到較早階段典型情境下的表現水平，然後在近側發展區重新向前推進。

　　讓我們留意一個關鍵點：近側發展區所發生的運作，不必然局限於維果茨基所主要談論的直接明確的對話性指導；它也適用於其他形形色色的互動類型——這些互動類型相當隨意而非正式，包含共同遊戲和閒聊，它們同樣具備提升兒童知識的潛力。緣此之故，**指導性參與**（guided participation）[42]一詞最為適切——這是 Barbara Rogoff（1990）用來描繪近側發展區運作歷程特徵的術語，一則它讓注意力投注到教導過程的相互性（mutuality）之上，二則它強調，相對於知識較豐富、能力較高的個體而言，兒童只是一名*學徒*。

成人如何協助兒童的任務表現？

　　兒童最早的師傅通常是父母親，教學往往在一對一的情境下自發性且自然而然地發生。讓我們看看，這位母親和她 2 歲半大的孩子共同做卡車拼圖時的對話（摘自 Westsch, 1979）：

兒童：「嗯！現在這個要放哪裡？」（拿起一片黑色貨物圖樣）
母親：「這一片要放在哪裡？看看那一輛卡車，然後你就會知道了。」
兒童：「嗯……（看看拼圖，然後看看圖樣）……我來看看……嗯，這個拼圖有……在這裡有一塊黑黑的。」（指著圖樣中的黑色貨物圖樣）
母親：「嗯……所以你想把這片黑色的放在拼圖的哪裡？」

---

[42] 指導性參與（guided participation）：是指成人在問題解決情境下，透過合作機制，協助兒童獲得知識的歷程。

兒童（拿起黑色的那片，看看拼圖）：「……在這裡嗎？」（在拼
　　　圖中把這一片嵌入正確位置）

這算是遊戲還是教學？這種區辨意義不大，因為這個年紀的兒童不論
學什麼，都是置於好玩的背景下，不但兒童玩得開心，而且是由他們
來設定速度快慢，母親則是滿心樂意地照著兒童的速度走。他們之間
的交流絕非口頭指導，而是採用對話的形式；母親的貢獻都是用問題
形式提出來的，卻足可適切引導兒童的專注力和行動。在這段短暫的
對話之後，是兒童而不是母親把拼圖放在正確的位置上，因而確保兒
童能夠從達成期待目標中獲得滿足感。

　　成人在協助兒童解決問題時，會採用各式各樣的行為模式，這些
模式的確切性質取決於任務本身以及兒童的年齡、能力。一些普遍性
策略會再三出現（請參見表7.1）。然而，成人並非漫無章法地採用這
些策略，而是全面覺察到兒童在這個任務情境裡持續不輟的努力之
後，才做出選擇的，旨在促使兒童達到個人能力的最大極限。易言之，
成人是在建構*鷹架*（scaffolds）來協助兒童。

　　鷹架作用（scaffolding）[43]的概念，是由David Wood和其同事所提
出的（Wood, Bruner & Ross, 1976；並請參見Wood & Wood, 1996），用
來描述成人在近側發展區所提供給兒童的指導和支持類型，並藉此辨
別促進學習所需的行動類型為何。這個概念發軔自Wood等人（1976），
他們觀察3到4歲兒童在面臨其所無法獨自掌控的作業時，母親們所會
採用的教學技巧。這個作業是把一組木製積木依照凹凸形狀拼成金字
塔，問題在於，兒童能否在成人的引導下學會這麼做。研究結果清楚
顯示，許多兒童在接受教導後，能夠自行解決問題；然而，讓人最感
興趣的是，究竟教導是*如何*帶來這個結果的，鷹架作用一詞在此出現，
適切地描繪出母親的作為。

---

[43]　鷹架作用（scaffolding）：是指成人在兒童解決問題時提供協助，並視兒童表現
水準來調整協助的類型和分量之過程。

表 **7.1**　成人在一對一問題解決情境中協助兒童的策略（例如完成一幅拼圖）

策略	例證（一起玩拼圖）
引起對目標的注意	指出、輕叩、做標記
按部就班地建構任務	「先找出四個角落，然後做完四邊。」
將任務分成較小的區塊	「讓我們找出馬的拼圖片。」
突顯關鍵特徵	「看！這是其中一個角落。」
示範	把拼圖片拿到缺口上方
提醒任務	「我們現在必須找馬的尾巴。」
扮演記憶庫的角色	「你能像之前拼那片正方形那樣拼這一片嗎？」
控制挫折程度	「你做得很棒，拼圖快要完成囉！」
評估成敗	「真聰明，妳完全是靠自己找到那一片的。」
維持目標取向	「只剩下房子的其他部分，然後我們就做完了。」

　　母親們的作法不一，諸如幫兒童選擇一塊積木、示範凹凸形狀如何拼在一起、把兒童正在拼湊的那塊積木之外的部分先挪開、指出或陳述某些特徵等。這些作法的用意，是讓兒童繼續進行任務，並把問題簡化到適當的程度。然而，成功的關鍵在於，母親能根據兒童的進展調整其介入的方式。Wood辨識出主導這些調整的兩項原則：其一，當兒童進行得不順利時，師傅應當立刻提供更多幫助；其二，當兒童進展順利時，師傅應當給予更少的協助，並退居幕後。藉由提供支持（而且支持的程度往往視兒童達成目標多寡而定），兒童被賦予相當程度的自主權，同時在每一個步驟中都有機會依賴成人的協助。因此，母親們所提供的控制程度，會貼近兒童業已學習的程度——當兒童接管完成作業的責任時，這個控制程度會逐步下降（請參見表7.2積木組合任務中，用來評量母親介入行爲的等級）。

　　鷹架作用的概念，可能讓我們聯想到死板而一成不變的架構，但是這並非其原有意旨所在。上述兩項權變原則（contingency rules）意

表7.2 親子共同解決問題時，父母所採取的控制等級

等級		例子
1	一般的口頭提醒	「現在你做出一些樣子了。」
2	具體的口頭指導	「拿四塊積木。」
3	指出素材	指著所需的積木
4	準備組合	把凹凸形狀兩相組合
5	示範操作	組合出兩對積木塊

味著，成人的行為具有彈性，始終視兒童的所作所為來做修正。如此一來，我們可以確保，所有的教學努力都落在兒童的近側發展區內；支持的性質和程度，因而隨著兒童對先前教導水平的理解而持續調整。一如Wood所承認的，要在整個作業期間都維持權變的作法，這是非常難達成的目標；針對父母親以及專業教師們的觀察顯示，時時刻刻都能保持權變作法的人實屬罕見。有鑑於兒童在此狀況下或多或少都會有所學習的事實，似乎低於百分之百的權變作法往往就足以確保兒童的成功。然而，一般性原則仍然適用：鷹架作用是一種具有權變、合作、互動性質的努力，在適當的時機，用來引導兒童從成人手中接掌達成任務的職責。

許多其他研究運用鷹架作用的概念，來檢視成人和兒童共同解決問題的行為，以便理解其運作歷程。這些研究納入不同年齡層的兒童，讓兒童和不同的搭檔互動，包括父親、老師、陌生的成人以及能力較高的同儕，其著手處理的任務非常多元，包括學習計數、重述故事、看圖畫書、物件分類、規畫複雜的活動、學習手工藝技巧和解決科學問題（參見訊息窗7.2的例子——母親幫助兒童理解計算的初步法則）。所有這些任務，都涉及有效教導所特有的通盤性特徵（Rogoff, 1990）：

1　師傅可減少學徒現有知識、技巧以及新作業需求之間的落差。
2　師傅在學徒的活動背景中提供教導和協助，而搭起鷹架，來支持學徒的問題解決工作。
3　雖然學徒最初面對著力有未逮的作業，不過，師傅的作為能確保學徒積極投入問題解決的過程，而對問題的成功解決做出貢獻。
4　有效的教導，包括把責任從師傅身上轉移給學徒。

　　*鷹架作用*一詞的主要優點在於提供鮮明的隱喻，並提醒我們，兒童的學習是種特定的共同努力，而成人要在特定時機提供特定性質的支持。鷹架作用的概念本身，實際上無法解釋兒童如何將師傅所提供的教導內化；然而，它能讓我們關注那些促使學習發生的情境，突顯這些情境真實的社會互動本質。

有效協助的成因何在？

　　每一位成人在協助兒童解決問題時，並非都這麼成功，那麼，這個落差的成因何在？讓我們斟酌三種影響力，它們分別源自成人本身、兒童本身以及成人──兒童關係等三方面。

訊息窗7.2

和母親一起學習數字

　　兒童對數字理解的進展吸引眾多研究者的興趣，影響所及，我們對兒童在各個年齡層所學會的數字知識和技巧累積了不少知識（參見Gelman & Gallistel, 1978；Nunes & Bryant, 1996）。然而，我們對於其獲得此種能力的過程，所知仍然有限，原因在於這些研究大多測量兒童的所知，而非探詢其知識的源起。因此，計算能力通常被視作純粹的個體內在歷程，其在日常社會狀況下的發展，直到晚近才開始引起關注。

　　社會對數字知識有何貢獻呢？觀察研究（例如Durkin, Shire, Growther & Rutter, 1986）顯示，兒童從嬰兒期開始，就浸淫在涉及數字運用的形形色色日常生活活動中。他們耳中充塞著成人提及數字的對話，這些對話是自然發生的，不帶有特定的教導意圖。此外，家中發生的許多例行事務，都讓兒童涉入與數字相關的活動：例如，幫忙擺設餐桌（「我們每個位子需要各放1雙筷子。」）、購物（「我們要4塊蛋糕。」）、指出時間（「已經9點了，我們上托兒所要遲到了。」）、烹飪（「要不要再多放1匙麵粉？」）、選擇特定的電視頻道等。此外，還有童謠和韻文（「1角2角3角形，4角5角6角半，7角8角手插腰，11角12角打電話。」）、故事（3隻小豬或3隻小熊的故事），非正式遊戲（例如：數手指頭和腳趾頭）、比賽（例如兒童跳繩次數）——這些活動都以徹頭徹尾非正式但卻具有意義的方式，向兒童介紹數字的重要性。

　　當然，即使在家中，母親也會較為正式地嘗試教導幼兒計數和加法。研究者為了明瞭教與學的過程是如何進行的，而仔細觀察這些教導活動，得到更進一步的鷹架作用證據。讓我們看看Saxe、Guberman和Gearhart（1987）所做的研究。2歲和4歲兒童的母親被要求一起進行簡單的計數工作，例如計算物件的數量，並將前後兩列裡的物件配對。這些活動的過程被錄下來，錄影帶內容經過分析後顯示，母親會相當自然而然地調整其所提供的協助程度和類型，以便提升兒童個人完成這些任務的能力。因而，母親們大致上知道孩子所遭遇到的困難類型，在回應時會針對這個困難來修正其教導方式。兒童出錯後，母親們會轉換成較明確的指導；兒童成功後，她們會將教導的複雜度往上提升。年齡較小或能力較弱兒童的母親們會進一步簡化任務，將任務劃分成更小、更簡單的元素；當母親面對著較困難的任務時，也會簡化其指導方式。母親們透過這些鷹架作用，讓兒童進展到新技巧等級的過程更形順暢：兒童得到協助，根據母親的教導來調整自身行為，他們往往能夠在母親的協助下，達成個人所無法獨自完成的任務。然而，4歲兒童比2歲兒童更常見到這項改變；前者顯然位於與這些任務相關的近側發展區內；反之，後者顯然還不大能夠達到此區。

　　這些觀察所提供的證據，大致符合維果茨基對認知發展的說明。兒童在隔離的狀況下無法學習數字；他們學習數字時，得與其他充作協助者或教導者的人士共同行動，而後者的作法大多數是非正式而自然發生的。這種協助的提供通常非常靈敏，能通盤體察到兒童的一般能力和每一時每一刻的成敗。更甚者，成人往往會讓這些活動變得很好玩，從而提供重複這個經驗以及往前探索的動機。

■ *成人*對他人敏感度的差異性極大，某些人順應兒童需求而調整作法的能力大致上偏弱。然而，如若協助要依照前述的權變方式來提供的話，那麼，這種能力就很重要。敏感度包括了解一項任務的哪些要素是兒童能自行處理的、哪些要素是兒童唯有得到協助時才能理解的、哪些要素是超出兒童現有能力的。缺乏敏感度的成人，可能讓兒童負荷過多的資訊、或是提供不當的資訊（程度太高或太低）、或是控制過當，沒留給兒童實驗個人解決方法的空間、或是採用錯誤的策略（例如當兒童也需要非口頭示範時，只給予口頭指導）。不論缺乏敏感度的形式爲何，它剝奪了兒童解決問題所需要的適當鷹架。

■ *兒童*受惠於協助的程度不一。一如我們之前所強調的，所有的成人—兒童互動在本質上都是雙向的；兒童藉由其個人特質而對成人有所影響，這種影響決定了互動的本質，此歷程在教導情境中同樣適用。這一點在唐氏症等疾患中至爲明顯，因爲這些兒童在彈性運用專注力以因應他人重新引導其行爲的嘗試而轉移焦點、以及配合他人協調個人行動等層面上，都有相當大的困難，而這些活動，正是從共同解決問題情境中獲益所必需的（Landry & Chapieski, 1989）。這個現象同樣適用於早產兒，至少在其幼兒階段是如此（Landry, Smith, Swank & Miller-Loncar, 2000）；同樣地，任何其他干擾到成人—兒童同步（synchrony）關係的兒童個人狀況，都會產生此現象。

■ *成人—兒童關係*因素需要納入考量，因爲跡象顯示，親子間發展出的依附關係能夠影響兒童從教導中獲益的能力——不只是來自父母親的教導，也包括來自其他成人的教導（Moss, Gosselin, Parent, Rousseau & Dumont, 1997；van der Veer & van Ijzendoorn, 1988）。看起來，有安全依附關係的兒童，有信心處理困難的認知問題，即使他們得獨自工作或是和陌生人共同工作皆然；當他們和母親一起工作時，他們知道自己完成任務的嘗試會被認可和支持。相反地，依附關係不安全的兒童缺少這份信心；他們過去的

經驗告訴他們，其行動很可能會被忽略或拒絕，他們因而較缺乏採取主動的意願。一般而言，和有安全感的兒童相較之下，缺乏安全感的兒童和母親互動的環境較不具有支持色彩；母親和兒童彼此的理解不足，母親往往未能針對兒童的行動做有意義而具有權變色彩的回應，而安全依附型親子身上，就可以看到這種性質的回應。因此，有安全感的兒童在和母親共同參與問題解決活動後，其表現往往會獲得提升；對缺乏安全感的兒童而言，這個結果不必然發生。

同儕能充當師傅嗎？

在兩種狀況下，兒童能彼此幫忙解決問題，其區別在於：

■ *合作學習*（*collaborative learning*），是指讓能力等級相當的兒童兩兩一組或數人一組一起學習——這在第四章討論同儕關係時已經提到。

■ *同儕教導*（*peer tutoring*）是指，知識較豐富的兒童開始對另一名兒童提供教導和指引，以便將後者提升到相類似的能力等級。

同儕教導與兒童的學習息息相關，因為根據維果茨基的理論，師徒模型可以納入任何一種搭檔組合，例如親子、師徒以及專家同儕—新手同儕。在每一種搭檔中，角色都是不對稱的，因為在各種組合中，知識都是由其中一位夥伴轉移給另一位夥伴。

目前有關同儕教導的文獻為數頗多（參見 Foot & Howe, 1998；Morgan & Shute, 1990）。其所引發的興趣，泰半源自這種工作對於教學實務所可能具有的實際用途：對於工作繁重的教師們而言，兒童可以彼此幫助的觀點當然頗受矚目。因此，大部分關於同儕教導的研究檢視的是學齡兒童，其所涉及的作業經常與教育相關，例如閱讀、寫作、拼字、以及漂浮物體或斜坡下滑背後的原理之類的科學問題。不過，也有許多研究者的興趣純屬理論層面，因為我們在共同問題解決

情境中所觀察到的搭檔類型越多，我們理解知識轉移方式的機會就越高。

　　大部分關於同儕教導的研究結果是正向的。兒童確實會因兒童師傅的引導而獲益，即使這組搭檔的年齡落差很小亦然；此外，根據某些研究的結果來看，教學同樣可能讓*師傅*受惠。然而，並非所有的研究結果都是正向的：在某些狀況下，兒童甚至可能會退步。光是和知識較豐富的搭檔在一起並不夠充分，其他狀況也必須符合才行。例如，師傅對問題的理解較充分但並不徹底時，教學過程即有可能失敗；同理，如果師傅主導了互動，未曾給學徒足夠空間的話，學徒不大可能從中受惠。顯然，兒童師傅跟成人師傅一樣，需要採用某些策略，其指導才有效能可言：他們對於夥伴的努力得具有敏感度，在適當的等級提供回饋，把教學速度調整到學徒的吸收能力所及之處（Tudge & Winterhoff, 1993）。或許教人訝異的是，至少從中年級起，兒童往往具備採用類似策略的能力，因而得以充當知識較貧乏的兒童之師傅。

文化因素在成人－兒童教導中扮演何種角色？

　　研究者比較不同社會中他人對兒童的教學本質時發現，某些方面顯然大不相同，另一些方面則有其基本相似點。我們首先討論不同之處，差異性可見於教學的三個層面：*教什麼、何時教*以及*如何教*。兒童必須接受教導的主題*有哪些*，端視每一個社會所重視的特定技能和知識而定：在甲社會而言是獵捕野生動物並剝製皮毛，在乙社會而言是操作電腦，讓電腦為自己工作。兒童*何時*該受教，也會根據文化需求的不同而大異其趣：例如，某些非洲部落極度依賴女性下田耕作，4、5 歲大的兒童就被教會日常的兒童照顧，讓母親可以在生產後盡速回去工作——就同一個年齡層而言，西方世界的父母親認為，子女還不太能勝任照顧兒童的必備技巧。

　　*如何教*所涉及的是教學風格——例如，成人針對兒童學習所給予的支持多寡及給予方式、師徒兩種角色被理解的方式、以及把教與學的過

程嵌入社區日常生活的程度（有別於限定在教室裡的專門教育機構的教學模式）。跨文化比較顯現出，教學風格上往往存有巨大差異（參見訊息窗 7.3 的例子）。因此，在某些社會中，兒童不被允許向成人問問題，因為此舉被視為不禮貌而有侮辱意味的；在其他社會中，成人不會拿自己已經知道答案的問題去問兒童，認為這種作法荒誕不經。有些文化強調，觀察和模仿是教學的主要途徑，其他文化則鼓勵兒童積極加入成人，兩者旨趣不同；而這些差異進而涉及學習的責任主要是歸給兒童、或是歸給成人。有些教學是直接明確的，在學校等特別設置的機構中執行，有些教學則是隱而不顯的，以日常社交生活的附帶結果之姿態非正式地進行；各個文化在這兩者的比重多寡上互不相同。

訊息窗 7.3

瓜地馬拉和美國的母子共同解決問題

　　Barbara Rogoff 和同事在一項高度企圖心的跨文化調查研究（1993）中，詳細分析文化傳統大相逕庭的四個社區裡母親及其幼兒如何著手共同解決問題。這四個樣本群分別取自瓜地馬拉、美國、印度和土耳其，我們在此將聚焦在前兩者身上，因為它們呈現出最為強烈的對比。

　　瓜地馬拉組取自稱做聖佩卓（San Pedro）的馬雅印地安人社區，這是個多山鄉間地區的小鎮，比較與世隔絕，直到最近才擁有電燈和收音機等現代科技產品。家中的男主人大部分是農墾勞工或小型農場經營者，使盡全力來維持家計。而那些美國家庭則住在猶他州首府鹽湖城，這個城市人口約 50 萬，大多數屬於富裕的中等或中上階級。在兩個社區中，研究者各密集研究 14 對母子（兒童的年齡為 1 到 2 歲），研究主旨在於調查母親如何協助子女處理兩項困難的任務，也就是操作跳娃娃玩偶等各式新奇物件以及穿衣服。

　　在兩項任務中，所有的母親都和其子女一起工作，提供協助、支持和鼓勵。然而，合作風格在某些層面上顯著不同，這一點被每一對親子處理小說人物的方式突顯出來（參見表 7.3）。在聖佩卓，母親們跟美國組的母親不同，不把自己視作子女的玩伴；裝扮這樣的角色被認為是令人尷尬的，她們因而

表 7.3　母親在共同解決問題情境中的行爲：
比較瓜地馬拉和美國樣本（每一種行爲發生的百分比）

	瓜地馬拉	美國
母親扮演子女的玩伴	7	47
母親以同儕身分與子女交談	19	79
母親使用童言童語	30	93
母親發出讚美	4	44
母親模擬出興奮的聲調	13	74
母親擺出準備伸出援手的姿勢	81	23

資料來源：改編自 Rogoff et al.,（1993）。

偏好叫年紀較長的子女陪蹣跚學步的幼兒玩耍，指導前者如何協助後者操作玩具。這些母親基本上把自己視作督導和教導者，大部分時間是在示範如何操作玩具，然後把工作交給年紀較長的子女（「現在你來做！」），雖然這絕不意謂著她們並不關注、投入幼兒的活動。因此，和鹽城湖樣本相較之下，不同的氛圍瀰漫在活動期間：不管瓜地馬拉母親多麼有所助益，她們所提供的是較爲正式的協助，同時也維繫她們和子女間身分上的落差，而不是像美國母親那樣，把這個場合視作一起玩耍的機會。

這兩個組別所採取的溝通模式，也可以看出其間的差距。聖佩卓的母親不把子女視爲對話的夥伴；鹽城湖的母親則會試著和子女對話，問子女問題，甚至嘗試引導出孩子的個人見解，這種作法在聖佩卓樣本中非常少見。美國母親常常降低到兒童的語言等級，使用童言童語建立起有意義的對話；爲了激起兒童的動機，她們說話時模擬出興奮的聲調；一般而言，她們的話比較多，反之，聖佩卓的母親們較依賴非口語溝通。後者也很少讚美子女的努力，但始終仔細監督孩子的活動，每當孩子需要協助時，她們都擺出準備伸出援手的姿勢。

詳細分析這兩個組別的母子面對相同挑戰的方式後，其在教導風格上的顯著差異就突顯出來。這些落差反映出，每個社會指派給父母子女的角色有其文化差異。例如，在瓜地馬拉，兒童被認爲要爲個人學習負最大責任，因而努力的速度和方向會交由他們來決定；比方說，許多蹣跚學步兒童的行爲是出自個人的動機，母親只是以戒備的立場給予支持。相反地，美國的母親則認爲，自己必須去激發學習，建構互動的過程，但她們深信，採取和兒童一樣的遊戲、說話等級，是達成目標最有效能的作法。

儘管存有這個差異，教學作為合作事業的主題一再出現，負責教導的成人和充作學徒的兒童必須就方法和目標建立起共同理解，即使是在教導風格大相逕庭的社會中也不例外。讓我們看看以下中美洲印地安社區母親的例子（Rogoff, 1990）：

> 馬雅母親們……提到，1 到 2 歲的兒童會觀察母親如何做玉米粉薄烙餅，試著依樣畫葫蘆。母親給兒童一小塊麵團來使用，幫助兒童把麵團揉成一團，然後開始擀平。兒童做出的餅如果不曾掉到地上的話，會和母親所做的餅一起烘烤、食用……。當孩子獲得擀薄烙餅的技巧時，母親會補充要點，示範如何拿著麵團以利擀平，而兒童既可以見證其努力的結果，又可以對備餐做出貢獻。兒童仔細地觀察和參與，母親則通常是和藹可親的，在共同活動的過程中，藉由示範和給予建議來簡化任務，使之與兒童的技能水平相稱。5 到 6 歲的兒童能夠為晚餐做出一些薄烙餅，而 9 到 10 歲的女孩能夠在需要時為家人準備晚餐，一手包辦從碾碎玉米、揉麵團、擀麵團，到用手指頭在熱煎鍋為薄烙餅翻面的所有工作。

在這裡，我們看到兒童參與成人的活動，模仿成人，但是也被成人用各種鷹架技巧來鼓勵——這些技巧包括簡化作業，將作業分解成幾個要素，讓兒童負責完成較簡單的作業，示範、鼓勵，並根據學徒的技能水平來調整其教學方式。類似的觀察已經從傳承著不同技能的其他社會取得，例如賴比瑞亞的裁縫技術和墨西哥的編織技術——這些技能也符合同一模式：兒童逐步接管完成任務的責任，成人交出責任，兩者共同工作以達成目標。

共同問題處理是否優於獨自工作？

現在我們已觸及重要的問題，因為它與知識的社會性起源有關聯，因而涉及維果茨基最根本的論點之一。如今有大量的研究調查過這個問題，其中最具說服力的，是那些為了檢驗這個論點而特別以實

驗來建構的研究。這種檢驗通常採取表 7.4 所摘要呈現的形式，先行讓兒童獨自接受評量，確認其在某些任務上的技能底線爲何，接著讓兒童在一段期間內和師傅共同工作，最後再次就獨自工作的兒童進行評量。前測到後測的改變因而能顯示兒童在教學期間受惠多少；這個結果可以和長度相當的時期中，從頭到尾都獨自工作的對照組兒童在其間所產生的任何改變來做比對。

　　以 Freund 的研究（1990）爲例，3 歲及 5 歲的兒童和母親一起執行作業，挑選家具模型到娃娃屋合適的房間裡——沙發放入客廳，烹調器具放入廚房等。母親們被鼓勵用她們自行選擇的任何方式來幫助子女，但不得有明確的教學行爲。在共同工作之前，研究者先行就兒童自行挑選的能力做評量；兒童和母親共同工作之後，研究者立即再次就其自行挑選的能力進行評量。另一組年齡相當的兒童則是自行練習，而不曾和母親共同工作。兩組比較之後發現，「共同」組兒童比「個人」組兒童有更大幅度的提升（參見表 7.5）。更甚者，那些提供最有幫助的教導類型給子女的母親，例如討論策略層面（比方說，「我們家把冰箱放在哪裡？」）以及保持目標取向（比方說，「我們先完成卧室，再來完成廚房。」），讓兒童在獨自處理問題上有最大幅度的進展。因此，我們可以做成結論：第一，和一位知識較淵博者一起積極投入工作的經驗，是兒童表現等級提高的直接成因；第二，共同工作期間所確實透露出的內容，會影響提升幅度：兒童越常接觸到成功解決問題所需的某些指導類型，他們獨自執行任務的機率就越大。

表 **7.4**　調查共同解決問題效應的研究之研究設計

	前測	解決問題的練習	後測
實驗組	評估兒童自己的表現	一段時間中，兒童和師傅共同工作	評估兒童自己的表現
對照組	評估兒童自己的表現	兒童自己練習解決問題	評估兒童自己的表現

表 7.5 3 歲及 5 歲兒童共同或單獨練習的前後測成績（在挑選任務上的正確反應百分比）

	共同組		個人組	
	前測	後測	前測	後測
3 歲	46	70	41	36
5 歲	52	94	51	64

資料來源：引自 Freund（1990）。

　　目前所累積下來的大量證據指出，兒童解決問題的能力會因為與支援他的成人共同工作而提升，而且，這個能力的提升能夠延伸到未來獨自工作的場合裡。此原則同樣適用於同儕指導和成人指導之上；研究發現，母親、父親和陌生人都能產生此種影響，而且，它在各種年齡層和任務類型上都沒有差別。然而，這些發現並非全然一致。一如我們之前在同儕指導案例中所留意到的，以及某些成人指導研究（例如 Kontos & Nicholas, 1986）所顯現的，共同工作的有利影響並未被全體研究者所證實：兒童若不是未能有所進步，就是其進步幅度和獨自工作的對照組兒童不相上下。看起來，有利之處只有在特定狀況下才會發生。其一，它大致上取決於師傅的技巧：一如 Freund 在前述研究中所顯示的，某些指導類型比其他類型更有幫助。我們無法就所有的共同工作類型提供全面擔保，在某些狀況下，夥伴在場甚至會產生負面影響。其二，和其他作業相較之下，某些作業較容易挹注共享思考（shared thinking），這種思考是成功的師徒關係之核心元素。如果我們把作業劃分成由兒童來處理的簡單部分，以及分配給成人的較困難部分，雖然這種作法執行起來最簡便，然而，雙方的心智沒有相互激盪的機會，兒童的整體表現因而無法提升。

評價

　　雖然維果茨基的著作直到 1960、70 年代才被「發現」，而且他沒這麼長壽，以至於其著述無法和著作等身的皮亞傑分庭抗禮，然而，其作品的影響力已經和皮亞傑旗鼓相當。維果茨基的理論在晚近廣受矚目，好像是要彌補世人所損失的時間似的，其在審視兒童認知發展上的貢獻和缺點，就逐漸明朗起來。

貢獻

　　首先，維果茨基的遺產在於其*脈絡論者*（contextualist）取向——這個信念認為，研究獨自一人的個體是沒有意義的，反之，個體總是必然和其落腳的社會—歷史—文化脈絡有所關連。維果茨基並非首先提出此觀點的作者，但是他對於此脈絡的組成元素，以及其與智力發展如何產生關連的分析，為這種論點帶來如日中天的聲譽，這是其他作者難以望其項背的。

　　傳統上，個別兒童被視為發展研究的起點；不是作為環境刺激的標的物，需要朝著某個方向驅策，用某種方式加以塑造，就是作為獨立的原動力，積極地建構其個人的現實世界。在以上兩種狀況下，兒童和脈絡都被看成是對立的：兩個分離的單位在發展過程中，必須透過某種方式而達成協議。對許多人而言，這個觀點幾乎算是常識；然而，維果茨基的著作極有說服力地辯稱，當我們考慮到兒童時，分析的基本單位必須是*脈絡中的兒童*（child-in-context）而非*真空中的兒童*（child-in-vacuum）。我們來看看以下這段維果茨基（1987）勾勒並奚落皮亞傑理論的文字：

> 兒童不被視為社會整體的一部分或者社交關係的主體。他不被視為能夠參與其所隸屬的整體社會之社交生活。社會被視為獨立於兒童之外的系統。

維果茨基的主要成就在於顯示出，當兒童被視爲「社會整體」的一部分、而非與其環境脈絡互無關聯的個體（也就是說，採用比傳統觀點更讓人欣然接納的角度）時，我們在理解上所能得到的收穫。

維果茨基的理論特別值得重視之處在於，他試圖詳加說明發展所萌生的脈絡之本質，以及這個脈絡衝擊兒童的方式。最不尋常的是，這個理論主張，*脈絡*是個多層面的架構，其所涵蓋的範疇，遠大於兒童在任何一個時機有所運作的直接環境。歷史、政治、經濟、科技和文學的影響力——這些全都被視作兒童所隸屬的社會環境與生俱來的元素，而加以引入。以維果茨基所介紹的*文化工具*概念爲例——我們可以透過這個新穎的角度，來理解每一個社會在歷史進程中，如何孕育特定的思維形式，兒童就是在這些思維形式的協助下，參與此一社會的活動。也就是說，脈絡並非爲某些含糊的整體性實體，而是得以具體說明的概念，能夠呈現其在兒童發展中所扮演的可被定義的角色。或者，以*近側發展區*——理解兒童和社會間的界面之途徑的概念爲例；這個概念不但協助維果茨基提出全盤性觀點，指出在成人與兒童的互動中，文化需要做世代傳承，而且也指出，文化傳承的過程以及傳承時最具效能的機制爲何。

維果茨基個人並未進行多少實證研究，然而，其眾多主張的明確特質，讓他人得以落實其想法，受到這個理論啓迪而完成的研究爲數頗多。誠如我們所見到的，成人在兒童教學中所扮演的角色特別受到矚目，不過，其他想法也啓發相當多的調查研究，文化工具在認知發展上所扮演的角色即是一例。另外，還有兩個研究領域受惠於維果茨基著作之處良多，其一是進一步詳細說明我們如何最有成效地定義脈絡的影響，其二是跨文化比較；前者以 Bronfenbrenner 的生態系統論（ecological systems theory，1989）最負盛名，後者如 Rogoff（1990）所做的研究，這些研究的理論依據，衍生自維果茨基對兒童發展和社會－文化環境間的共生關係之重視。

缺點

　　維果茨基的著作有許多含糊不清和尚未完成的部分，不過，讓我們把焦點放在兩個主要的遺漏之處，亦即其對於個別兒童的貢獻以及情緒層面這兩點。

　　關於前者，雖然維果茨基的論述宗旨在於把文化、互動和個體等三個主要層面結合在一起，然而，其對個體面的關注的確不足。他仔細論述前兩者，卻未能詳加說明兒童個人對學習和發展的貢獻。他同意皮亞傑的觀點，承認把兒童視爲積極主動的個體之重要性，然而，兒童與文化夥伴互動時所投入的元素本質爲何，卻未被充分地強調和分析。其對成人的關注較多，對兒童的關注則較少；其對社會—文化影響力的關注較多，對兒童天性所本來俱有的影響力之關注則較少。無可否認地，他那個時代對於遺傳學所知甚少，而且，其他同時代的作家承認，沒有哪位兒童可以充作典型；因此，他們在兒童發展的論述中，試著賦予個體性本質應有的地位。維果茨基在討論兒童與成人在近側發展區的合作時表示：「兒童的表現有其限制，這些限制取決於其發展狀況和智力潛能。」（Vygotsky, 1987）這是他唯一做出的讓步。除此以外，他對於個體本身影響力所扮演的角色，一直未能賦予其應有的價值。

　　這一點也可見於維果茨基對年齡的忽略。他的理論和皮亞傑有天壤之別，其實算不上是正格的發展論；他設想出一個原型兒童，其在 2 歲和 12 歲時的功能並無不同——他未曾留意到，兒童身上有任何成熟的變化，或者兒童在其間累積了何種經驗。當兒童逐漸成長時，近側發展區會有所移轉，然而在維果茨基的說明中，近側發展區的本質以及成人和兒童各自扮演的角色，卻始終維持不變——他沒有做跨年齡的比較。當兒童的年齡漸次成長時，新的需求和能力逐步浮現，但是維果茨基卻未曾表示，兒童對於其社會脈絡構成的定義、或是他對於這個脈絡的反應方式可能有所改變。同樣地，維果茨基也未曾說明，構成學習基礎的過程（例如知覺、注意力、記憶力和智力）在每一個

年紀都會有所不同，並因此影響到教導互動的過程。就此而言，兒童
所接受爲師傅的個體之身分通常會有所轉變，其範圍由父母親擴展到
其他親近的成人、老師和同儕，而維果茨基也未曾留意到這一點。

　　維果茨基另一項主要缺點就是漠視情緒層面。雖然認知的角色在
社會層面浮現出來，但是，維果茨基對待兒童之「淡漠」與皮亞傑如
出一轍。他未曾指出學習上的掙扎、失敗的挫折和成功的喜悅。他未
曾說過，是哪些因素讓兒童有動機去達成特定目標，另外，兒童在試
圖達到這些目標的過程中所體驗到的滿足和煩惱，也都被他忽略了。
這項遺漏非常嚴重，雖然這個疏漏是維果茨基和其他重要理論家所共
有的。維果茨基確曾就情緒的本質和情緒性表達有所論述，但是，他
未曾嘗試將之與其社會—文化認知發展論聯結起來；他試圖做出包羅
萬象的說明，但未能如願以償。

本章摘要

　　維果茨基的認知發展論和皮亞傑的理論一樣，具有建構主義者
色彩：也就是說，兒童會主動詮釋周遭的世界，而非被動地依賴由
他人所提供的零星知識。不同的是，他的說明也可以貼上脈絡主義
者（contextualist）的標籤：兒童是其社會—文化的一部分，他們的
發展無可避免地和其文化類型相繫屬。

　　因此，認知發展基本上是社會過程，必須被理解爲以下三個層
面的整合：文化、人際和個體。

1　文化在維果茨基的理論中扮演著重要的角色，因爲基本上，他把
　　人類本性看作社會—歷史的產物，藉由文化工具來維繫。這些工
　　具指的是語言、計算等心理工具和書籍、時鐘、電腦等技術工具。
　　此類工具促進了特定的思維方式，協助兒童和社會其他成員用同

樣的方式來理解這個世界。

2　人際層面描繪出，當兒童與能力較高者接觸時，文化傳承給兒童的明確機制。他主張，所有知識的源起都具有社會意涵：認知發展是從人際間的心智面發展到個體內在的心智面的過程，因爲任何一種智能技巧，起初都是和一位能力較高者所共同執行的，直到兒童把它接管和內化爲止。和獨自工作的兒童相較之下，兒童扮演此人的學徒時，能夠在較高層次運作，因此，他們的真正潛能最適於在共同執行任務（而非獨自工作）時加以評量。此外，單獨工作和共同執行工作之間的落差——近側發展區，是兒童最有可能從教導獲益的區域，因此，成人的教學努力應當落在這一區。

3　維果茨基承認，兒童本身對其學習過程有所貢獻，但很少加以關注或詳加說明。除了認爲兒童會主動涉入其自身的發展歷程之外，他很少著墨於年齡和個體性等因素影響到合作學習歷程的途徑。

　　許許多多研究受到維果茨基著作的啓迪而進行，其中大多數致力於進一步釐清知識從成人傳承給兒童的方式。許多研究描述鷹架作用——成人採用此種策略，協助兒童獲得問題解決技巧；如今，我們握有多種證據來證實維果茨基的基本假設：兒童解決問題的能力可藉由共同工作而提升，不過，這個益處只有在特定狀況下才會發生，這些狀況因而是最能提升兒童相關能力的情境。

　　維果茨基理論的價值主要在於，他從社會—文化背景的脈絡來看待兒童，而不是把兒童當作獨立單位來對待。不過，他也有兩項重大的疏漏之處：其一，他忽略了兒童的年齡和個體性對發展的影響；其二，他在處理認知和社會因素時，未曾把情緒層面納入考量。

延伸閱讀

Gauvain, M. (2001). 《認知發展的社會脈絡》*The Social Context of Cognitive Development.* New York: Guilford Press. 這本書奠基於維果茨基的論點，認為非但兒童的學習內容和其社會－文化背景息息相關，連兒童的學習方式也無可避免地與其有所關聯。作者提出關於問題解決、專注力和記憶力等認知過程的晚近研究著作，藉此展現出兒童所置身的社會情境同時為其認知發展提供機會和限制的現象。

Mier, P. H. (2002). 《發展心理學理論》*Theories of Developmental Psychology* (4th edn). New York: W. H. Freeman. 這本書在「維果茨基的理論與脈絡論者」這一章裡，做了清楚而簡明扼要的敘述。作者為這個理論的所有核心特色做了概觀論述，從其他理論的觀點來評價它，並追蹤其對後續研究所造成的影響。

Rogoff, B. (1990). 《思考的學徒生涯：社會脈絡中的認知發展》 *Apprenticeship in Thinking: Cognitive Development in Social Context.* New York: Oxford University Press. 作者深受維果茨基理論的影響，但也針對這個理論進行個人詮釋，尤其著重在文化影響層面之上。這本書同時敘明她的理論立場和研究作為。

van der Veer, R., & Valsiner, J. (1991). 《了解維果茨基：尋求合縱連橫》*Understanding Vygotsky: A Quest for Synthesis.* Oxford: Blackwell. 這本書針對維果茨基的著作做了極為細膩而包羅萬象的描述，有時不免失之過度偏重技術層面。作者從維果茨基個人背景和教育歷程切入，刻劃出他的觀點和當代俄羅斯社會、政治之間的關聯。

第 八 章

兒童作為訊息處理者

本章大綱

塑造心智活動

　　心理學家發現，基於了解心智運作的目的，採用各種形式的模型是相當有用的——模型代表著特定的人類功能，因而能協助我們對這些功能的運作方式有所洞察。其中一例是電話配線盤，我們希望透過它，了解更多有關大腦接收訊息並建立適當連結的方式；另一例則是恆溫器，這代表著更不可或缺的人類功能，也就是說，運用回饋訊息來達成目標的能力。類似這樣的模型都可充做隱喻：在這個作法可以增進我們對真實事物的理解的前提下，心智被視同這種裝置。

心智是電腦嗎？

　　電腦是基於前述假設所採用的最新模型，這是源自認知的*訊息處理觀點*（詳細說明請參見 Boden, 1988；Klahr & MacWhinney, 1998；P. Miller, 2002）。這個觀點主要把心智活動視為訊息處理的議題，它通常以五官的輸入做為起點，而以某些形式的輸出做為終點，例如目標導向的行動即是。追蹤端點之間的訊息流動，確認介入過程的本質，這就是了解認知上的課題。比方說，這個過程包括：視覺意象或口頭稱謂等形式的符號接收進來之後，進行訊息編碼；把這些符號儲存在大腦中；根據其他儲存資料詮釋這些符號；以檢索程序對取得的訊息做反思和修訂；拿這些數據進行運算，以便得出特定的輸出形式。透過實驗方式來操控訊息輸入的類型，並分析個體在各種輸出狀況下的處理方式，就足可推論有哪些流程介入其中，並繪出流程圖來說明這些流程的發生次序（參見圖 8.1 的例子）。

　　電腦就像人類的認知系統一般，是訊息處理設施。它們也接受特定形式的輸入，而且就像人類的心智會將這個輸入轉化為符號形式以來表徵外在的刺激，電腦也需要將其輸入轉換為符號，以便登錄及儲存這個數據。正如同人類會運用儲存下來的符號作為思考的內容，電腦也可以針對儲存系統裡找到的任何資料進行各式運算。至少在某些

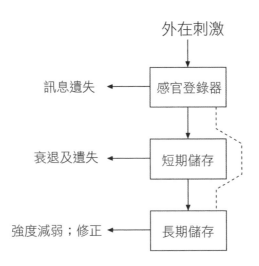

圖8.1　流程圖：資訊的接收和儲存 （根據Atkinson & Shiffrin, 1968）

層面上，心智宛如電腦一般；這種訊息處理論點的部分支持者，把這句話視為隱喻就心願已足，而其他人則把這個比喻看得更認真，比方說，有些人在建構電腦程式時，以取法人類思考模式為鵠的，因此把注意力、記憶及問題解決等功能的特定假設，拿來進行測試。他們相信，如此一來我們就可以了解，人類在思考的時候到底會怎麼運作。

　　正如同我們以硬體（實體元件）和軟體（操作程式）來描述電腦，訊息處理論點的擁護者認為，我們在調查研究人類認知的時候，區別結構和處理是有所幫助的。

■ *結構*指的是認知系統的基礎架構（因此才有「認知構造」〔cognitive architecture〕一詞，這個詞也曾用於這種關聯中）。這些基礎架構是類似圖 8.1 的流程圖中所出現的方塊，其稱謂包括感官登錄器（sensory register）、工作記憶（working memory）及長期記憶等。這些基礎架構雖然純粹出自假設，但可以把我們的注意力吸引到訊息處理儀器中，執行特定功能的特定元件。這種結構為數不多；此外，它們是恆久不變的，因為在發展的過程中或是情境轉換的

狀態下，它們的運作不會有所改變，而且它們也是普世皆同的，因為這是全體人類心理配備的一部分。它們是心智的硬體設備，其特質限制了可以在個別認知系統中操作的程式。

■ *處理*可以比擬為電腦軟體，也就是啟動系統所需的程式。它們為數眾多，和上述的結構不同，每一個年齡層、每一個個體的模式都不盡相同，而且不論個體所面臨的情境為何，都具有高度的適應力。從發展觀點來看，在*控制處理*（或是費力的）程序和*自動處理*（或是不費力的）程序之間做個區隔，是相當有幫助的——這兩者的差異在於執行程序所需的注意力多寡。控制處理程序需要我們全神貫注；它們費時費力，並占據相當多的「認知空間」。反之，自動處理程序發生速度快而且毫不費事，因為它們所涉及的是熟悉而操作熟練的例行性步驟，以及可以迅速理解的刺激。認知發展大體上指涉的是從控制處理程序到自動處理程序的過程。我們比較 5 歲和 10 歲的兒童，如果拿「5+4=?」的問題考他們，前者得花較多時間了解題目在問什麼，構思找出解答的方法，然後檢查其所獲得的答案；反之，後者可以依據先前數之不盡的嘗試而立即求出答案，而且這個計算所需的注意力極少，得以讓心智迅速脫身，繼續迎接新的心智挑戰。

眾多學者嘗試將這個訊息處理論點應用在兒童認知研究上。例如，有人分析兒童解決保留、序列等皮亞傑作業的嘗試；有人把這個論點應用在閱讀、寫作、算術等領域的教育問題上；而大部分有關兒童記憶的研究，都因為這種認知分析途徑擁護者所發展的技術與概念而獲益良多。這些研究的整體宗旨在於，盡可能詳盡地具體說明兒童應用在思考上的心智機制：他們如何接收並表徵訊息，儲存的容量有多大，運用哪些操作程序來取得、處理儲存下來的訊息，幼兒執行上述功能時和年齡較大的個體有何不同。最後一項問題尤其受到矚目，因為它試圖理解認知發展的開展過程。一如我們所看到的，皮亞傑把階段性概念應用在這個目標上；然而，大部分有關訊息處理的說明，

都迴避任何對於階段的指涉，反而從處理速度、儲存容量、訊息存取、運用上可資使用的策略數目和彈性高低等層面，來具體說明伴隨著年齡成長而來的轉變（表 8.1 列出一些曾經被提出的發展改變例證）。這些發展有充分的資料佐證：例如，兒童重述一串數字或一段文字的能力，無疑會隨著年齡的增長而提升，這一點反映出他們留意訊息並將之儲存於短期記憶的能力有所增長（圖 8.2）。未能釐清的疑點則是，在兒童的訊息處理機制中，此種改進現象的成因何在——例如，兒童年齡漸增時回憶事物的能力也較強的理由，是因為其基本儲存容量擴增（亦即是「硬體」上的差異），或是因為其運用各式處理策略的效率提升（亦即是「軟體」上的差異）所致。當然，這兩種改變形態很有可能同時出現，也就是說，腦部的成長進而容許更多功能上的發展。無論如何，我們現階段對於改變*幅度*的所知，遠勝於對改變*原因*的掌握——這是發展心理學上的常見現象。

那麼，我們該如何看待訊息處理論點呢？把心智視為電腦是否有所助益？這個議題引發了激烈的論戰，戰火至今持續不歇，而某些學者對此論點持強烈懷疑的立場。其中一位是哲學家 John Searle（1984）總結道：

表 8.1　訊息處理發展提升的例證

訊息處理層面	發展提升的性質
處理容量	感官登錄器所接收的訊息量，隨著年齡成長而增加
處理速度	認知裝置中，不同部位的運作速度往上提升
處理策略	隨著年齡增長，個體用於記憶和問題解決等作業的策略越來越多
知識庫	隨著年齡增長，個體在新經驗中所接觸到的相關知識會增加，而促進（有時是阻礙）新訊息的處理
平行處理	幼兒一次只能關注一件事情；年齡較大的兒童則能夠同時留意到刺激物的數個面向，並將之整合為新經驗

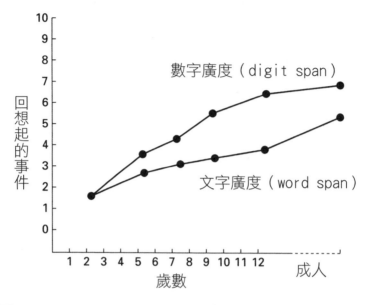

圖8.2 訊息處理容量上的年齡變化：數字廣度和文字廣度
（根據Dempster, 1981）

和早年的機械式隱喻相較，以電腦作為人腦的隱喻說法未能分出
高下。把人腦說成電腦時，我們所學到的，跟把人腦說成電話配
線盤、電報系統、抽水機、蒸汽引擎時並無二致。

其他學者的說法則較正向。因此，在詳盡檢視以電腦作為心智模型的
各式主張和批評後，Margaret Boden（1988）總結道，心理學採納這
個觀點之後獲得一些具體的進展。尤其是：

擅長計算的心理學家在描繪極度複雜的心智原理時，習於尋求精
確度，其（在最糟的狀況下）突顯出理論之不足，（在最佳的狀況
下）可以協助我們補足這個不足之處。這種對理論細節精確度的
執著並非一時的心血來潮，也不是科技社會所滋生的時髦風尚，
以致註定會走向衰敗之途。但它反而對心理學做出永續的貢獻：

它提供了精確明晰的標準，讓我們永遠對低於此標準的狀態感到
不滿。

Boden 掃除「把心智比擬成電腦，勢必使心理學去人性化」的恐懼，
而且她認為，「用電腦模型處理意向性（intentionality）等心智概念時，
機械論色彩會過於濃厚」的主張（Searle 所提出的主要批評之一）並
不能成立。當然，我們如今所知的電腦絕非完全被動的機械設備，基
於電腦具有自我評估、自我修正能力的前提下，我們沒有理由相信，
電腦不足以促進動機甚至是情緒等較偏向心理動力（psychodynamic）
層面的心理功能。無可否認的是，目前為止有關訊息處理的論述在提
及人類時，幾乎通篇皆是「冷漠」的，把人類形容成全然認知取向的
系統，未曾參照到任何社會－情緒層面。然而，原則上來看，這些層
面不予納入是說不通的──例如，我們可以參考研究者在依附發展和
訊息處理能力之間尋找關聯性所花費的心思，他們所依據的前提是，
和具有不安全感的兒童相較之下，有安全依附關係的兒童比較可能具
有「認知空間」，來關照並因應環境中的挑戰。這個關聯性的證據（其
評論請參見 Goldberg, 2000）至今仍嫌薄弱，也絕無法蓋棺論定，但
是它至少提醒我們，所有的訊息處理都有其社會面向，任何一份關於
兒童認知功能的完整論述，都得把它納入考量。

　　同時，如同 Boden 在前述引文中所指出的，訊息處理論點的主要
優點之一，在於其在方法論述及概念上的精確度，這一點很少有人會
加以質疑。對於人類思考方式的細膩分析，再加上對個體所試圖解決
的各種作業同樣鉅細靡遺的描述，我們在理論及實務兩方面都受益良
多。例如，錯誤分析應用在兒童所試圖努力解決的教育性作業時，不
但可以全面性判斷其能力未竟之處，還可能相當精準地指出一名兒童
失敗的特定原因，特別是它能明確地指出訊息處理流程中障礙所在的
確實位置。是兒童關照、記憶形形色色的訊息之能力仍然有限？儲存
容量不足？檢索策略發展不良？或者是缺乏表徵技巧所致？有了這個
論點，加上它對作業、表現，以及這兩者在兒童身上的相互關係之詳

盡剖析，我們提出成功的矯正行動的機率，就會比奠基於總體層面的努力大得多（Siegler, 1998）。

思考的本質

　　人類的訊息處理大約等同於我們習慣指稱的思考。思考的界線實際上不容易界定，不過，一般同意它包括推理、象徵、問題解決及計畫等心智功能——心智較高深、較具智性色彩面向的各種表現方式，以及訊息處理論點特別關照到的各種層面。

　　思考能力無疑*是*人類物種的標誌。跡象顯示，其他靈長類動物也有心智活動；然而，人類心智活動的複雜度、彈性和深度、廣度，尤其是人類超越此時此刻而得出抽象概念和概括原則的方式，遠非一般靈長類動物所能比擬。我們雖然基於自身的經驗而對思考非常熟悉，然而，掌握思考的本質仍是深具挑戰性的任務。思考似乎是在人腦中發生的，它或多或少是持續地運作著，我們對於它至少握有一定程度的控制力。思考協助我們以創意十足的個人化方式處理來自環境的訊息，它的重要性即在於此，因此，在兒童期促進思考的成長顯然是必要的。要在兒童身上釐清這個難以理解的現象和系統化地進行調查研究，這並非易事；不過，找出一定數量的思考過程特質卻是可行的，即使是在生命的早期也不例外。

取得訊息的問題

　　首先讓我們斟酌一下，我們該如何研究像兒童思考這樣既私密又無從觀察的事物。我們可以透過何種管道深入兒童的*內在*生活呢？當然，我們實際上無法看到或聽到他人思考的內容；然而，藉著留意他們在特定情境下的行為，我們可以*推論*他們正在思考，此外還可以臆測其心智過程的本質與內容。以下是兒童認知發展研究在探索思考課題時曾採用的一些方式：

■ *對話分析*：兒童與他人之間的對話，無論其對象是成人或同儕，都是洞見的大本營。我們來看看以下 4 歲女童與母親的對話（取自 Eisenberg, 1992）：

兒童：我們可以去公園玩嗎？

母親：喔！妳沒穿普通鞋子。妳穿的是芭蕾舞鞋。

兒童：嗯，沒關係啦！

母親：不行！芭蕾舞鞋不是到戶外遊戲穿的。它們會破掉。

兒童：那我可以穿普通鞋子嗎？

母親：嗯，天要開始黑了，所以這個週末我們不去公園玩，天黑
　　　的時候，有些地方連公園都有些危險。

兒童：為什麼？

母親：因為有時候壞人會在晚上出來做壞事。

我們所看到的圖像是，兒童不甘願讓自己的心智充塞著他人的命令，反而積極透過詢問、爭論，催促母親詳細說明某特定做法的理由，來嘗試思考社會規範，並藉此建構自身的規範版本。光是「為什麼」問句的運用（有時候學齡前兒童重複問「為什麼」的頻率令人惱火），顯示出兒童是在尋找周遭世界的理由和秩序，不準備照單全收地接受事件。一如 Dunn（1988）所顯示的，小至 2 歲的兒童不會完全遵守父母親的規矩，反而會積極思考他人的期待，並試圖理解為何自己被期待要這麼做而不是那麼做。

■ *記錄獨白*：兒童自言自語時所透露出的訊息，不少於他們與他人說話時所透露的分量。一如 Katherine Nelson（1989）的精彩報導所顯示的，就某些層面而言，自言自語所透露的訊息事實上反而更多——Nelson 曾記錄 2 歲大的艾蜜莉晚上獨自躺在床上時的獨白。和她與父母親的對話內容相較之下，艾蜜莉在回顧白天的經驗，述說當天發生的事件，以及她相信即將發生的事情時，其獨白在許多方面內容更豐富，語句更長，提供更多訊息，同時在語言學上也更前進。以下這段摘錄是關於即將去看醫生的經歷：

> 醫生可能，脫掉我的睡衣──我不知道。或許，我們可能把我的
> 睡衣脫掉。但是，我脫下尿布，把睡衣脫掉，把它們脫掉，在醫
> 院──我做檢查，所以我們把我的睡衣脫掉……那，我們可能把
> 我的睡衣脫掉。我不知道我們要怎麼把我的──醫生可能脫掉我
> 的睡衣，脫掉我的睡衣因為我可能要檢查，要脫掉睡衣。

艾蜜莉先前上過醫院（雖然從來不曾穿著睡衣上醫院），看起來她
傑出的記憶是必須把衣服脫掉──她試圖把這件事和目前她所穿
的衣物聯想在一起，而未能考慮到日間衣物的更換。一如 Nelson
所指出的，「可能把我的睡衣脫掉」這句話的重複述說暗示著，根
據先前經驗做出推論的能力業已出現；此外，她似乎清楚了解醫生
和脫掉衣服之間的關係。艾蜜莉試圖就日常生活所經歷的事件，做
了許多思考與詮釋，以上摘錄僅是其中一例；如同 Nelson 所說的，
艾蜜莉是藉此「在心中建構一個可以理解的世界，並開始在其中找
到自己的位置」。（艾蜜莉獨白的詳情請參見訊息窗 8.1）。

■ *遊戲技術*：遊戲是了解兒童內在生活的途徑，心理治療師長久以來
就深刻體會到其價值所在。兒童有著豐富的幻想生活，他們通常不
會用言語表達；然而在遊戲中，他們可以把自己充滿的情緒，而且，
無法直接面對的那個部分表達出來。洋娃娃遊戲尤其常被用來導出
兒童對家庭關係的表述；同樣地，透過講故事的技巧，兒童有機會
間接地表達對他人、關係、以及自己待在真實生活脈絡裡的想法。
以虐待對兒童心智生活的衝擊為例（Waldinger, Toth & Gerber,
2001）：我們可以混合運用說故事和洋娃娃遊戲，探索身體虐待、
性虐待及疏忽的經驗如何塑造出兒童對自己和他人的概念，而其關
係的內在表徵又是如何因兒童從父母親身上得到的特定虐待方式
而有所差異。一如某研究作者的結論：「在臨床訪談中，被問到其
與施虐母親間的關係時，回答『還好啊』的同一個孩子，在整個敘
事技巧歷程中，詳述他被母親疏忽、排斥、懲罰的話題。」（Buchsbaum,
Toth, Clyman, Cicchetti & Emde, 1992）

訊息窗 8.1

艾蜜莉的睡前獨白

　　艾蜜莉是一對學者夫妻的長女——這名兒童顯然智商很高，其語言發展比一般兒童快得多。她的睡前例行工作包括與父母對話，一旦父母離開後，她會在進入夢鄉前自言自語。在艾蜜莉 21 到 36 個月大的 15 個月當中，對早期語言發展感到興趣的心理學家 Katherine Nelson 與艾蜜莉的父母洽商，在可以接收到艾蜜莉聲音的合適位置放置錄音機，把艾蜜莉的對話和獨白都記錄下來。其所取得的錄音帶及逐字稿接著由多位學者進行分析，每一位學者所感興趣的領域略有不同，他們的報告最後集結而成 Nelson 的著作《搖籃敘事》（Narratives from the Crib, 1989）。

　　初次聽錄音帶時，最令 Nelson 驚訝的是，艾蜜莉與父母親的對話，和其自言自語之間呈現鮮明的對比。我們一直假設，兒童需要對話夥伴的支持，才能提升語言能力；然而，正式的研究顯示，艾蜜莉的獨白在語言發展上的進展大幅領先對話。尤其令人印象深刻的是，她能夠用多多少少前後連貫的方式，把一長串單一主題的相關評論串聯在一起——她回應成人的問題或評論時的話語往往很短，相形之下，獨白的長度要長得多。因此，艾蜜莉談話最常見的主題之一是進行敘事，用類似故事的形式，把發生在她身上的事情，或者她想像會發生的事情講述出來。這些敘事特別針對艾蜜莉的思考過程以及她賦予個人經歷的意義類型提供了絕佳的洞察。

　　最重要的是，這些紀錄顯示，這名兒童積極地讓她所居住的世界有意義可言。她會思索個人經歷，因為她仔細斟酌這些經歷，試圖按照類似時間順序的方式來排列事件，努力釐清事件的因果關係，並透過訴諸話語的方式在心中做文字遊戲——貼標籤、分類、歸納，最後得以釐清那些可能形成問題或帶來困擾的事件。她的心智好像需要對經驗做某種類型的排序，因此，她的大部分話語反映出她建構前後一致的心理世界之企圖心。

　　如同 Nelson 所指出的，這些話語的重要部分之一是，她發現自己是正在思考、感覺和採取行動的人，會和其他能夠思考、感覺和採取行動的人互動。在 15 個月的紀錄中，個人參照（personal references）的使用次數漸增，這一點可見於「艾咪」、「我」、「給我」等字眼的出現頻率——就好像她越來越意識到自己的存在，並能夠把自己視為與眾不同的個體來思考。就發展角度而言，我們也看到其他改變。其一，艾蜜莉不只越來越能夠思索

業已發生或即將發生的事情，也越來越能夠思索應該發生的事情，這一點說明規範自身及他人行為的準則業已出現。其二，她逐漸能夠將幻想元素加到敘事中：她不拘泥於事實，反而能編織出自己發明的情節，從而致力於營造更多采多姿的心智生活。其三，艾蜜莉越來越常使用「明天」、「等一下」及「馬上」等字眼，這一點顯示，她逐步體認到，經驗是在不同的時刻中發生的——這些字眼變成路標，可以協助她以時間的架構將事件排序，並且思索這些事件，就好像它們是按照特定順序來安排似的。

　　艾蜜莉或許並非典型的 2 歲兒童——就其高度的語言發展來看當然不是；還有，她在許多個人經驗中展現非凡的洞見，讓人聯想到她驚人的敏銳度。另一方面，她的好奇心、致力理解的作為、以及把發生在自己身上的事件賦予意義的需求，這些特質都可以在所有幼兒身上發現；透過這些需求的述說（尤其是在限制很少的情境裡述說），我們得以理解，兒童的思考過程如何協助他們因應日常生活經驗的挑戰。

■　*以實驗場景誘導行為*：前述例證指涉的是思考的*內容*，也就是說，兒童如何對自己表述其經驗。其他技術則聚焦在思考*形式*上，也就是說，兒童如何運用其認知能力。讓我們看看 DeLoache（1987）的實驗。2 歲半和 3 歲大的兒童，看著迷你玩具狗被藏在房間模型中的某個角落。之後，兒童被要求在正常尺寸大小房間中的相同位置，找出大型的填充玩具狗。為了達成任務，兒童必須把房間模型視為真實房間的表徵——DeLoache 發現，大多數 2 歲半兒童無法應付這個挑戰，而 3 歲兒童則順利解決問題。研究者再次針對兒童思考過程提供洞見：兒童年齡較小時，無法將房間模型既當作有個別價值的物體，又當作其他事物的表徵；然而，要不了多久，變化產生了，表徵思考（representational thinking）的能力開始產生。

諸如此類的技術讓我們得以一窺兒童心智，即使是在他們年齡非常幼小，不太能夠用口語表達自己的時期亦然。針對這些技術的運用，我們所能得到的結論當然是出自推論：兒童表現得*好像*他們正在思考。

不過，我們在日常生活中就是這樣過日子的；我們身邊充斥著能夠思考的人類，但是我們對這件事從來不曾置疑，因為，他們的行為舉止和我們自己在思考時的表現如出一轍。就此觀之，兒童顯現出他們在很幼小的年紀就已經能夠思考，只是在發展的過程中，這個能力很快就變得更形精深複雜。

象徵式表徵：語言、遊戲、畫畫

　　用象徵形式來表徵物體、人、事件和經驗的能力，位居思考的核心位置。訊息處理論點把這種表徵技巧視為人類認知的標記，而皮亞傑（如第六章所述）認為，從感覺動作期進展到前運思期的歷程是重要的一步，因為它以*內隱的*心理功能（而非全然*外顯的*心理功能）作為標誌。也就是說，兒童不再需要針對物體採取行動來產生結果：他們可以在心中表徵出這些物體，並以象徵形式予以操弄。

　　象徵式表徵可以定義為用甲物代表乙物的能力。此時，我們採用的並非真實的物件，而是象徵——雖然同一個物件可以用形形色色的不同象徵來代表。想想看，蘋果可以用何種方式來代表：口語上，我們可以用國語、台語、客語、原住民語、或任何其他語言中同等的字彙來表示；圖像上，我們可以用多種方式來描繪它；肢體上，我們可以透過某些動作來傳達蘋果的本質；在遊戲中，我們可以設計出任何一種有幾分神似蘋果的物件來以假當真，例如一個球或一團黏土。在許多層面上，象徵和其所代表物件之間的關係是武斷的，因為象徵和參照對象之間沒有*必然的*關聯存在：舉例言之，聾人所使用的手語和其所表示的事物之間沒有相似之處。不過，社會習俗所大致認可、定義的象徵，往往也就是最為方便的象徵，如此一來，我們才能拿這些象徵與他人溝通（一如語言的例子）。

　　以下我們總結象徵式表徵的主要用途：

■　表徵是私人的思考工具：它們可以按照個人的期望來加以改變及

處理，而真實的物件絲毫不受影響。因此，兒童可以對新誕生的弟弟有最惡毒的幻想，而他在這麼幻想的時候又是百分之百安全的，不必面對父母親的怒火。

- 透過表徵，往事歷歷在目，而未來得以預先思索。個體不再拘泥於此時此刻，可以思索目前並不存在的事件，運用過去的經驗，爲即將到來的事件預做準備。

- 透過抽象類別的建立，表徵可以變成指稱物件的簡便途徑，這在口語稱謂中特別常見。例如，玩具一詞包含著相當廣泛的特定物件，它們是根據一個共通特徵而合併爲一的，讓兒童無需精確說明每一個他所提及的物件。

- 表徵極具彈性：如同我們在蘋果的例子中所見到的，同一個物件可以用許多種不同的方式來象徵。同樣地，在幻想國度裡，任何一個物件都適用於多種用途：兒童在玩裝扮遊戲時，一根木棍前一刻代表一艘船，下一刻又代表一枝槍。現實無需形成限制。

- 用於表徵的象徵可以和他人分享，也可以純屬個人所有。共同分享的象徵是社會所認可的，因此可以用在溝通目的上：像手指頭指向某物的手勢，眾所皆知是用來表示引導我們注意力的企圖；同樣地，摩斯電碼（Morse signal）中的求救訊號 SOS，也是基於他人會據此採取行動的假設而採用的。個人象徵則是屬於私人所有：兒童可能會發明秘密的書寫方式，而在日記上安全地記載他內心深處的想法；或者一對雙胞胎會發展一種語言，讓他們兩人可以相互溝通而其他人卻無從理解。

象徵式表徵的形式非常多元，兒童期最常見的是語言、遊戲及畫畫等三個領域。

1 語言

到目前爲止，口語是指稱物件最常見也最有效率的方式。就某一觀點而言，一個字只不過是特定聲音的組合；然而從其他觀點來看，

它是人類在現實世界裡象徵事物最有用的方式。兒童大約在 1 歲前後開始說話，說出來的是單字；到了 2 歲大時，他們能夠把字組成詞和句，於是語言迅速成為高度複雜的象徵式表徵系統（請參見第九章對語言發展更為詳盡的說明）。然而，這個進展中最令人困惑的一步，恰巧就位在整個過程的開端，此時，兒童有了石破天驚的發現：原來，事物是有名字的。

兒童所說出的第一個「字」，也許不屬於我們語彙中的傳統內容，但仍然夠格稱做字，因為它們是被有意義地用來代表特定的事物。例如，Scollon（1976）曾針對名叫布蘭達的小女孩，詳細研究其 1 到 2 歲期間的語言發展，布蘭達在 14 個月大時，就有完全屬於自己的語彙，聲音運用的方式不但具有意義，而且前後一致，但其他人則必須依據其行為和脈絡來詮釋這些字（參見表 8.2）。聲音和參照物之間，並不總是如成人所期待的具有精準的一致性：例如，「nene」是用來代表牛奶、果汁和瓶子，但有時候也適用於母親及睡覺。這樣的表現手法反映出，兒童在為事物賦予名字的初步過程中，勉強應付其不確定感。然而不過是 5 個月後，布蘭達已經有數十個語彙，每個字都符合傳統且前後一致地應用在特定物件上。

兒童初次使用文字時，是當著其所指稱物件的面前說出來的，也就是說，他們是採用純粹聯想的方式，就好像他們尚未察覺到這個字代表這個物件，即使這個物件不在場的時候，也可以用這個字來指稱它。從聯想轉換到象徵的過程，大約在 1 歲半前後發生，有些研究者認為，這足以解釋許多兒童在這個階段出現的語彙成長大躍進現象（McShane, 1991）。在 18 到 21 個月大以及 21 到 24 個月大的期間，兒童的語彙字數兩度成倍數成長。不論這個現象是否與兒童發現事物具有名字的覺察有關，毫無疑問地，兒童突然對給予事物名稱非常著迷。兒童會指著一些新奇（或者有時候也指著一些他很熟悉）的事物問：「這是什麼？」這句話變成其與成人對話中的常見用語。當名稱並非立即唾手可得時，兒童甚至會發明自用的名稱，例如把技工說成修理人（Clark, 1982）。語言的獲得絕非被動之事！

表 8.2　14 個月大兒童的語彙

語彙	意義
aw u	我要；我不要
nau	不
d di	爸爸；寶寶
d yu	下面；洋娃娃
nene	牛奶；果汁；瓶子；媽媽；睡覺
e	是
maeme	固體食物
ada	另一個；別的

資料來源：摘自 Scollon（1976）

　　大部分早期的字彙，都是用來指稱讓兒童很感興趣的特定物件之名詞：「瓶子」、「球球」、「奶奶（牛奶）」、「小貓咪」，或者指稱熟悉人物的名字，如「爸爸」、「媽媽」和自己的名字。這一點毫不令人訝異；物件比動作或關係語彙更容易辨識，雖然「抱抱」、「拍拍」等某些動詞用語以及「那裡」、「多多」等詞彙的使用，也非常早就被發現。就某種程度而言，對名詞的強調程度可能取決於兒童所學習的語言本質。例如，中國兒童開始學說話時，占優勢的是動詞而非名詞，因為中國話強調的是前者而非後者（Tardiff, 1996）。即使是說英語的兒童，其對名詞的偏好狀況也有所不同：有些兒童（可能是大多數兒童）似乎把全付精力都用在學習事物名稱的單一策略上，詞彙成長大躍進的現象在這些兒童身上至為明顯，而其他兒童所學習的語彙則較多元，學習的速度也比較平緩（Goldfield & Reznick, 1990）。然而，大致說來，早期的參照都是針對具體物件而來：玩具、食物、人、衣服、飲食、遊戲、睡覺和哭泣。這些是兒童生活的各種面向，對他們事關緊要，能夠用口語指稱它們，為思考和溝通開啟了各式各樣的可能性。指稱「快樂」、「自由」等抽象概念的需求，要到個體能夠在認知上思考此種概念時才會出現。

2 遊戲

當語言開始快速成長時，遊戲的本質也有所轉變。關於兒童的認知能力，遊戲所提供的洞見最有用處。學者提出幾種發展架構，勾勒出兒童逐漸長大的過程中，遊戲所歷經的不同層次（表 8.3 即是其中一例）。在這個順序中，裝扮遊戲的出現是特別值得注意的階段：如同皮亞傑所指出的，它意謂著從感覺動作期轉換到表徵運作期，因爲兒童不再受限於物件的真實樣貌，反而能運用想像力，假裝它們其實是大不相同的其他物件——在手中揮動的木棍是一把劍，夾在兩腿中間又變成一匹馬；橡皮管前一刻是醫生的聽診器，下一刻又變成一條蛇；兒童本身可以扮演無止盡的幻想角色：牛仔、王子、賽車手、偶像明星、女王或時裝模特兒。

表 **8.3**　遊戲的層次

層次	遊戲的種類
感覺動作遊戲（sensorimotor play，1 歲半前的主軸）	透過感覺、搖晃、吸吮、丟擲及敲擊等動作，來探索及操弄物件。
建構性遊戲（constructive play，滿 1 歲開始）	逐漸用物件來建構事物，例如用積木蓋成高樓或排成一列，拼拼圖，用黏土雕塑形狀。
裝扮遊戲（pretend play，滿 1 歲開始）	遊戲成爲兒童想像力的工具；它不再受限於現實，反而用物件來代表兒童想要的任何事情。
社會戲劇性遊戲（socio-dramatic play，約 4 歲起）	兒童扮演角色：牛仔與印地安人、醫生與病人、老師與學生。
規則主導式遊戲（rule-governed play，學齡期初期）	兒童現在了解，遊戲可以被規則所主導，而他們必須加以遵守，和他人玩在一起時尤其如此。這個層次會逐漸取代裝扮遊戲。

資料來源：根據 Belsky & Most（1981）；Nicolich（1977）；Rubin, Fein & Vandenberg（1983）。

　　在玩裝扮遊戲時，兒童暫時擱置對現實的信念，而代之以想像。香蕉變成很炫的電話，一時之間它就*是*電話。然而，兒童可以一轉身就回到現實狀態；當幻想告終時，他們會毫不猶豫地吃掉這支「電話」。無可否認地，有時這些幻想過於逼真而冗長，以致於讓父母親憂心孩子是否沉迷到無法自拔的地步。這在虛構夥伴的例子中尤其明顯：當我們持續被告知不要坐那張空椅子上，因為鬼馬小精靈正坐在那兒時，我們很容易惱火起來，猜想孩子是不是過度陷溺在幻想世界裡。然而，即使是兒童全神貫注在最為逼真的幻想裡的時候，他們對於維持真假之間的分野並無多大困難；廣為流傳的觀點認為，幼兒生活在真假虛實沒有差別的世界裡，這個說法在實證調查研究中（Woolley, 1997）並未得到多少支持，當幻想有變得太過逼真的威脅意味時，兒童自有撤退之道。Garvey（1990）曾引敘一個例子，兩個男孩一開始是在玩非常真實的遊戲，有一部故障的消防車，他們演出必需的修理工作，好讓消防車再次上路，然後他們偏離到幻想主題上，變成他們要和一頭無所不吃而躲在消防車內吞食引擎的小羊搏鬥。當他們又發展新情節，變成他們被想要吞食修車工具的鬼怪威脅時，整個情況讓其中一個男孩覺得有點承受不了，於是他暫停遊戲，提醒他的夥伴說：「對了！我們只是在假裝而已。」過了一會兒，另一個男孩也很快地撤退，表示：「世上沒有鬼怪這種東西。」然後打電話給魔鬼剋星求救，繼續玩遊戲。

　　裝扮遊戲跟所有的幻想活動一樣，顯然都具有多種用途：情緒、認知、社會等不一而足（P. Harris, 2000）。就情緒層面而言，遊戲讓孤單的兒童有機會在世界裡擁有眾多朋友，藉此彌補真實世界力有未逮的部分，同樣地，被父母親排斥的兒童可能建構出精巧無比的幻想國度，她在這裡終於被「親生」父母親尋獲（通常是王室，或者至少是富裕名流，但永遠是仁慈而充滿愛心的人士），而被帶到大不相同的環境裡。幻想因而可充作真實世界的替代物，兒童在幻想中扮演被禁止的行動時，情形也是如出一轍。例如，皮亞傑（1951）曾引述一名5歲兒童的談話，她對父親相當生氣，就要求她的虛構朋友左巴把父

親的頭砍掉：「但是她有黏性很強的膠水，把頭部不很完整地黏回去。不過，頭部現在不頂牢固。」看起來，即使在這裡，現實也會化身為罪疚而強行闖入——雖然並不完整！此外，裝扮遊戲讓兒童有機會為即將住院之類不愉快而令人害怕的事件預做準備；如果兒童扮演起醫生，把病人的角色指派給玩具熊，那麼，他至少對事件有所掌控，因而有機會與真實世界達成折衷。

在裝扮遊戲的認知結果中，我們必須特別提到想像力的發展。我們在此引用 Garvey（1990）的一段話：「想像力十足的裝扮者在文字與物件之間、物件與物件之間、人與行動之間，體會到操控、整合及延伸關聯性的經驗。因此，我們可以合理地推測，裝扮是促進抽象思考發展的經驗之一。」據發現，玩很多裝扮遊戲的兒童專注力較高，激盪出數量較多、類型較多元的想法，找尋問題解決方案時更具彈性，而且在比較成熟的裝扮遊戲階段裡，能夠透過裝扮活動的組織而展現絕佳的規劃技巧。

當我們比較不同年齡層兒童的裝扮遊戲時，社會層面就變得特別明顯。當兒童剛剛有能力進行更複雜、時間更長的活動時，其社會能力也向前跨了一步；之前他們主要是獨自一人在玩遊戲，如今這些遊戲往往是和同儕一起進行的。然而，把二到多種幻想整合為一，則是高度複雜的事情。Furth 和 Kane（1992）曾研究 3 位 4 歲半到 6 歲的女孩所進行的裝扮遊戲，其詳盡的說明把這一點表現得非常鮮明。孩子們決定演出「皇家舞會」——這齣戲要連演 2 天，其中有皇后、公主以及其他皇室該有的各種龍套角色。她們花費相當多的工夫，為這齣戲進行規劃及準備，其中大部分是關於角色的分配（誰是皇后，而誰只是公主），以及斗篷、電話（！）等個人所擁有的道具——每一件事都需要多次的討價還價和協商談判，提供她們機會，去學習如何用每個人都能接受的方式化解衝突。「可不可以……？」「好嗎？」「對嗎？」等句子的頻繁使用，顯現出這些孩子非常努力地尋求協議，雖然有時候她們的討價還價聽起來有點奇怪：

兒童甲：（指著放在兒童乙椅子上的背心說）安妮，既然我是第一
　　　　個發現這件的，我可以穿它嗎？

兒童乙：假如妳要穿它，妳可以在舞會中穿。

兒童甲：只在舞會中穿。

兒童乙：妳可以在皇家舞會中穿，第二次舞會。因為第一次我先
　　　　穿，第二次換妳穿，第三次再換我穿。我們兩個輪流穿。
　　　　但是這一次由我先穿。

因此，兒童的大部分精力，首先是用來制定適用於皇家舞會的正式規則，例如頭銜與先後順序的正當運用，唯有當這些事都被商定並一致同意，遊戲才能進行下去——結果，戲真的演成了，劇情有頭有尾。因此，在類似這個遊戲的聯合活動中，虛構不僅僅是個人幻想滿天飛的場合，也是一個學習如何把幾組個別的想法與願望融合爲一的機會，好讓每一個人都對最終成品感到滿意。

在裝扮遊戲中，兒童有機會練習不同類型的技能：他們可以擴展想像力，因而學到象徵式表徵的運用方式；他們可以面對情緒問題，並找到折衷方案；他們也可以找出與他人作伴的方法，以便達成共同目標——而且這些技能都是在愉悅的脈絡下學習的。在學齡期初期的歷程中，有規則可循的遊戲（踢足球、打彈珠、跳房子等）開始占盡優勢，而裝扮遊戲則從兒童的外顯行爲戲碼（behaviour repertoire）中逐漸消失。不過，內在幻想卻持續不輟，變成終身之所繫——曾經扮演過公主的小女孩，可能變成耽溺於較爲平庸的白日夢女子，成天想著在她擔任低階雇員的公司裡出任總裁。

3 畫畫

圖畫跟文字或玩具一樣，都是代表實物的象徵。它在兩個層面上是特色獨具的。其一，它是用圖形來呈現，在兩度空間畫面上描繪三度空間的實際存有。其二，作爲一種表徵，圖畫不像文字或玩具那樣武斷，但一般而言又被期待和實物有幾分神似。

從很小的時候開始，約在快滿 2 歲時，兒童察覺到圖畫是具有意義的。他們看到相片中自己的影像時，會高興地表示說「這是我」，或者指著圖畫書中的蘋果，然後一邊從水果籃中挑出真的蘋果，一邊說「蘋果」。然而，就跟語言的情形一樣，理解的到來先於實際作畫：兒童需要到比較久的時間後，才能夠刻意畫出圖形來代表實物。兒童起先拿鉛筆和紙所畫出來的圖畫狀似塗鴉，雖然研究者多次嘗試辨識塗鴉的形式與意涵，但其證據並不足以令人信服：比較可能的狀況是，兒童塗鴉純粹是爲了那份樂趣而已——這是爲了塗鴉而塗鴉，雖然這項活動也讓兒童有機會認識媒材，並發展繪畫所需的精細的知覺－運動控制（perceptual-motor control）。

把繪畫應用在表徵目的之能力，會循序漸進慢慢出現。爲充分理解這種進展，我們可以求助於 Luquet（1927）所提出的發展架構，他是兒童繪畫的早期研究者，所有後續跟進的調查研究者都發現其架構裨益良多。這個架構植基於下列四個階段：

1 *偶然的寫實主義*（*fortuitous realism*）。兒童大約從 2 歲開始，可能會突然意識到，塗鴉的內容與某些實物有幾分神似—— 一顆球、一隻鳥、一張桌子：任何他覺得有點像那個物件的東西，雖然他人可能看不出其相似之處。一開始時，兒童並無意畫出某些真實的物件，然而這樣的事後詮釋（post hoc interpretation）卻是初步徵兆，顯示兒童視圖畫爲表徵式象徵的能力開始出現。當它開始出現時，成人的評論能給予協助：「那是一棟房子嗎？」「你是在畫祖母嗎？」

2 *失敗的寫實主義*（*failed realism*）。不久後，兒童在畫畫時開始刻意畫出某些特定的圖形。然而，到目前爲止，兒童無法在任何長度的時間內維持其意圖，尤其當其繪畫技巧讓自己感到失望，而其作品跟實物之間連半分神似也談不上時，情形更是如此。於是，他們可能轉變其意圖，把這幅「祖母」稱做「樹叢」，或者回復到不具表徵意圖的塗鴉型式。

3　*智能的寫實主義*（*intellectual realism*）。大約從 4 歲開始，兒童用圖畫呈現物件的意圖或技能變得比較紮實。現在，兒童希望其畫作是可以辨識的；然而，其畫作與其說像是實物的複本，不如說是象徵而已——雖然已經是足可接受的象徵。他們被要求畫出其所居住的房子時，不會畫出真正的平房或半獨立式房子，而會畫出樣板式的房子——這幅畫包含房子的基本定義式特徵，因而比較像是在呈現出他們對於房子的粗略知識，而不是他們在特定房子中所看到的樣貌。

4　*視覺的寫實主義*（*visual realism*）。最後，到了約 7、8 歲的時候，兒童試圖把真實面目還給實物，畫物件時會刻意畫成實物的複本。房子會添加獨一無二的特徵；人物不再畫成樣板形式；越來越多細節被帶入畫作中；兒童會嘗試處理線性透視法，或者尺寸－距離關係等困難的技術性問題。

　　在兒童所畫出的物件當中，人物是最常見的。兒童在處理這個任務時，同樣可以看出循序漸進的發展。Maureen Cox（1992, 1997）曾分析各個年齡層兒童所畫出的成千上百幅畫作，她把這個發展說明得非常詳細。開始時，兒童一旦過了塗鴉階段，幾乎毫無例外地都開始畫「蝌蚪人」——其組成不過是一個圓形架在兩條直線上（參見圖 8.3）。遲早，一些初步的五官特徵會加到圓形裡，最後，手臂也加上來了，雖然通常是連接在頭部上面。這些人形沒有軀幹，頭部或者兩腿之間的空間代替著軀幹，當兒童被要求指出肚臍的位置時，就可以看出這一點。3 歲以上兒童當然知道腹部及胸部的位置，但是，對他們來說，組合這種多重部位的人物，仍然是超出其能力之外的作業，頭部、腿部在他們對事物次序的認知裡，是排在前頭的。

　　就成人的標準觀之，蝌蚪狀人物可能是對人類極其原始的描繪，但是即使是在這個階段裡，兒童已經開始運用象徵式的表達手法。例如，一條直線*代表*胳膊或大腿、兩個小圓圈*代表*眼睛、一條橫線*代表*嘴巴等。到目前為止，兒童並不試圖繪出照片式的表徵；反而，最早

期的圖畫是最具象徵意涵的。不過，一如我們在圖 8.3 所看到的，畫
作會隨著時間的推移而變得比較寫實。因此，在早期的蝌蚪畫之後，
兒童大致上會邁入 Cox 所謂的*過渡*（*transitional*）階段，此時，兩腿
之間的空間系統化地充做軀幹，而雙臂也隨之從頭部下移到腿部。我
們可以推斷，兒童不再把單一線條想成是四肢等事物的代表，而是把
它當成空間的界線，可以由他們來填滿。大約從 5 歲起，兒童在畫畫
時會採用*正準*（*canonical*）觀點——也就是說，兒童試圖以最容易辨
識的方式來畫人與物——其在寫實上的進展就顯著得多。例如，當兒
童被要求畫出一個杯子時，他會畫出有把手的杯子，即使杯子本身並
沒有把手，因爲，把手是普通杯子的定義性特徵。同理，兒童畫人的
時候總是會畫正面，因爲這個角度針對人提供最豐富的訊息。因此，
人形畫總是包括兩條手臂、兩條腿及一雙眼睛；當人轉向側面的時候，
就會把部分前述肢體五官遮住，而未能提供所有界定此人所需的訊
息。最後，兒童體察到這個觀點的局限性；從大約 7、8 歲起，*視覺的
寫實主義*占了上風，兒童會試圖按照人類的實際樣貌來畫他們，納入
手指、眉毛等細緻的細節，而身體各個部位會依據適當比例繪出，並
置放在正確的相關位置上。

　　所有的表徵裡，都有兒童終究會學到的文化傳統風格——就繪畫
而言，當我們比較古埃及、中國與英國等社會的畫作時，這種傳統風
格就變得非常明顯。身爲成人的我們往往未能察覺到，這種傳統風格
無遠弗屆的情形有多深，而兒童們有機會學習傳統風格又有多重要，
因爲對我們而言，傳統看起來不過是「理所當然」的，遵循傳統一點
兒也不費力。把人形在紙上豎放代表站立，橫放代表躺臥，就是傳統
的例證之一；兒童起初並未特別留意到這一點，如果他們被剝奪了必
要的視覺經驗（一如盲童的案例），他們也許就無法學會這個習性（參
見訊息窗 8.2）。

(1) 蝌蚪階段（約2歲半到4歲之間）

(2) 過渡階段（約4到5歲之間）

(3) 正準階段（canonical stage，約5到7歲之間）

(4) 寫實階段（約從8歲開始）

圖 8.3 兒童人物畫作的發展改變

訊息窗 **8.2**

盲童畫人形

　　下面四幅人像畫的非凡之處在於，它們是由從未看過人類長相的先天性盲童所畫出來的。這些兒童是 30 位 6 到 10 歲兒童所組成團體的成員，這個團體接受 Susanna Millar（1975）的調查研究，與一組明眼兒童兩相比較。兩組兒童都被要求畫出人形，這樣的要求對任何一位盲童而言，都是破天荒的經驗。

　　明眼兒童的畫作遠比盲童高明得多，這一點不足為奇。盲童在身體各部位的結合，以及畫作所呈現的細節數量上，特別有所不足。令人意外的是，盲童畫出的作品與人類的視覺外觀頗為神似。因此，頭部畫成圓圈，眼睛畫成小圓點或小圓圈，而四肢則畫成直線。無可否認的是，這個情形主要見於 10 歲大兒童的畫作中（參見圖 8.4）；在小一點的年齡層（約 6 歲與 8 歲大），兒童的表現則大為遜色，無法畫出任何可資辨識的人類形體來。因此，明眼兒童及盲童在處理這項任務的能力上，存在著極大的發展落差。但即使是年齡最小的兒童也會做出合乎情理的嘗試：一位 6 歲大盲童在將開始畫圖時說：「我不知道頭部該怎麼畫，但是我想我會畫一個圓圈。」盲童是如何學會在平面空間內呈現立體身體構造的規則的？比方說，觸摸在這個層面上扮演了何種角色？這個問題仍然讓人頗費思量。

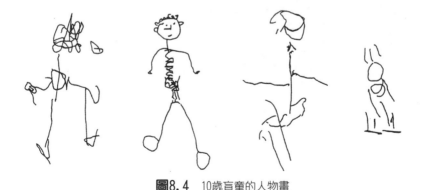

圖8.4　10歲盲童的人物畫

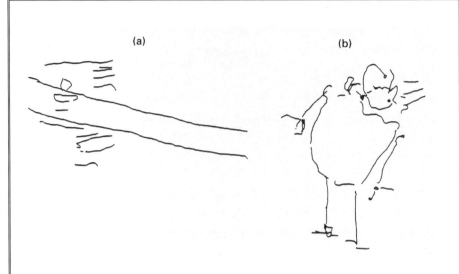

圖8.5　8歲盲童（a）和9歲盲童（b）的人物畫

　　在另一個層面上，盲童也是先天不足的：他們對於讓人物直立地站在地板上的需求，沒有多少概念。幾乎所有明眼的兒童，甚至是年齡最小的受試者，都會遵循這個傳統來畫畫；反之，許多盲童將人物倒置、平放、或者是以接近水平的方式來擺放（參見圖 8.5）。看起來，這些兒童未曾覺察到任何的位置擺放規則；因此，當他們被要求指出畫中地板的位置時，這些盲童不是在人像四周畫上圓形塗鴉，就是用手指頭指著整張紙說「整個都是」地板。然而，一旦被提示這個規則後，盲童很快就學會傳統表現手法，在畫面底部用一條直線代表地板。因此，一位從未畫過人像的男孩先畫出平放的人物，然後畫出倒置的人物，在被告知地板通常被畫成是與畫面底部平行的一條線之後，他立刻就畫出正確置放的人物。這種「轉換規則」的獲得因而被視為必要條件，盲童藉其幫助才學會在平面上用記號象徵式地呈現事物。

心智的組織

　　每當我們接觸到新經驗時，我們立即把它與其他經驗相互聯結，

試著藉此理解新經驗的意涵。我們很少會就這個新經驗本身來進行理解；我們若是這麼做的話，就會被所有個人所遭遇到的事件之多樣性弄得七葷八素。實則，我們會試著把每一個經驗理解爲與其他若干經驗相同、相似或有所不同，藉著與已知經驗相互映照的方式，來賦予未知經驗一些意義。也就是說，心智會把我們的經驗組織置放到一些比較全面性的架構中，自動進行詮釋，藉此簡化、整理心中的世界表徵。這個傾向在年齡非常小的兒童身上必然非常有限；不過，研究者發現其發軔時間之早著實令人訝異。我們將透過兩種類似的組織活動，來檢視經驗的詮釋——亦即概念的形成以及腳本編寫。

概念的形成

讓我們的世界看起來不那麼錯綜複雜的方式之一，是把具有相同特質的事物歸成一類。歸類作法的最終產物就是**概念**（concepts）[44]——概念就是協助我們將林林總總的事物視爲一體的心智類別，我們可以爲了特定目的，而將這些事物歸併爲同一類。因此，「動物」的概念讓我們得以將蒼蠅、狗及大象歸類在一起——這些生物除了某些可以形成共同核心的特定特徵之外，其實是完全不同的物種。類似這樣的概念把世界劃分成容易管理的類別；它們協助我們把個人經驗組織成有意義的模式，以簡潔的方式進行儲存，對新經驗做出推論，而無需每次都要重新了解經驗的每一個面向。

概念與語言息息相關，因爲我們往往用一些口頭稱謂來辨識它們。然而，歸類能力在非常小的年齡就可以發現，甚至早在語言獲得之前就已存在。給 1 歲半大兒童一堆物件玩耍，其中一些是用來進餐的，另一些則是用來洗滌的，他們會自發性地根據用途把這些物件分類好，雖然同一組物件實際上看起來其實都不大相同（Fivush, 1987）。如果採用*偏好新奇事物技術*（preference-for-novelty technique）的話，甚至年齡更小的兒童都能展現歸類的能力。這個技術是指重複讓兒童

---

[44] 概念（concepts）是指，針對共同享有某些特徵的物件進行分類的心智類別。

面對某種特定的刺激，當兒童對它感到熟悉後，這個刺激所能挑起的注意力就越來越少。接著，當這個刺激同時和另一項有所不同的陌生刺激配對在一起時，兒童寧可選擇留意後者。就這樣，我們可以確定兒童認為哪些物件是相同的、哪些是不同的，即使是年齡還非常小、還不會說話的幼兒也不例外。Paul Quinn 及其同事在一連串的嬰兒實驗中，運用這種技術（例如 Quinn & Eimas, 1996；Quinn, Slater, Brown & Hayes, 2001），發現年齡小到只有 3 個月大的嬰兒，會把知覺上差異極大的形形色色刺激都認為是「相同的」。例如：毛色、站立方向及姿勢有顯著差異的馬匹圖片，全都被視為是相同的，同樣地，不同的貓咪圖片也被認為是相同的──好像這些嬰兒已經形成「馬」和「貓」的類別。

　　隨著年齡增長，兒童越來越精通歸類的作法。這個現象主要可見於兩種發展趨勢之上，其一是形成類別的基礎從以知覺特徵為主轉變成以概念特徵為主，其二是兒童按階層高下安排類別的能力日益提升。

■ *從知覺特徵到概念特徵*：最早的類別是以視覺上較為明顯的特徵作為分類依據。當兒童被要求根據「任何很速配的特色」來分類物件時，會以「都是鮮紅色」的理由，把帽子跟球擺在一起，而不會以「都是衣物」的理由，把帽子和圍巾擺在一起。「都是衣物」涉及抽象的概念，因而成為更為複雜的心智運作，必須到年齡較長時才能勝任；時間、空間、自由、生死等更為抽象的概念，則要到更後期的階段才會出現（參見訊息窗 8.3 有關兒童生死概念的研究）。然而，幼兒對純粹知覺特徵的依賴很容易被誇大。根據皮亞傑的看法，兒童大約在入學階段脫離前運思期時，才有可能產生任何類型的抽象概念，但是就如同大多數皮亞傑的理論一般，近年的證據顯示，年齡小得多的兒童，已經有能力根據不明顯的特徵進行分類。Gopnik 和 Sobel（2000）讓兒童面對布立克偵測器（blicket detector），而顯現出這一點──每當特定物件（稱做「布立克」）放在機器上時，機器就會閃光並放音樂；其他物件

（有些物件的外形是相同的，其他物件則有所不同）放上去時，則不會產生這種效果。學齡前兒童（有些兒童甚至只有 3 歲大）很快就學會將物件正確地分類成「布立克」和「非布立克」；換言之，兒童顯現出，他們可以根據其因果作用力（causal power）——亦即功能性特徵——來辨識、分類物件，而完全無需仰賴其知覺特徵。

■ *建立階層排列（hierarchical arrangements）*：一如圖 8.6 所說明的，我們的概念世界傾向於依照階層排列。階層越高，類別的包含性（inclusive）就越高，其本質的抽象性也可能越高。根據 Eleanor Rosch 及其同事（1976）的研究，*基本*、*下層*及*上層*等三個層級的區分會有所助益。兒童覺得在基本層級進行分類最得心應手，因爲在這個層級中，他們可以根據共有特徵的數量找到最多的相似性。因此，「狗」是一個基本層級類別；這種概念的形成比較自然，會比「動物」之類的上層概念（superordinate concept）或者「柯利牧羊犬」之類的下層概念（subordinate concept）早出現，因爲後二者的心智分類並不那麼容易形成。並非每個人都同意，概念形成的發展過程是這麼按部就班、秩序井然的；可以確定的是，兒童逐漸學到，他們可以用次序安排上具有意義的階層來排列其心智表徵，而且這些階層能協助他們以意義深具的方式思索這個世界。

圖8.6 按照上層、基本和下層排列的概念階層

訊息窗 8.3

兒童對生與死的思考

在我們所有形成的概念中，生與死無疑是最基本的。它們也是最複雜的概念，至少從兒童的眼光來看的確如此，無怪乎許多心理學家嘗試了解兒童是如何思考這些概念的。皮亞傑（1929）是其中一位；因此，他早期研究工作的主旨之一，是著手判定兒童能否辨別生物和無生物的差別，做法是調查兒童把生命和意識賦予何種現象。一如我們在第六章所看到的（參見「萬物有靈論」一節），皮亞傑認為，兒童起先相當不自覺地幾乎把所有事物都當作是有生命的——亦即其所謂的*萬物有靈論*。兒童自己有意識，因而不自覺地認為每一種物件也都有意識：一顆滾下山坡的石頭、一輛腳踏車、一陣風——在兒童的印象中，它們都知道自己正在做什麼。隨著年齡漸增，被賦予生命的事物範圍逐漸縮小，但直到兒童期中期時，兒童才體會到，只有人類與動物才具有生命。

後來的研究對這種說法有所質疑。據信皮亞傑是問錯了問題。他所持的假設是：生命是單一概念（unitary concept），兒童能夠清楚分辨生物和無生物。然而，較近期的研究顯示，生與死並非單一概念，反而兩者都是由不同元素所組成的，這些元素不必然同時發展出來。以生命的概念為例，根據一些研究發現（例如 Inagaki & Hatano, 1996；Rosengren, Gelman, Kalish, & McCormick, 1991），在生命概念所本來俱有的眾多次概念（subconcepts）中做個區分是相當重要的，例如成長、生殖、自發性動作、遺傳以及發展改變等次概念，需要分開來個別做調查研究。一旦我們調查研究各種次概念之後，其所浮現的圖像與皮亞傑的描述差異頗大。例如，似乎連 3 歲大的兒童都知道，動物會隨著光陰流轉而長大，而物件則不然；所以，接受調查的兒童中，即使年齡最小者顯然都具有原始的概念，知道成長意謂著體型的自發性變化——這是人類與動物獨具的特徵，在物件身上是看不到的。自發性動作的情形如出一轍：從兒童年齡很小的階段開始，自發性動作就是區分生物與無生物的標準。在學前階段，兒童也開始了解，動物和植物有某些共同點，因此可以一起歸類為生物：比方說，兒童在 4 歲的時候發現，動植物共同具備某種功能，例如對營養的需求即是，而人工製品則無此需求，因此這兩者隸屬於不同的現象類別。甚至遺傳的概念（至少就有所局限的意義來說）也能夠被非常幼小的兒童所理解：他們知道母狗

會生小狗，而不是生小貓；另外，動植物的顏色得自親代，而物件的顏色只能透過人類的介入而產生。因此，在追蹤兒童「生命」概念的發展時，我們需要關注這些特定的組成元素，而非將之混爲一談，視做一項總體特徵。

死亡概念的研究也得出類似的結論（例如 Lazar & Torney-Purta, 1991）。研究者區分出四種次概念：不可逆性（irreversibility，死者不能復活）、中斷性（cessation，所有的生理及心理功能都會終止）、因果關係（某種客觀因素導致死亡）、無可避免性（inevitability，人人皆有一死，兒童也可能死亡）。個別研究這些次概念時，會發現其發軔點與發展過程不盡相同。不可逆性和必然性最先出現：顯然到 6 歲時，兒童對這兩個觀點的理解就非常紮實。至於中斷性和因果關係等兩項次概念，則要到較後期才能理解；它們的理解，是以兒童至少掌握兩項較早出現的次概念中的一項作爲先決條件。就算如此，當兒童被要求做較爲詳盡的說明時，他們往往繼續提出怪異的答案：當問到死亡的原因時，Lazar 和 Torney-Purta 所研究的許多 6、7 歲的兒童提到癌症、心臟病發作和愛滋病，有些兒童也把「吃下肥皂」和「吃下雪塊」等理由當做死亡的成因。令人好奇的是，相形之下很少有兒童把老化當作理由之一。

我們可以總結，兒童的思考已經可以區辨生物及非生物，甚至處於學前期年齡層的兒童亦然。然而，其理解仍然不完整：剛開始時，某些層面的理解是顯而易見的，其他層面則要到較後期才會出現。無疑地，個人經驗影響了發展過程：弟弟妹妹的出生、祖父母的死亡，會讓兒童面對生命的真相，並提供眾多機會，讓他們得到客觀的訊息。皮亞傑相信，獲得全面性理解需要漫長的時間，這一點是正確的：兒童要到 8、9 歲大時，才能夠真正理解生與死的正確意涵。然而，皮亞傑聚焦在未加區辨的生命概念上，錯過一些較早期的理解跡象，因而低估了（甚至年齡很小的）兒童在概念形成任務上的進展程度。

腳本編寫

我們並非只是從靜態物件的觀點來思索這個世界，我們也把世界視作一連串持續不輟的事件。如早上步行上班上學、在超市購物、家庭聚餐、造訪親友——這些事件以及其他例行性事務，都是我們日常

生活中尋常的連續鏡頭，賦予生活可預期的（因而也是可靠的）架構。我們對這些事件的心智象徵，就稱做**腳本**（scripts）[45]。

　　腳本告訴我們「事情應該怎麼發生」。它們是往往重複發生的刻板經驗之模型，因此，每當適合的情境浮現時，它們就可以充作有用的行為指引。腳本的三項特徵值得我們留意（Nelson, 1978）：

- 腳本包含以特定順序發生的某些必要活動。
- 它也留給選擇性事件一些空間。
- 此外，它會指定一些需要由不同演員扮演的角色。

例如，家中的晚餐包含烹飪、擺放碗筷、用餐及洗碗等基本活動，這些活動共同界定了這個事件；然而，在某種程度上，晚餐的菜色以及用餐者的身分，是每一餐都會有所不同的；話說回來，誰來烹飪、誰來擺放碗筷、誰來洗碗，這都需要做出決定。因此，整體觀之，這個事件具有前後連貫、永續重複上演的時間架構，雖然其中某些特徵不無變化的可能。

　　兒童至少從 3 歲起，就已經能夠針對相當廣泛的例行性活動編寫腳本。他們不但知道在相關事件中該如何拿捏行為舉止的分寸，顯示他們了解「接下來會發生什麼事」，也能夠針對這些例行性事務，做出或多或少還算準確的口頭說明，他們似乎把這個例行性事件當作條理分明的行動序列，而儲存在腦海中。大部分兒童腳本的原創性研究，是由 Katherine Nelson 及其同事完成的（1986；Nelson & Gruendel, 1981），她們要求學齡前兒童講述各種熟悉的事件，例如購物、到麥當勞用餐等。以下是一名兒童對麥當勞用餐經歷的描述：

> 我走進那裡，然後我，我，我問我爸爸，然後爸爸問點餐阿姨，阿姨就幫我們拿東西。一杯小杯的可樂、一個起司堡……。他們要在這裡用餐，所以他們不需要餐盤。然後，我們去找到位子。

---

[45]　腳本（scripts）是針對特定的日常事件（以及和這些事件相稱的行為及情緒）所衍生的心智表徵。

　　我把食物全部吃光光。然後丟……包裝紙，丟那個，那個起司漢

　　堡到垃圾桶。拜拜！拜拜！跳進車中……車車嗚～～嗚～～

這段說明值得留意的地方是，連 3 歲大兒童都能夠用適當的時間順序講述故事。幼兒顯然敏於察覺哪些事件會接在其他事件後面發生，並據此儲存他們對這些事件的表徵。擾亂「正確的」次序，會讓兒童感到非常不悅：2 歲大兒童反常地在飯前洗澡，而不是在飯後洗澡，會讓她非常不悅，因為她以為那天晚上自己沒飯吃了（Hudson, 1990）。時間順序是這麼的重要，以至於大人念故事書時，若是把一些情節順序顛倒過來，兒童之後重述故事時，會直接省略次序顛倒的部分。兒童經歷過的事件具有時間的特性，他們會以合適的順序來安排其講述內容，即使他們只有這一次經驗亦然。

　　兒童年齡漸增時，腳本的本質會在幾個方面有所轉變。最明顯的變化就是，腳本隨著年齡增長而變得較長、較詳細。年齡較大的兒童能夠留意到較多的情節，並予以描述，因而產生較為詳盡的敘事。此外，年齡較大的兒童也較能容忍例行性順序的種種變動；3 歲大兒童顯示出他們已經能記住事件的基本架構，到了 5 歲時，他們能夠穿插各式各樣的額外選擇（「你可以點漢堡或者起司堡」）。另外一項更進一步發展的改變是，年齡較小兒童的事件講述重點，幾乎全部放在行動上，到 5 歲大時，兒童也會談論各個角色的目標及感受。

　　腳本在認知及社會層面上都有其重要性。就前者而言，Nelson 認為腳本是認知的基礎材料：所有關於這個世界的訊息，都是環繞著這些心智架構而組織的，這些腳本在適當的時機，可充作更複雜、更抽象的認知技能之基石，例如對故事的理解或者文學專門知識的發展。至於在社會意涵部分，腳本提供了工具，讓兒童與他人分享個人對世界之所知；腳本大體上指涉的是傳統的例行性事務，它們讓兒童有機會與他人交換經驗，從這些敘述中學習，透過各自不同的觀點來討論哪些情節應該或不該在這些事件中發生。

記憶

訊息處理的重要環節之一，是取出那些從過去經驗所獲得的知識，這些知識是以昔日表徵的形式儲存在我們的記憶裡。記憶是什麼？它在兒童期是如何發展的？

記憶的本質

一般人習於將記憶視爲儲存器，當經驗發生時，我們或多或少會自動將這些經驗交付給這個儲存器。我們不時會決定從儲存器中取出記憶，只不過，這個記憶若已經儲放很久，它的品質可能下降，甚至消失無蹤。學者認爲，兒童的記憶採取同樣的運作方式，唯一的差別在於，其儲存器的容量比成人小。

由於數量龐大的研究結果（其評論請參見 Tulving & Craik, 2000）之故，現在我們知道，上述觀點在許多層面上會讓人產生誤解。其一，記憶系統是極端複雜的結構，其所包含的「儲存器」不只一個，而是許多個，每一個儲存器各有其特定功能。其二，儲存經驗並不是自動化的過程，而是非常活躍且具有建設性的過程，會受到個人目標、先前知識以及社會目的等其他歷程的影響。就兒童記憶而言，其容量可能較有限（雖然，就連這一點也未必在每一個層面上都爲真），但是，其運作的品質未見遜色，且其運作方式也和成人不盡相同。

就記憶系統的結構而言，圖 8.1 的流程圖爲我們做了說明（雖然這個說明太過簡化）。這幅圖呈現出三種主要結構：

- *感官登錄器*（sensory register），其功能在於，當感覺器官剛剛接收到外在刺激時，非常短暫地保留這些刺激。
- *短期記憶儲存*（short-term memory store）從感官登錄器獲得訊息，唯其容量很有限（大約 7 個項目左右）。其任何時間長度的訊息保留能力也很有限，例如，一組電話號碼在幾秒鐘後就會忘卻，最

多也只能保留幾分鐘，除非我們採用複誦等某些策略來保持記憶的鮮明度。然而，短期記憶並非單一結構，而是由三個元件所組成的：*視覺空間儲存*（visuo-spatial store）處理的是透過視覺系統所接收到的訊息；*語音儲存*（phonological store）只限於聲音訊息；*中央執行器*（central executive）能執行各式高階功能，例如訊息通過短期系統時的調節作用，以及複誦等策略的運用。

■ *長期記憶*（long-term memory）接收那些起先由短期儲存所鮮明保存的訊息，而後將之經年累月地儲存起來。同樣地，這個結構包含許多不同的元件：特別值得一提的是，區分*情節記憶*（episodic memory）和*語意記憶*（semantic memory）的助益頗大。情節記憶指涉的是我們的個人經驗——昨晚的聚會、兩年前的土耳其一遊、上個月功敗垂成的駕照考試，或是從前發生的任何其他重大事件，這些事件以腳本的形式保留著，並依照時間先後順序儲存起來。反之，語意記憶指涉的是我們對萬事萬物的知識，這些知識以概念等不同類別來做排列，但不涉及這些知識獲得的時間點——我們知道瑞典的首都是斯德哥爾摩，但想不起來這個知識是什麼時候學到的。

我們有充分的理由相信，以上種種結構都是各自獨立的，包括它們在腦部的位置以及其發展過程皆然。舉例來說，大腦某些區域的神經性損傷可能導致語音儲存系統受損，但未損及視覺空間儲存系統（Gathercole, 1998），同樣地，短期記憶在老年期的退化速度比長期記憶要快得多，這一點顯現出兩者之間的分別。

記憶的發展

基於記憶系統的複雜性，兒童所面對的發展任務顯然並不只是漸漸「嫻熟事物的記憶技巧」而已。把記憶發展的四個層面做個區隔的話，會對我們非常有用；它們分別是容量、知識、策略與後設記憶四個層面的變化。

1 容量

會隨著年齡增長而有所改變的兒童記憶環節中，容量似乎是最為明顯的選項。幼兒表現能力較差的現象，可以單純地歸因於訊息處理裝置的可用空間較小，而這一點很可能是其神經發展尚未趨於成熟之故。然而，證據卻並不明確，顯示感官登錄器和長期儲存的容量都不會隨著年齡增長而有所改變。只有短期儲存會在數字廣度和文字廣度上顯現這種改變，其內容如圖 8.2 所示。然而，這個改變的成因未必是容量上的增加，反而可能是容量使用方式的不同所致。例如，年齡較大的兒童對於數字及文字認識較充分，這種熟悉度理所當然足以導致物件辨識的速度加快以及其記憶的效率提高。此外，年齡較大的兒童較擅於採用不同的策略來記憶材料；他們也比較能把記憶當作心智活動，因而想出有效運用記憶的方式。因此，記憶容量和知識、策略、後設記憶之間有錯綜複雜的關聯性，任何能力上的發展進步，大有可能是在反映這幾種影響力的作用，而不是在反映腦容量的增加。

2 知識

我們的知識會影響記憶的內容。我們對特定議題越熟悉，要記住我們針對這個議題所獲得的額外訊息也就越容易。一般說來，年齡較大兒童知道的比年齡較小者來得多，因而也被預期能夠記住更多訊息。

但是，若年齡較小者恰巧對某項議題知道的比年齡較長者多，情形又是如何？Chi（1978）在其經典研究實驗中，要求 8 到 10 歲精通西洋棋的兒童，重建只給他們看過 10 秒鐘的棋局，然後比較這些兒童和對西洋棋很陌生的成人執行任務的能力。研究發現，兒童記住各枚棋子位置的能力遠勝過成人；但是當進行到標準的數字廣度測驗時，兒童的表現就遜色得多（參見圖 8.7）。專業知識壓倒了年齡效應，因此，兒童較佳的記憶力僅限於西洋棋部分。

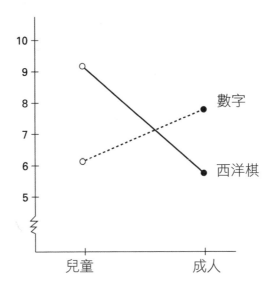

圖8.7 兒童西洋棋專家與成人西洋棋生手，
對棋子位置以及數字的正確回憶數目（Chi, 1978）

3 策略

　　當兒童年齡漸增時，他們越來越擅長運用各種策略，來幫助其各個階段的記憶工作——訊息的編碼、儲存及提取。這些技巧的應用非常審慎，它們大致說來是由兒童自己發現的，可充作提升記憶力的好法子（其最常見的策略請參見表 8.4）。複誦可能是使用最頻繁的策略；當年齡較小的兒童知道自己需要記起一段文字或一列數字時，我們往往發現，他們會在等候期間靜靜地對著自己複誦，或者看到他們不出聲地複誦。不過，這項技巧很少見於 7 歲以下的兒童身上；小於 7 歲的兒童雖然可以接受他人指導，在某些特定情境下使用特定的策略，他們卻無法把這個技巧轉而應用在任何新的作業上。但是從 7 歲起，策略運用的頻率及彈性都有所提升，緣此之故，兒童在可供使用的記憶容量之運用上，能力越來越好。

表 8.4　兒童所採用的記憶策略

策略	操作方式	例子
複誦	不斷複誦訊息	重複默讀，可見於唇部的動作
組織	把訊息重新整理成較爲熟悉的格式	把動物、食物及家具等隨機列舉的項目分門別類做整理
精緻化	在原本不相干的訊息之間做聯結	用這些項目來造句，例如「*貓在沙發下喝酒*」
選擇性注意	將注意力選擇性地分配給隨後需要回憶起的訊息	當兒童被告知，研究者隨後會針對一整排玩具中的一部分問問題時，兒童會在等候期間小心翼翼地觀察這些玩具，或者念出其名稱
提取策略	知道有些訊息需要被想起時，找出方法讓這些儲存內容更難遺忘	將較難記住的名字打散成方便記住的元素

4 後設認知

後設認知（metacognition）[46]一詞，是指稱個人對其認知過程的覺察與知識。這包括*後設記憶*（metamemory）——了解個人的記憶功能係根據某些方式來運作，有各種不同的限制，在某些情境下的表現比其他情境爲佳，且可以用某種方式加強。這番話意謂著，它是跳脫自身立場、客觀審視心智處理運作方式的能力。同樣地，兒童要到年齡漸增後，才能獲得這種有意識的反思能力，而且他們的年齡越大，其對記憶的知識就會越見細膩及準確。拜此種自我知識之賜，兒童對於其記憶力的評估也會更趨實際；年齡較小的兒童對於個人記憶力的信念往往太過樂觀，而年齡較大的兒童在自我評估上則較爲客觀。

---

[46] 後設認知（metacognition）意謂個體對於個人認知過程的覺察與知識。比方說，它包含後設記憶和後設溝通(metacommunication)。

　　我們可以從記憶發展層面的概觀中得出幾項結論。其一，記憶顯然不是獨立於其他層面之外的心智運作層面。一如 Kuhn（2000）所說的：「記憶整合了我們目前的經歷、業已知道的事實和我們的推論。」在任何一個記憶行動中，我們的興趣、目的、技能及洞見都有其影響力；個人整體說來都牽涉其中，而不只是這個人的某一部分與其有所關聯。其二，記憶並非機械化的例行性活動，不論我們談論的是儲存或是取出層面皆然；它是建設性的努力，我們精通各種策略做爲工具，以便協助自己達成任何記憶上的目標。最後，就這些目標而言，人很少會爲記憶而記憶；反而（再一次引述 Kuhn 的談話），他們的記憶是爲其所追求的活動中其他與生俱有的目標而效力的。一如訊息窗 8.4 所顯示的，如果兒童有充分的理由來記憶的話，他們有時候會有意料之外的記憶表現；少了這些理由的話，就是爲記憶而記憶，效果會大打折扣。

訊息窗 **8.4**

澳洲原住民兒童的記憶技巧

　　爲數眾多的研究採用智力測驗、教育成就測驗、皮亞傑作業等各式評量工具調查澳洲原住民的認知能力。實際上，在每一種測驗中，原住民的表現水平都遜於白人，在兒童及成人身上，這個落差都很大、也很顯著。這是否意謂著，原住民的認知能力可以視爲無可避免地「遜於」白人呢？

　　然而，還有另外一種可能性，簡言之，這些研究所採用的測驗不具「文化公平性」，因爲它們並未觸及這些原住民的特有能力，而這些原住民的成長環境和西方生活大異其趣。Judith Kearins（1981, 1986）因而決定採用不同的方法，她主張，在社會的天然環境中求生存所最不可或缺的行爲類別，才最有可能呈現出一個人最佳狀態下的能力。傳統上來說，原住民居住在廣大的澳洲內陸沙漠區，這片大地幾乎全無特色可言，缺乏引導人類從甲地遷徙到乙地的獨特特徵。要在這樣的環境中求生存，原住民需要能夠在

乍看之下平凡無奇的地點找到水源，並且在蠻荒之地尋找食物長達一天之久後，能夠重新找到營地的位置。為了成功達成任務，他們需要精確地記憶空間位置。因此，Kearins 設計了可以反映出和此種生活形態有關的認知技巧測驗，將之應用在原住民兒童身上，並給白人兒童施測以做比對。

兒童全部介於 7 到 16 歲之間，研究者給他們一系列空間重新定位工作，在每一項工作中，兒童面對著置放在矩形方格中的物件，數量最多達 20 種。他們被要求用 30 秒鐘的時間記憶這些物件的位置，隨後這些物件會混在一起，必須重新放在原先的位置上。若干物件是原住民兒童所相當熟悉的（例如種莢、羽毛、骨頭），其他物件則是西方兒童較為熟悉的（例如橡皮擦、頂針、火柴盒等）。研究者就位置正確擺放的物件數量計分，他們發現，在每一件工作當中，原住民兒童的表現顯著優於白人，即使是包含不頂熟悉物件的作業也不例外。因此，原住民兒童明白顯示其空間記憶力優於白人兒童。此外，Kearins 也注意到，這兩組兒童著手處理工作的行為有所不同。白人兒童往往四處走動，拿起物件，並且從頭到尾喃喃自語，或者對自己的所作所為有所評論。反之，原住民兒童則會靜坐不動，視線全神貫注在方格上，不曾公開發聲或隱隱作聲。看起來，兩組兒童採用的是不同的記憶策略：原住民兒童主要依賴視覺記憶，而白人兒童則是用口語複誦策略作為輔助。這個說法因為下列事實而得到證實——對白人兒童來說，熟悉的物件要比不熟悉的物件好記，據信這是因為他們可以為前者附上口語稱號；反之，原住民兒童面對熟悉及不熟悉的物件時，其記憶能力是不相上下的。

值得注意的是，研究者在愛斯基摩兒童身上得到非常相似的結果，其空間視覺記憶力也優於白人兒童（Kleinfeld, 1971）。這些兒童所棲身的社會也居住在比較沒有特色的原野中，培養一般人求生存所需的認知技巧也是不可或缺的。研究者評量這些技巧的結果清楚顯示出，西方社會所謂的「原始」社會，大有可能在這些層面上勝過白人。

自傳式記憶

甚至在出生後頭幾週內，嬰兒就至少具備一些初步的記憶形式。*再認記憶*（recognition memory）是最先出現的：嬰兒出生後，就能辨識母親的聲音，很快地也能辨識她的容貌。*回憶*（recall）則是較複雜

的記憶形式，出現的時間較晚；因此，嬰兒 8、9 個月大時，就能夠以哭聲召喚*不在現場的*母親，並能夠尋找不見蹤影的物件；示範一連串動作給他們看，隔一段時間之後，他們就能加以模仿。這些事實以及林林總總的其他跡象證明，儲存訊息的能力從嬰兒誕生之初就出現了。

　　我們長大之後，對出生後頭兩年所發生的任何事情全無記憶，甚至之後 2、3 年的記憶也往往是模糊的，這一點頗令人感到好奇。這種現象稱做**嬰兒失憶**（infantile amnesia）[47]，引發了許多的猜測。根據佛洛依德的看法，這代表著挑動性慾的材料受到壓抑，其他學者則是言人人殊，包括腦部機制不成熟，早期記憶技巧的性質破碎不全、嬰兒期缺乏自我概念、以及年齡較小兒童的訊息編碼形式與成人的理解不相容。然而，論點雖然是五花八門，但都缺乏支持性證據，因此所有類似的解釋都僅屬猜測而已。

　　可以確定的是，兒童大約 3 歲時變得對過去很著迷，開始用越來越前後連貫的方式來談論它。此時，**自傳式記憶系統**（autobiographical memory system）[48]開始成形。基本上，自傳式記憶是有關個人生命史的記憶；它是一種情節記憶，由對個體意義重大的事件所組成，因而會變成兒童成形中的自我概念之核心部分（Nelson, 1993）。兒童幾乎在能夠開口說話之後，就開始談論過去，但起先其所指涉的僅限於最近才完成的事件。到 2、3 歲之間，他們指涉較遙遠的過去之機率顯著提高，這意謂著，兒童現在開始發展明確的個人歷史感。

　　這個發展最先可見於兒童與父母話舊的交談中。我們來看看以下這位母親與 21 個月大的瑞秋之間的對話（摘錄自 Hudson, 1990）：

> 母親：妳上星期有看到吉兒嬸嬸和提姆叔叔嗎？
>
> 瑞秋：有！有啊！提姆叔叔。
>
> 母親：我們跟吉兒嬸嬸還有提姆叔叔一起做什麼？

---

[47]　嬰兒失憶（infantile amnesia）是指對於出生頭幾年所發生的事件全無記憶的現象。

[48]　自傳式記憶系統（autobiographical memory system）是指把牽涉到個人過去歷史的記憶儲存起來，其功能在於提供個人延續性的覺知，因而對兒童自我概念的獲得是不可或缺的。

瑞秋：說再見！

母親：妳跟吉兒嬸嬸以及提姆叔叔說再見？

瑞秋：嗯，上車車，上車車。

母親：在車上嗎？

瑞秋：嗯，提姆叔叔上車車。

母親：提姆叔叔上了車車？

瑞秋：吉兒嬸嬸跟提姆叔叔。

這段節錄顯示，瑞秋對這個事件的不同層面有鮮明的記憶，但是在清楚說明這個經驗上遭遇到一些困難。大致上，這個困難似乎是肇因於缺乏必要的語言技巧，其所反映的現象比較不在於字彙有限，而是在於參與對話、提供連續性敘事（continuous narrative）的困難度。然而，我們也看到母親努力地提供「鷹架」來協助兒童進行對話，其方式包括開啟對話的契機、適時提供激勵、重複瑞秋的話語，以及整體上鼓勵孩子述說這個經驗，與母親分享她的記憶。在兒童早期的個人記憶發展中，這個分享的層面似乎舉足輕重：透過與母親交談的方式，兒童可以學到：過去是重要的、某些敘事技巧是分享記憶時所必需的、而記憶在追求個人志向與抱負時會有所幫助。如同 Reese（2002）所說的：「兒童不只是在學習記憶的內容和方法，他們也是在學習記憶的理由。」透過父母親的協助，兒童越來越能夠組織其記憶內容，並且以利於溝通的方式取用這些資料。

　　不過，父母和兒童處理話舊任務的方式不盡相同，研究者辨識出兩種風格：亦即高度精緻化及低度精緻化（Hudson, 1990）：

- *高度精緻化*（high-elaborative）父母常常提到往事，每當他們提及往事時，會針對顯著的事件提供大量細節。他們鼓勵兒童也提出同樣細膩的敘述，提出許多問題，大幅擴展兒童回答的內容。
- *低度精緻化*（low-elaborative）父母對往事沒多大興趣，比較少提到他們和兒童所經歷的事件，不鼓勵就這些事件深談。他們在回應兒童的記憶時，很少加以精緻化，其所提出的問題往往意有所

指，只需要一個正確的答覆。

特別重要的發現是，這兩種類型父母的子女在談論往事上，也發展出不同的模式。和低度精緻化父母的子女相較之下，高度精緻化父母的子女對於記得的事件敘述得比較詳盡，把記憶內容整理成更爲前後連貫而具有意義的故事，也更習慣運用往日歲月作爲當前行動的指引。父母如何與兒童共同回憶、他們如何組織關於昔日的對話、他們如何支持兒童談論個人所經歷的事件之努力，這些事項似乎深深影響著兒童回憶、思索個人記憶的方式。這就是自傳式記憶發展的*社會互動模式*——學者相信，兒童的個人記憶取決於父母的社會化舉措（Nelson, 1993）。一如維果茨基所提出的，記憶等認知技巧源自兒童與技巧更形熟練的夥伴間的社會互動，也就是說，記憶最先是透過親子共同編撰的敘事而建立起來的，而成人可以在兒童試圖支支吾吾地講述往昔事件時，提供鷹架作爲支持。緣於此種支持之故，兒童最後能夠靠一己之力精通回憶——起初是與他人交談的外顯回憶行動，隨後變成私下運作的內化、隱秘功能。因此，在父母的善加引導下，與昔日有關的對話成爲兒童記憶力成長的溫床。

　　從外顯記憶（overt memorizing）到內隱記憶（covert memorizing）的發展歷程中，語言顯然扮演著關鍵性角色。父母爲子女提供語言工具，協助兒童描述、思考「發生了哪些事」。兒童用文來把注意力聚焦在往昔經驗的重要層面上，爲這些事件賦予意義，並在記憶中協助呈現這些事件。但是，能夠影響兒童記憶力發展方式的因素，並不限於談論過去而已，在事件發生的當下來做談論，以及這番談話的進行方式，也扮演著重要的角色。Tessler 和 Nelson（1994）記錄母親們和 4 歲子女參觀博物館的談話內容，他們發現，親子*共同*討論過的那些展覽和活動，隨後比較有可能被兒童記住，只有母親或兒童中的任一方提到、或者雙方都沒有提及的展覽和活動則不然。這個發現之後由 Haden、Ornstein、Eckerman 和 Didow（2001）的研究證實，研究者把親子在賞鳥活動、冰淇淋店開幕等特殊事件中的行爲記錄下來：同樣

地，在各種經驗中，親子當下所*共同*談論的那些特點，是兒童記得最清楚的部分。此外，口頭互動（例如母親說出某些物件的名字，然後兒童複誦並詳加說明）似乎有非常特殊的效果：和非口頭互動（例如親子一起操作某個物件）相較，談話在熟記某個事項並隨後取出這份記憶的效能往往出色得多（Nelson, 2000）。我們可以總結，語言非常適於當作在記憶中呈現經驗的工具：它以別具意義的方式組織經驗，協助兒童用前後連貫的方式儲存記憶，也讓兒童後來講述它、和他人分享它的作為更加容易。嬰兒期失憶的現象，會與兒童缺乏將經驗轉化為口語形式的技巧（或技巧不足）之時期有所關聯，或許就不令人訝異了。

兒童擔任證人

兒童記憶研究的實用結果之一是，如今我們對兒童擔任證人的能力了解得更深入。兒童越來越常被召喚到法庭為官司作證，因此，從兒童口中所獲證詞的可靠性、以及可靠性隨著年齡增長而有所改變的程度，都變成記憶研究的重要課題（其評論請參見 Bruck & Ceci, 1999；Ceci & Bruck, 1995）。

大多數關於這個主題的研究都採用實驗研究方式進行，其中包含改編成舞臺劇的事件。兒童在特定的時間間隔後，被要求回憶這些事件，其方式包括自由發言和針對訪談問題來做回應。以下摘述主要的研究發現：

- 兒童在自由回憶中所回憶起的內容多寡，往往與年齡成正比。幼兒所提供的材料通常較少；大約從 5 歲起，回憶的內容大幅增加。
- 至於兒童回憶內容的正確性，出人意表的是，約從 6 歲起，年齡的差異性就不大，至少對個人深具意義的顯著事件是如此。學齡兒童自由回憶的正確性與成人不分軒輊。

- 不過，正確性大致取決於目擊事件到回憶階段的時間間隔。時間延遲超過 1 個月以上，年齡在正確性上的差異就比較明顯：超過 1 個月的期間後，年齡較小兒童所遺忘的內容比年齡較大的兒童來得多。
- 年齡較小兒童在訪談時比較容易受暗示所影響。當誤導性問題提出時，他們比較可能被提問者嚇到，而跟著改變其回憶內容。
- 然而，暗示感受性取決於眾多因素，包括訪談的進行方式、提出的問題形態、以及兒童心目中對訪談者所設定的角色。

總而言之，「兒童大體上並非可資信賴的證人」之看法並未獲得證實。幼兒所回憶起的內容可能較不詳盡，因為事件發生時，他們所接收到的訊息比較少；他們也比較容易受到回想浮現時的社會情境之影響，因而比較會受暗示所左右。不過，我們現在比較清楚哪些狀況有益於回憶（甚至對年齡很小的兒童也是如此），在採用特別為這些兒童設計的訪談技巧之後，我們如今也比較能從各個年齡層的兒童身上得到有用的證詞，但年齡最幼小的兒童除外。

關於人的思考

　　在任何一位兒童的生命中，其他人類是最吸引人也是最重要的部分，無怪乎試著理解他人讓兒童如此樂此不疲。兒童從很小的年紀起就顯現出這一點，他們會問道：「爸爸今天在氣什麼？」、「小翰喜歡我嗎？」、「我把褲子穿破了，媽媽會不會罵我？」跟成人一樣，兒童需要理解其他人，為了達成這個目的，他們會把描述人類的概念和解釋人類的理論集合起來。但是，這些概念、理論與成人所採用的是否相同呢？幼兒的社會世界是否與年齡較大的個體一致呢？我們將透過兩個標題來檢視這個議題，其一是關於兒童*描述*其他人的方式，亦即回答「他像什麼？」的問題；其二是關於兒童*解釋*他人行為的企圖，亦即回答「他為何有這些行為舉止？」的問題。

描述他人

聽聽兒童對於認識的人的自發性描述，我們可以發現，他們在他人身上留意到的特性類型、以及他們用來描繪他人特性的稱謂類別，顯然都有相當大的年齡差異性。在 Livesley 和 Bromley（1973）對超過 300 位年齡 7 到 15 歲兒童所做的研究中，這樣的差異性講解得非常清楚；在研究中，兒童被要求針對他們所認識的人寫下若干描述，重點不在於這些人的外貌，而在於其個性本質。以下是兩則提出來的描述，其一是研究樣本中年齡最小的兒童之一所寫的，其二是年齡最大的兒童之一所寫的：

> 他非常高。他有深棕色的頭髮，每天到我們學校上學。他好像沒有兄弟姊妹。他在我們班上。今天他穿深橘色的毛衣、灰色的長褲和咖啡色的鞋子。（7 歲兒童）

> 安迪非常謙虛。靠近陌生人時，他甚至比我還害羞，然而對於他認識、喜歡的朋友，他講起話來滔滔不絕。他看起來始終脾氣很好，我從沒看過他發脾氣。他往往把別人的成就打折扣，但也從不誇耀自己的成就。他似乎從不告訴別人他的想法。他很容易緊張。（15 歲兒童）

這兩段描述是天差地別的，顯現出隨著兒童年齡的增長，其在理解他人的方式上所產生的一些改變。我們在此綜觀其改變所發生的範疇：

- *從外在特性轉向內在特性*。儘管指示要求的是恰恰相反的方向，Livesley 和 Bromley 的研究中，年紀最小的兒童主要描寫的是外表、擁有物和其他外在特性；很多人沒提到半個心理特性。就年齡大一點的兒童而言，心理特性變得比較突出，兒童好像逐漸體會到，一個個體的真實身分要從其心智面而非身體特徵中發掘。
- *從泛泛而談到具體而微*。起初，兒童往往使用「很棒」一類的粗略稱謂、或者「好」、「壞」一類的評價用語。接著，他們變得越

來越明確，用「謙虛的」、「緊張的」等詞彙，爲其所描述的對象
提供更多具體的訊息。

■ *從簡單到複雜*。年齡較小時，兒童往往對人做全面性的描述。因
此，他們無法理解，一個個體可以善惡兼具：如果他是一流的運
動員，就不可能是個騙子。等年紀大一些，兒童終於領悟到人格
的複雜性，就會容許任何一個人的個性氣質有自相矛盾之處。

■ *從總體性（global）到差異性*。年齡較小的兒童往往從絕對觀點來
談論（例如「他壞透了」），年紀較長的兒童（像上述引文中的
15 歲兒童）能夠考慮到情況差異（例如他很害羞，但只對陌生人
害羞），並納入等級之分（一如「往往」一詞所顯示的）。描述因
而變得更加明確。

■ *從自我中心（egocentric）到社會中心（sociocentric）*。兒童的年齡
越小，越可能從他人對兒童自身所產生的影響來看待這個人（例
如「她人真好，因爲她會給我糖果」）。之後，描述變得比較客觀；
兒童不再以描繪對方所傳達的印象爲主；此外，兒童領會到，不
同的人可能對同一個人有不同的觀感。

■ *社會比較（social comparison）*。前述引文中年齡較大的兒童，在
描述中加上這句話「他甚至比我還害羞」。不論對象是自己或是其
他人，這種比較在約 10 到 11 歲時變得很明顯，在之前就很少發
現。

■ *組織*。在年齡較小兒童的描述中，各種特徵的參照被硬生生湊合
在一起；而年齡較大的兒童則試圖創造出前後連貫的圖像，以利
個體的獨特之處能夠更清楚地呈現。

■ *穩定性*。隨著年齡的增加，兒童逐漸領會到，他可以期待一個人
的行爲至少有某程度的一致性，這麼一來，他就能根據對方過
去的行爲來預測未來的行爲。年齡較小的兒童很少顯現出思索此
種行爲規律性的跡象，他們的描述往往局限在過去或現在。

上述第一項發展趨勢——從外在特性轉向內在特性——引起最多的關

注。它被解讀為幼兒未能覺察到心理特徵,他們唯一留意到的是他人的外在特徵。不過,比較近期的研究發現,這個說法過於誇大,大致上是調查兒童對他人的知覺時所採用的方法所造成的。類似 Livesly 和 Bromley 所採用的開放式描述程序(「告訴我關於……」)的過程,對於口語能力相當有限的兒童而言是太過苛求的;當比較簡單、熟悉的方法被採用時,甚至連學前兒童都能夠顯示出,他們的確具備某些能力,能夠把個性、性情、動機、情緒狀態等心理特徵納入考量(Yuill, 1993)。內外在層面的比例很可能比年齡較大兒童所發現的少得多,而幼兒對於這些特色的覺察基本上都並不發達。準此觀之,由外而內的發展趨勢是真實存在。然而,如同我們即將在下文所看到的,從年紀非常小的時候起,兒童的確會多多少少考慮到他人的內在特性,不會完全從身體和行為特徵的觀點來看待他人。

詮釋他人

覺察到他人擁有心智,這看起來可能是高度複雜的成就,然而證據顯示,即使是蹣跚學步的幼兒也具備一部分基本心理現象知識,對於心理、生理現象之間的差別也略有所知。例如,3 歲兒童被告知有兩位飢腸轆轆的男孩,其中一位正想著餅乾,而另一位實際上是有餅乾的。當問道:「哪一位男孩可以看到餅乾?」「哪一位男孩不能碰到餅乾?」絕大多數 3 歲兒童輕而易舉地正確回答(Wellman & Estes, 1986)。同樣地,當 3 歲男孩面對著頭戴眼罩的人時,如果問他們此人有哪些事情可以做、可以思考、有哪些事情無法做、無法思考,大部分兒童能正確判斷出,這個人可以思考某個物件,但無法看見它(Flavell, Green & Flavell, 1995)。因此,這些兒童顯示出,他們已經知道心理現象擁有獨一無二的特徵:尤其是,他們可以領會到一個人的內在活動,而思維和實物不同,是看不到也摸不著的。就像一位學前兒童所說的:「別人看不到我的幻想。」這個年齡的兒童透過類似評論的發表顯示出,他們知道心理現象是私密的,不會受到公眾監督。

另一位學前兒童是這麼說的：「沒有電影或電視時，你的心是用來移動、觀察事件的。」這些話語中有明確的跡象，顯示這些幼兒對於心智活動的運用具有一些洞見，他們也體認到，心智的功能在於把實際上可能不存在的事物呈現在腦海中。因此，兒童對人類的觀感絕不僅限於外在舉動而已：他們多少有些了解，知道其他人也是由心理特質所組成的，我們若要詮釋他人的行為，就需要考量到這些狀況。

同樣的情形也顯現在兒童對他人的描述上——不過，這個描述必須是其自發性談話的一部分，而不是從問答會談中取得的。根據一項研究（Miller & Aloise, 1989），「很棒」、「好的」和「壞的」等稱謂，分別被 70%、93%、87%的 2 歲兒童所使用，而一如我們在第五章「情緒發展」中所看到的，兒童從 2 歲半起，漸漸會提及他們假定別人正在體驗到的感受。然而，幼兒對於他人的所知仍然相當有限。他們所使用的稱謂數量很少，用語不精確且很主觀。他們所提到的是以一時的心智狀態為主，而不是穩定的人格特質。另外，兒童到 3、4 歲時，仍未釐清心智特性和行為間的因果關係，例如，人在如願以償時會表情愉悅，希望落空時則會表情哀傷，或者一個特定行為之所以產生，是因為個體有促成它的意圖。幼兒可能認為，人不只是一些外在特性的總合，然而，其概念仍缺乏一致性。尤有甚者，他們仍然需要發展出*心智理論*。

如同我們在第五章所看到的，*心智理論*這個詞，是指兒童體認到其他人各有其獨樹一幟的內在世界。擁有這個理論，能夠協助兒童藉由解釋無從觀察的實體（欲望、信念等）解釋可供觀察的事件（人的行為）；它因而是理解他人為何有此等行為舉止的管道。把心智狀況歸因給他人的能力就是推論，而這個推論隨後被用來預測對方的行為；準此觀之，*理論*一詞的運用讓我們關注這個事實——當兒童採用假設性實體來預測可供觀察的事件時，他們所從事的活動和科學家所進行的活動有雷同之處：若 X 為真，則 Y 為真。當然，兒童的心智理論不像科學家所建構的理論這麼詳盡清晰；然而，當這些理論充分發展後，也足可植基於推測性實體之上，來解釋可供觀察的現象。

儿童在心智了解上的重大變化，主要是在 3 到 5 歲的年齡層發生（Flavell, 2002）。漸漸地，他們留意到心智狀態的主觀性：例如，他們在桌子上所看到的一幀照片，對於坐在桌子對面的人而言是上下顛倒的；他們極端厭惡的食物可能是別人的最愛；自己喜歡得不得了的小狗可能是別人所害怕的對象。一般而言，兒童對於心智的情緒層面之理解先於其對認知層面的理解：當 Bartsch 和 Wellman（1995）分析幼兒關於他人的自發性談話內容時，他們發現，兒童從 3 歲開始就會談到他人的欲望，使用諸如*想要*、*希望*、*喜歡*等字眼；4 歲時，兒童才開始使用*認為*、*知道*、*猜想*等字眼，展現其對他人信念與思維的覺察；直到 5 歲大的時候，兒童才開始用信念與思維來詮釋個體的行為。

儘管兒童的讀心能力在整個幼兒期逐步發展出來，其對於*錯誤信念*（false belief）的理解一般都被當作試金石，來驗證其心智理論是否已合理地獲得高度發展。理解錯誤信念的概念是指，兒童體認到某甲對於真實世界裡某特定事件的信念是內在的心智現象，這個信念可能有別於事實，也可能有別於兒童本身的信念，因此，信念可能是對的，也可能是錯的，而且它往往因人而異。來看看以下有關莎莉和安妮這兩個女孩的故事——由洋娃娃和玩具共同演出（參見圖 8.8）。莎莉把彈珠放在籃子裡，然後離開房間，接著，安妮將彈珠挪到另一個地方。莎莉回來後開始尋找彈珠。此時，接受測試的兒童被問道，莎莉會在哪裡找彈珠？幾乎所有的 3 歲兒童都說，她會在新的放置地點去尋找（其實，是兒童自己知道彈珠放到哪裡）——也就是說，他們未能將錯誤信念歸因於莎莉，並用以預測其行動。然而到了 4 歲之後，兒童就能夠正確回答：他們知道，其他人的信念未必能準確反映真實狀況，而其行為會反映出這些錯誤信念。

因此，年齡較小的兒童依照「外頭只有一個世界」的信念來運作，亦即，外在世界與兒童個人的經驗是相符的，其他人因而會比照兒童的行為舉止來行動。他們迄今還無法理解，某一特殊事件可能存在著不同的模式：一個模式是兒童本身的，另一個模式與前者不相容，描

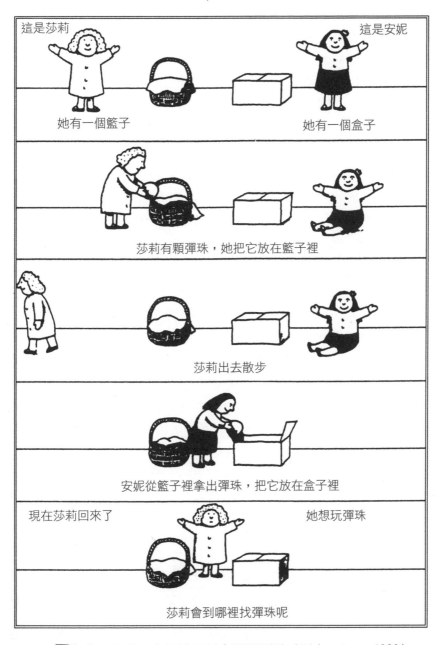

這是莎莉　　　　　　　　　　　　　　　　這是安妮

她有一個籃子　　　　　　　　　　　　　她有一個盒子

莎莉有顆彈珠，她把它放在籃子裡

莎莉出去散步

安妮從籃子裡拿出彈珠，把它放在盒子裡

現在莎莉回來了　　　　　　　　　　　她想玩彈珠

莎莉會到哪裡找彈珠呢

圖8.8　莎莉－安妮錯誤信念理解測驗（引自Frith, 1989）

述的是另一個人對於事件的錯誤信念。到了 4 歲之後，兒童能夠呈現另一個人的觀點，即使此人的觀點與兒童本身的觀點相抵觸亦然；易言之，他們體認到，我們內心的觀感只不過是現實的一種*表述*，它不必然正確，但仍會影響我們的行為。因此，和年齡較小兒童的心智理論相較之下，年齡較大兒童的版本在理解他人的功用上，是更形複雜而有用的機制；他們的讀心術發展得比較高深，他們對於他人行動的預測因而也較為準確。心智理論在 5 歲以後仍繼續發展，其精細程度與日俱增，不過，在兒童理解人類心智的努力中，發生在 3 到 5 歲這個年齡層，被錯誤信念測驗所突顯出來的概念轉變，預示兒童踏出了其最重要的一步（Wellman, Cross & Watson, 2001）。

讀心術顯然是與他人成功互動所必需的重要技能──它的重要性到底有多高呢？我們斟酌一下缺乏這種技巧的自閉症患者之類的個體，就能深刻體會到其重要性（Baron-Cohen, 1995）。考慮到其重要性，讀心術的發展很有可能是由生物層面所決定的，理由在於，它是內建於人種的行為模式之一環。然而，如同 Hughes 和 Leekam 所呈現的，也有跡象顯示，兒童的社會經驗影響到心智理論發展的各個層面。親職風格、依附安全性、年齡較大手足的人數、與他人談論內心狀況的分量多寡，在兒童針對人類心智獲得洞見的速度與範疇上，都被發現有其貢獻。和眾多其他心理發展的層面如出一轍，生物層面可能打下了基礎，但是，想要促進大自然所賦予的功能，就有賴養育因素的協助了。

本章摘要

了解兒童認知發展的取向之一，就是透過訊息處理模式來審視。這個模式主要把心智視為處理訊息的機制，訊息流需要在透過五官所進行的輸入、和轉化為某種行動的輸出之間進行追蹤，並透

過同化、儲存、轉換和取得等介入操作來做聯結。據某些作者表示，把這個過程視爲類同於電腦的運作機制，會有所助益——就像電腦一樣，心智依賴某些結構（硬體）及處理（軟體），我們若想了解思考及其發展，就需要規範軟硬體，使其能夠共同運作。

思考取決於以象徵形式表述事件的能力。就兒童而言，這項能力主要在三個領域上顯現出來：語言、遊戲和畫畫。語言協助兒童用文字來表示一個物件的意思，因此，在認知發展上，物件各有其名稱的發現，意謂著兒童向前跨了極爲重要的一步。遊戲的情形非常類似：當兒童開始能裝扮時，他們無需再被現實所束縛，反而可以運用其想像力，讓一件事代表另外一件事，並藉此大幅擴展其內在生活的範疇。繪畫也不例外，現實在其中被轉化爲一個象徵（在此處是一幅圖），兒童如何在圖畫中呈現物件及人物，讓我們能夠更進一步了解其思維模式。

如果我們能夠用秩序井然而經濟、省事的方式整理個人經驗，思考就會有所進展。整理經驗的方式之一是形成概念，也就是說，把不同的事物在共同的標題下歸類成同一組。另一種方式是編寫腳本——所謂腳本是指，我們在心目中用刻板形式把定期發生的事件呈現出來的方式（「事情應該發生的方式」）。腳本至少從 3 歲起開始形成；它們爲兒童的日常例行性活動提供條理分明的結構，並顯現出時間順序對幼兒有多重要。

我們的思考方式與記憶方式息息相關。人類的記憶系統是高度複雜的機制；其發展過程也不能直截了當地以「日有進境」一語帶過。有四個層面需要加以考量，亦即各種記憶結構容量上的變化、兒童現有的知識基礎、其所運用的記憶策略、兒童的後設記憶——其對個人記憶功能的覺察與理解。特別重要的是自傳式記憶的發展——這是兒童逐步建立個人歷史觀感的途徑。兒童從 3 歲起對其往日經驗有濃厚興趣，這在其與父母分享的憶舊片段中最先顯現出來；就兒童對於往昔經驗所做的討論而言，父母如何爲兒童的貢獻提供

「鷹架作用」，會影響到兒童回想往日能力的發展、以及兒童思索個人記憶的方式。

我們對於兒童記憶的知識與日俱增，這一點讓我們對兒童擔任證人的能力有所了解。幼兒所回憶起的內容往往比年齡較大者來得少，尤其在經過很長的時間間隔後更是如此；他們也比較容易受到暗示的影響。然而，「兒童是不值得信賴的證人」之公認說法，目前尚未獲得證實；訪談技巧如果合宜的話，我們可以從年齡最幼小者之外的所有兒童身上，取得有用的證詞。

兒童思索他人的方式被歸到兩個標題下來進行研究：兒童如何描述他人、如何解釋他人的行為。兒童對他人的描述，會隨著年齡的增長而在許多層面上有所改變；特別是年齡較大兒童對他人的心理特性有較多的覺察，不會只注意到外表、行為等外在特徵。但是，即使年齡最幼小的兒童的確也體會到，其他人有其「內在世界」，舉例言之，他們提到歸因於他人的各種心智狀態時，就顯現出這一點。然而，最重要的是，兒童需要發展出「心智理論」，也就是說，了解到每一個個體在心中呈現真實世界的方式各有奧妙，並據此有所作為，而不是以現實為根本來採取行動。尤其，其他人會依據有別於兒童個人想法的信念行事，而且這個信念大有可能是謬誤的，這種了解是兒童讀心術上的一大重要進展，能協助他們更正確地預測他人的行為。

延伸閱讀

Bennett, M. (ed.) (1993). 《兒童是小小心理學家》 *The Child as Psychologist*. Heme1 Hempstead: Harvester Wheatsheaf. 這本書包含許多用處頗多的章節，和我們在這一章所探討的眾多主題息息相關，例如腳本知識的發展、兒童對他人人格的描繪、以及兒童在心智理論上的建構。

Bjorklund, D. F. (2000). 《兒童的思考：發展功能與個別差異》 *Children's Thinking: Developmental Function and Individual Differences* (3rd edn). Belmont, CA: Wadsworth. 作者在書中做了詳盡而廣泛的說明，除了兒童思考之外，還旁及知覺、語言發展等認知主題，也納入智力研究的課題。

Cowan, N., & Hulme, C. (eds) (1997). 《兒童期的記憶發展》*The Development of Memory in Childhood.* Hove: Psychology Press. 編者廣納各式有用的著作，大肆蒐羅晚近研究在兒童記憶發展上的各種發現。

Mitchell, P. (1997). 《心智理論入門》*Introduction to Theory of Mind.* London: Arnold. 作者就兒童對他人思考和感受的理解，做了簡明扼要但無所不包的敘述，特別著重在這個能力的發展過程上。這本書對自閉症兒童的研究、以及心智理論技巧的演化源起（「猿猴也有心智理論嗎？」），都做了詳盡的論述。

Siegler, R. S. (1998). 《兒童認知發展：概念與應用》（林美珍編譯）。台北：心理。*Children's Thinking* (3rd edn). Upper Saddle River, NJ: Prentice-Hall. 這本書是由當代最負盛名的思考發展研究者之一所寫成的，爲這個領域提供了清晰易懂的權威論述。

第九章

語言的使用

本章大綱

什麼是語言？
語言的特性和功能
是人類的獨特能力？

語言的發展過程
第一個字
句子的形成
學習語言有關鍵期嗎？
溝通能力
閱讀書寫能力

語言習得的解釋
行為取向
先天賦予取向
社會互動取向

本章摘要

延伸閱讀

　　從前面的章節中，我們一再重複地提到兒童使用語言的情形—在思考過程中、在解決問題中、在交談中、有時對著成人、有時對著同儕、有時獨自一人、有時甚至伴隨著其他動作。語言在人類生活中無所不在，如果沒有了語言，生活將變得非常不一樣—比較沒有心智能力、比較缺乏創造力、以及比較沒有社會溝通能力。在本章裡，當我們在討論語言的特性與發展時，焦點將會放在語言以及兒童期習得語言的過程，我們將討論語言的特質和發展過程。

什麼是語言？

　　試想一下兩位聾啞朋友的交談過程。他們面對面，注視著彼此的手與手指，透過靈活又生動的表達方式傳遞一連串的訊息，而且這訊息是他們彼此可以理解的。當然，他們沒有發出聲音。他們正在使用語言嗎？語言常常被認爲等同於說話；但是，正如同我們下面即將說明的，這並不是它定義的特性之一。聲音只是表達語言的一種方式，而非唯一的方式：手勢的目的和功能都跟說話一樣，因此我們稱聾啞朋友的溝通方式爲「手語」。

語言的特性和功能

　　語言被定義爲*任意訂定的符號系統*（arbitrary system of symbols, R. Brown, 1965）。正如同我們在前一章所看到的，單獨的字代表許多事物—物體、事件、人，而兒童的任務就是把符號與它相對應的東西學起來，並累積相關字彙以表達自我。我們所使用的字（包含手勢和寫下來的符號）大部分都是任意訂定的：例如，並沒有什麼強制的理由說明爲什麼「狗」這個字不能用來描述「貓」這種動物，爲什麼一個特定的聲音組合比另外一個來得適當。最重要的是，這個符號必須能被社會的其他成員辨識。畢竟語言是一個用來與其他人溝通的工具，使得我們能夠與他人分享知識與情感，也因此在每個社會中，人們必

須對特定東西被稱成什麼有所共識。說到兒童學習說話這件事，兒童必須瞭解一個東西的「正確」名稱是什麼。然而，事情不是那麼單純的，還有一些其他的課程要學習，例如兒童用來稱呼一個東西的名稱可能就不適合其他人使用：對兒童來說，父親是「爹地」，但是對他的妻子來說是「約翰」，對郵差來說是「史密斯先生」，對同事來說是「小史」，而對兒童的祖父母來說（也是最讓人感到困擾的）是「兒子」。一個人的名字不只因為被稱呼的人有所不同，也常常受誰來稱呼的人而定。另外，一個社會認為正確的東西，很可能另一個社會無法理解其意義：在日本的兒童學習日文，在西班牙的兒童則學習西班牙文。甚至，在美國學的手語（美式手語）在某種程度上也跟在英國學的手語（英式手語）不同。因此，兒童必須知道，透過自己所會的特定語言與他人溝通是有其限制的；如果他想要與其他社會的人溝通，則必須學習其他語言。最後，語言並不是單純一堆字的集合，語言同時也有其一套特殊而一致的方式以連接字和字。兒童除了學習字彙之外，還要學習文法，才能專精於該語言。

語言有很多功能，大致可被分為三大類：溝通、思考、與自我調整。

1 溝通

語言作為溝通工具是明顯有用的，然而，要能夠和一個人談話所需要的不只是語言。學會字彙與文法是一回事，能夠應用在每天日常生活中又是一回事。要和他人談話，你必須知道聽你說話的人是否有足夠的理解能力，因此你必須留意訊息是什麼，以及訊息是在何時、以何種形式被傳遞出去。兒童也許並不像皮亞傑所說的那樣自我中心，但是他們顧慮到他人感受的能力的確有待培養。年幼兒童傾向於假設其他人懂他們在說什麼，就像他們彼此知道對方的意思一樣。他們通常不會認知到其訊息是不適當的、不完全的，以致於當他們的訊息對聽的人來說是沒有意義的時候，會覺得很沮喪。兒童還必須學習在社會互動過程中使用語言的一些規則，像是輪流說話，兒童學習和

他的夥伴練習扮演說話者與聽者，避免同時說話。因此社會技能與語言技能密不可分，都是有效溝通所不可或缺的。

2 思考

正如同我們在上一章所提到的，口語符號是思想過程的有效工具，讓我們能夠推論過去並期待當下，結合現實生活中分離的事物，形成概念與其他抽象的事物。語言與思想在發展過程中如何產生關聯，這仍然是一個值得爭議的事情。就一方面來說，皮亞傑認為，思想先於語言，而思考的發展讓語言的使用得以實現。語言只是表達思想的一種模式，因此皮亞傑在其提出的認知發展中，語言只占少許分量；另一方面，維果茨基認為，語言到目前為止是人類最重要的心靈工具，它讓我們能夠轉變對這個世界的認知以及改變整個心理功能的流動與結構（Vygotsky, 1981b）。他認為語言先於思想，而發展使用語言的能力使得我們能夠做出清晰的思考。

皮亞傑與維果茨基對於早期的說話的特徵也有不同的看法。兩者都認為兒童說話的前幾年通常是自我中心的，也就是說他們是在和自己說話而非和別人說話，即使說得很大聲。根據皮亞傑的論點，這樣的說話和思考沒有什麼特別的關係，而且會隨著具體運思的發展而逐漸減弱消失。維果茨基則把兒童和自己的對話視為外顯的思考方式，用來解決問題以及引導思考與計畫行動。然而，過了 3 歲之後，兒童學到區分溝通式的說話與自我對話，兩者都是外顯的，但是前者是有意地對著其他人說話，而後者則是伴隨著兒童動作的喃喃自語。在學齡前期，自我對話逐漸消失，並非如皮亞傑所認為的減弱，而是變成無聲的口語思考。在早期的學校生活裡，自我對話的聲音仍然可以被聽見，尤其當兒童面對一件困難的任務時；不同的是用的字比較簡短而且比較不容易聽到，很明顯的這是和自己的對話。

大量關於自我對話的研究支持維果茨基的論點，也顯示了在成長過程中語言與思考的緊密關係。自我對話被認為是隨著問題解決的常見行為，即使是在兒童年齡很小的時候。不同的是，隨著年齡的增加，

自我對話的形式從大聲說出轉變成不被外人察覺，甚至到後來變成無聲的狀態。Bivens 與 Berk（1990）的研究描述了這樣的過程。這項觀察是針對 6 到 7 歲的兒童，觀察他們在教室獨自解答數學問題的過程，並紀錄自我對話的事件以及呈現的形式，也就是它是跟目前手邊工作無關的外顯話語、或是跟目前手邊工作有關的外顯話語、還是跟目前手邊工作有關但卻是聽不到聲音，有的只是嘴唇微動的動作。這項觀察持續了 3 年之久。整體來說，兒童在做事時自我對話的比例非常的高，而且隨著年紀逐漸增加，這項比例仍維持在一定的水平，然而表現的形式隨著年紀有所不同。表 9.1 顯示，跟目前手邊工作無關或有關的外顯話語隨著年齡增加而降低，而目前手邊工作有關的無聲對話卻急速上升。因此，隨著兒童逐漸停止外人聽得到的、較不成熟的外顯話語，他們也增加了使用內在自我對話的頻率。這也表示了外顯話語被內在思考所取代，並確認了維果茨基對於自我對話發展過程的觀點。

3 自我調整

語言不只影響思考，也會影響行為。當 Furrow（1984）觀察 2 歲兒童在自己家裡玩的情形時，他注意到兒童時常會給自己指示：「不，不是這裡」、「我把它放在這裡」、「放下」等。之前提到的 Bivens 與 Berk 的研究中，內在對話的發展同時伴隨著兒童停止外部的無關動作，並更關注目前的工作，而這跟維果茨基認為自我對話有助於自我控制相

表 **9.1** 自我對話形式隨著年齡的改變

自我對話形式	6-7 歲	7-8 歲	8-9 歲
與工作無關的外顯話語	4.6	1.4	1.2
與工作有關的外顯話語	23.8	10.3	6.9
與工作有關的無聲話語	31.9	48.7	50.8

資料來源：引自 Bivens & Berk（1990）。

呼應。根據維果茨基的一位同事、同時也是他的追隨者 Luria（1961）的研究，兒童使用語言來引導自己的行爲大致可分爲三個階段。第一階段，大約在 3 歲時，另一個人的口語指令會引起行動，卻無法停止該行動，例如給兒童一個橡皮球要他壓扁，兒童會正確的遵照指示「壓扁」，但是當要他「停止」時，他會再「壓扁」一次。在第二階段，大約 4 到 5 歲時，兒童會根據指示的強度回應。例如當燈亮時就重複壓扁橡皮球，而按壓的強度與頻率和指令發號者的聲音強度成正比，而非根據指令發號者說話的內容。最後第三階段，大約 5 歲時，兒童開始會根據口語指令的內容行動，而且也學會根據指令內容開始與停止動作。行爲的口語規範，不管是來自兒童自己或是另一個人，至此扮演了相當重要的角色，而這是需要在兒童成長過程中逐漸培養的。

是人類的獨特能力？

語言的使用被廣泛認爲是只有人類才有的能力。當然，其他物種有其與同伴之間彼此溝通的方式，而且這些方式往往相當複雜，像是蜜蜂回到蜂巢中，透過舞蹈來通知其他蜜蜂那些充滿花粉的花群的精確位置。然而，這些訊息並不能被稱是語言；雖然這些舞蹈動作有其代表的意義，卻不是根據某個系統規則，使得每個單獨的元素可以用不同的方式組成有意義的內容。因此，動物也許俱有有限的字彙，卻缺乏文法。

有很多研究試圖找出猴子、猩猩等動物是否有能力學習語言（關於歷史性說明請參見 Savage-Rumbaugh, Murphy, Sevcik, Brakke, Williams & Rumbaugh, 1993）。大多數研究都是透過在研究者家中飼養年輕黑猩猩，有時候還包括黑猩猩的小孩，然後教他們一些類似人類的技能：用湯匙吃東西、開門、辨識圖片、圖片排序等。總體來說，這些研究指出黑猩猩學習這些技能的能力相當優異，然而當研究者試圖教他們語言時，卻發現不是那麼容易。不令人意外地，訓練黑猩猩

發聲不太成功，因為黑猩猩的發聲構造和人類不一樣。另一方面，透過黑猩猩的巧手教其聾啞朋友之間用的手語，有了比較正面的發現。Gardner 和 Gardner（1971）領養了一隻叫做娃秀的黑猩猩，並且教他美式手語。從娃秀小時候開始，娃秀所能接觸到的溝通方式就只有美式手語（American Sign Language, ASL），且不讓牠聽到口說語言，讓這些美式手語被整合進這隻黑猩猩的日常生活中。娃秀無法像人類兒童一樣透過模仿來學習手語，Gardner 透過控制娃秀的手來產生一些適當的手勢，而娃秀也透過這樣的方式累積字彙。當牠只有 3 歲時，就已經會 85 種不同的手勢了，然而牠結合不同手勢的能力是非常有限的：產生主詞—動詞的句子（娃秀－吃）或是動詞－受詞的句子（喝－果汁）對娃秀來說已經超過了牠的能力。之後，其他研究者針對其他猩猩的研究，捨棄手語的溝通方式而改用字典式的鍵盤，並且同時專注在產生與理解符號方面，指出了超過以往研究所發現的成果，包含像是結合符號以組成句子、以及用這些句子溝通等（Savage-Rumbaugh et al., 1993）。然而這些成果還是有爭議的：許多不同的解釋使得動物的成功學習得以進展，而不是他們真實的語言理解。動物可能達成的相對於人類兒童的語言學習，不但比較慢而且還比較費力。另外，無疑地，不論任何形式的語言對動物來說都不是自然的，也因此牠們是否能學會基礎的語言技能並不是那麼重要的一件事。

　　有很多額外的結果指出語言是人類的特權。Lenneberg（1967）詳細指出原因包含以下各點（見 Bjorklund, 2000 的總結）：

■ *語言不因人種而異*。這裡指的是所有在正常狀態下被養育的人類都會發展語言能力。即使是最原始的社會也有和先進社會一樣複雜程度的語言。

■ *語言難以阻礙*。除非採用很特別的情境，像是嚴格隔離或剝奪權利，才能避免兒童學習語言。即使是聾啞人士或是其他身心障礙人士也無法阻止他們溝通，因為有手語等其他管道可以作為溝通的媒介。

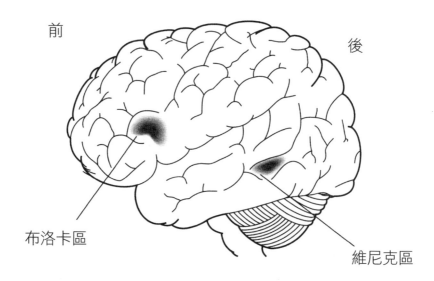

前　　　　　　　　　　　　後

布洛卡區

維尼克區

圖9.1 大腦的語言控制區

■ *語言學習規律展開且遵循一定順序*。不同語言的學習順序與時間
點都是類似的，即使是發展遲緩的小孩也只是以較慢的速度並以
同樣的順序學習。這似乎暗示著生物遺傳因素決定語言發展，就
像是引擎的設計一樣，照著既定的設計圖設計。

■ *語言基於各式不同解剖學構造演化而來*。包含嘴與喉嚨等發聲構
造，這些都是人類所特有的，在其他靈長類動物身上找不到。另
外這些特殊構造也包含人的大腦，左大腦掌管語言功能，尤其是
其中的布洛卡區（Broca's area）與維尼克區（Wernicke's area）（參
見圖 9.1）。這兩區受損的病人將會有語言障礙。

■ *語言是天生的，在嬰兒時期即開始展現*。這是根據 Lenneberg 的
書中提到的兩項結論，而這兩項結論也支持了他認為生物特徵對
於人類聽與說能力發展重要性的看法。首先，是第三章提到的發
現，指出嬰兒對人的聲音的注意力大於對其他聲音的注意力，也
就是說嬰兒天生就對其他人的說話有較敏銳的接收與回應。第
二，嬰兒可以分割複雜的聲音訊號，就像一般成人一樣，這也顯

示了嬰兒在可以理解他人說話內容之前就具備的聽覺敏銳程度
（Eimas, Siqueland, Jusczyk & Vigorito, 1971）。似乎兒童天生就有
一種獨特的能力，能夠敏銳地辨識身邊的人的聲音。

我們可以下結論說，人類有學習語言的潛能，而這跟物種繼承有
很大的關係（參見 Pinker, 1994）。兒童打從出生就準備好了學語言，
而且將會培養理解語言能力與說話能力。當然，這並不代表環境不重
要，畢竟天性與後天培育是不相衝突的。成人提供多少、以及如何提
供口語刺激的元素，將對兒童學習語言產生很關鍵的影響。

語言的發展過程

兒童什麼時候開始學習語言技能的？這個問題並沒有一個很簡單
的答案，端看我們用什麼標準衡量。就某種程度上來說，兒童在出生
前，他的基因就開始準備學習語言，因此我們可以說他出生前就開始
學習語言了。如果衡量標準是理解他人用字的含意，則大多數的兒童
在出生後 9 個月左右就可稱開始學習語言了。如果我們使用最常見的
標準，也就是有能力產生有意義能理解的字彙，那麼通常是在出生後
12 個月左右就開始了。

語言的學習階段大致可分為四個階段，每個階段都有其時間表：

■ **音韻學**（phonology）[49]：探討說話的聲音是怎麼產生的。音韻發
展是一件漫長的事情。一個小生命誕生的前幾個月內，能發出的
聲音僅止於咕咕的叫聲和哭聲，當長大到 5、6 個月之後，開始發
出其他各式各樣含糊不清的聲音。當真正的「字」出現之後，兒
童能夠發出的聲音範圍就更大了。然而，完全的音韻能力通常要
到學齡期才會發展完成，因為我們發現，即使是學齡前期的兒童，
要發出某些聲音仍顯困難。因此，即使有能力使用一些適當的話

---

[49] 音韻學（phonology）：研究聲音系統組成語言的一門學問。

語，他們說的話有時候仍然很難被理解。

■ **語意學**（semantics）[50]：探討字的意義。在含糊不清地發出聲音這個階段，聲音只是表現愉悅的一種方式，所以一個嬰兒可能躺在床上很久，只是一直重複著「叭─叭─叭─叭」的聲音。到了第2年之後，兒童開始學習到特定的聲音，像是「媽媽」是有它的特別意義的。這段發展過程也是相當漫長的，不只是因爲兒童必須學大量的字，而是有時候意義開始變得複雜、抽象，與其他所指的事物交織混雜在一起。

■ **文法**（syntax）[51]：牽涉到我們如何把字組成一個句子的知識。兒童除了要學單獨的字之外，還要學文法規則，因爲我們藉由產生不同字的組合來傳達不同的意義，例如「爹地親」（Daddy kiss）跟「親爹地」（kiss Daddy）的意義就不太一樣。但是，字的順序只是語句學的一部分而已，還有其他要學的文法規則，像是問句、否定、被動語態等。同樣地，學習這些相關的知識讓我們在往後的學校生活過得很好，即使有些人從來沒有完整地學過。這樣的知識其實往往是內隱的而非外顯的。

■ **語用學**（pragmatics）[52]：考慮在社會情境之下的語言使用。語言是一項用來和他人溝通的工具，因此必須考慮與我們對話的那個人所使用的詞彙、我們所在的情境、以及我們爲什麼要談論這件事。兒童因而必須學習大量的社交原則以達到有效溝通。例如，他們必須認知到，要傳遞給對方的言語必須是對方能夠理解的；當對方距離比較遠的時候，要說大聲一點；聲音的語調可以傳達神秘或是敵意等。也就是說，兒童不只要學如何說話，還要學習如何有效說話。

---

[50] 語意學（semantics）：是語言學的一個分支，探討字的意義以及我們如何學習它。
[51] 文法（syntax）：指的是語言的文法，也就是字與字如何組成有意義的句子。
[52] 語用學（pragmatics）：探討我們如何實際使用語言的規則。

學習語言包含了上面這四項中的每一項能力，而每一項都包含了相當大量的技能。令人驚訝的是，雖然這項工作相當困難且複雜，兒童很快就學會了。5 歲的時候，雖然發展還要持續好一陣子，但幾乎已經習得所有主要的語言能力。以下我們將針對一些細節做討論。

第一個字

當兒童開始說話時，大約是在他們的第一個生日的時候，他們所發出的第一個「真正」的字往往是含糊不清的聲音。他們會選擇最容易發音的字，正如同 Siegler 所指出，這正是為什麼父親跟母親這兩個字在不同語言中的發音如此相近（參見表 9.2）。真是一件相當令人驚訝的事情，嬰兒喃喃自語的聲音幾乎在全世界各地都一樣。

兒童所說的第一個字的事物種類幾乎在全世界各地都一樣，不外乎父母、兄弟姊妹、寵物、玩具、衣服、食物等。會動的東西比較容易被記住，像是汽車比燈泡、公車比街道容易記。然而，我們不能理所當然地以為兒童用的字一定會和成人一樣，相反地，一開始兒童會偏好對於用字*過度延伸*（overextension）或是*延伸不足*（underextension）。用字過度延伸指的是兒童會把一個字用在更廣泛

表 9.2 在不同語言中的幼兒對母親和父親的稱呼

語言	母親	父親
英語（English）	mama	Dada
希伯來語（Herbrew）	eema	Aba
那瓦和語（Navajo）	ama	Ataa
中國北方（Northern Chinese）	mama	Baba
俄語（Russian）	mama	Papa
西班牙語（Spanish）	mama	Papa
台語（Taiwanese）	amma	Aba

資料來源：Siegler（1998）。

的解釋上，例如學會了「狗狗」這個詞，就把貓、兔子、小羊以及其他各種小動物也都叫做「狗狗」。延伸不足指的是窄化了該字的定義，例如兒童可能會認爲「狗狗」是家庭寵物的名字，因此不能稱其他狗狗爲「狗狗」，或是誤以爲只能在某種特定情境下使用該字。舉例來說，Martyn Barrett（1986）提到他的 1 歲小孩只有在用玩具鴨敲打浴缸邊緣的時候才使用「鴨子」這個字，而在其他情境之下，甚至是看到真的鴨子的時候也不會說「鴨子」這個字。用字過度延伸或是解釋得延伸不足都意謂著兒童需要時間與社會經驗，來學習與其他人使用一致的用字。兒童小時候說的一些奇怪的話，可能會討人喜歡，但是卻往往容易引起其他人的困惑，而且家長通常不太可能長時間地被動接受這件事。

仍然不清楚兒童如何開始很精確地學習特定字詞的意義。即使當成人透過「字彙課程」的方式，例如指著一隻狗，同時說「狗狗」，表示「狗狗」是這整隻動物、還是特定的某個部分、還是牠的顏色、還是牠正在做的某個動作。專家提出一個論點：在*整體限制*（whole-object constraint）的情境下，也就是在沒有其他輔助資訊判斷條件之下，正在學語言的兒童會自動假設這個字指的是整個物體。這似乎也可以解釋爲什麼兒童學名詞特別快，同時這也是兒童學字的策略之一（Messer, 1994）。

然而，兒童通常不是從「字彙課程」聽到字的念法，而是透過他人快速的、一連串的句子中學習。字和字之間很少停頓，那麼兒童如何斷句？在單字階段中，兒童又是如何從整句話中聽到有意義的字詞？有一種說法是，成人會自動且不自覺地調整自己的語言，以因應兒童學習能力，因此給予兒童額外的幫助。例如，成人會在字與字之間停頓，講慢一點，在一句話中特別強調某個字等，以確保兒童接收重點，另外，成人也會輔以手勢或其他非口語的暗示，使得兒童有額外的資訊，以方便兒童學習與模仿字詞的時候更容易。我們再深入一點討論成人給予兒童幫助的種類：強調一下，語言學習過程是一個社會互動過程，這幾乎是無庸置疑的，因此，企圖讓語言學習者獨自一

人學習，註定是失敗的。雖然如此，正如同下面這個例子所說的，一開始兒童在斷句過程中很難十全十美（Ratner, 1996）：

> 父親：誰要一些芒果當點心？
> 孩子：什麼是「一些芒果」？

我們要強調的不是兒童偶爾會犯類似這樣的錯誤，而是在大多數的情形下兒童可以正確聽懂。

兒童的字彙量一開始的成長是相當緩慢的，在第 2 年的前半年，兒童平均每個月學 8 個新單字，在那之後，兒童的字彙學習量突然就如 Pinker（1994）所言，變成了真空吸塵器般，每天可學會 9 個新單字（參見圖 9.2）。在兒童大部分的成長過程中，學習新單字的成長率是相當驚人的，正如同 Susan Carey（1978）所言：

> 平均而言，兒童在 6 歲的時候已經有 14,000 個單字量了。假設兒童在 18 個月之前的字彙成長相當有限，那麼這意謂著在 18 個月之後平均每天可以學 9 個新單字，或者是說醒著的每一小時就學會了一個新單字。

假如學習新單字是緩慢且困難的，需要很多的嘗試與重複的練習，就像是兒童開始學習第二語言一樣，那麼這樣驚人的學習新單字的成長率是不可能的。大多數的情形是，在前 5 年中，兒童在很少量的接觸之下就學會了他們聽到別人說的字的意思，也開始會用那個字。當然這時只知道字的部分意思，之後數月或數年必須被漸漸矯正成那個字的真正意思。然而，兒童學習語言的第一步仍然是相當令人印象深刻的。如此快速的學習又被稱為*快速對應*（fast mapping），通常發生在兒童 2 歲的時候，而在兒童期後期就很少發生了。

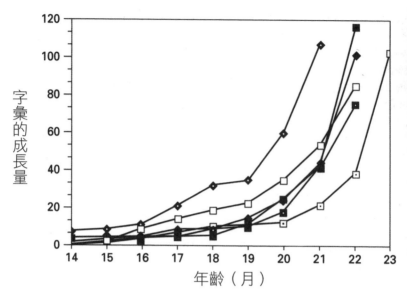

圖9.2 6個兒童在2歲期間字彙的成長量

表 **9.3** 兒童最初 6 年在字彙上的成長

年齡（歲—月）	字彙的量
1—0	3
1—6	22
2—0	272
2—6	446
3—0	896
4—0	1,540
5—0	2,072
6—0	14,000

資料來源：各類的公布資料

句子的形成

　　大約 18 個月開始，兒童開始學著把字連在一起以組成「句子」。一開始，他們使用的句子跟成人用的非常不一樣，也因此我們用引號加以標記。這些「句子」通常是簡短的、簡單的、而且通常是文法有錯的，但是意思大部分都表達得很清楚。更多牛奶（More milk）、坐椅子（Sit chair）、母牛哞哞叫（Cow moo）、看見嬰兒（See baby）、再見汽車（Bye bye car）等，雖然有如 *電報語言*（telegraphic speech）（R. Brown, 1973），兒童卻是盡其所能地傳達訊息。有時候，我們的確需要參考上下文才能知道兒童真正的意思。舉一個常被引述的例子：Lois Bloom（1973）觀察到一個兒童在兩種情況下使用「媽媽襪襪」（Mommy sock）這個詞，第一種情況是當兒童拿起媽媽的其中一隻襪子時，另一種情形是當她媽媽幫她穿襪子時。前者她想要表達的是「這是媽媽的襪子」，後者則應是「媽媽正在幫我穿襪子」。無論如何，這意謂著兒童可以產生字彙組合以表達更複雜的意思，而且兒童在認知上可以表達兩者之間的關係：媽媽跟襪襪。

　　兒童從 3 歲開始在句子的長度、複雜度與文法正確性方面都有顯著的進步。想想看組成句子的文法規則有多複雜，而兒童（不像是猩猩）可以在很小的年紀就學會這些。兒童開始瞭解句子不單單只是一堆字連在一起就好，而是字的順序會關係著傳達意義的不同。「爹地親」和「親爹地」的意思就不同了，但是並沒有任何一門課教他們這些，而是他們自己自然而然學會的。的確，兒童在語言學習這部分的自然創造力，都不如他們忙著學習組成有意義句子的文法規則來的具有震撼力。以在英文動詞句尾加上「ed」這個規則來表示過去式為例，一開始不管這個規則，當他們要描述過去的事情時，他們會說：「Granny play piano this morning」，或是「I sleep last night in big bed」。有時候兒童在 3 歲會學到加上「ed」這個規則，但是會用在所有的過去情境中，例如 play 變成 played 是沒錯，但是 sleep 卻變成了 sleeped。很明顯地，他們學會了這個規則，沒有人刻意去教他們，根據許多研究

顯示，父母很少去糾正兒童的文法錯誤，因此兒童是主動地、自動自發地學習規則。*過度規則化*（overregularization），也就是傾向對所有的東西都採用同樣的規則，造就出了 goed、wented、comed 這些字，兒童顯然沒有聽過成人講過這些字，所以這絕對不是模仿而來的，這些字是由兒童在學習如何說話中自己創造出來的。過了一陣子之後，他們會學到過去式在字尾加上「ed」這個規則是有例外的。然而根據 Kuczaj（1978）的研究，即使是 6 歲大的兒童有時候也不確定某些字，例如被成人問到 eated、ate、ated 是可以還是不可以，大多數兒童認為 eated 是錯的，而 ate 和 ated 都是可被接受的。

還有其他語言習慣是兒童必須去學習的，像是怎麼形成否定句或是怎麼使用問句。一開始用很簡單的方法來處理這樣的狀況：要形成否定句，就在平常的句子之前加上 no 或 not（像是 not I have medicine 或是 no I go）；要形成問句，句尾語調要上揚。終有一天他們學會複雜的文法結構，而且會開始產生出文法正確的句子。在名詞後面加上「s」以形成複數這件事，也可以用來當成另一個過度規則化的例子，在知道有了這項規則之後，兒童會把這項規則用在所有的名詞上，像是 foots，不過漸漸的會變成 feets，最後會變成正確的 feet。

在接下來的幾年中，兒童會學到其他不同的複雜句，像是有連結詞的句子：Baby cried but I kissed her and she stopped；被動句：The window got broken；有子句的句子：Can I go out to play when it stops raining？有附加問句的句子：I did the best drawing, didn't I? 等。在每個例子中，兒童都有一定次序的進步過程，以問句為例，一開始只是句尾音調上揚（I ride bike?），大概到了 3 歲兒童開始會問 wh 問句的問題，雖然是用很簡單的形式（ Where teddy?）。之後兒童會學到助動詞的用法，像是必須使用 does，雖然他們還不確定怎麼放進文法正確的句子裡，因此會出現像是 Why does Annie cries?之類的句子。最後他們學會使用簡單問句，那些複雜問句則伴隨著他們進入小學。我們要強調的是這個過程完全是自發的。兒童很少被刻意教導怎麼用問句，如果刻意要教，往往也是徒勞無功。一旦兒童學會了，他們的說

話方式也會隨之改變。把這件事跟認知發展想在一起，我們也就不會驚訝形成文法正確句子的過程以及其他不同的里程碑，在不同兒童之間是相似的。的確，即使是聾啞兒童，在使用手語的發展過程中也可觀察到類似的規律（參見訊息窗 9.1）。

訊息窗 **9.1**

學會手語

天生聽力嚴重受損的兒童在學習說話方面遇到很大的困難，因此很可能學習其他的溝通方式，像是美式手語或是英式手語（British Sign Language, BSL）。大量的研究顯示（尤其是關於 ASL 的研究），這些都是真實的語言系統，跟其他口說語言不一樣的地方只在於表現方式的不同，手語的表現方式是用手表達而非用聲音的方式。每一種手語都有其明確定義的結構，有些特別的部分跟其他手語不盡相同，或者是從其他手語系統演化而來。因此手語並不是直接從說話翻譯過來，例如，英文的 What's your name?（你叫什麼名字？）在 BSL 就成了 Name you what?（名字你什麼？）。然而就像一般口說語言系統一樣，所有的手語都是以符號為基礎，而且是相當有規則性的（詳見 Bishop & Mogford, 1993；Klima & Bellugi, 1979）。

在字的部分，每個手勢多數都是任意訂定的，由手擺放的位置、和身體之間的關係以及移動方式形成單字（參見圖 9.3）。

表情與身體移動也是手語的一部分。有些手語的單字是圖像的，也就是說表達的表情態度決定了意思。例如，美式手語中哭泣是用手指從臉頰滑落來表示，就好像眼淚在流；而樹的手語看起來就像是一棵樹在風中搖曳。不管是什麼樣的動作，這些都是使用該手語的人所共同同意的一套語言，也是他們彼此之間互相溝通的方法。

當父母也是聾啞人士（雖然每十件案例中只有一件是如此）而且會手語時，兒童學手語就好像聽得見的兒童學說話一樣。這樣的兒童的第一個手語會出現在大約足 1 歲的時候，這個時間剛好也是聽得見的兒童說出第一個字的時候。2 歲時，開始出現結合兩個手語字的現象，就好像一般兒童結合兩個字的情形，並且在接下來幾個月開始出現長句與複雜的變化。

多少？　　　　　我不知道

電子郵件　　　　　醫生

圖9.3　手語：一些例子

除了開始時間可以相比較之外，字詞結合也有類似的現象：手語通常是用主詞－動詞－受詞的結構（例如：我抱小孩），因此兒童也可以用造句法則來形成有意義且一致的句子，也在正常年紀學到了文法。和一般兒童一樣，他們也會發生造句的文法錯誤，也會有過度規則化以及產生像是英文中 goed 和 sleeped 這一類的錯誤。

在科學研究中，我們特別感興趣的是那些父母不會手語的聾啞兒童，也就是兒童在其童年裡沒有接觸到任何語言，不論是手語或是口說語言 Susan Goldin-Meadow 與同事提出（例如 Susan Goldin-Meadow & Morford, 1985），這些兒童想要跟外界溝通的欲望相當強烈，因此這些兒童會基於一些自然手勢像是指東西或其他動作（例如：把手放進嘴巴代表吃東西），來建構他們自成一套的手語。因此，在沒有任何教導或例子的情形之下，這些兒童自發地建構字彙以表示人、物體、動作等，並且最後根據文法規則組合成句子。在缺乏任何外界語言輸入的情形之下，兒童的語言發展將不會進展太遠，然而我們可以再一次看到，這和那些被剝奪學習語言機會的一般兒童有多相似。

學習語言有關鍵期嗎？

　　正如同我們之前提到的，語言發展是依照一定次序、在可預期的時間內發生的。大部分的基礎語言能力出現在 1 歲半到 5 歲之間，而且就像是運動技能一樣地發展開來。正如同運動技能一樣，語言學習和年紀的相依性暗示著成長過程是依據內建於神經系統內的程式、即遺傳基因的一部分在運作著。

　　但是，當某些原因使得這個過程被干擾，讓兒童在適當的年齡內沒有獲得足夠的口說語言資源，會發生什麼事？這樣的學習有關鍵期嗎？**關鍵期**（critical period）[53]指的是某個心理功能只有當兒童在適當的時間被提供需要的經驗時才會發展。如果沒有在適當的時間獲得足夠資源的話，這樣的發展就不會發生。這個論點的支持是有些繁雜的。一方面，以雙眼視覺來說，有顯著的證據顯示兒童必須在 2 到 3 歲時妥善使用雙眼，例如必須在這段時間改正斜視的習慣以便讓兒童在很小的時候就學會協調雙眼視覺（Banks, Aslin & Letson, 1975）。至於另一方面，接觸感覺的形成，則已經被認為那些在正常年紀被剝奪學習機會的兒童在之後還可以補強，至少是在某些限制之下（Schaffer, 1998）。

　　支持語言學習有關鍵期的論點主要來自 Eric Lenneberg（1967），他認為語言建基在生理基礎之上。這個關鍵期被認為是從 1 歲半到青春期，也就是說這段時期是大腦特別適合學習語言能力的時期，也因此語言學習在兒童期早期進行較為容易，而在青春期或成人階段就算不是不可能，也會比較困難。Locke（1993）認為可以從以下列四個部分得到相關證據：

■ *學習第二語言*。Johnson 和 Newport（1989）測試從中國與韓國移民到美國的居民的語言能力，發現他們的文法知識與他們開始學

---

[53]　關鍵期（critical period）：是指在發展過程中的一些時機，個體必需接觸到某些經驗，以便習得一種特定的技能。

英語的年齡具高度相關。7 歲之前就到美國的人，他們的美語能力就和本地人沒兩樣，然而那些 15 歲之後才來的人，即使他們和那些年輕人居住了一樣長的時間，英文仍顯得笨拙拗口許多。因此語言學習與年齡相關的論點得到支持，至少第二語言是如此，雖然沒有證據顯示習得第二語言有明確的期限。

■ *聾啞兒童較晚接觸語言*。有些聾啞兒童直到兒童期晚期才有機會學習一個正式語言，不論是口語的或是手語的。關於這一類兒童的研究顯示（例如 Newport, 1990），這樣的情形與學習第二語言的情形類似：愈晚學語言，愈難學得好。然而我們要再強調一次，我們並沒有發現任何明確的時間分割點。

■ *不同年紀大腦受損的影響*。很多證據顯示，左大腦的語言區受損的後果和什麼時候受損有很大的關係。年紀愈小，愈有可能由大腦其他區域接管，並讓兒童恢復失去的功能。隨著年紀愈大，這樣的可塑性漸漸消失，也就愈不可能恢復語言能力。

■ *兒童被隔離教養*。數百年來發生過很多兒童沒有機會或是很少有機會和其他人類接觸的案例（Newton, 2002）。最有名的是亞維儂的野男孩（Wild Boy of Aveyron），他於 1800 年冬天在法國艾梅若附近的樹叢裡被發現，而且在這之前他從來沒有和任何人類接觸過。他被發現的時候就好像一個初學走路的兒童，估計大約 12 歲，全身赤裸，有時候會用四隻腳走路，習慣以橡膠樹根為食，而且也不會說話。他被帶到巴黎，接受聾啞機構年輕物理治療師 Itard 的照顧。Itard 接下來幾年花了大部分的時間想要讓男孩變成「人類」，也就是教他學習語言和社會技能。然而在幾年努力之後，Itard 承認他失敗，野蠻男孩只學會了幾個字，直到他 40 歲的時候，他還是沒辦法像正常人一樣說話。也有其他兒童類似他這樣的遭遇，兒童期被剝奪學習語言的機會。最著名的例子是潔妮，她自從 18 個月大時就被關在一間房間內，在 1970 年被發現時，已經 13 歲了。她完全不會說話，即使在數年密集語言訓練之下，她的進步也很有限，她從來沒有學會正常的語言（詳見訊息窗 9.2）。正如同野蠻男孩的例子，

要補償那些逝去的光陰，似乎是太晚了。

　　學習語言是否有關鍵期呢？我們無法給明確的答案，因為這些證據必須來自於自然實驗（experiments of nature），而除了剝奪語言學習機會之外，其他像是社會孤立、營養失調、殘酷行為等，都可能是造成不幸後果的原因之一。關鍵期的概念主要是來自於動物實驗，因為我們可以操縱一些因子，像是隔離情形、實驗時間長度、幾歲隔離等。即使有這些動物實驗的結果，仍然缺乏明確的分界點；尤其是我們可以很明顯地看到，年齡的敏感度範圍是很彈性的，甚至在某些情況之下可以拖長。因此我們使用**敏感期**（sensitive period）[54]這個詞表示，在特定年齡時，某些發展比起其他年齡來說比較可能發生。這也是從上述證據顯示的一個安全的（同時也是不令人驚訝的）結論：兒童期是學習語言的最佳時期。然而這當中還是有一些彈性，也沒有明確的證據支持 Lenneberg 的論點，他認為青春期之後任何的語言學習都是不可能的。

訊息窗 9.2

潔妮的故事

　　很難想像有比潔妮還悲慘、殘酷、受忽視的例子了（見 Rymer, 1994）。她18個月大的時候，她那個心裡有病又嫌惡小孩的父親把她監禁在一間小房間裡，把她和一個兒童用的小椅子綁在一起，使得她幾乎無法移動。她沒有任何玩具可以玩，而且在這段期間內，她目光所及幾乎都沒有什麼東西，觸摸不到任何東西，也沒有任何聽力的刺激—沒有收音機或是電視，她父親以及她那被恐嚇且半盲的母親也不和她說話，如果潔妮發出任何聲音的話，就會被父親打。晚上她被關在一間小屋內，也是被嚴格地限制行

---

[54]　敏感期（sensitive period）：在發展期間的某些時機，個體更有可能比其他時機能夠習得某些特定的技能。

動。最後，在 1970 年，她的母親鼓起勇氣帶著她離家，當時潔妮已經 13 歲半，仍然無法站直、無法控制大小便、極度營養不良，因此她進入醫院接受治療。她的情緒極度混亂，不知道如何與人對話，因此也幾乎都不講話。

許多人做了很多努力（很不幸的是，這些專家們彼此之間是敵對的，也因此這些努力缺乏協調一致）協助解決她的生理與心理問題。其中，因為她不會說話，使得心理醫師很難知道一個兒童在青春期之後是否還能學習語言。因此，一位語言心理學研究生 Susan Curtiss（1977）擬定了一份計畫來教潔妮語言技能。接下來幾年 Curtiss 花了相當多時間，試圖刺激潔妮，讓她對學習語言及能夠和別人溝通這件事情感到興趣，也同時測試並詳細記錄潔妮有了什麼樣的進步。漸漸地潔妮開始知道字，也能夠創作字，以及建立她的字彙庫，經過單字階段，能夠結合數個字以產生更複雜的發音，就像其他兒童一樣。然而，她的進步非常地緩慢。例如在 4 年密集教學之後，她的單字量只有 5 歲兒童的程度，而且她能夠記得的兩個字結合的發音不到 2,500 個。不只是學習進度緩慢，同時學習的瓶頸也很高，尤其是學習文法。她從來就不會否定句，也不會用疑問句，或是如何組成關係子句、被動句等。也因此她的說話仍然是不正常的，充滿了像是「I want Curtiss play piano」、「Like go ride yellow school bus」和「At school scratch face」之類的句子。當大多數兒童在 2 歲半左右就能組成英文句子時，潔妮在經過 4 年才開始學習結合單字。

從潔妮做過的好幾項測試中，其中的一樣發現跟她的語言限制有很大的關係。正常人都是左腦掌控語言，而在潔妮的說話過程中，卻主要是右腦有電流活動。特別的是，潔妮的文法缺陷跟那些動過外科手術移除左腦的人很像，他們都必須把控制權轉移到大腦中「不自然」的部分。我們不知道為什麼潔妮也會有這樣的轉移，雖然有可能是因為她小時候被不正常地對待，導致她大腦的某些區域受損。

撰寫這篇文章時，潔妮仍然活著，但是是一個非常不快樂、情緒混亂的中年婦女，她還是和其他人格格不入，因為她不知道怎麼和其他人溝通。她無法正確地學習語言，至於是不是因為太晚學習仍然屬於推測。在潔妮小時候發生過太多不幸的事情，而這些事情在某種程度上都可能造成她失去學習語言的能力。

溝通能力

語言能力必須與溝通能力一起發展。只有絕佳的說話能力是不夠的，一個人必須調整適當的說話方式以便和他人溝通。對成人說的內容不見得適合對兒童說；對陌生人說話的形式也和對熟人不同；不熟悉某個主題的人所需要的資訊一定和熟悉的人不同。就像文法有規則，語言的溝通使用也有規則，而兒童兩者都要學習。

Grice（1975）提出一些會話原則，具體展現了這一類的*語言規則*，包括：

- *數量*。必須給予對方足夠的訊息以瞭解談話內容。因此兒童必須學習如何考慮另一個人的既存知識，並據此調整其訊息。
- *品質*。我們通常假設說話內容是真實的。兒童必須學到他們被期望說真話，雖然之後他們會發現有些是被允許的例外，例如笑話、戲謔與諷刺。
- *相關性*。當兩人在談話時，很重要的一點是兩人必須談論相同的主題，而且當輪到其中一人說話時，必須能跟上另一個人的談話內容。有時候兒童的會話缺乏相關性，因此會比較像是兩個人在各自唱獨腳戲。
- *態度*。輪流講話和傾聽是必要的，打斷別人講話是不禮貌的，也無助於傳遞訊息。

兒童一開始還不太會照著這些原則進行。Warrenhdr 和 Tate（1992）記錄了 2 到 6 歲的兒童和成人的電話對話內容，下面舉例的是 3 歲的愛麗斯與她的祖母的對話：

> 愛麗斯：我拿到一個綠色的（開啟話題）。
>
> 祖　　母：妳拿到什麼？
>
> 愛麗斯：一個綠色的。
>
> 祖　　母：一個綠色的……？

　　愛麗斯：那邊有一個嬰兒（指向窗外）。

　　祖　母：那邊有⋯⋯?

　　愛麗斯：有一個嬰兒。

　　祖　母：我的天哪！

很明顯地愛麗斯違反了一些會話原則，最重要的是她在電話中提供了不充分的資訊，沒有說出「一個綠色的」什麼，也沒有說清楚嬰兒在哪裡。正如 Warrenhdr 和 Tate 的發現，在學齡前這樣的錯誤很常發生，尤其是透過電話而非面對面的時候，兒童常常搖頭卻不會說「不」，點頭卻不說「是」，指著一樣東西卻不說清楚那是什麼，像是「看那個！」好像聽的人就在他旁邊似的。6 歲時這樣的問題就比較少出現了，這個時候兒童比較會站在對方的立場，也比較不會以自我中心觀點看事情。

　　無疑地，自我中心觀點在兒童小的時候往往限制了兒童的溝通能力，大量的研究也顯示皮亞傑關於學齡前兒童完全無法與他人對話的主張是過度誇張的。Eleanor Keenan（1974）記錄了她的雙胞胎托比和大衛的談話，那時候雙胞胎是 2 歲 9 個月，場景是清晨的床上。以下是一個例子：

　　托比：（鬧鐘鈴響）哦—哦—哦！鈴響。

　　大衛：鈴響。

　　托比：鈴響。是媽咪的。

　　大衛：（含糊不清的說話）。

　　托比：是媽咪的鬧鐘，是媽咪的鬧鐘。

　　大衛：鬧鐘。

　　托比：對啊！叮咚—叮咚！

這是很典型的對話，當然和他們是雙胞胎彼此熟悉有關，但是在這個年紀還是令人印象深刻。一方面來說，兒童會輪流說話，等別人講完之後才開口說話。另一方面，兒童很清楚地聽到對方說話的內容，模

仿或延伸他們聽到的內容以延續話題。如果兒童想要跟他人溝通，這是一項很重要的技能。另一個例子，Shatz 和 Gelman（1973）的研究顯示，兒童有能力調整自己的說話內容以適應聽的人。4 歲的兒童被要求依序和 4 歲、2 歲的兒童解釋這個玩具是如何運作的。從他們的說話內容分析得出，兒童會系統化地調整其說話的方式，相較於 4 歲的兒童，和 2 歲的兒童說話時會用較簡短的發音、簡單的句子以及更吸引注意力的東西。很明顯地是根據對方的需求才有變化的。

正如同語言能力一樣，溝通能力的培養也是很複雜的，一直延伸到整個童年。在這個過程中，兒童學到如何表達不同的*語言行為*，像是使用語言來完成詢問資訊、提出請求、自我主張、改變別人的行為、表達情感、加強或切斷與他人的關係等。兒童也因而學會用語言完成一些事情，一個人說的話可能會帶來一些後果。然而兒童說話的方式還是習慣以最有效的方式表達，例如一個兒童想要喝東西的時候，一個 18 個月大的兒童只要說「喝」一個字就能夠被成人所接受了，然而一個 6 歲大的兒童不太可能被允許如此。6 歲大的兒童會被期望用比較禮貌的方式，例如說：「可以請你給我飲料嗎？」雖然兒童用問句的形式說話，但他其實是希望母親倒給他一杯飲料，而非回答「沒問題」。有趣的是大多數的家長很少會糾正兒童的文法或發音，卻會花很多心力教導禮貌規則，也許是因為家長知道單有文法與發音是無法成功的，而有了禮貌規則可以讓事情結果有些不同。

語言行為的學習是溝通模式整體發展的一部分。最晚到兒童上學之前，他們開始用自己的方式思考單字，也就是他們把單字當作物件，思考如何在達成特定目的之下運用這些字，也開始會檢視他們自己的說話。他們漸漸知道他們所傳達出去的某些訊息可能是不適當的，需要修正或是加上更多訊息。因此，當一個 7 歲大的兒童說：「我們，哦！我和珍去那間店，你知道的，就是轉角賣甜點餅乾的那一間。」他其實知道聽的人不知道「我們」指的是誰，也知道需要明白指出是去了哪間店。這就好像他也正在聽自己說話，思考自己說話的有效性，也有能力附帶一些詞句以完整表達意思。溝通模式技巧在學齡期間發

展，兒童也學會如何創造雙關語或是無聊的詞句，也懂得隱喻與諷刺，如何故意製造模糊等。兒童學會如何把自身抽離出自己說的話，把自己說的話當成物件，進而更有效地使用語言達成溝通目的。

閱讀書寫能力

　　語言不只是用說的，還有書寫的形式。就像說話一樣，寫作也是用來傳遞訊息的一種方式。然而不像口語一般，閱讀書寫能力並非人類自然的一部分，而是在歷史中相對較晚出現的文明。我們現在已經認為這個文明是社會生活不可或缺的一部分，因此將重點擺在教導兒童閱讀與寫作的能力。

　　口語和書寫文字的關係絕不是簡單而直接的，口語並非只是書寫文字的另一種媒體，反之亦然（Wood, 1998）。兩者並沒有一對一的對應關係，我們並不像平時說話般地寫字，這也是為什麼兒童會覺得學習書寫比學說話來得困難的原因之一。透過社會互動，我們很自然地學習口語；手勢與環境資訊也幫助兒童容易理解其他人的說話的內容；兒童說話的內容也馬上從其他人身上得到回饋，知道他們說的話有沒有被聽懂。同時在口語對話中也沒有必要使用語法上完全正確的字句，通常兒童不完整的字句就已經可以讓對方猜出大概的意思。寫作則是一件需要很謹慎、很仔細的工作。兒童必須使用正確的語法結構來完成句子，也必須知道寫作的習慣（橫式由左到右書寫，字與字之間留空白，使用大寫與標點符號等）。而且這些內容並沒有辦法像口語般立即得到回饋，因此兒童更需要學習書寫，這也難怪書寫能力的培養是在發展過程的數年後，同時還需要成人的協助。

　　學會閱讀書寫能力不只是看得懂字、手寫、拼字之類的工具上的技能而已，其實其中包含了很多細節（例如 Adams, 1990；Harris & Hatano, 1999；Oakhill, 1995）。在這裡我們想要特別探討的是學會閱讀

書寫能力的第一步，又被稱爲**讀寫萌芽**（emergent literacy）[55]—這個詞用來表示兒童開始體認到用寫的語言以及對它的態度（Whitehurst & Lonigan, 1998）。

閱讀書寫能力出現的概念不只是代表著知道如何讀和寫，還有對讀和寫的興趣，這在上學之前就已經開始了很長一段時間了（McLane & McNamee, 1990）。在現代社會中，兒童一出生就接觸到各式各樣的印刷品：床前牆上的海報、身上穿著有標語的 T 恤、喝著印有可口可樂的飲料、家裡隨處可見的報紙雜誌、走在街上到處都是商店標誌與廣告。兒童馬上就會知道，這些印刷符號不只是視覺上的圖案而已，而是可以從中推論出一些意義來。然而，要能對閱讀書寫活動產生興趣，最主要的方法還是要直接參與，通常都是由家長啓動的。結合圖案與文字的閱讀書就是一個最清楚的例子，很多研究也是針對這一項加以探討（參見 Snow & Ninio, 1986）。當家長與兒童一起看書時，他們處於一個高度互動和合作的過程：父母親不只是唸，兒童也不只是聽而已，相反地是兩方相互討論故事裡發生了什麼事，也常常用問句－回答的形式進行。因此家長會指著一幅圖案問：「那是什麼？」或是說：「你記不記得我們也坐過像這樣的火車？」兒童因此被要求回應，也因而有了互動。這激發了他們的興趣，也讓他們學到了書本的目的以及如何使用書本：書是用來唸的而不是用來玩的，一次翻一頁，圖案與文字通常一起出現，書本上面印的東西是有意義的，也常常是快樂的泉源。

家長愈能激發小孩閱讀書寫能力，則兒童在上學之後，在正式的學習過程中會學得愈好（Senechal & LeFevre, 2002）。家長對於閱讀書寫的喜好也占了一部分因素，家裡有幾本書、每天花在閱讀的時間、多久去一次圖書館等，都是兒童未來教育程度的指標。兒童從例子中學習，也從家長相關的閱讀書寫活動中受益，像是塗鴉用的紙和蠟筆

---

[55] 讀寫萌芽（emergent literacy）：與最早階段成為能讀寫的人有關，即是體認到用寫的語言是有意義和有趣的。

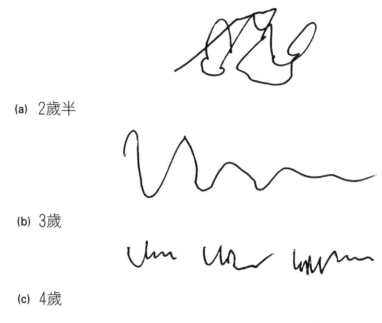

(a) 2歲半

(b) 3歲

(c) 4歲

圖9.4 2歲半、3歲和4歲兒童的書寫能力

以及圖畫書等。最晚 3 歲開始，兒童開始在角色扮演中加入這些元素，例如扮演電視主播唸新聞（雖然主播稿是一張白紙）、或是鐵路站長賣票、或是餐廳服務生接受客人點菜等。兒童的塗鴉某種程度顯示了他們對文字的理解程度，如圖 9.4 所示，2 歲半的兒童還不太能掌握寫字的形式，到了 3 歲開始會畫一條線，到了 4 歲開始會由左而右書寫，而且也學會在字與字之間留空格，雖然他們還不太能寫出別人看得懂的字。

　　兒童在學會如何讀與寫之前，就已經接觸到很多關於閱讀和書寫的東西。這些技能和在家裡的社會互動有關，尤其是和他們覺得閱讀書寫是有用的、有趣的程度有關。有了這樣的經驗之後，兒童便可以發展出合適的教育學習能力。

語言習得的解釋

　　我們現在把重心從什麼時候學習語言、學習什麼，轉到如何學習以及爲什麼學習。關於使得兒童發展語言能力的機制還有很多的不清楚之處，而發展出的這些幫助我們理解，語言學習的不同理論在步驟與方法方面大相逕庭。一共有三類不同的理論：行爲取向、先天賦予取向、社會互動取向。

行為取向

　　二十世紀中期，行爲學派主宰了心理學，尤其是在美國。這大多都要歸因於史金納（B.F. Skinner），他在 1957 年寫的《口語行爲》（ *Verbal Behavior* ）這本書中把行爲理論的原則應用到語言學習上面。根據他的主張，兒童學習語言就像他們學習其他行爲一樣，都是透過**操作制約**（operant conditioning）[56]的方式，也就是經由成人強化那些被認爲對的行爲。口語行爲的加強是透過諸如父母親的口頭讚美，或是表現出兒童說的話有被聽懂等獎勵措施來達成，結果是兒童在未來更有可能重複這一類的行爲。因此當嬰兒發出「媽」的聲音時，母親會很高興地回以「媽媽！對！我是媽媽」，因此接受了這個聲音，也企圖把它變成一個字，讓兒童可以重複學習。兒童也可能主動模仿成人說話，如果能配合某些加強的形式，這也有學習的效果。

　　這一類的論點不再被認爲是可信的，主要原因如下：

■ 沒有證據顯示家長像是史金納所假設的語言教師。相反地，父母親對於兒童早期的言語非常寬容，不管兒童是用何種形式表達。如果兒童說：「Me bigger than Joe。」，通常兒童比較可能被挑戰的是說話內容的真實性，而非矯正他們的文法。

---

[56]　操作制約（operant conditioning）：是指個體習得一種特定的行為模式，與藉由達到表現給予獎賞或是未達到表現則給予懲罰的過程有關。

一些諸如過度規則化的錯誤（像是用 goed 而非 went）都能被成人所接受，也因此被強化了，雖然兒童不會持續這樣的說話方式，而且會主動改正這一類的錯誤。

■ 當父母親試圖擔任語言教師的角色時，兒童的語言發展會變慢而非變快。父母親愈試圖干涉與指導兒童的語言表達方式，則愈可能會妨礙兒童的學習進度而自取挫敗。

■ 模仿也許對學習單字有幫助，卻無法解釋學習文法規則。沒有證據顯示兒童試著模仿成人的句子。相反地，兒童以他們自己認為自然的方式創造屬於自己的句子。

■ 基本上，史金納把所有的責任都放在成人身上，假設成人是語言教師並扮演加強的角色，而兒童只不過是被動地接收成人所付出的努力。然而語言學習過程一再顯示，兒童試圖精通語言溝通技巧，以及學習語言規則過程中所主動付出的努力。這些創造性的發展過程被行為學派的機械式步驟所忽略，而這注定了這個理論會失敗。

先天賦予取向

先天論者主要的論點是：語言發展是兒童天生的能力，而不是受到像是教學等後天環境影響。最著名的先天論提倡者是 Noam Chomsky（1986），也就是他使得行為學派的論點挫敗。他在 1959 年批判史金納的《口語行為》一書，是一個最具破壞力的評論。正如他所寫的：「我找不到任何支持這項學說的證據，這項學說提到透過漸進的加強法以緩慢且仔細地形成口語行為是絕對必要的。」他尤其批評史金納沒有提到*語言生產力*這個部分，這是指兒童把學到的字以不同方式組合以形成句子的能力。根據 Chomsky 的理論，這是語言的本質，不是經由操作型制約可以解釋的。

對於 Chomsky 而言，要解釋語言發展，就必須把重點放在文法的學習。他相信語言有兩個層面，必須區分清楚：

■ *表層結構*（surface structure），也就是兒童真正聽到父母與其他人說的話。然而這本身對於兒童學習語言的幫助非常有限，因爲成人說話通常是模稜兩可的，而且兒童要根據成人說話的內容推論出規則往往有些難度。

■ *深層結構*（deep structure），也就是掌管我們如何運用這些字來產生有意義文句的系統。這也是兒童在語言學習過程中必須獲得的知識。一方面語言的複雜度很高，另一方面兒童學習語言的速度之快，讓我們可以下一個結論：從一出生開始，就有某種天生的機制運作，並主導語言學習過程。

根據 Chomsky 的理論，人類與生俱來就有**語言習得裝置**（language acquisition device，簡稱 LAD）[57]，讓我們能夠容易地發展語言技能。他認爲這個假設性的裝置在我們所有人類大腦結構裡的某個部分，也只有人類具有這個裝置，而這具體展現了我們有**通用文法**（universal grammar）[58]的天生知識。通用文法指的是所有語言共通的部分（例如：名詞與動詞的區分）。兒童聽到其他人使用的特定語言，透過這個裝置的過濾篩選，並萃取出其中的規律（例如總是在名詞的最後加上字母 s 以表示複數），以便提供兒童理解與產生可被接受的說話內容所需的規則。LAD 就像是一個內建在人類心理的裝置，以確保兒童能夠學會文法規則等細節，而這明顯比依賴成人教導要來得實際多了。

　　正如同我們之前所提到的，語言發展的許多層面毫無疑問地都依賴生物特性。而且，所有兒童（就連使用手語的聾啞兒童也是）都是遵循同樣的語言學習發展階段，這強烈地顯示了某種成熟機制在當中運作，並主導順序與時機。然而，是否要加入 Chomsky 的語言學習裝置仍然是有爭議的。例如，關於通用文法的想法，Slobin（1986）提出了一些質疑，他指出在這個世界中，語言的文法規則比 Chomsky 想

---

[57]　語言習得裝置（language acquisition device，簡稱 LAD）：根據 Noam Chomsky 的說法這是一種天生的心理性結構，使兒童能夠以卓越的速度習得複雜文法的知識。
[58]　通用文法（universal grammar）：意思是指語言結構的規則是從所有合適的語言中發現的。

像中的還要多樣。此外，Chomsky 被批評在先天和後天的連貫性上，
與史金納處於過度對立的立場。史金納忽略了生物特徵的影響，而
Chomsky 則是完全沒有考慮到環境的因素，沒有把它整合進其提出的
架構中。

社會互動取向

第三類關於語言發展學派的提倡者認為，除了人類的生理特徵有
助於學習語言之外，還有必須擁有一些社會因子，尤其是兒童在早期
與成人的溝通互動。大量的研究證實了這項聲明，因此我們應該要多
花一些時間在這個學派上。

最具影響力的當屬 Jerome Bruner（1983）。他說：「如果我們堅持
外在經驗不會影響學習，或是堅持天生的驚人學習能力，那我們就不
需要努力了。」我們必須在介於兒童先天複雜交錯的語言天分與他們
在語言使用過程中的社會經驗中，取得一個中間路線的平衡點。這種
社會經驗早在語言學習發生就開始了，兒童有很多機會與他熟悉的成
人或是有互動的成人透過互動以學習語言。以下舉母親與其小孩對話
為例（Snow, 1977）：

> 小孩：（笑）。
>
> 母親：哦！真是甜美的微笑啊！
>
> 　　　對啊！不是很美嗎？
>
> 　　　這裡。
>
> 　　　這裡有一個甜美的微笑。
>
> 小孩：（打嗝）。
>
> 母親：真是一陣舒暢的風啊！
>
> 　　　這更好了。不是嗎？
>
> 　　　對啊！
>
> 　　　對啊！

這裡母親扮演了兩種角色,自己以及小孩。但是她會在字和字之間留下空白,期望小孩回應,甚至透過問問題的方式,讓小孩覺得自己跟母親是處於同樣地位的對話伙伴,讓他熟悉對話的感覺。在說出第一個字之前,關於語言的學習早就已經開始了,藉由每天熟悉的家庭對話,母親以及其他成人仔細地在兒童面前呈現語言。Chomsky 的論點提到,在兒童身邊充斥著成人混亂的說話聲音,而 LAD 則設法從中抽象化出語言的規則。這項論點被 Bruner 所駁斥。他提出兒童學習語言是經由**語言習得支援系統**(language acquisition support system,簡稱 LASS)[59],也就是 Bruner 提到在語言學習過程中成人所提供的幫助與支持,不僅僅是兒童先天的語言學習機制。LASS 是與 LAD 相互配合的。

成人對於兒童的語言學習支持是非常多元的。我們在此特別指出其中兩項,同時也是許多研究學者認為重要的兩項。這兩項分別是成人的說話風格以及成人說話的時機與兒童外顯行為的相關性。

1 成人的說話風格

成人對兒童說話與成人對成人說話是完全不一樣的。不只是說話的*內容*,連說話的*方式*也有所差異。在不自覺的意識中,成人會採用一種不同的風格,調整自己說話的方式讓兒童有能力聽懂(Snow & Ferguson, 1977)。一開始這種風格被稱為*母親式*(motherese),因為調查訪問的對象都是母親。從那時候開始,研究人員發現,不管是父親、男人、沒有照顧小孩經驗的女人、甚至是比較大一點的兒童,在面對兒童的時候都會採取同樣的風格模式。這種 A-C 模式(成人－兒童模式)說話模式有很多特徵,請見表 9.4。總的來說,A-C 模式指的是對兒童說話方式較簡單、簡短、更完整、更多重複、以及更吸引對方注

---

[59] 語言習得支援系統(language acquisition support system,簡稱 LASS):Bruner 提出這個專有名詞是相對於 Chomsky 的依賴天生知識,專注於成人使用去幫助和支持兒童習得語言策略的收集。

表 9.4　成人對兒童說話的一些特色

音韻特徵	語意特徵
明確表達	有限範圍字彙
高音調	嬰兒說的話
誇張的語調	提及此刻
較慢的說話速度	
較長的停頓	
語法特徵	**實際特徵**
較短發音的字	更多指令
完整句子	更多問句
較少子句	更多引起兒童注意的物品
	重複兒童的話

意的。句子比較短、簡單，而且是文法正確的。字與字之間的停頓比較長、語調比較誇張、音調較高且多變化、提及的多是此刻。這些特徵在很多不同語言中都可發現，甚至在父母親對聾啞兒童之間也有（Masataka, 1993）。兒童年齡愈小，這種 A-C 模式愈明顯。成人巧妙地根據兒童的語言能力調整說話方式。

至少在理論上，這樣的風格模式用在教導兒童語言學習方面應該是非常棒的。但真的是這樣嗎？研究指出了非常混雜的結果：一些研究支持 A-C 模式與語言發展之間的關係，有一些則沒有指出這樣的關係存在。更有一些研究發現，只有在特定年紀有這樣的關係，或是只有特定語言才有。甚至有一些研究指出，過於簡化的口語會阻礙兒童的發展（參見 Messer, 1994）。這樣的結論令人有些驚訝，畢竟常識告訴我們：如果事情簡單一點，學習也會比較容易一些。這個問題與方法論有些關係，因為大部分的研究都是討論兩者之間的相關性，沒有因果關係的討論。因此有可能方向不是從成人到兒童，而是兒童到成人；不是成人造成兒童語言學習的進步，而是兒童愈有語言能力，成人愈不會使用簡化的說話方式。正如同其他社會化過程一般，影響的

方向可能是雙向的：成人與兒童在交互作用過程中互相影響。

　　另外要考慮的是，A-C 模式分布有多廣？這並不是全世界都如此。在某些社會中，成人與年齡很小的兒童之間沒有任何互動，有一些則是父母親對兒童講話的方式就跟對成人一樣。訊息窗 9.3 有一些討論，然而在所有的例子中都沒有證據顯示兒童的語言發展一定受到西方規範的限制。有一些抑鬱的母親不會用 A-C 模式對兒童說話，而這些兒童也不會因此就有語言障礙（Bettes, 1988）。也許是 A-C 模式加速了語言學習，但卻非必須。我們需要有更深入的研究才能獲得決定性的結論。同時，我們很難相信，一個自然而然發生、在不自覺的情形下被廣泛採用的對兒童溝通模式，是完全沒有正面效益的。

訊息窗 9.3

不同文化背景中父母的說話方式

　　在西方社會中，父母使用特殊的說話方式對待兒童的現象非常普遍，以致於我們以為全世界都是如此，並視之為一個敏感、有助於兒童學習成長的條件之一。因此我們對於發現在其他社會不是如此，甚至普遍對其他不同文化背景的父母說話方式感到驚訝。這個現象不只是反駁了之前我們認為的普遍性，還提供了「自然實驗」，讓我們檢視 A-C 模式是否為兒童正常語言發展不可或缺的前提之一。

　　Elinor Ochs 密集研究薩摩亞人（Samoan）父母與兒童的例子（1982；Ochs & Schieffelin, 1984）。薩摩亞人社會是高度階級化的。每個人都被指定為一個特定的社會地位，而社會生活也根據社會地位的不同而運作。因此，有沒有頭銜、是老一輩或是年輕一輩，密切影響了每個人的日常生活以及每個人所扮演的角色，甚至是在照顧兒童這件事情上面也是。兒童通常是由一群人看管者，包含母親、尚未結婚的姑姑、阿姨、兒童的兄長。打從一開始，兒童就被期望要根據他們的身分地位從事適當的行為舉止，而兒童一開始是在階級的最底層。

　　這甚至反映在兒童如何被稱呼。6 個月不到的兒童被稱做「pepemeamea」

一照字面翻譯成英文是「寶貝東西」（baby thing thing），似乎他們並不是真正的「人」。在這個階段，他們會有很多身體接觸的經驗，通常都是跟母親，有時候會有其他人協助。然而，幾乎沒有任何直接的口語對話：兒童往往是其他人互相談論的對象，卻不是直接說話的對象，因為這個階段的兒童並不被視為談話的伙伴。直接對兒童傳送的聲音只限於歌曲或節拍；沒有任何直接對兒童說話的企圖。

當兒童開始會爬的時候，情況開始有些改變。這時候他們被稱為「pepe」，也就是英文的「baby」，這時候他們的等級又高了一些。母親以及其他人開始會對他們說一些話，用一種大聲且尖銳的聲音，通常是命令，而非期望兒童回應的方式。另外，說話的方式並沒有任何簡化：西方社會的 A-C 模式在這裡完全不存在，成人對兒童說話的方式就跟對成人說話一樣。責任在階級較低的兒童身上，他們必須學會聽懂成人說的話。同樣地，當兒童發出一些令人難以理解的聲音時，成人不會試圖去理解那些字的意思，不像西方的母親會幫助兒童藉由擴大或重複以澄清兒童的發音。責任在階級較低的兒童身上，他們必須學會說出有意義的內容。兒童因此被期望要去適應其他人，而非別人來適應他們。因此從一出生開始，兒童就被教導不要期望成人來協助他們，而是凡事要靠自己。然而，薩摩亞人兒童在平常時間還是能夠流利地談話。

在其他社會也有類似的發現。我們在第二章提到在巴布亞新幾內亞的卡露力族（Ochs & Schieffelin, 1984；Schieffelin & Ochs, 1983）也是一個這樣的社會。成人通常都不引導兒童直接對話，在 2 歲之前，兒童通常除了被直接叫名字之外，沒有其他的話是直接對他們說出的。在 2 歲之後，成人常常對他們說說單句式的打趣話，並且不期望兒童有任何回應。另外一個例子是 Pye（1986）針對南美洲學習馬雅語兒童的研究：同樣地，沒有任何證據顯示成人調整說話方式以適應兒童。母親雖然很關心兒童，卻不會從編織等工作中抽身離開去陪兒童說故事、哼搖籃曲，或是玩遊戲。同樣地，卡露力族兒童與馬雅兒童在語言發展方面都被認為是正常。

這些研究顯示：首先，A-C 模式並非全球性的，也並非與生俱來的特質；其次，語言學習過程必須與文化信仰與實際狀況連結；第三，兒童學習語言過程中，即使沒有父母的協助，還是可以正常發展。關於第三點值得注意的是，這項跨文化的研究並沒有以正式的測驗來衡量兒童的語言發展情形，而是以一般印象來判斷的。我們不能排除這些兒童相較於西方兒童在學習方面會比較慢的可能性，雖然可能也不會差太多。

2 成人說話的時機

　　大量研究顯示，父母對兒童說話的時機往往和兒童目前注意的東西一致。以下所述這個母親和她 2 歲大正在玩玩具的小孩的場景為例：兒童看著一些玩具，選了其中一樣玩具，然後把玩具拿起來玩；母親開始說關於那樣玩具的事情，玩具的名字，指出玩具的玩法與特徵，提到過去兒童也曾玩過這個玩具或是類似的玩具，而且母親此時會針對兒童專注的內容來擴大對話的主題。談論兒童目前沒注意或沒興趣的其他玩具，是不適當的而且也缺乏吸引力，它剝奪了兒童在其有意義情境下寶貴的學習機會。**共同注意情節**（joint attention episodes）[60]的建立提供了認知機能發展的情境（詳見 Moore & Dunham, 1995），也確保了兒童和成人有同樣感興趣的話題，而且就像維果茨基說的，讓成人能夠從兒童所在之處開始，並且在兒童最可能持續的時候給他新的資訊。

　　共同注意情節對於語言學習啟蒙扮演著非常重要的角色。讓我們思考下面這些從大量研究報告中針對語言學習和「情節」之間關連性的重大發現：

■ 大量研究（由 Schaffer 彙整, 1984）指出，父母與幼兒玩耍時很自然且自動地傾向於觀察兒童專注在什麼東西上面，並且會注意兒童對什麼東西感興趣。透過兒童提供的線索，像是視線的方向、指著什麼東西，碰觸什麼東西等，成人會形成一個話題，並談論、命名，或是評論事物的特徵。Merphy（1978）研究母親與一個 2 歲大的兒童一起看故事書的情境。兒童常常用手指著圖畫的方式來表示他對這個圖畫有興趣；當兒童這樣做的同時，母親也會說一些相關的故事，利用兒童對這件事的高度注意力給予一些口語的刺激，以確保這樣的語言學習對兒童而言是美好的經驗。這一類的口語刺激會隨

60　共同注意情節（joint attention episodes）：是指一個成人和一個兒童同時集中焦點在某些目標以及付出行動完成它的情況。

著兒童不同的語言學習階段而有所調整：面對 1 歲的兒童，母親往往會說出兒童指的東西的名稱；年齡大一點的兒童，母親則會問「wh」問句，像是「這是什麼？」以問問題的方式讓兒童說出他們所學到的，再透過稱讚他們回答的答案來強化這項知識。

■ 兒童花愈多時間在共同注意情節上，則語言學習會有更多進展。例如， Tomasello 和 Todd（1983）用攝影機定期拍下母親與兒童在家玩的情形，從兒童一周歲開始，並持續 6 個月。在拍攝的期間結束之後，那些與母親經歷了較多共同注意情節的兒童學會的字彙也比較多。Wells（1985）用類似的方法，抽樣以錄音機錄下學齡前 2 歲半兒童在家說話的情形。結果發現在母親和兒童的共同活動中，像是一起看書、對話、一起玩、或是一起做家事，母親對兒童說的話愈多，愈有助於兒童的語言發展。

■ 我們早已知道雙胞胎的語言發展比起一般的兒童來得遲緩，針對這個現象，不同學者提出了不同的解釋，其中一項可能的原因是雙胞胎比起一般兒童涉入共同注意情節的程度來的低。Tomasello、Manule 及 Kruger（1986）觀察雙胞胎與單胞胎第 2 年的家庭生活，發現了這兩組各自說話的總量有明顯的不同，而每個兒童涉入共同注意情節的程度也有顯著差異。即使考慮同時對雙胞胎關注的情形，情形還是差不多（見表 9.5）。注意力剝奪與語言遲緩的關係因此被確立。

表 9.5　母親對獨生子和雙胞胎的說話方式

	對獨生子	對雙胞胎的每個人	對雙胞胎的個人加上對雙胞胎的兩人
母親的說話次數	198.5	94.9	141.0
花在共同注意經歷的時間（秒）	594.0	57.0	208.0

資料來源：引自 Tomasello et al.,（1986）

■ 母親對兒童回應的程度是有差別的，也就是他們「收聽」兒童發出線索的程度，像是注意到兒童看的方向、指著什麼東西、或是其他兒童正在注意的東西。研究發現這些程度上的差異可以預測兒童的語言發展速率：母親回應程度愈高，她的小孩愈有機會把語言學得快又好。例如，Tamis-LeMonda、Bornstein 及 Baumwell（2001）拍攝記錄了母親與其 1 歲大的小孩隨性玩耍的情形，並獲得了母親對小孩活動不同程度回應的資料。在第 2 年衡量兒童學習語言的進展，研究發現，母親對兒童的回應程度愈大，則兒童的語言學習愈快速。

■ 另外一項值得注意的研究是成人行為對兒童語言學習的影響。Carpenter、Nagell 及 Tomasello（1998）針對母親與其 9 到 15 個月大的小孩研究發現，母親和小孩在一起玩的時候，使用跟隨注意力（attention-following）策略比起使用轉移注意力（attention-shifting）策略對於兒童的語言發展較有幫助。換句話說，如果母親讓兒童自己選擇自己有興趣的事物，並輔助說一些與該事物有關的內容，則兒童會較容易記得該物品的名稱以及相關內容。反之，若母親自己決定主題並設法轉移兒童的注意力到該主題上，則效果就比較差。每一位母親在這方面都有不同程度的差異，也創造出對兒童不同程度的語言學習環境。

　　無疑地，共同注意情節提供了兒童最佳的語言學習場景，尤其是成人注意到其所講的話和兒童當時有興趣的內容一致。透過一致有興趣的話題，可以確保兒童聽到的內容對其而言是有意義的，而有意義更能把這些知識內化成兒童的技能之一。共同注意情節對早期兒童如何以口語辨別不同物體以建立字彙是很重要的，而且證據顯示共同注意情節也對之後兒童學習造句法則有很大的幫助（Rollins & Snow, 1999）。另外，如果共同注意情節能帶來共同經驗，這對於伙伴之間鞏固人際連結以及提升社交功能也有相當助益。

一項結論指出：不論兒童從其社交伙伴得到了什麼，也不管兒童與生俱來的天賦有多重要，這些都不可能構成語言學習的全部。這些基礎的危險在於假設兒童是被動的，是被環境與內在基因所驅動的。兒童的主動參與也應該被承認。兒童是有創造力的，是有感覺的人類，這表現在語言學習方面最為明顯。新的理論方法也同意了這些觀點；Lois Bloom 與同事（Bloom & Tinker, 2001）提出了語言學習的*意圖模型*（intentionality model），強調兒童主動學習說話的積極性，因為兒童渴望與他人溝通，並透過更多成熟的、複雜的語言方式建立他們的社交圈。因此這是兒童的內在動機，而非外在引導驅使著他們學習語言。不管這個模型的精確性如何，它強調了兒童天生的心智創造力。除了基因與環境因子之外，還有兒童的解讀與評估造成了發展的結果。

本章摘要

語言是任意選定符號的集合，用來溝通、思考與自我規範。語言的表達形式不限於口說形式，聾啞人士所使用的手勢符號就是除了口說形式之外的其他例子。語言不只是一堆字的集合，而是以特定規則結合字與字的一套一致性的系統。因此兒童除了必須學習字彙之外，還要學習文法，以成為優秀的語言使用者。

語言是人類所特有的功能，我們透過大量研究發現：要教黑猩猩語言，甚至是手語的形式，都是失敗的。我們發現，語言是基於人類大腦的某個特殊構造而發展；另外，從出生開始，嬰兒就會選擇性地對人類所發出的聲音有所反應。這些證據都支持著語言是受生物影響的人類特有的能力。

語言學習的發展過程也顯示著與人類的遺傳生物構造有關。例如，幾乎所有的兒童都在快滿 2 歲的時候，開始學習把字連在一起

組成句子。組成句子的規則如此複雜，兒童卻在這樣驚人的短時間內學會，而且他們很少直接被教導使用語言的方式。然而，語言學習關鍵期的說法，也就是認爲語言學習一定是發生在某個年齡，而超過這個年齡就不可能，這種說法是有些混淆的。來自「自然實驗」的證據，像是被孤立的兒童，因爲有太多其他外在的因子導致兒童之後的語言學習障礙，因此我們無法對語言關鍵期下結論。

　　語言可被區分爲四個部分：音韻學、語意學、文法、語用學。每個部分都有其時程表，並包含一些特定技能。值得一提的是，兒童除了要學習語言能力之外，還要學習溝通技巧。溝通技巧概念指的是能否調整自己的表達方式以適應對話的對方，並讓對方聽懂。溝通技巧的發展是一個長期且複雜的過程，必須要學著站在對方的角度看事情，而這從兒童相當早期就開始發展，但到了兒童期中期之後才比較明顯。溝通能力也有賴於溝通模式的建立，也就是思考字句的能力，並且反映到文法結構上，而這也是發展閱讀書寫能力的重要部分。閱讀書寫能力不只是學習讀和寫，還包含兒童對閱讀與書寫的興趣。這樣的態度在學齡前形成，動機強烈地建立在父母所提供的閱讀書寫等活動上。這些活動確保兒童能接觸到需要的資訊，並且大部分藉由共同參與活動以達到學習的效果，像是閱讀圖畫書等。

　　有很多研究試圖解釋兒童如何學習語言。像是史金納的行爲學派，認爲語言是透過操作制約與模仿等方式學習的。以 Chomsky 爲首的先天論學派，則把重點放在人類天生的機制，像是透過「語言習得裝置」來學習文法。社會互動學派則把重點擺在成人所提供的幫忙與協助，像是調整成人說話的方式以便使得兒童能適應理解，以及讓兒童參與「共同注意情節」。沒有任何一個途徑可以完全解釋語言學習的方式，我們必須考慮兒童本身主動的學習意願，因爲他們可以藉由語言表達其心情以及與他人溝通。

延伸閱讀

Cattell, R. (2000). 《兒童的語言：共識和爭議》*Children's Language: Consensus and Controversy.* London: Cassell. 這本書是替那些對兒童語言發展感興趣的所有讀者所寫的，不論這些讀者是否具備先前知識都適用。作者納入絕大多數這個領域的核心主題，運筆行雲流水。

Gleason, J. B. (ed.) (1997). 《語言發展》*The Development of Language* (4th edn) . Boston: Allyn & Bacon. 這是一本分量相當夠而又包羅萬象的作品選輯，分別由各領域專家就其擅長的主題撰寫專論。

Hoff-Ginsberg, E. (1997). 《語言發展》*Language Development.* Pacific Grove, CA: Brooks/Cole. 這是另一本分量相當夠的專書，內容無所不有、細膩詳盡而又具權威性。它不但涵蓋討論最頻繁的主題，也提及智力遲緩、自閉症兒童、盲童等特定族群的語言發展，並描述成年期及老年期的語言變化。

McLane, J. B., & McNamee, G. D. (1990). 《早期讀寫能力》*Early Literacy.* London: Fontana; Cambridge, MA: Harvard University Press. 這本書篇幅不長，作者以生花妙筆描述學前兒童如何透過圖畫書、粉蠟筆及其他識字媒材和活動認識讀寫的本質和功用。

Messer, D. J. (1994).《溝通發展：從社會互動到語言》*The Development of Communication: From Social Interaction to Language.* Chichester: Wiley. 這本書的焦點在於溝通的整體發展，不過，它也追溯兒童與他人互動過程中語言的發軔，詳盡剖析語言在 1 到 3 歲之間的萌芽過程。

第 十 章

邁 向 成 年 期

本章大綱

成為一個人

個體性的生物基礎

自我的建構

自尊的本質與發展

青少年期的自我

影響自我發展的因素

性別意識的獲得

延續和改變

調查連續性

從早期行為做預測

從早期經驗做預測

追溯發展軌跡

本章摘要

延伸閱讀

如同 William Damon（1983）所一度提出的，當我們思索兒童發展的議題時，如果能在兩種獨樹一幟的發展趨勢之間做個區隔，將會有所助益。其一是**社會化**（socialization）[61]——兒童學習並採納其社會普遍盛行的價值觀與習俗，而融入社會的過程；其二是**個體化**（individuation）[62]——協助兒童形成個人認同，以展現其獨一無二的心理特質的過程。這兩個層面既相互對立，又緊密地互相聯結在一起。所以，社會化可以確保兒童變得*像*其他人，而個體化則導致兒童*有別於*其他人；矛盾的是，這兩個層面是由同一組心理成長與經驗原型系統中發展出來的，在兒童逐步邁向成熟的過程中，兩者交互影響而成為一項基本課題。

到目前為止，本書探討的主軸大多在於社會化。然而，這一章將著重在個體化之上。心理獨特性的成因為何？兒童發展過程如何使成人擁有成熟的人格？這些都是重要的問題；我們首先探索，兒童如何著手處理建構自己做為一個人的重要任務，然後探討兒童期與成年期會透過何種途徑相互聯結，了解早期特質在何種限度上，可以預示這個人最後會長成哪一種成人，來衡量前述問題。

成為一個人

令人訝異的是，發展心理學家對於個體差異性很少著墨，這個情形直到晚近才有所改觀。過去的研究重心主要在於群體平均值和基準——這些當然是需要建立的有用數據，但是，一個平凡的兒童是何等獨特的生物！任何一個年齡層的人之所以讓人感到感到興致盎然，是因為其個體性使然，而這個個體性是如何建立起來的呢？

---

[61] 社會化（socialization）是概括性術語，用來指稱協助兒童獲得在其特定社會中生活，所需要的行為模式與價值觀的所有過程。

[62] 個體化（individuation）是概括性術語，指稱兒童獲得個人認同時所採用的所有歷程（參見社會認同）。

個體性的生物基礎

兒童一誕生就是一個個體，即使就最幼小的嬰兒而言，其個體性的跡象幾乎可以在行為的每一個層面發現。起初，這些差異之處反映出兒童與生俱來的**氣質**（temperament）[63]——這個詞被用來指稱，那些形容一個人對其環境的通盤反應風格之行為層面，尤其是執行行動時所習慣流露出的情緒活力、速度與規律性。如同相當多的研究（其摘錄請參見 Molfese & Molfese, 2000；Rothbart & Bates, 1998）所顯示的，這些特性是每一個人天生性情的一環，幾乎毫無疑問地是由基因所決定的。這些特性從嬰兒出生頭幾週後就可以辨識出來，而且至少就某個程度而言，會在其後繼續保持其影響力。

要辨識構成氣質的確切特性殊非易事。表 10.1 詳盡說明三種提案，其所提出的分類方式各異其趣。這些歧異未來無疑會在適當的時機被化解，而共同的架構會浮現出來；於此際，學者大致上同意，不論我們如何描述氣質，它被認為代表了個體性的生物基礎。把氣質特徵視為「早期浮現的人格特徵」（Buss & Polmin, 1984）的作法是否正確仍然受到懷疑，一如我們將在下文所看到的，到了青少年期和成年期，氣質實際上在個體差異性層面延續下去的程度一直未能明白確定。不過，無論個體性的天生源起為何，人格的本質會歷經各式變化，這是發展上無可避免的附加品——這些變化包括以下各點：

■ 隨著年齡的增長，兒童的人格結構日趨複雜。起初，適切描述一個個體所需的詞彙並不多；當我們指稱嬰兒時，「誠實」、「利他」這些字眼不太可能被用上。隨後，兒童的人格歷經越來越多的複雜發展，先前階段所不存在的特質現在需要逐一加以辨認。

---

[63] 氣質（temperament）是指天生的特質，我們可以從其所顯現的行為風格中，區辨每一個人的異同點。

表 10.1　氣質分類的三種架構

Thomas & Chess（1977）

隨和型	高度適應力，心情積極正向而穩健平和；接受挫折而不致小題大作。
不隨和型	缺乏適應力，心情緊繃且往往是消極負向的。
慢熱型	置身陌生的情境中會膽怯而小心翼翼；會漸漸變得積極正向而具有適應力。

Buss & Plomin（1984）

情緒性	是指面對刺激時情緒起伏的程度，不論它是顯現在苦惱、恐懼或憤怒上皆然。
活動性	與運動的速度和活力有關；年幼的嬰兒即使在這個方面，都已經顯現出前後一致的差異性。
社交性	個體偏好他人陪伴、不願獨處的程度。小嬰兒在這個層面上也互有不同，例如，其在吸引他人注意及啓動接觸契機上大異其趣。

Rothbart, Ahadi, Hershey & Fisher（2001）

負面情感	包含悲傷、恐懼、挫敗、缺乏可安慰性（soothability）——與神經質（neuroticism）相類似。
控制	個體行使約束、克制（inhibition）與良知的程度。
外向	個性衝動、滿心愉悅、不膽怯——與社交性相類似。

上述第一種架構指涉的是人的類型，後兩種指涉的是行為向度。

■　隨著年齡的增長，人格更具連貫性。「人格」一詞意謂著，它不只是一些個別特徵的總合，而是越來越能夠以整體姿態來運作的群集，其中深具意義的正是各種特徵之間的*相互影響*。舉例言之，Magnusson 和 Bergman（1990）爲了預測成人犯罪機率，必須將 13 歲兒童的挑釁性、過動、注意力缺損以及同儕關係欠佳等特徵

合併納入考量；這些特徵單獨列舉的話，都不具有預測力。

■ 隨著年齡的增長，人格特質呈現在外的方式有所轉變。例如，年紀較小時，挑釁通常會透過肢體形式來表現；之後，挑釁就會以較不明顯、比較間接的方式來表現，作爲對社會壓力的因應。

■ 隨著年齡的增長，兒童漸漸意識到自己的人格特質。自我評價（self-evaluation）開始發生，兒童藉由監控個人行動，以及拿自己和其他兒童做比較，而獲得足夠的洞察力，來了解自己的動機和習性，進而刻意造成某種程度的行爲改變，以利修正其現有的人格特質。

自我的建構

上述四點中的最後一點最爲重要，因爲它引導我們去了解個體的自我概念（self-concept）在人格發展中所扮演的核心角色。從兒童期到青少年期，「我是誰？」這個問題一直挑戰著兒童，兒童透過各種方式，把這個時期的泰半時間用在尋找解答上。但是，何謂自我？它顯然是出自假設的實體，而非我們透過感官所可以體驗到的實體。或許最佳的思考方式是將它視爲，我們每一個人就「我是誰？」「我要如何融入社會？」的問題，所個別發展出來的「理論」。就認知發展與社會經驗兩方面而言，這個理論在童年期會不斷進行修改：一方面，兒童年齡大了一些後，他們自我意識的能力較強，也比較實際；另一方面，其他人的知覺與回應，會在這份意識本質的型塑中扮演比較核心的角色。因此，這個理論會在兒童期逐步形成，在不同的發展階段展現出不同的樣貌。此外，它的形成永無止境，因爲自我從來不曾以完全封閉的系統之姿態運作——相反地，它永遠置於經驗的影響之下，特別是受到他人評價的影響。擁有這樣的理論顯然是有用的：它提供我們永恆感，此其一；當我們試圖組織自己對他人的行爲，在不同的行動方案中做選擇，找出那些吻合自我形象的經驗時，它提供了參照的出處，此其二。

感覺起來，自我像是單一的實體，但是，區辨出各有其特徵與發展軌跡的種種組成分子卻是有其用處的。以下各個組成分子尤其值得一提：

- **自我覺察**（self-awareness）[64]：兒童察覺到，他們每一個人都是獨一無二的生物──是獨立於所有其他生物之外、具有個人認同的實體。
- **自我概念**（self-concept）[65]：兒童針對自己所描繪出的圖像（「我是女孩」；「我很大方」；「我是左撇子」）。
- **自尊**（self-esteem）[66]：自我的評價層面，就「我有多好？」這個問題做出答覆，因而其所指涉的是個體在自己身上體驗到的價值感和能力。

自我覺察理所當然是最先出現的組成分子。在嬰兒期之初，兒童還不具有自我的感覺：起先，他們無法把自己想像成具有個別存在與特徵的獨立個體。*視覺再認測驗*（visual recognition test）是一項簡單的技術，可用來測試自我覺察是否已經在兒童的行為戲碼中出現；這個測驗最初是從黑猩猩實驗中發展出來的，後來由 Lewis 和 Brooks-Gunn（1979）應用在幼兒身上。研究者要求母親們在孩子的鼻子上淡淡地塗上一抹胭脂，然後把孩子抱到鏡子前，看看他們對自己的形象有何反應。研究者的假設是，如果兒童能夠辨識出鏡中的形象就是自己，他們就會去摸*自己*鼻子上的那抹胭脂，而不是去摸鏡中的鼻子；如此一來，他們就可以被視為具有自我覺察。然而，這種行為在嬰兒 15 個月大之前非常罕見；1 歲大時，兒童似乎以為鏡中影像是

---

[64]　自我覺察（self-awareness）是自我形成的第一步，指的是兒童體認到自己是獨一無二、具備個人存在實有的生物。

[65]　自我概念（self-concept）指的是兒童為自己建立的形象，針對「我是誰？」的問題提出答覆。

[66]　自尊（self-esteem）涉及兒童為個人特質添加上的價值感，就「我有多好？」的問題提出答覆，其範疇上至極為正向，下至極為負向，無所不有。

別的小孩，而往往對著鏡子發笑，但是對那抹胭脂則興趣不大，直到大約 1 歲半的時候，兒童顯露出那抹胭脂引起他們興趣的明確跡象，*而且*，兒童發覺那抹胭脂就在自己鼻子上。視覺識別當然只是自我意識的跡象之一；其他跡象包括，兒童在別人把他的照片遞給他的時候，能夠叫出自己的名字（Bullock & Lutkenhaus, 1990），以及運用「我」、「給我」等與自我相關的辭彙（Bates, 1990），這些跡象大致上在 2 歲時出現，也都能視為證據。可以確定的是，在快滿 2 歲時，兒童已經在自我概念的發展上跨出第一步，也是最關鍵性的一步，亦即建立獨一無二的獨立認同。

　　表 10.2 從兒童看待自己的角度切入，摘錄從兒童期到青少年期為止的一連串發展轉變。從許多方面來看，這些轉變跟兒童對他人的描述中所發現的轉變相類似（參見第八章「描述他人」一節）。於是，這些描述越來越明確具體，能夠注意到越來越精細的細微差距；兒童在不同的情境之間越來越能夠前後一致，就好像他們漸漸能夠領會到自我的穩定性；他們變得越來越社會中心，因為他們會納入較多關於他人的比較性參照（comparative reference）；最重要的是，我們可以明顯見到，原先聚焦在身體特徵上的趨勢，也轉而納入心理特徵。因此，幼兒主要從外表及所有物的觀點來看待自己（「我有藍眼珠」；「我有一輛腳踏車」），隨後會進展到從自己所做的事情來看待自己（「我會溜冰」；「我可以幫忙買東西」）。到了學齡期之初，兒童開始提到心理特徵（「我在黑黑的地方很勇敢」；「我的閱讀能力一級棒」），這些特徵會漸漸變得越來越深度發展，越來越具有比較意味（「我不像班上其他女孩那樣悶悶不樂」；「別人常常帶著問題來找我，因為他們覺得我願意幫助他們，給他們很棒的建議」）。同時，兒童對自己的觀感變得更趨實際：學齡前兒童的自我描述通常勾勒出非常樂觀的圖像，只提到正向的特質，而年齡較大兒童所做的描述則比較平衡，優缺點兼具。

表 10.2　自我概念的發展改變

從	到	改變的性質
簡單	分化	年齡較小的兒童形成整體性概念;年齡較大的兒童做出更細微的區辨,會考慮到情境因素
不一致	一致	年齡較小的兒童較有可能改變其自我評價;年齡較大的兒童知道自我的穩定性
具體	抽象	年齡較小的兒童聚焦在肉眼可見的外在層面;年齡較大的兒童聚焦在肉眼看不到的心理層面
絕對	相對	年齡較小的兒童聚焦在自我之上,未曾參照他人;年齡較大的兒童在描述自己時,會拿他人與自己做比較
樂觀	實際	年齡較小的兒童把自己描繪得光鮮亮麗;年齡較大的兒童同時提到自己的優缺點,觀點比較平衡
公我	私我	年齡較小的兒童未曾分辨公眾行為與私下行為;年齡較大的兒童認為,私下的我才是「真正的」自我

　　一個更進一步的發展趨勢特別值得一提,亦即,年齡較大的兒童能領會到私我的天性,許多學者認為,這才是自我的精髓所在。這一點基本上是較後期的發展:根據 Robert Selman（1980）的看法,低於 6 歲的兒童無法區辨私我感覺及公眾行為的差異,認為這種區辨毫無意義可言;大約從 8 歲起,兒童才能領會到自我的內在本性,認為那才是「真實的」自我。必須承認的是,某些具體的自我層面,在很小的年齡層就被視為是私人的;例如,大約 3 歲的兒童似乎覺察到,他們的思維是任何一個凝視其眼睛的人所看不到的——雖然他們的解釋大抵不出「思考是看不見的,因為皮膚把它遮住了」的形式。私我的概念持續發展,一直到青少年期為止;根據 Selman 的看法,青少年一直到這個時期才「察覺到自我意識」,知道自己可以有意識地監控自己

的經驗。即使在這個時期，青少年起初往往有一個非常天真的信念，認為私人思維能夠控制公眾行為；直到青少年期後期，他們才終於領會到無意識作用所扮演的角色，並因而了解到自我控制效能上的限制。

自尊的本質與發展

在探討自我的時候，我們所指稱的不只是人如何察覺自己，還包括人如何評價自己。自尊一詞的定義來自 Coopersmith（1967）的作品，他是最早研究這個主題的學者中卓然有成者之一：

> 談到自尊，我們指的是個體對自己所做出（並習慣上維持下去）的
> 評價；它表達了贊同或不贊成的態度，並顯現出個體在何種程度
> 上相信自己是能力出眾的、成功的、重要的、有價值的。

自尊是自我覺知到的*理想*我和*真實*我之間的差距之作用。如果差距較小，個人體驗到價值感和滿足感；如果差距很大，就會產生挫敗感和無價值感。的確，調查這個現象的動機大部分來自於一個信念：自尊與未來的心理健康是密切相關的。中度到高度的自尊被認為會帶來幸福及滿足感，而低自尊則與憂鬱、焦慮、適應不良等現象有關。因此，努力提升過度的低自尊，防範未來的心理問題，這個作法被視為是值得的（Harter, 1999）。

然而，我們也清楚了解到，自尊不應當被視為單一實體，它並非我們可以在高低連續光譜（continuum）中用單一一個分數來代表的。反而，個體在各個具體領域中分別對自己做出評價，某領域所得的評價不見得與另一個領域有所關聯。Susan Harter（1987, 1999）在企圖心極強的自尊心研究方案中發現，在評量兒童對自我的信念時，區分下列五種個別領域的作法裨益良多：

- *學業能力*：兒童認為自己勝任學業的程度。
- *運動能力*：兒童對個人體育活動能力的感受。
- *社交接受度(social acceptance)*：兒童覺得自己在同儕中是否受歡迎。
- *外貌*：兒童相信自己長得有多好看。
- *行為舉止*：兒童認為個人整體行為會被他人接納的程度。

Harter 把這五個領域結合起來，設計出一項評量工具——兒童自我觀感曲線圖（Self-perception Profile for Children），工具中額外增加一個層面，亦即用全面性自我價值量表（global self-worth scale）詢問兒童喜歡自己作為一個人的程度。每一個標題下方列出幾道問題（樣本請參見圖 10.1），研究者從兒童的回答中建構出一幅曲線圖，顯示出兒童在各個領域中的自尊。圖 10.2 的虛擬例子顯示出，曲線圖的形式不一而足：包括高得很一致、低得很一致、或者各領域互有高低的各種曲線。每個領域分開評量的作法，對於勾勒出兒童自我觀感的全貌顯然有所助益。然而，當兒童年齡漸增時，這個工具就需要加入更多領域：例如，對青少年而言，親密友誼、浪漫吸引力、工作能力等領域必須納入考量，要評量成年人自尊的話，還得加入更多領域。

　　在兒童期當中，孩子評價自我的方式歷經很大的轉變。我們來看看下面這位學齡前兒童對自己的描述：

> 我今年 4 歲，我認識全部的英文字母。我背給你聽：A、B、C、D、E、F、G、H、J、L、K、O、M、P、R、Q、X、Z。我跑得比任何人都快。我喜歡披薩，還有我有一個好老師。我可以從 1 數到 100，你要聽我背嗎？我喜歡我的狗狗史奇普。我可以爬到叢林體育館的頂端。我有棕色的頭髮，我上小班。我長得很壯。我可以擡起椅子，妳看！（摘自 Harter, 1987）。

這位小男孩的自我畫像中，顯然完全沒有負面的描述！他的描述也不太有條理，把一大堆特色亂七八糟地串在一起，從而反映出缺乏組織

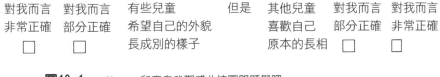

對我而言 非常正確	對我而言 部分正確	有些兒童 希望自己的外貌 長成別的樣子	但是	其他兒童 喜歡自己 原本的長相	對我而言 部分正確	對我而言 非常正確
□	□				□	□

圖10.1　Harter兒童自我觀感曲線圖問題舉隅

條理的典型學齡前兒童自我。這個時期的兒童仍專注在個別的活動上；針對自己做整體性判斷的作業仍然超出其能力所及。

　　在學齡期之初，自尊的本質與組織歷經重大改變。由 Marsh、Craven 和 Debus 所做的研究（1998）把這點呈現得一清二楚。研究者以將近 400 名 5 到 7 歲的澳洲兒童為樣本，進行自尊測驗，一年之後再測驗一次。研究結果顯示，首先，即使在這麼短的時間間隔裡，年齡較大的兒童在兩次施測之間所呈現出來的穩定性，比年齡較小的兒童來得高：隨著年齡增長，自尊的判斷變得比較前後一致。其次，年齡較大的兒童在評價上較具有識別力，不再一味提出高評價。第三，據信是由於第二項趨勢所致，兒童的自我評價變得更接近教師評分、學校表現等外在指標。大致說來，兒童大約從 7 歲起變得比較實際，其評價自我的方式也變得較為一致。緣此之故，自尊程度全面下降，因為兒童如今已準備好，能夠同時接受成就與失敗，可以同時面對正面特色與負面特色。這些趨勢持續整個學齡期；同時，某些行為領域對兒童來說比其他領域更形重要：舉例言之，在兒童期中期，同儕接受度與運動能力在大多數兒童的評價中變得比較重要，而從青春期開始，外貌幾乎對每一個青少年來說都扮演著重要的角色。（譯注：青少年期與青春期的意涵雖有重疊，但各有不同指涉——青少年期〔adolescence〕源自拉丁文 adolescere，意指「朝向生長」，一般泛指兒童期到成年期之間的過渡時期，其在年齡層上的分布各家看法不一；青春期〔puberty〕由拉丁字 pubes〔陰毛或軟毛〕衍生而來，指個體的第二性徵出現，性器官接近成熟，並具有生育能力。）

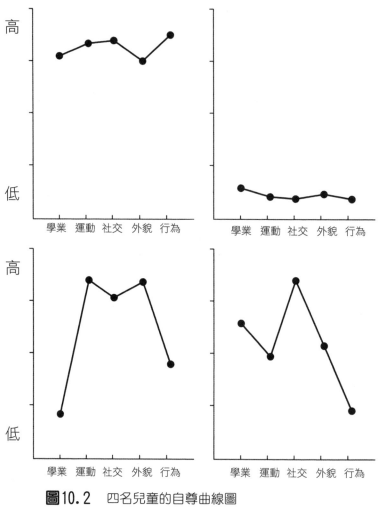

圖10.2 四名兒童的自尊曲線圖

青少年期的自我

青少年期是生理、心理歷經巨幅改變的時期，難怪它被稱為狂飆期。生理變化幅度很大，以致於兒童的外表在許多方面有顯著的改變：

他們在鏡子裡端詳自己（哪一個青少年不是頻頻照鏡子？），發現自己真的*是*不一樣了，而其自我形象必須做劇烈的調整。首先，隨著青春期的到來，身高突然增加許多——在隨後 3 年內男孩最多長高 9 英吋，女孩最多長高 7 英吋。可是，迅速抽長的情形並非在身體的每一個部位平均發生；所以，手腳會比所有其他部位長得快，導致他們行動笨拙，這是青春期初期的常見附加物。此外，男孩肩膀明顯加寬，整體肌肉大幅增加；女孩主要增加的是脂肪，尤其是以臀部附近為然。當然，第二性徵會出現，例如女孩胸部發育，男孩聲音變低沉，男女兩性都有體毛生長。當兒童突然發現自己的身體有這麼明顯的變化時，其自我意識之所以會急遽增加，成因當然非只一端。這些現象一起發生的年齡有極大差異，使得這種感受更形加劇——女孩的青春期在 8 到 14 歲之間發生，男孩則是在 10 到 16 歲之間發生。結果，在這個時期中，同年紀兒童身高上的差異，比任何其他時期都來得大，以致於身高長得最快和長得最慢的兒童，覺得自己「異於常人」。

在這些狀況下，內省力的提高似乎是無可避免的。「我是誰？」這個問題變成嶄新的迫切事項。但是，還有另外一個問題也需要解答，亦即「我喜歡自己嗎？」大多數青少年都有*理想我*，這個理想我部分是由同儕團體所設定的標準所形成的，部分是由體育、流行音樂、公眾生活、或其他受到重視的領域之特定偶像所形成的；青少年敏銳地覺察到理想我與*真實我*之間的落差，至少是個體所知覺到的落差。在這個時期中，對真實我不滿意的現象很普遍，這一點反映在青少年期初期的自尊有時會大幅跌落的事實上。這個自尊低落的現象，在女孩子身上尤其明顯，尤其適用於對吸引力的感受之上。當下的社會中，少女認為身材纖瘦才是富有魅力的；通常伴隨著青春期而發生的脂肪增加，導致眾多少女對自己的身材不滿意，讓某些少女採取激烈的節食手段，甚至造成厭食症。厭食症一直廣受矚目；它其實是相對上比較罕見的病症，當厭食症的現象持續發生時，它通常與家庭關係失序和業已存在的情緒問題有關（Attie & Brooks-Gunn, 1989）。整體來看，自尊跌落只是暫時的現象：到了青少年期後期，絕大多數個體設法就

自己身體上所發生的變化做調適，並接受新的身體形象，影響所及，自尊又再次上升，回復到先前的水平。

泰半歸因於艾瑞克遜（Erik Erikson 1965, 1968）的著作，青少年期已經被視爲**認同危機**（identity crisis）[67]時期。根據他的看法，認同是「鼓舞人心的相似性與連續性之主觀觀感」，而危機則是青少年爲了邁向成年期所必須經歷的常態性事件。艾瑞克遜把他的青少年期觀點併入始自出生終至死亡、層面更爲廣泛的心理發展描述中，並且把這個心理發展描繪成一連串階段，每個階段各以其**發展任務**（developmental task）[68]爲特徵，個體要繼續邁向下一個階段之前，必須先精通現階段的發展任務（其梗概請參見表 10.3）。因此，在第一個階段中，嬰兒所面對的任務是建立「基本的信任」──也就是去發現，這個世界是個讓人覺得安全、確定會被疼愛與理解的好地方。如果兒童沒有機會獲得這種知識，就會滋生全面性的不信任感，這會牽連到隨後其與世界搏鬥（特別是與他人搏鬥）的種種嘗試。

根據艾瑞克遜的說法，追尋認同是人生的主要課題，可見於人生所有階段的不同類型之中。然而在青少年期，當兒童逐漸察覺到自己是發育中的個體，有主導個人人生的潛力時，建立前後一致的認同之需求，才變成需要著手處理的重大挑戰。每一位青少年都必須經歷認同危機──之所以稱作「危機」是因爲，在體驗到這個歷程的個體心中，它是衝突的起源。青少年透過衝突的化解，而得以跨入成年期初期，面對下一階段的任務；反之，衝突化解失敗會造成認同混淆，以個體對自身在生命中的角色持續茫然無措爲其特徵。這個失敗可能起因於當下的問題，例如缺乏父母的支持或者學業分量過重等；然而，這個失敗也可能是個體在先前階段未能化解其所面對的任務所致。

---

[67] 認同危機（identity crisis）一詞主要與艾瑞克遜的著作有關，它被用來指稱據說是青少年期典型的困惑與低自尊時期，雖然這個說法頗受爭議。

[68] 發展任務（developmental task）：根據艾瑞克遜等作家的看法，兒童期可分爲幾個階段，每一個階段都帶給個體某些重大挑戰；個體要能夠成功跨到下一個階段，就得通過挑戰。

表 10.3 艾瑞克遜的生命週期階段

大致年齡	發展任務
出生到 1 歲半	信任感相對於不信任：發展對他人的可靠性之信心
1 歲半到 3 歲	自主獨立相對於羞愧：發展自我肯定和自我控制
3 到 6 歲	主動進取相對於內疚：在獨立的行動中發展出目的感
6 歲到 11 歲	勤奮向上相對於自卑：發展出學習與獲得技能的動機
青少年期	認同相對於角色混淆：發展出自我身為獨特個體的感覺
成年期初期	友愛親密相對於孤立：發展出對於他人的情緒許諾
中年期	傳承相對於停滯不前：發展出對於工作的許諾感
老年期	圓融相對於悲觀絕望：接受生死課題

　　雖然後續研究並未證實艾瑞克遜階段模式中的每一項具體細節，雖然認同危機是否如艾瑞克遜所相信的那麼普遍或那麼嚴重仍有所疑義，其著作還是相當具有直覺上的吸引力。這些著作為青少年期的不確定與掙扎、為年輕人重新界定其在生命中的角色及其所追尋的目標之種種企圖，提供了許多洞見。在我們的社會中，這是個體被期待做出求學與就業選擇的時期，而這個選擇大有可能產生長遠的影響。青少年知道這些選擇的重要性，然而，不管他們選擇了哪一條路，他們往往會害怕其結果。就像艾瑞克遜所說的，青少年被引導去歸結出：「我不是我所應該做的那種人，我不是我所會成為的那種人，但是，我也不是過去的我」。

　　基於這些壓力，我們可以理解，何以青少年期往往被稱為危機時期。雖然各種類型精神病的發生率在青少年期的確上升，然而，其心情鬱卒的程度很容易被誇大。一如 Rutter 和 Rutter（1993）所詳加說明的，此期的精神疾患整體發生率並未大幅改變，而是情境的特有組合有所轉變。尿床及睡眠失調等與兒童期相關的行為異常，不再這麼顯著；另一方面，憂鬱等狀況（尤其以女孩子為然）以及物質濫用的

相關問題顯著上升，各種精神疾患也大幅增加。生理劇變尾隨青春期而至，而情緒低盪則是其在心理層面上的回響，但它並非青少年期*無可避免的*元素。喀拉哈里沙漠的矮黑人族（Pygmies）等某些社會中，青少年期並未被視爲一個獨立的階段，因爲兒童一旦到達青春期，就已經被當作成人看待，他們不但準備要對社群的福祉做出經濟貢獻，還會男婚女嫁成爲父母（Shostak, 1981，由 Cole & Cole, 2001 引用）。在這種情境下，傳統上與西方社會青少年期聯結在一起的「狂飆期」並不會發生。相形之下，西方社會中的青少年發現自己的處境不上不下——既不是兒童，也不是成人，而是一個定義不明的獨立族群，準備好生兒育女但不被允許這麼做，不管他們是否情願都被期待繼續接受正式教育，縱使越來越偏好與同儕做伴卻又依賴著雙親。準此觀之，青少年期是特定的文化現象，這個階段雖然被廣泛認定爲重要的里程碑，但是在不同的社會中，其在社會與情緒上的影響卻是大異其趣的。

影響自我發展的因素

自我是兒童藉以發展其獨特性概念的機制。一如我們所看到的，在不同的發展階段中，這些概念的表現方式各不相同：當兒童在認知上發展得更爲複雜時，自我變得更爲前後一致，更穩固，也更實際。然而，哪些因素能夠說明任何一個階段中，這些概念在內涵上的巨大差異呢？舉例來說，個體在自尊的限度與表達上何以有所差異？爲何有些兒童較有自信？爲什麼有些人覺得自己是樂於助人、聰明伶俐、不受歡迎或者慷慨大方的？

一個答案指向兒童的社會脈絡——其他人的態度、期許與觀點，尤其是那些對兒童而言很重要的人之立場。在發揮到達極致時，這個觀點導致了 Cooley（1902）所謂的*鏡中自我*（*looking-glass self*）——自我是別人看待我們的角度之反射。其實，事情不太可能如此直截了當，兒童也不太可能僅僅爲了回應他人的想法而發展出自我；無可置

疑的是，人際影響的確占了一席之地，很可能還是頗爲重要的角色。以 Coopersmith（1967）對 10 至 11 歲男孩的自尊研究爲例：高自尊男孩的雙親，在許多方面被發現與低自尊男孩的雙親大不相同。前者較接納孩子，雖然會訂定清楚的界線，但也讓兒童在這些界線裡享有相當程度的自由，因此能提高其自信心；另一方面，後者以疏遠、拒絕的態度與兒童相處，心態上是專制或太過溺愛的，導致這些男孩覺得自己未曾得到賞識，而對自己發展出欠佳的觀感。

　　這些發現證實了依附理論的期待：一如我們在第四章所看到的，這個理論的核心部分之一在於，兒童的自我意識與其人際關係品質息息相關，而他們在自己與他人之間所發展出的內在運作模式，則是其早期經驗所發展出的依附模式類型的運作功能。因此，被接納的兒童所發展出的自我模型，以正向爲主要基調；反之，被拒絕的兒童會認爲，自己沒有價值而不討人喜愛，因而變得沒有安全感又缺乏自信。目前，把各式依附模式類型與自我形象聯結爲一的證據並不齊全，也並不一致（Goldberg, 2000）；然而，受虐兒童的研究的確顯示，明顯異常的關係確實對兒童的自我發展影響深遠。Bolger、Patterson 和 Kupersmidt（1998）拿受到雙親各式虐待的兒童，和未受虐待的兒童來做比較，發現前者的自尊遭受各種類型、程度上的損害，其中尤以有性虐待經歷者爲最，即使這只是獨立事件亦然。就身體受虐兒童而言，其效應有一部分取決於施虐的頻率：如果持續受虐的話，兒童對自己發展出「應該被處罰」以及「自己很無能」的觀感。另一方面，受到情緒虐待或者被疏忽的兒童，並未顯現出自尊受到斲傷的跡象；受虐經歷的影響會突顯在其他方面。

　　家庭無疑是兒童自我意識的搖籃，但是當其年齡漸漸增長的時候，能夠影響兒童看待、評價自我方式的重要他人，其範圍就會漸漸擴大。在就學時期，同儕的認可變得特別重要；人緣好、受歡迎（或者恰成對比的被拒絕）對於各式各樣發展中的心理特性都有影響，對兒童自我觀感的影響尤其至深且遠。因此，在兒童期中期開始的各個年齡裡，被同儕團體排斥、孤立的現象，一再被發現與自尊下降有關

（Harter, 1998）；至少就這一點來看，*鏡中自我*概念的正當性獲得了證實。這也是爲什麼霸凌事件需要嚴加處理的理由之一；爲數頗多的研究顯示，受到欺凌的兒童尤其會受低自尊所苦（詳情請參見訊息窗10.1）。然而，遭遇到排斥或欺凌的兒童，未必見得會以逆來順受的心態回應，而把同儕團體強加在其身上的任何影響承接下來；比方說，他們因行爲過度干擾別人，而被原來的同伴所排斥之後，可能就加入青少年幫派，因爲這種行爲在幫派中算是常規——從社會角度觀之，這無疑是不被看好的一步，然而從個人觀點來看，它卻是具有建設性的作法，可以維持、增進其自我名譽。

訊息窗 10.1

霸凌受害者及其自我

　　兒童對兒童恃強凌弱的霸凌事件是世界性的現象，可能對受害者造成嚴重（有時候甚至是長期）的影響。霸凌事件的發生率各家說法不一：小學比國中來得多；男孩之間比女孩之間來得多；某些社會群落比其他社會群落來得多。發生率泰半取決於霸凌該如何定義：例如，戲弄取笑算是霸凌嗎？發生率泰半也取決於評量的過程和方法：由於觀察上的困難，研究者通常得依賴這些事件的報告來進行研究，但是，自行報告和同儕報告中的霸凌事件不必然歸結出同樣的結果。概括來說，大約 20% 的兒童被報告爲霸凌受害者，約 10% 的兒童則是霸凌者——這項數據當然充分到足以讓我們採取一些預防措施。

　　霸凌會影響到受害者的自尊，這一點再三呈現出來，毫不令人意外。當兒童被挑出來作爲他人持續挑釁的目標時，他們大有可能把這些舉動詮釋爲對自己的羞辱，顯示他們在同儕團體中的地位是不如人的，從而影響到他們看待自己的角度。例如，Boulton 和 Smith（1994）調查一大群 8 至 9 歲大兒童之間的霸凌現象，發現其中 13% 是霸凌者，17% 是霸凌受害者（另外 4% 則同時是霸凌者和霸凌受害者）。如果給這些孩子做 Harter 的兒童自我觀感曲線測驗，受害者在某些測驗項目中的分數明顯低於其他兒童，例

如運動能力、社交接受度和全面性自我價值量尺；他們在學業能力等其他量尺中所顯現出來的自我觀感似乎未曾受到影響，突顯出不把自尊視為單一實體的重要性。Hawker 和 Boulton（2000）檢閱過去 20 年間所有出版的霸凌事件心理影響相關研究後，證實其與低自尊之間的相關性；所有的研究結果浮現出一個普遍趨勢：受害者在全面性自我價值上的得分偏低，而各個分項量尺中，則以社交接受度的得分最低。因此，這些兒童最有可能在人際關係領域中，對自己發展出負面觀感。然而，這項調查也發現，某些其他個人適應層面所受到的影響更為嚴重，憂鬱尤其是這些兒童的顯著癥候。

　　霸凌受害者會如何詮釋發生在自己身上的事情呢？他們會問：「為什麼是我」？他們把自己被挑出來欺凌的事實歸因到哪些因素上呢？根據 Graham 和 Juvonen（1998）的研究顯示，自責是常見的反應：有相當多的霸凌受害者不把矛頭指向霸凌者，反而認為是自己出了差錯，才會招來他人的挑釁。這一點主要適用於那些把過錯歸因於個人整體人格中的某一點的兒童（「這跟我的個性有關」），而較不適用於那些具體的、通常只是暫時發生的行為特徵（「這跟我在這個情況下的行為有關」）。在前者的案例中，由於自責意謂著兒童的人格有所缺陷，而讓兒童反觀自我，以致於兒童被發現會有低自尊等形式互異的適應障礙；而在後者的案例中，霸凌事件被解讀為肇因於兒童能夠輕易加以改正的因素，不會導致更進一步的心理問題。

　　我們或許很容易做出這樣的假設，認為遭受欺凌和擁有低自尊之間具有因果關係。然而，大多數研究在其本質上只呈現相關性，也就是說，這些研究只確定這兩者往往同時發生。有沒有可能因果關係的次序正巧是顛倒的，也就是說，低自尊兒童的特質招致他人的霸凌行為？霸凌受害者常被描述為缺乏幽默感和自信心、愛哭、孤單寂寞而被其他兒童討厭、在社交情境中缺乏相關技巧；其他霸凌受害者則被描述為破壞成性、挑釁他人、性好強辯（Perry, Perry & Kennedy, 1992）。Egan 和 Perry（1998）在名為「低自我敬重導致受害」的縱貫研究中，在兩個不同的時間點評量 10 至 11 歲的兒童，由於研究者能夠回溯自尊的發展過程以及霸凌經驗，他們發現，兩者之間的因果次序是雙向進行的。一方面，兒童自覺有所欠缺的感覺可能導致他被選為受害者，另一方面，被同儕虐待往往會進一步損及其自我敬重的程度。因此，低自尊同時是霸凌行為的因和果——這也顯示出霸凌現象有多麼複雜。

　　讓我們強調一點，自我的建構和其他發展層面一樣，並非是受到環境中各式作用力的推動而已，它同時也受到兒童個人意圖性日增的角色所主導。兒童是積極主動、自我決定的個體，能夠監控、評估、推斷、詮釋個人行為及其所產生的效應，而且能就此逐漸建立起自我形象，勾勒出自己心目中的人品性格。因此，他們藉由省思自我，以比較自己與他人，接受或拒絕別人對自己人格的看法，從而形成一連串的假設來嘗試理解自己——這些假設在適當的時機能聚合成或多或少連貫一致的理論，以便回答「我是誰？」這個問題。

性別意識的獲得

　　習慣上，我們會在**個人認同**（personal identity）[69]和**社會認同**（social identity）[70]之間做區隔。前者指涉的是所有那些具體而微的個體特質，能夠區分人我之間的不同點；後者則是指稱性別、種族、社經地位、職業等廣泛的社會團體之成員身分，這個身分是我們和許許多多其他個體所共同享有的，而社會認同也把我們和其他個體所組成的團體做出區隔。具備特定團體會員身分的意識，也會融入兒童的自我印象之中。

　　性別是所有這些社會類別中最基本的（性別〔gender〕意指男女性在心理上的差異，而性〔sex〕則是指生理上的差異——**譯注：性及性別在中文裡不時混用，為做區隔，下文也用生理性別來指稱性這個字**）。兒童或者生作男兒身，或者生作女兒身；之後兒童所得到的待遇泰半取決於其在生理上隸屬於哪一性。因此，兒童很快就會獲得性別認同的觀念（「我是男孩」；「我是女孩」）；他們也很快地了解到，其他人也可以依據性別來加以分類。然而，一直要到兒童期中期，他們才完整了解到性別概念所涉及的層面；根據 Lawrence Kohlberg（1966）的看法，這是個漸進的過程，包含三個不同的層面，每個層面浮現的

---

[69]　個人認同（personal identity）是指個體人格特質中，能夠區隔其與他人的差異之層面。
[70]　社會認同（social identity）是指個體對特定社會類別的歸屬感，例如性別或種族即是。

時間點各不相同：

- *性別認同*（gender identity）大約在 1 歲半到 2 歲之間出現。兒童覺察到，世上每一個人（包含自己在內）都隸屬於兩個團體之一——男孩或女孩、男人或女人。當被問到「你是男生或女生？」時，兒童至少從出生第 2 年的年尾起，就能正確回答。從跨入 3 歲起，讓兒童看一下另一名兒童，他們就能以頭髮、衣著等某些明顯的特徵判斷，正確回答出對方的生理性別。不過，男女性、男女孩等詞彙只是標籤而已，可以像名字一樣附加在他人身上，並不具有深刻的意義。

- *性別穩定性*（gender stability）大約始自 3 到 4 歲。兒童已經體認到個體的生理性別是一輩子都持續不變的特徵。當問道：「你還是小嬰兒的時候，是小男孩還是小女孩？」或者「你長大之後會當爸爸還是媽媽？」時，跨入 4 歲的兒童就能正確回答問題，4 歲之前則無法正確回答。然而，兒童的理解還是極其有限；當問到：「小男孩穿上裙子以後，會變成女生嗎？」大多數學齡前兒童會持肯定答覆，他們相信生理性別是由表面特徵所決定的，因此也可以更改。

- *性別恆定性*（gender consistency）約於 5 到 6 歲出現時。從此以後，兒童體會到，男性特質和女性特質能夠歷經不同的時空而保持其一貫性，且不是由個體的外表或行動來界定。女孩子即使剪短髮、穿男生的衣服，仍然是女生。性別的了解到此告一段落。

　　從很小的年紀開始，兒童就知道某些行為被認為適合男生做，另一些行為則適合女生做。大約從 2 歲半起，當問道男女生最常做的活動時，這種**性別角色知識**（gender role knowledge）[71]就會顯現出來。以下舉例說明兒童所提出的答案：

---

[71]　性別角色知識（gender role knowledge）是指兒童覺察到，某些行為類別是男生「適合」做的，某些行為類別則是女生「適合」做的。

「男生會打人。」

「女生很愛講話。」

「女生常常要別人幫忙。」

「男生玩汽車。」

「女生會親親。」

男女性分別適合做哪些事的刻板印象顯然很早就到位，儘管過去約半世紀之久的時間裡，性別角色歷經相當大的改變，這些刻板印象依舊存在，不論是從兒童實際上的行為舉止、或是從負責教導其社會化的成人本身的行動與期許來看，情形都是如此。

研究者在以下三個主要領域裡探索兒童行為中的性別差異：人格特質的發展、特定玩具和遊戲活動的偏好、玩伴的選擇。以下摘述這三個領域裡的發現：

■ *人格特質*：文化上的刻板模式仍然堅持，哪些行為對於男性才算是「正確的」（積極、主導、進取、自信的），而哪些行為對於女性才算是「正確的」（滋養、關懷、被動、順從的）。然而，對於這種二分法，男女孩行為舉止的比較研究只得出非常有限的支持性證據。試舉一例說明：有些跡象顯示，男嬰比女嬰活潑好動（Eaton & Yu, 1989）——這項差異可能足以解釋幾年後男孩之間打鬧遊戲的發生率較高的現象。然而，Maccoby 和 Jacklin（1974）檢視當時業已刊行的 1,600 篇性別差異論文後發現，這些論文所檢視的眾多心理特質中，幾乎沒有任何一項有明顯的性別之分——這個結論基本上得到後續研究的證實（Ruble & Martin, 1998）。部分證據顯示，男孩的挑釁性高過女孩，然而，當肢體挑釁和非肢體挑釁都被納入考慮時，性別上的差異就很微小。也有跡象顯示，女孩在口語任務上勝過男生，而男生在空間任務上勝過女生。不過，大致說來，人格及認知上的差異遠比一般相信的少很多，當這些差異確實存在時，其落差也不大；在目前社會重新定義性別角色的同時，它很可能也就變得不那麼明顯了。

■ *玩具偏好*：兒童對於玩具及遊戲的選擇，呈現出比較多的性別差異證據。一般而言，男孩喜歡玩卡車、積木和槍，女孩喜歡玩洋娃娃、布娃娃和家事器物（Golombok & Fivush, 1994），而且，兒童在清楚意識到某些玩具被認為比較適合某一性別、比較不適合另一性別之前，就已經呈現出不同的偏好。男孩熱衷於比較粗野的動態遊戲活動，像是警察抓強盜、牛仔攻打印地安人；女孩較喜歡扮家家酒、跳繩、打球。這些差異有可能是源自兒童與生俱有的特質：男孩較主動而好挑釁；女孩較被動而滋養，男女孩都選擇了適合這些行為類型的玩具和遊戲。然而，這些差異也有可能是社會化壓力的結果：父母、同儕、學校和大眾媒體向各個年紀的兒童傳送大量訊息，讓兒童知道，這個社會認定哪些玩具、遊戲的選擇只適合哪種性別。表 10.4 摘述一些相關的研究結果；現在我們有相當多的證據顯示，成人對兒童行為的期許帶有性別典型意味，這份期許會對兒童施加壓力，使之服從社會上約定俗成的規範。這些壓力主要是針對特定的性別典型活動及興趣而來，似乎在兒童 2 歲這一年——也就是性別發展萌芽之時——最為強烈（Fagot & Hagan, 1991）。不過，這些社會化壓力是否真能產生其預期效應，或者父母只不過是在回應子女身上業已存在的性別差異，學者仍針對這個議題爭論不休，始終未能解決（訊息窗 10.2 嘗試就這個問題提出答覆）。

■ *玩伴選擇*：到目前為止，性別差異最明顯的跡象可以在兒童的玩伴選擇中發現。男孩跟男孩玩，女孩跟女孩玩，而且這個偏好最早在 3 歲時就已經出現（參見圖 10.3）。一如 Eleanor Maccoby（1990, 1998）所指出的，性別隔離（gender segregation）是非常重要的現象。它是普世皆同的，在我們業已掌握數據的每一個文化背景中都已發現。甚至其他靈長類動物在類似的發展階段裡，也在遊戲中呈現出這個現象。這個現象是自然發生的，沒有來自成人的壓力，即使成人強行介入也很難改變。性別隔離的強度逐漸增高，在學齡期變得最為顯著，其強度一直到青少年期為止都持續不墜——

表 10.4　成人對兒童做出的性別典型行為舉隅

社會化層面	研究發現	參考書目
玩具選擇	成人鼓勵兒童（尤其是男孩子）玩性別典型玩具（例如，玩卡車而不玩洋娃娃）。	Fagot & Hagan（1991）
遊戲風格	鼓勵男孩參與精力充沛的動態活動，但不鼓勵女孩這麼做。	Fagot（1978）
任務指派	指派男孩做「男性的」家務事、女孩做「女性的」家務事。	White & Brinkerhoff（1981）
挑釁性	比較關注男孩具挑釁、獨斷意味的行為，女孩則較少受到關注。	Fagot & Hagan（1991）
控制	給男孩比較多語言、肢體上的禁令，對女孩的禁令則比較少。	Snow, Jacklin & Maccoby（1983）
自主性	雙親比較鼓勵男孩談話中的自主性，對女孩的鼓勵則比較少。	Leaper（1994）
情緒覺察	雙親比較常跟女孩談論感受，跟男孩則較少談論。	Kuebli, Butler & Fivush（1995）
情緒控制	男孩比較被鼓勵要控制情緒的表達，女孩則比較少被鼓勵這麼做。	Fagot & Leinbach（1987）

此時，即使青少年有性欲上的需求，性別隔離的現象並不會消失。這個現象有非同小可的心理意義，因為根據 Maccoby 的看法，同儕對兒童的社會化發展貢獻良多，男女孩分別在其性別團體裡呈現、發展出獨樹一格的互動風格，這對他們從青少年期到成年期的社交行為影響頗大。在男性部分，這個風格可能最適於稱作*壓縮型（constricting）*：和女孩相較之下，男孩使用較多的命令、威脅、打斷、吹噓；主導性議題引起很多人關注；男孩有較多冒險和粗野的遊戲；語言主要用於自我本位的功能，因為每一個個體都忙於自我炫耀，試圖建立及保護

自己的勢力範圍。另一方面，女孩採取*促成型*（enabling）風格：她們的課題是維持關係，而非表達自我；所以，她們在自己的性別團體中，比男孩更傾向表示同意，給他人發言的機會，認可他人所表達的觀點，並且為了具有社會約束力意涵的目的而運用語言。自然而然，這兩種團體風格確實會有些許重疊：女孩也可以很有主見，正如同男孩也可能為了共同利益而努力。然而，男孩團體和女孩團體往往有不同的運作方式，而團體所推動的互動風格會持續一輩子，從而形成每一個個體性別認同的核心。

訊息窗 10.2

嬰兒 X 實驗

從一開始，成人回應嬰兒的方式就會受到嬰兒生理性別的影響。例如，在一項父母對新生兒初期反應的研究（Rubin, Provenza & Luria, 1974）中，父母親雙方都認為，他們的兒子是比較強壯、體形較大、協調性較好、較機警的；而他們的女兒則被認為是體形較小、較柔軟、五官較纖細秀氣、較不留意外界的。很明顯地，父母親會把性別刻板模式帶入其與子女的互動中。但是，這些期許是導致兒童行為差異的原因，或者父母只是對業已存在的差異做出回應？因果關係到底為何？

1970 年代開始的一系列研究志在回答這個問題，統稱為嬰兒 X 實驗。讓我們以其中一項研究（Condry & Condry, 1976）作為例子。這項研究以 200 多位男女性成人做為樣本，讓他們觀看一名 9 個月大嬰兒的錄影帶，並對其中一部分人介紹這是男嬰大衛，對另一部分人介紹這是女嬰黛娜。在外貌或衣著上，嬰兒沒有明顯的男女性特質。嬰兒在錄影帶中對泰迪熊、洋娃娃等各式玩具做出反應，或者對小丑魔術箱（譯註：一揭匣蓋就順著彈簧跳出來的玩偶）、突然大聲作響的警鈴等刺激做出反應；每當嬰兒有所反應時，成人被要求描述其表現出的情緒。研究結果清楚地顯現出兒童假設中的生理性別所產生的影響。舉例言之，如果「大衛」對小丑魔術箱的反應是哭泣，大多數成人把它解讀為憤怒；當「黛娜」有一模一樣的反應時，則被解讀為恐懼。同一個嬰兒做出相同的行為，卻因為研究者所提供的性

別標籤之故，而被斷定為有不同的反應模式。如同作者所做的結論，男女嬰的差異似乎存在於觀看者的眼中。

關於嬰兒 X 反應的研究實在不勝枚舉（其回顧評閱請參見 Golombok & Fivush, 1994；Stern & Karraker, 1989）。這些研究採用同一個基本模式，但是在程序細節和取樣上有所變化——例如，嬰兒是在測試現場或是由錄影帶呈現、成人是否被要求與嬰兒互動、成人與嬰兒相處的經驗是多是寡、研究者預設成人做出的判斷類型等。在這些研究中，一部分的發現和前述 Condry 與 Condry 研究所得到的結論同樣地斬釘截鐵，顯示知悉嬰兒性別的事實絕對會影響到成人的行為。比方說，研究者提供了一堆玩具，其中一些玩具如汽車、橡膠鎚子等，在性別典型中被歸為陽剛型玩具，另一些玩具如洋娃娃、茶具組等，在性別典型中被歸為陰柔型玩具；當嬰兒被稱做男嬰時，成人比較可能拿陽剛型玩具給嬰兒玩，當嬰兒被稱做女嬰時，成人比較可能拿陰柔型玩具給嬰兒玩。同理，成人比較可能鼓勵「男嬰」精力旺盛地玩耍，積極探索這些玩具；而「女嬰」所得到的對待則比較溫柔，認為她比較依賴成人的幫助。然而，其他研究所得出的結果就不那麼篤定，例如，研究者發現，研究結果會因為採用方法的不同而有極大的落差。因此，當成人被要求就嬰兒的人格特質給分時（嬰兒有多友善、有多合作等等），因為性別標籤而出現的差異就很小：嬰兒真正的人格特質，對於其被覺知、理解的方式扮演著比較重要的角色。另一方面，成人實際上對待嬰兒的行為舉止，就比較可能受到性別標籤的影響：其互動風格、其所提供的刺激類型以及其所選擇的玩具類型，的確反映出成人在兒童性別上所被提供的知識。還有一個發現令人感到好奇：當兒童被要求跟嬰兒 X 互動時，他們受到研究者所指稱的嬰兒性別之影響，要比成人來得強烈——很可能是因為，他們仍然在建構自身的性別認同，因而在理解、回應男女性時，採取了比較極端而缺乏彈性的立場（Stern & Karraker, 1989）。

因此，性別標籤的效應似乎並沒有原先想像的那麼強烈。兒童被認為是男性或女性，這只是影響他人回應方式的諸多因素之一。當關於這名兒童的其他可得資料（比方說其真正的人格特質）為數不多，或者當這個資料模稜兩可時，性別標籤的效應最為強烈。然而，當性別標籤的效應被發現時，它幾乎總是和文化對於性別的刻板印象焦孟不離，因而大有可能在兒童的性別發展中占有一席之地。

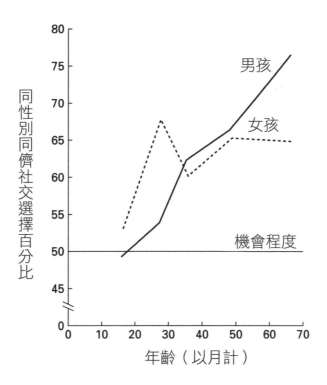

圖10.3　1到6歲男女孩對同性別玩伴的偏好
（根據La Freniere, Strayer & Gaulthier, 1984）

延續和改變

　　我們大多數人都深深相信，我們基本上和年少時期的自己並無二致。我們現在可能知道得更多，發展出各式各樣的社會與認知能力，拓展我們在社會裡的視野，並成為千變萬化的人際網絡中的一環，但是本質上，我們仍然是最初記憶裡的同一個人。從眾多觀點來看，這種自我意識隨著時間而延伸，聯結「現在的我」以及「過去的我」的現象，在心理層面上是有益的（Moore & Lemmon, 2001）。但是，我

們今昔兩相一致的程度究竟如何？追蹤兒童的發展軌跡，也就是前瞻未來歲月（而非回顧往昔歲月），就能提供一個相當複雜的圖像，連續性及變異性在其中並存，而發展的概念也從累積增加的單純過程轉爲容許定期做質性改變的過程。這些改變可能是由內在重組所帶來的（這是皮亞傑在描述認知階段發展歷程時所設想的）；它們也可能是受到極端經歷的衝擊而形成的，例如父親或母親的死亡、長期住院、受虐等。不管這些改變的本質爲何，改變之後的兒童和從前的他就不太像是同一個個體了。

連續性或中斷性的問題，不只挑戰到我們對於發展理論的概念形成，也對頗有用處的可預測性議題有所影響。早在某些個體實際做出反社會行爲之前，就先預測出他們未來的行爲，這個能力會帶來防治上的希望；如果特定類型的兒童期心理剖面能讓我們預期兒童到了青少年期或成年期的時候會有違法亂紀的行爲，那麼，我們至少有及早採取有益行動的可能性。發展過程的一貫性足以保證預測的成功率；反之，如果兒童的早期人格特質與成年期的個性沒有太多關聯的話，預測就窒礙難行了。無怪乎研究者投入大量心血調查人類早期及後期的狀態。

調查連續性

評估個體在發展過程中維持原貌或有所改變的程度，這絕非易事。主要問題在於，*連續性*一詞有許多大相逕庭的意涵，每一個定義都需要不同的評量方式（其深入討論請參見 Caspi, 1998）。在此需要特別區分兩種定義：

■　*相對連續性（relative continuity）*是指個體保有其在團體中的等級順序。設若一個班級中的兒童在 6 歲時由老師評定其焦慮程度，10 歲時再次評定其焦慮程度，我們可以比對這兩個分數的相關性，並據此決定從 6 歲到 10 歲是否有所改變。然而，此相關係數只表示兒童與團體中其他兒童相較之下是否維持同樣的地位。比

方說，首次評量時得最高分的兒童，是否在第二次評量時也得最高分。然而，這個相關係數並未告訴我們，這名兒童在這兩次評量中的實際焦慮程度。因此，整體看來，團體在兩次評量之間變得比較不焦慮的事實，可能被相關係數所掩蓋住了。

■ *絕對連續性（absolute continuity）*是指某個特定特質經過歲月的洗禮，而在個體身上維持不變的程度。挑釁性極強的 5 歲兒童到了 15 歲的時候，是否還是這麼有挑釁性？同一個問題可以針對一群個體而提出：大都會貧民窟的貧童樣本在入學時先做挑釁性評量，10 年後他們還會顯現出同樣程度的挑釁性嗎？這種類型的問題要採取平均數比較來回答，而不能採用相關係數。

　　理想上，調查兩個年齡之間的連續性時要採用同一個評量工具，然而實際上，這種作法難度很高。就某一年齡而言，吻合評量目的之工具未必適用於另一個年齡，因為特質表現在公眾行為上的方式會隨著年齡的增長而改變，即使這個特質本身維持不變亦然。舉例言之，幼兒是以肢體形式直接表現其挑釁性；用於調查目的之問卷及觀察表，因而會詢問揮拳、踢、咬、推等癥候。隨著年齡的增長，這些直接行為的表現頻率越來越低，卻大有可能被一些較迂迴的口語方式取而代之，例如傷人顏面的評語或者社會排斥等。研究者因而需要在問卷及觀察表中納入不同的項目，讓評估工具吻合此年齡層的需求；然而，基於同樣的理由，前後兩個年齡層相互比較的作法就變得很難執行。同樣的難題在絕大多數心理功能上都會發生，一如訊息窗 10.3 所詳盡呈現的，我們在兒童年幼時利用測驗來預測智力的能力仍然頗受限制，因為，對年齡較大兒童實施的智力測驗是以口語項目為主，這些項目在嬰兒期並無用武之地。一個變通的作法是，研究者不去尋找橫跨所有年齡層而形式維持不變的測驗，而是尋找*概念上*與智力相關但可以應用在嬰兒身上的評量工具。如果我們可以證實同一個潛在氣質在不同的年齡層會有不同的表現方式，那麼，為發展連續性的問題提供解答就容易多了。

訊息窗 10.3

後期的智力能否從嬰兒期行為中預知？

　　父母、教育專家、保育人員都覺得，儘早知道兒童將來的智商會有多高，並據以規劃未來，是用處頗大的事情。但是我們多早就能夠預知呢？「智力終身被個體的基因天賦所決定」的觀點，因為站不住腳，早就被棄而不用，但是，我們若能提供一個足夠穩定的環境，智力應當可以維持得相當穩定。那麼，從兒童期的頭幾年甚至頭幾個月來預測未來，這到底是否可行呢？

　　目前應用在兒童期前 2 至 3 年的發展測驗為數不少，其所得出的發展商數（developmental quotient，簡稱 DQ）與智商有雷同之處，讓我們得以拿任何一名兒童的發展與其他同齡兒童做比較。然而，這些工具基本上都是知覺動作測驗，因為它們評量的技能包括視線注視著移動中的目標、注視一個物件並動手拿取、把一塊積木放在另一塊積木之上。這些技能的性質與絕大多數智力測驗的項目大異其趣，因為後者極度倚重口語能力與抽象推理。嬰兒期所得出的發展商數與之後所做的智力商數相比較時，它們之間的相關性通常接近零，顯示嬰兒期測驗對於評估現狀可能還派得上用場，但對於預測未來進展則毫無用武之地。不論早期測驗到底評量什麼，它似乎測不出智力。

　　有些研究者並不就此罷手，反而著手尋找其他在嬰兒期做智商施測的方法（其詳細說明請參見 McCall & Carriger, 1993；Slater, Carrick, Bell & Roberts, 1999）。這些測驗大多聚焦在嬰兒出生幾個月內就明顯呈現出的各式訊息處理能力上，其理論根據在於訊息處理功能的速度及效率，是絕大多數智力表現類型的基本要素。研究者特別採用的是視覺刺激習慣化（habituation to visual stimuli）的測量方法。所謂視覺刺激習慣化是指，當同一個刺激重複出現時，觀看時間隨之減少；它假設兒童習慣化的速度是一項指標，可以顯示出兒童能夠多迅速地處理刺激，把它記起來，之後當它再次出現時，辨認出它是業已知曉的刺激，而不再看它。

　　為數頗多的實驗採用這個步驟，針對嬰兒及不同年齡的兒童施測，並在兒童期後期進行追蹤，施予傳統的智力測驗。實驗結果還算差強人意，和發展商數的案例相較之下，即使是出生後最初幾個月的表現，與後期智商之間的關係也比較密切。下列重點浮現出來：

- 預測能力不高：用統計學術語來說，嬰兒習慣化作用與後期智商的關聯性往往介於 0.3 至 0.5 之間，而非接近 1.0 的完美境界。
- 兩次施測之間的年齡間隔越短，越容易用前者預估後者，這一點絲毫不令人感到訝異。
- 基於某些尚未得知的理由，研究者在嬰兒 2 到 8 個月大之間施測時，其根據習慣化表現所做出的預測，要比小於 2 個月或大於 8 個月施測所做的預測更有把握。
- 和其他兒童相較之下，「置身險境」的兒童（例如早產兒或殘障兒童）的預測要容易得多。
- 快速的訊息處理者通常也是效率較高的訊息處理者。
- 生活方式的驟變（例如全面性剝奪）可能削弱研究者預測未來智力狀態的能力，這一點大致上和智力測驗的情形如出一轍。

我們必須總結，即使我們擁有早期施測的新方法，預知兒童智力的工作仍屬未定之天。研究者探索習慣化速度以外的各式方法，例如再認記憶（recognition memory）、視覺預期（visual anticipation）、視覺反應時間等——這些方法都擁有的優勢是，即使就年齡極其幼小的兒童而言，這些項目都是其行為戲碼之一，因而容易進行施測。此外，這些項目都與訊息處理相關，因此，和知覺動作行為相較之下，其在概念上與智力之間的關係比較密切，因而也較有可為。只不過，在我們於早期智力預測上獲得紮實的結論之前，還需要下很大的工夫。

從早期行為做預測

　　研究者做了相當多的努力，嘗試探索特定人格特質在兒童期初期以至成年期的發展歷程。他們從這些嘗試中累積了大量知識，只是，這些知識所告訴我們的故事變得非常迂迴而錯綜複雜。人類並不是單純地循著直線發展：其中有延續之處，也有改變之處，雖然我們在某些方面終生擁有相同的特質，但在其他方面，我們就跟剛出生的時候判若兩人了。讓我們參考害羞與挑釁性這兩個天差地別的人格特質，從它們的發展歷程來闡明這一點。

1 害羞

害羞包含範圍廣闊的行為模式：在社交場合悶不吭聲、害怕遇見陌生人、偏好獨處、容易臉紅、說話吞吞吐吐且難為情、克制、不情願加入對話、在參加社交團體上很退縮。一般人表現害羞的方式各異其趣，從高度自我肯定的急性子到幾乎被社交情境搞得一無是處者都有。害羞表現得引人注目時，被認為是相當大的不利條件，雖然我們也在第二章（「以跨文化觀點看人格發展」一節）看到，不同文化賦予此種特質的價值可謂天差地別。

害羞在幼兒身上非常明顯，其形式基本上與成年期並無不同。這是否意謂著，這個習性的個別差異會在出生後呈現出來，然後與個體長相左右，成為永久的特質？投入這個問題的研究數量之多令人咋舌（參見 Crozier, 2000），目前有眾多跡象顯示，害羞具有（很可能非常複雜的）基因源起。因此，我們在本章稍早篇幅（「個體性的生物基礎」一節）討論到氣質時發現，表 10.1 所摘述的各種方案裡，各有一項特質與害羞有關：Thomas 和 Chess（1977）把某一群兒童定義為「慢熱型」；Buss 和 Plomin（1984）把社交性納為三個連續光譜（continuum）其中之一的一端，並就社交性的基因基礎提出大量證據，而害羞就位於連續統的一個端點上；同樣地，Rothbart 等人（2001）提到外向是遺傳而來的特質，其意涵與社交性多所雷同。

不過，人格特質具有基因基礎的事實，並不意謂著它會固著不變而持續一生——比方說，就像眼球顏色一樣終生不變。我們從針對兒童進行的各式縱貫研究得知，有眾多跡象顯示，個體害羞的等級至少在某種程度上會隨著時間而改變。當兒童遭遇到新的情境和陌生人物時，改變就在生命的轉折點發生了：例如，兒童剛剛入學、轉學或者上大學（Asendorpf, 2000）。如果對個體的整體社交性以及其對陌生人的調適來說，這個轉折點極為苛求，以致個體未能成功予以掌握的話，就可能造成恆久的改變，導致更為害羞的狀況；同樣地，某些增強自信的經驗大有可能導致害羞等級降低的改變。

對於害羞及其發展根源最完善的說明，可見於 Jerome Kagan 及其同事的系列報告（例如 Kagan, Reznick & Snidman, 1988；Kagan, Snidman & Arcus, 1998）。這一系列報告所呈現的結果來自一項縱貫研究——研究者以一群兒童為樣本，從嬰兒期開始追蹤，定期在各式各樣的評量情境中進行調查。研究結果讓 Kagan 相信，害羞是更廣泛的光譜的一部分，他把這個光譜認定為*克制*——這個詞意謂著，當個體面對所有不熟悉或具有挑戰意味的情境、以及所有的陌生人時，其初步反應是焦慮、煩惱和小心翼翼。根據這些研究的發現，害羞的兒童不只是當陌生人在場時感到焦慮而已；他們不情願接觸到任何新奇的事物，當他們無從避開未知的人事物時，其反應宛如受到克制，而變得焦慮、苦惱。早在 4 個月大的時候，嬰兒是否有克制傾向就已經可以分辨出來：克制型兒童（約占大多數樣本的 20%）初次遇到未知的事物時，往往變得安靜而克制，如果刺激持續出現的話，就會變得越來越激動；而非克制型兒童（約占大多數樣本的 40%）在相同的情境中，則流露出老神在在的各種跡象，較有可能接近不熟悉的刺激，而不是迴避。如同生理調查研究所顯示的，大腦警覺閾值（threshold of brain arousal）的一些變化，似乎要為個體之間的差異負責，看起來這種變化有可能是遺傳而得的。一如兒童期後期評量所顯示的（其摘要請參見表 10.5），Kagan 研究中的兒童在每一個後續的時間點接受對陌生事件的回應性評量時，都發現有所差異：克制型兒童往往是小心翼翼、畏縮而不善交際的，而非克制型兒童對於所有的嶄新經驗則是老神在在而興致高昂的。不過，只有少部分兒童在整個追蹤期中，*持續*保持在克制或非克制的狀態中。這些兒童是兩種極端，亦即高度克制型和高度非克制型：就這些兒童而言，從嬰兒期行為預知其未來狀況是可行的。所以，唯有在被歸類為極度害羞的兒童身上，害羞才被發現是持續、穩定的特質，Kagan 也推測，即使就這群兒童來說，一些環境壓力是維繫這種行為風格所必需的，例如雙親之一過世、婚姻衝突、家族中有人罹患精神疾患等。在其他樣本中，某種程度的中斷性占了上風，兒童的克制程度有增有減，這些變化吻合其所接觸到的社會環境中之相關影響因素。

表 10.5　克制型兒童和非克制型兒童在不同年齡的行為

年齡	實驗步驟	兒童的反應
4 個月	給兒童其不熟悉的刺激，如砰然爆開的氣球。	克制型兒童：啼哭、強而有力的動作活動（motor activity） 非克制型兒童：未曾感到苦惱、動作活動很少
2 歲	面對陌生人；給他們新奇的物品。	克制型兒童：焦慮的徵兆、退縮 非克制型兒童：不會害怕、表現出興趣
4 歲	會見陌生的成人；跟陌生的兒童玩耍	克制型兒童：順從、迴避 非克制型兒童：外向、善於交際
7 歲	父母做問卷；老師接受訪談；進行實驗室評量。	克制型兒童：獲得各式各樣的焦慮症狀 非克制型兒童：相對上未出現焦慮症狀

　　我們可以做出結論：關於兒童期的害羞，改變是常態而非例外。只有在表現極端的群體裡，預測才會有任何程度的可靠性可言：因此最有可能的狀況是，極度害羞、安靜而克制的幼兒會變成安靜、小心翼翼、很難融入社交場合的青少年；同樣地，擅於交際、舉止自然的學齡前兒童，非常有可能在兒童期後期顯現出同樣長於社交的特質。然而，即使就這些兒童來說，「任何一個人都可以不受環境影響」的假設是有欠考慮的；即使就害羞而言，穩定性關乎的是或然率，而非必然性。

2 挑釁性

　　挑釁型兒童會長成挑釁型成人嗎？或者反過來說，挑釁成性的成人從前就是挑釁他人的兒童嗎？這個問題顯然有實際上的意義：就社會中的暴力事件數量來看，我們如果可以從兒童的早期行為預測出某

些類型的兒童有可能轉變成施用暴力的成人，其用處可就大了。許多研究嘗試就此問題提供解答。

最為雄心勃勃的研究之一由 Huesmann 和他的同事（1984）進行，他們對 600 人進行長達 22 年的追蹤，並從受試者的雙親及子女身上蒐集數據。每一位兒童初次受試時是 8 歲，透過同儕提名指數（peer-nomination index）評估其挑釁程度，這個指數是由兒童的同班同學就他在各種情境下的行為評分而得。這些兒童中約有 400 人在 30 歲時接受追蹤調查，以應用廣泛的人格量表讓他們進行自評，據以測定其挑釁程度。此外，研究者也針對家中的任何暴力行為，從受試者的配偶手中取得評分，並在官方紀錄中蒐尋包含暴力犯罪在內的定罪訊息。結果顯示，在為期 22 年的時期中，挑釁行為有相當程度的穩定性。最具挑釁性的 8 歲兒童，到了 30 歲時也是挑釁程度最高者——這個發現在男性身上的適用程度比女性高，意謂著男孩子的高度挑釁性有不小的機率會轉變成嚴重的青年反社會挑釁行為。更甚者，研究也顯現出跨代穩定性的跡象：研究者針對受試者父母及兒女（如果可行的話）的挑釁性蒐集數據，結果顯示出橫跨三代的特有挑釁趨勢——具挑釁性的父母養育出具挑釁性的子女。根據這些結果來看，挑釁似乎具有一定持久性的特質。

其他為數眾多的研究證實了這幅連續性的概括圖像（例如 Cairns, Cairns, Neckerman, Ferguson & Gariepy, 1989；Farrington, 1991；White, Moffitt, Earls, Robins & Silva, 1990），並產生了一個信念——男性在兒童期的擾亂或棘手行為，是青少年或成年犯罪的最佳預測指標之一，尤其是指那些涉及暴力的犯罪類型而言。但是，比較晚近的研究發現，事態並不這麼篤定，因而讓我們的注意力投注到一些錯綜複雜的事情上：

■ 挑釁是概括性術語，涵蓋多種形式，適用於某甲身上的未必適用於某乙。一如 Tremblay（2002）在檢視二十世紀關於挑釁的研究後所指出的，我們必須學習的教訓是，我們不應假設某個時間點

的特定挑釁行為形式（例如課堂上不服管教）能夠精準預測到另一個時間點另一種形式的挑釁行為（例如因為動粗、施暴而被逮捕）。

■ 我們也需要避免以偏概全、做出跨性別的推論：男孩子泰半偏好肢體挑釁，女孩子則偏好迂迴的挑釁。一些研究結果表示（例如 Cairns et al., 1989），和男孩子相較之下，女孩子的挑釁行為比較不會隨著年齡的增長而保持穩定。

■ 在蒐集關於年齡變化的數據時，我們必須分辨前瞻法及回顧法的差異，因為它們會得出不同類型的結果。在前瞻法當中，兒童一直被追蹤到成年期，它告訴我們，呈現出反社會行為（包括挑釁行為）的兒童，只有一部分會變成反社會型成人。在回顧法當中，有關成人童年時期的數據是用回溯方式加以蒐集的，它顯示出，幾乎每一個反社會型成人早年就是反社會型兒童（Robins, 1966）。兩個論點當然都有其價值，但由於其意涵不同，必須同時納入考量。

■ 雖然研究者每每發現，隨著年齡的增長，挑釁性在相對層面上具有穩定性，但其穩定程度大致上只算適中。改變的確會發生；雖然某些兒童維持不變，另一些兒童的挑釁性則會變得比同儕高或低。所以，預測只在某些案例中可行；其他案例中，在兒童期到成年期的發展歷程裡，挑釁性會循形形色色的軌跡前行。

　　大多數晚近研究注意到最後一點，嘗試找出挑釁行為循獨特軌跡而發展的那群兒童。研究者針對這群兒童的本質提出各式建議。舉例言之，根據一項建議（Moffitt, Caspi, Dickson, Silva & Stanton, 1996），我們需要在「持續終身」的兒童和「僅限青少年期」的兒童之間做個區隔：前者從早年開始就持續顯現高度的挑釁性，在那個時期中未能學會克制情緒衝動的方法；反之，對後者而言，挑釁性是一個過渡階段，主要出現在兒童期後期及青少年期，通常是受同儕壓力等暫時性社會影響啟發所致。另一項建議（Brame, Nagin & Tremblay, 2001）列

出七種子類型，綜合挑釁程度以及此程度從兒童期到青少年期所發生的改變來區分。同樣地，研究的主要發現是，早年就有高度挑釁性的兒童，很可能成為高度挑釁型青少年。另外一種路線的研究聚焦在挑釁性的社會伴隨物，以之作為有意義的區分兒童方式（Rutter & Rutter, 1993）：有些兒童不但行為具挑釁性，又是來自失功能的家庭（dysfunctional family），在家中親眼目睹衝突，很少得到有效的管教或監督，他們和未具備這種社會殘障（social handicaps）現象的兒童相較之下，比較可能維持其挑釁性。

這類研究的結果仍有商榷餘地；很明顯的是，挑釁性的發展歷程形式不一而足——如果我們想要針對特質不同、需求互異的個體提供適切的協助，那麼，這個重點就得納入考量。這種歧異性使得從早年行為來做預測之舉變得不那麼簡單明瞭——有關害羞及其他人格特質（例如情緒性〔emotionality〕、自尊、樂於助人、個性衝動、各種形式的精神病理現象）的穩定性研究，同樣都指向這個結論。在所有這些案例中，不論研究者可以在早期發現何種氣質，它通常會被隨後的經驗做某種程度的修正，所以，*中斷性*才是通例。只有在分布最為極端的案例中，例如極度害羞和具高度挑釁性的個體，橫跨多年來做預測才有可能成功。在這些案例中，個體的先天因素持續扮演著主導性角色；反之，較溫和的氣質比較會持續受到環境的影響，而這些影響力則源自家庭、學校、同儕團體等。對這些占絕大多數比例的個體來說，一般性的結論就是：出生頭幾年內個體特質的本質以及壯年期人格的本質，這兩者之間的關係偏弱。

部分研究者主張，如果以幾項兒童特質的*組合*、而非以*單一*一項特質作為基礎的話，預測會較成功。Caspi（2000）在一項雄心勃勃的研究方案（即杜尼丁研究 Dunedin study）中，針對 1000 名以上兒童在 3 到 21 歲之間進行追蹤，他根據兒童 3 歲時所觀察到的氣質特性之組合，把兒童劃分為三組，並在說明這項研究方案時摘述其所發現的連續性證據。這些兒童隨後持續接受評量，一直進行到青年期為止，結果這三組兒童在整個研究期間持續顯現出獨特的性格（詳細說明請

參見表 10.6）。因此，我們看到了這個可能性——考量害羞、挑釁等單一人格特質的作法所帶來的圖像有誤導之虞，而被稱做*類型取向*（typological approach）的研究方法比較有意義，因為它對人格的組織化本質做了公道的評論。不過，我們也需要留意，研究所發現的連續性也並不完整，研究所做出的預測也只能用或然率而非必然性陳述；每一組成員比較*可能*根據特定的模式發展，而改變的空間依然很大。我們再次發現，雖然有一定程度的連續性，中斷性仍占了上風。

從早期經驗做預測

另一個探索發展連續性的嘗試是從兒童的早期經驗著手，而非以其早期的行為模式為目標。這個路線所依據的假設是，兒童在生命初期具有高度的可塑性，他們在此階段所吸收的經驗，在本質上足以奠定基礎，恆久地決定了人格成長的歷程。如果這個假設成立，我們可以掌握生命初期所發生的事，藉此預測成年期的結果。

早期經驗極具重要性的假設已經是老生常談，華生（J. B. Waston）及佛洛伊德等各種學派的作家分別從行為主義及心理分析的角度擁護這個觀點。

表 10.6　人格類型從兒童期早期到成年期的連續性

類別	3 歲的表現	18 到 21 歲的表現
缺乏控制的	衝動、情緒反覆無常、易怒、沒耐心、焦躁不安、易分心	衝動、挑釁、追求刺激、不可靠、反社會、莽撞
克制的	社交上局促不安、擔心害怕、很容易被陌生人弄得心煩意亂、害羞	過度控制、小心謹慎、缺乏主見、社交孤立、抑鬱
適應良好的	自信、起初小心翼翼隨後就很友善、能忍受挫折、自我控制	正常、持平、心理健康

資料來源：以 Caspi（2000）為依據。

一如華生（1925）在一段常被引用的文字中所說的：

> 給我 12 名身心完善的健康嬰兒，在我特殊的世界中養大成人，不
> 論其天分、嗜好、傾向、能力、職業與種族為何，我保證可以隨
> 機抽樣一名，把他訓練成為我所選擇的任何一種專家類型——醫
> 生、律師、藝術家、大商人，沒錯，甚至包含乞丐和小偷。

佛洛伊德有類似的看法（1949）：

> 有個常見的主張認為，兒童是成人的心理之父，生命早年所發生
> 的事件對他往後的整個人生最為重要。分析經驗讓我們對這個主
> 張的全盤事實深信不移。

根據這些觀點，幼兒被認為極易受到影響，比任何一個後續階段都要
來得容易吸納、接受影響，因此，不論他們當時遭遇到何種經驗，都
會留下恆久的影響。所以，後期人格形成的線索，被認為隱藏在兒童
和環境的初次接觸中。

我們如今有大量的實證研究，可以檢驗這些主張（詳細討論請參
見 Clarke & Clarke, 2000；Schaffer, 2002）。很多研究關注「嬰兒期創
傷」（infantile trauma）的效應——這是指異常、壓力重重的早期經驗，
例如在全面剝奪的機構中成長，極度缺乏個人照顧及廣泛刺激。以
Wayne Dennis 的研究（1973）為例，一群兒童最初幾年是在中東地區
的孤兒院（喚做育嬰堂）中成長，兒童處於極度受到忽視的處境中，
個人照料極其有限，幾乎每一種刺激都付之闕如。因此，Dennis 觀察
到，兒童的發展狀態逐步惡化——1 歲剛開始時平均發展商數為 100（代
表運作程度適中），到年尾時降到只有 53（12 個月大的兒童在 6 個月
大兒童的等級運作）。在待在育嬰堂的整個歲月裡，這個嚴重的發展遲
緩現象持續存在：例如，超過半數的兒童在 21 個月大時仍無法坐起
來，不到 15% 的兒童在 3 歲時能夠走路。因為兒童期初期所受待遇的
緣故，看似具備良好天分的兒童會發展遲緩到極度嚴重的地步。的確，
發展遲緩的現象是這麼明顯，不管這些兒童接下來的命運如何，不曾

有人懷疑過其發展遲緩的恆久性。

　　但是多年後，當兒童超過 12 歲時，Dennis 設法追蹤其原有的樣本，並重新做評量。6 歲大的時候，大多數兒童已經從育嬰堂轉到比較適合年齡較大兒童的機構——女孩子分到甲機構，男孩子分到乙機構；其他兒童則是直接從育嬰堂被收養。每一位兒童都做了智力測驗，其智商如圖 10.4 所示。其智商顯示，全部女孩子大體上持續在遲緩的等級中運作；反之，男孩子的智商雖然低於平均值，但仍維持在正常範圍之內。這個現象也適用於被領養的兒童身上，尤其以那些在 2 歲前被領養的兒童爲然。爲什麼由機構收容的女孩子和其他人有這樣的落差？答案在於兒童 6 歲以後所居住的環境。收容女孩子的機構完完全全和育嬰堂一樣匱乏，使剝奪的現象持續下去。收容男孩子的機構就提供較多的刺激；工作人員的配置較充足，有較多的娛樂和教育設施，且兒童得到較多的個人關注。當然，這個現象更適用於過著正常家庭生活的收養兒童身上。因此，大致上有所損害的經驗之效應，並未證實爲恆久不變的，甚至連持續 6 年之久的損害性經驗也不例外；當時所觀察到的傷害可以逆轉，兒童可以在協助之下企及較爲典型的智力功能。

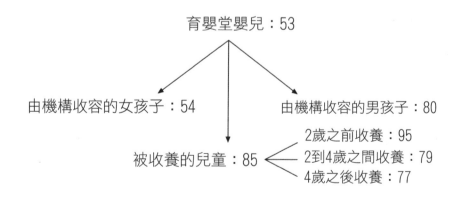

圖10.4　Dennis研究中的兒童智商

　　較晚近的研究證實這些發現，並推而廣之。Rutter 等人（1998）
追蹤一大群羅馬尼亞孤兒，這些兒童出生後由狀況極其駭人的機構收
容，2 歲前被帶到英國，安置在認養家庭裡。在轉換環境的時候，這
群兒童和一群在英國境內被收養的兒童相較之下，其發展嚴重遲緩，
包括生理成長及認知發展階段皆是如此。然而，到 4 歲做評量時，兒
童急起直追的速度令人咋舌（參見表 10.7）；到 6 歲再度評量時
（O'Connor et al., 2000），他們並未顯現更進一步恢復的跡象，但研究
者也發現，他們仍維持住原先的進展幅度。雖然，就 6 個月大之前被
領養的兒童來說，其急起直追的幅度特別令人印象深刻，而 6 個月大
之後才被領養的兒童，其進步幅度也很顯著。關於羅馬尼亞孤兒的進
一步研究，同樣呈現出其在社交遲緩層面上急起直追的現象（Chisholm,
1998；Chisholm et al., 1995）：即使兒童幾年之內只和照顧者有極少量
的接觸，他們仍然能夠和養父母建立起依附關係。昔日情緒上被「打
入冷宮」的經驗，並未阻止他們在後來發展出社會聯結，雖然他們所
付出的代價是：其所形成的依附關係中，不安全感的發生率比我們在
正常情況下所期待的來得高（參見訊息窗 4.3）。從不利環境轉換到有
利環境的年齡，顯然是重要的考慮因素，並會為復原程度設限。不過，
這些發現的整體模式所突顯出的現象是，在早期嚴重的剝奪經歷之
後，發展方面有可能展現了不起的復原力。

表 10.7　從羅馬尼亞孤兒院領養的 4 歲兒童之認知測驗結果

| | 羅馬尼亞被領養兒童 | | 英國境內被領養兒童 |
	6 個月大之前到英國	6 個月大之後到英國	
測驗時間			
到英國時	76.5	46.1	-
4 歲	115.7	96.7	117.7

資料來源：根據 Rutter et al.,（1998）。

　　其他研究得出類似的結果，不論是早期的剝奪效應或是其他創傷經驗都如出一轍。這些研究顯示，不管這些事件發生得有多早或者有多嚴重，其所留下的影響不必然是永久的；兒童生活經驗的巨大改變可以逆轉先前的不利影響，至少在這個改變及時來到的狀況下是如此。我們無法確定多早才算做「及時」，這一點在潔妮的悲劇故事（參見訊息窗 9.2）中呈現出來，至少在出生的前 11 個年頭裡，這個女孩在極度匱乏的環境下成長，看起來她能夠正常發展的機率是微乎其微。很明顯的是，我們不能只根據早期經驗來預測人格發展；*早期*、*晚期*之間的聯結非常複雜，因為至少在某些情況下，後來的經驗可以逆轉早期的影響，當我們在解釋最終結果時，必須將其考慮在內。由此，我們描繪出的發展圖像，要比華生、佛洛伊德所描畫的更為樂觀：人類面對著往昔歲月時，並非是走投無路的受害者；兒童期早期所發生的事固然很重要，兒童期後期所發生的事情同樣重要。為了了解壯年期的結果，我們需要考量整個發展歷程。

追溯發展軌跡

　　我們不能直接從*早期*跳到*後期*，從生命初期的經驗直接跳到評量結果的時間點；我們清楚地知道，早期經驗要放在每個兒童的生命歷程脈絡裡來檢視，而且，我們不應預期某些特定的創傷會千篇一律地導向病態的結果，反而需要認清中介事件（intervening event）的緩和性角色。也就是說，我們必須體察到這個事實——從早期逆境導向後期人格功能的**發展軌跡**（developmental trajectories）[72]，在不同的個體身上會以不同的形式呈現。讓我們說明其理安在。

　　Brown 及其同事在一系列研究（例如 Brown, 1988；Brown, Harris & Bifulco, 1986）中，調查兒童期喪失雙親之一及成人女性罹患憂鬱症之間的關聯。這種關聯性先前業已根據理論性觀點提出，可是，嘗

---

[72]　發展軌跡（developmental trajectories）是指個體經歷生命時所遵循的特定途徑，以每一個途徑所特有的連續性/中斷性程度來做區隔。

表 **10.8**　根據兒童期失落（childhood loss）還有其後照顧適切性兩項因素來評估女性憂鬱症罹患率

失落類型	適當的照顧	不當的照顧
母親死亡	10	34
與母親分離	4	36
父母親都健在	3	13

資料來源：根據 Harris, Brown & Bifulco（1986）

試直接確認兩者關聯性的實證調查卻得出不確定的結果。但是，Brown把其他中介經驗納入考量，而能夠證明這個關聯性唯有在某些狀況下才會發生，亦即當失去雙親之一會造成缺乏適當的親職照料（參見表10.8）時，才會發生此狀況。有些女性因為母親過世或父母離異而失去母親，但是隨後經驗到妥適的照料；另一些女性也有類似的失落遭遇，但是此後是在照料安排不當的狀況下長大的。如果我們拿這兩組女性做比較，前者罹患憂鬱症的機率比後者小得多──比從無失去親人經驗的女性只稍高一些。就此而言，不當的照料安排往往在後來轉而造成其他不幸的經驗，如未婚懷孕、婚姻失和等，每一種經驗都對最終結果──發展出臨床憂鬱症──有推波助瀾之效。因此，兒童原先經驗到的特定事件（喪親之痛），似乎主要是從其所建立的連鎖反應得到其*長期*的重要性。因此，從兒童期經驗到成年期結果的途徑中可能包含一連串的步驟，每一個步驟都因為之前那個步驟而更有可能發生──這個程序大有可能導致兒童被送上輸送帶，繼續向前推進，以致不利處境有增無減。

　　不過，連鎖反應並非是無可避免的，即使這個程序已經在進行之中也不例外。個體三不五時會遇到**轉捩點**（turning points）[73]，而必須在各種不同的作法中做個選擇：繼續求學或者輟學、找到一個無需技

---

[73]　轉捩點（turning points）又稱做轉折點，是指個體面臨著影響未來人生道路的重要抉擇之時機。

術的工作或者繼續進修受訓、嫁給一個特定人選或者不嫁給他——這些是年輕人要做的一些抉擇。不管他們的選擇是否出自自由意志，其所選擇的作法大有可能強化（或者反之有助於減少）先前經驗的結果。以 Rutter、Quinton 和 Hill（1990）的研究為例，研究目的在於證實被剝奪適當親職教養的兒童是否會長成剝奪型父母。接受調查的女孩子大部分早年歲月是在育幼機構中度過的，她們作為成人被發現較不敏感、支持能力較低、其親子關係不像傳統家庭環境中長大的母親那麼溫暖。但是，並非每一位來自剝奪背景的女性都會顯現這些缺陷：在團體平均值的背後，結果的變異性相當大，這一點可以追溯個別兒童的發展軌跡，從兒童期經驗一直追蹤到成年期行為，而加以說明。舉例言之，正向的求學經驗被發現可以抵消兒童家庭經驗的一些不利影響，導致其自尊提高，青少年期結束時，這一點轉而提高其找到可以獲得滿足感與成就感的工作之機率。尤有甚者，這些女性所找到的婚姻伴侶如果具有支持能力，同時也沒有社交偏差行為的話，就能夠協助這些女性，使其整體功能大致上還算良好，尤其可以和子女建立健全的親子關係。轉捩點的形式不一而足（Caspi, 1998）：如同我們在之前 Wayne Dennis 的研究中所看到的，轉到另一所育幼機構可能是一個轉捩點，被領養則是另一個轉捩點——兩種狀況都提供兒童轉向不同人生道路的可能性（雖然未能百分之百證實）。因此，我們對兒童期事件和成年期行為的關聯性提出任何詮釋時，轉捩點都會是核心元素；轉捩點甚至在成年期都可以修正過去經驗的影響，這一點有助於說明，遭遇到同一事件的早年經歷，何以會導致形形色色的不同結果。

世人普遍認為，當前的關鍵完全取決於遙遠的過去；我們可以得出的結論是，這個信念失之過度簡化。「早期經驗只因為發生得早就很重要」的觀點無法得到證實，年齡與經驗敏感度之間不具有直截了當的關聯性。讓我們看看父母離婚對不同年齡兒童所造成的衝擊：任何聯結年齡與易受傷現象（vulnerability）的概括性原則，都無法得到證實（Hetherington & Stanley-Hagan, 1999）；比較可能的結論是，年幼

兒童和年長兒童的反應在類型（而非嚴重程度）上有所差異。一般人以爲，極度容易受傷的嬰兒及學齡前兒童會逐步長成心智較爲健全的學齡兒童及青少年，這樣的圖像其實未能獲得證實。特定經驗的影響力取決於這個特定發展階段所存有的任何一種心智組織狀態；決定兒童回應方式的因素並非年齡，而是這個組織狀態的性質。時機的確很重要，但並非「發生得越早影響力就越大」這種大而化之的通則就能夠解釋的。一切都取決於經驗類型，以及兒童詮釋、吸收這些經驗的能力。當發展連續性（developmental continuity）存在（例如早期適應不良導致後期適應不良）時，其解釋理所當然可以在環境連續性（environmental continuity）中找到。因此，早年置身不利生長環境的兒童，很可能在兒童期後期也經歷到不利的生長環境——這或者是因爲兒童持續待在同樣不利的教養環境裡，或者是因爲屋漏偏逢連夜雨的傾向（所謂的「輸送帶」現象）。因而，需要爲任何長期傷害負責的，是鐵鏈每一只鏈環所累積而得的效應，而不是鐵鏈的第一枚鏈環。

本章摘要

　　兒童主要發展任務之一關乎個體化的歷程，也就是說，獨一無二的*個人認同*之形成過程。兒童從出生開始就具有個體性，而個體性是以統稱爲*氣質*的一組特性爲基礎所形成的。這些特性幾乎毫無疑問地是由基因決定，會持續影響個體的行爲；它們因而很可能是後來被稱做*人格*的層面之先驅。

　　*自我*是人格的焦點，兒童期的大部分時間都被用來尋找「我是誰？」此一問題的答案。在研究自我時，區分三個組成要素的作法會有所助益：自我意識、自我概念、自尊心。自我意識通常在 2 歲時出現；之後，自我概念形成，逐漸有所提升——這個歷程會一直進行到成年期爲止。自尊心在求學期間也歷經發展上的改變，變得越來越內外一致，也變得更實際。

在青少年期當中，兒童對自我的觀點會歷經廣泛的修正，不但吻合其外貌上的改變，也和被稱作*認同危機*的內省性提高現象齊頭並進。根據艾瑞克遜的看法，在所有的人生時期中，兒童最需要在這個時期解決其認同問題；唯有當他們能妥善處理這個特定的發展任務時，他們才能夠成功地邁入成年期，不再因為無法釐清其在生命中的角色而茫然無措。

兒童看待自己的角度同時取決於其認知發展以及社會經驗，尤其取決於他人的態度和期望。這在兒虐案例中至為明顯，其對兒童的自我發展影響很大。家庭無疑是兒童自我意識的搖籃；然而，同儕團體也在這方面形成一股勢力，這一點可以從社會排斥和霸凌行為對受害者自尊的影響上看出端倪。

自我發展的另一個層面關乎兒童性別意識的獲得。這是個漫長的歷程，包含性別認同、性別穩定性、性別恆定性三者的發展。兩性心理上的差異原來少得令人訝異；不過，性別隔離的現象從 3 歲起就被發現，一直到青少年期和壯年期還很明顯，它對於男女兩性個別的互動風格影響深遠。

從兒童期早期一直到成年期，個人特質的連續性程度、以及成人人格是否可以從出生頭幾年的行為加以預測，仍是調查研究上的熱門課題。研究者採取兩種路線，其一追溯整個發展歷程中的特定心理特質，以評定其穩定性。以害羞和挑釁為例，我們必須總結，穩定性往往局限在表現最為極端的群體裡，例如極度害羞或者具有高度挑釁性的兒童，這是由於其天生的影響力仍然占有優勢。不過，對那些較為適中的氣質而言，改變是常態而非例外。這些個體對環境中的影響力持較開放的態度，使得個人特質的變動較為可行。

第二個路線關乎從早期經驗預測後期結果的努力。其所根據的假設是，兒童在生命初期是這麼容易受到影響，以致於剝奪等創傷經驗會終生在他們身上留下烙印，不論其後期經驗為何皆然。這個假設已經被推翻：就連那些被全面疏忽的機構嚴重傷害到的兒童，

只要提供他們合適的情境，研究者仍然發現他們可以復原。我們不得不總結，不論特定經驗多早發生、情形有多嚴重，發展歷程不會被它們恆久定調下來。包括轉捩點在內的後續事件也得納入考慮；個體會遵循其特定發展軌跡而行，但在碰到轉捩點的時候也得再三思量。

延伸閱讀

Caspi, A. (1998). 《延續一生的人格發展》Personality development across the life course. In **W. Damon** (ed.)**, N. Eisenberg** (vol. ed.), 《兒童心理學手冊》*Handbook of Child Psychology* (Vol. 3). New York: Wiley. 這本書主要闡釋人格差異的本質以及其在兒童期的發軔，作者並從學術觀點摘要呈現「人格特質延續和改變」的相關研究。

Clarke, A, & Clarke, A. (2000). 《早期經驗和人生道路》*Early Experience and the Life Path.* London: Jessica Kingsley. 這是極具影響力的專著《早期經驗：迷思與證據》（*Early Experience: Myth and Evidence*，1976出版）的更新版本，就早期經驗的影響提出最新的證據。

Golombok, S., & Fivush, R. (1994). 《性別發展》*Gender Development.* Cambridge: Cambridge University Press. 作者從懷孕時期一路追蹤到成年期，闡述性別發展在遊戲、社交關係、道德發展、求學與工作等多元領域中所扮演的角色，並論述荷爾蒙、認知、父母和同儕對性別發展過程的多重影響。

Harter, S. (1999). 《自我的建構：發展觀點的剖析》*The Construction of the Self: A Developmental Perspective.* New York: Guilford Press. 作者是這個領域創作數量最多的學者之一，他從學術觀點詳盡介紹世人目前對自我的諸般知識，探討自我在學前期到青少年期末期之間的發展。

Maccoby, E. E. (1998). 《殊途同歸的兩性》*The Two Sexes: Growing up Apart, Coming Together.* Cambridge, MA: Harvard University Press. 這是近年來最重要的兩性專著之一，作者聚焦於性別隔離現象在兒童期及成年期所扮演的角色，同時廣納涉及性別發展的各式議題。

⌘ 參考書目 ⌘

Adams, M. J. (1990). *Learning to Read: Thinking and Learning about Print*. Cambridge, MA: MIT Press.

Ainsworth, M. D. S., Blehar, M. C., Waters, E., & Wahls, S. (1978). *Patterns of Attachment*. Hillsdale, NJ: Erlbaum.

Amato, P. R., & Booth, A. (1996). A prospective study of divorce and parent–child relationships. *Journal of Marriage and the Family*, 58, 356–65.

Amato, P. R., & Keith, B. (1991). Parental divorce and the well-being of children: A meta-analysis. *Psychological Bulletin*, 110, 26–46.

Ariès, P. (1962). *Centuries of Childhood*. Harmondsworth: Penguin.

Asendorpf, J. B. (2000). Shyness and adaptation to the social world of university. In W. R. Crozier (ed.), *Shyness: Development, Consolidation and Change*. London: Routledge.

Aslin, R. N., Jusczyk, P. W., & Pisconi, D. B. (1998). Speech and auditory processing during infancy: Constraints on and precursors to language. In W. Damon (ed.), D. Kuhn & R. S. Siegler (vol. eds), *Handbook of Child Psychology* (Vol. 2). New York: Wiley.

Atkinson, R. C., & Shiffrin, R. M. (1968). Human memory: A proposed system and its control processes. In K. W. Spence & J. T. Spence (eds), *Advances in the Psychology of Learning and Motivation* (Vol. 2). New York: Academic Press.

Attie, I., & Brooks-Gunn, J. (1989). Development of eating problems in adolescent girls: A longitudinal study. *Developmental Psychology*, 25, 70–9.

Banks, M. S., Aslin, R. N., & Letson, R. D. (1975). Sensitive period for the development of binocular vision. *Science*, 190, 675–7.

Barnett, D., Ganiban, J., & Cicchetti, D. (1999). Maltreatment, negative expressivity, and the development of type D attachments from 12 to 24 months of age. In J. I. Vondra & D. Barnett (eds), Atypical attachment in infancy and early childhood among children at developmental risk. *Monographs of the Society for Research in Child Development*, 64 (3, Serial No. 258).

Baron-Cohen, S. (1995). *Mindblindness: An Essay on Autism and Theory of Mind*. Cambridge, MA: MIT Press.

Barrett, M. (1986). Early semantic representations and early semantic development. In S. A. Kuczaj & M. Barrett (eds), *The Development of Word Meaning*. New York: Springer.

Bartsch, K., & Wellman, H. M. (1995). *Children Talk About the Mind.* Oxford: Oxford University Press.

Bates, E. (1990). Language about me and you: Pronominal reference and the emerging concept of self. In E. Cicchetti & M. Beeghly (eds), *Self in Transition: Infancy to Childhood.* Chicago: University of Chicago Press.

Bateson, G., & Mead, M. (1940). *Balinese Character.* New York: Academy of Sciences.

Belsky, J. (1981). Early human experience: A family perspective. *Developmental Psychology,* 17, 3–23.

Belsky, J., & Most, R. K. (1981). From exploration to play: A cross-sectional study of infant and free play behavior. *Developmental Psychology,* 17, 630–9.

Benoit, D., & Parker, K. C. H. (1994). Stability and transmission of attachment among three generations. *Child Development,* 65, 1444–56.

Bettes, B. A. (1988). Maternal depression and motherese: Temporal and intonational features. *Child Development,* 59, 1089–96.

Bishop, D., & Mogford, K. (eds) (1993). *Language Development in Exceptional Circumstances.* Hove: Erlbaum.

Bivens, J. A., & Berk, L. A. (1990). A longitudinal study of the development of elementary school children's private speech. *Merrill-Palmer Quarterly,* 36, 443–63.

Bjorklund, D. F. (2000). *Children's Thinking: Developmental Function and Individual Differences* (3rd edn). Belmont, CA: Wadsworth.

Bloom, L. (1973). *One Word at a Time: The Use of Single-word Utterances before Syntax.* The Hague: Mouton.

Bloom, L., & Tinker, E. (2001). The intentionality model and language acquisition: Engagement, effort and the essential tension in development. *Monographs of the Society for Research in Child Development,* 66 (4, Serial No. 267).

Boden, M. (1988). *Computer Models of Mind.* Cambridge: Cambridge University Press.

Bolger, K. E., Patterson, J., & Kupersmidt, J. B. (1998). Peer relationships and self-esteem among children who have been maltreated. *Child Development,* 69, 1171–97.

Borke, H. (1971). Interpersonal perception of young children: Egocentrism or empathy? *Developmental Psychology,* 5, 263–9.

Bornstein, M. H., Tal, J., & Tamis-LeMonda, C. S. (1991). Parenting in cross-cultural perspective: The United States, France and Japan. In M. H. Bornstein (ed.), *Cultural Approaches to Parenting.* Hillsdale, NJ: Erlbaum.

Boulton, M. J., & Smith, P. K. (1994). Bully/victim problems in middle-school children: Stability, self-perceived competence, peer perceptions and peer acceptance. *British Journal of Developmental Psychology,* 12, 315–29.

Bower, T. G. R. (1974). *Development in Infancy.* San Francisco: W. H. Freeman.

Bowlby, J. (1969/1982). *Attachment and Loss.* Vol. 1: *Attachment* (1st and 2nd edns). London: Hogarth Press.

Bowlby, J. (1973). *Attachment and Loss.* Vol. 2: *Separation: Anxiety and Anger.* London: Hogarth Press.

Bowlby, J. (1980). *Attachment and Loss.* Vol. 3: *Loss, Sadness and Depression.* London: Hogarth Press.

Brame, B., Nagin, D. S., & Tremblay, R. E. (2001). Developmental trajectories of physical aggression from school entry to late adolescence. *Journal of Child Psychology and Psychiatry,* 42, 503–12.

Bretherton, I., & Beeghly, M. (1982). Talking about internal states: The acquisition of an explicit theory of mind. *Developmental Psychology,* 18, 906–21.

Briggs, J. L. (1970). *Never in Anger*. Cambridge, MA: Harvard University Press.

Bronfenbrenner, U. (1989). Ecological systems theory. In R. Vastra (ed.), *Annals of Child Development*. Vol. 6: *Six Theories of Child Development*. Greenwich, CT: JAI Press.

Brown, G. (1988). Causal paths, chains and strands. In M. Rutter (ed.), *Studies of Psychosocial Risk: The Power of Longitudinal Data*. Cambridge: Cambridge University Press.

Brown, G. W., Harris, T. O., & Bifulco, A. (1986). The long-term effects of early loss of parent. In M. Rutter, C. E. Izard & P. B. Read (eds), *Depression in Young People*. New York: Guilford Press.

Brown, R. (1965). *Social Psychology*. New York: Free Press.

Brown, R. (1973). *A First Language: The Early Stages*. Cambridge: Cambridge University Press.

Bruck, M., & Ceci, S. J. (1999). The suggestibility of children's memory. *Annual Review of Psychology*, 50, 419–39.

Bruner, J. S. (1983). *Child's Talk*. Cambridge: Cambridge University Press.

Buchsbaum, H., Toth, S., Clyman, R., Cicchetti, D., & Emde, R. (1992). The use of a narrative story stem technique with maltreated children: Implications for theory and practice. *Development and Psychopathology*, 4, 603–25.

Bullock, M., & Lutkenhaus, P. (1990). Who am I? Self-understanding in toddlers. *Merrill-Palmer Quarterly*, 36, 217–38.

Buss, A. H., & Plomin, R. (1984). *Temperament: Early Developing Personality Traits*. Hillsdale, NJ: Erlbaum.

Cairns, R. B., Cairns, B. D., Neckerman, H. J., Ferguson, L., & Gariepy, J. L. (1989). Growth and aggression: 1. Childhood to adolescence. *Developmental Psychology*, 25, 320–30.

Calkins, S. D. (1994). Origins and outcomes of individual differences in emotion regulation. In N. A. Fox (ed.), The development of emotion regulation: Biological and behavioural considerations. *Monographs of the Society for Research in Child Development*, 59 (2–3, Serial No. 240).

Calkins, S. D., Gill, K. L., Johnson, M. C., & Smith, C. L. (1999). Emotional reactivity and emotion regulation strategies as predictors of social behavior with peers during toddlerhood. *Social Development*, 8, 310–34.

Carey, S. (1978). The child as word learner. In M. Halle, J. Bresnan & G. A. Miller (eds), *Linguistic Theory and Psychological Reality*. Cambridge, MA: MIT Press.

Carpenter, M., Nagell, K., & Tomasello, M. (1998). Social cognition, joint attention and communicative competence from 9 to 15 months of age. *Monographs of the Society for Research in Child Development* (4, Serial No. 255).

Caspi, A. (1998). Personality development across the life course. In W. Damon (ed.), N. Eisenberg (vol. ed.), *Handbook of Child Psychology* (Vol. 3). New York: Wiley.

Caspi, A. (2000). The child is father of the man: Personality continuities from childhood to adulthood. *Journal of Personality and Social Psychology*, 78, 158–72.

Cassidy, J. (1994). Emotion regulation: Influences of attachment regulation. In N. A. Fox (ed.), The development of emotion regulation: Biological and behavioural considerations. *Monographs of the Society for Research in Child Development*, 59 (2–3, Serial No. 240).

Ceci, S. J., & Bruck, M. (1995). *Jeopardy in the Courtroom: A Scientific Analysis of Children's Testimony*. Washington, DC: American Psychological Association.

Chagnon, N. A. (1968). *Yanomamo: The Fierce People*. New York: Holt, Rinehart & Winston.

Chan, R. W., Raboy, B., & Patterson, C. J. (1998). Psychosocial adjustment among children conceived via donor insemination among children by lesbian and heterosexual mothers. *Child Development*, 69, 443–57.

Chase-Lonsdale, P. L., Cherlin, A. J., & Kiernan, K. E. (1995). The long-term effects of parental divorce on the mental health of young adults: A developmental perspective. *Child Development*, 66, 1614–34.

Chen, X., Hastings, P., Rubin, K., Chen, H., Cen, G., & Stewart, S. L. (1998). Child-rearing attitudes and behavioural inhibition in Chinese and Canadian toddlers: A cross-cultural study. *Developmental Psychology*, 34, 677–86.

Chi, M. T. H. (1978). Knowledge structures and memory development. In R. S. Siegler (ed.), *Children's Thinking: What Develops?* Hillsdale, NJ: Erlbaum.

Chisholm, K. (1998). A three-year follow-up of attachment and indiscriminate friendliness in children adopted from Romanian orphanages. *Child Development*, 69, 1092–106.

Chisholm, K., Carter, M. C., Ames, E. W., & Morison, S. J. (1995). Attachment security and indiscriminately friendly behavior in children adopted from Romanian orphanages. *Development and Psychopathology*, 7, 283–94.

Chomsky, N. (1986). *Knowledge of Language: Its Nature, Origins and Use*. New York: Praeger.

Cicchetti, D., & Barnett, D. (1991). Attachment organization in maltreated preschoolers. *Development and Psychopathology*, 4, 397–411.

Cicchetti, D., Ganiban, J., & Barnett, D. (1991). Contributions from the study of high-risk populations to understanding the development of emotion regulation. In J. Garber & K. A. Dodge (eds), *The Development of Emotion Regulation and Dysregulation*. Cambridge: Cambridge University Press.

Clark, E. V. (1982). The young word-maker: A case study of innovation in the child's lexicon. In E. Wanner & L. R. Gleitman (eds), *Language Acquisition: The State of the Art*. Cambridge: Cambridge University Press.

Clarke, A., & Clarke, A. (2000). *Early Experience and the Life Path*. London: Jessica Kingsley.

Clarke-Stewart, K. A., Goossens, F. A., & Allhusen, V. D. (2001). Measuring infant–mother attachment: Is the Strange Situation enough? *Social Development*, 10, 143–69.

Cohn, J. F., & Tronick, E. Z. (1983). Three-month-old infants' reactions to simulated maternal depression. *Child Development*, 54, 183–93.

Cole, M., & Cole, S. R. (2001). *The Development of Children* (4th edn). New York: W. H. Freeman.

Cole, P. M., Michel, M. K., & Teti, L. O. (1994). The development of emotion regulation and dysregulation: A clinical perspective. In N. A. Fox (ed.), The development of emotion regulation: Biological and behavioural considerations. *Monographs of the Society for Research in Child Development*, 59 (2–3, Serial No. 240).

Condry, J., & Condry, S. (1976). Sex differences: A study of the eye of the beholder. *Child Development*, 47, 812–19.

Cooley, C. H. (1902). *Human Nature and Social Order*. New York: Charles Scribner.

Coopersmith, S. (1967). *The Antecedents of Self-esteem*. San Francisco: W. H. Freeman.

Cox, M. (1992). *Children's Drawings*. London: Penguin.

Cox, M. (1997). *Drawings of People by the Under-5s*. London: Falmer Press.

Crain, W. (1999). *Theories of Development: Concepts and Applications* (4th edn). Englewood Cliffs, NJ: Prentice-Hall.

Crittenden, P. M. (1988). Relationships at risk. In J. Belsky & T. Nesworski (eds), *Clinical Implications of Attachment*. Hillsdale, NJ: Erlbaum.

Crook, C. K. (1994). *Computers and the Collaborative Experience of Learning*. London: Routledge.

Crowell, J. A., & Treboux, D. (1995). A review of adult attachment measures: Implications for theory and research. *Social Development*, 4, 294–327.

Crozier, W. R. (2000). *Shyness: Development, Consolidation and Change*. London: Routledge.

Cummings, E. M. (1994). Marital conflict and children's functioning. *Social Development*, 3, 16–36.

Cummings, E. M., & Davies, P. (1994a). Maternal depression and child development. *Journal of Child Psychology and Psychiatry*, 35, 73–112.

Cummings, E. M., & Davies, P. (1994b). *Children and Marital Conflict: The Impact of Family Disruption and Resolution*. New York: Guilford Press.

Curtiss, S. (1977). *Genie: A Psycholinguistic Study of a Modern-day 'Wild Child'*. London: Academic Press.

Damon, W. (1983). *Social and Personality Development*. London: W. W. Norton.

Darwin, C. (1872). *The Expression of the Emotions in Man and Animals*. London: Murray.

Dasen, P. R. (1974). The influence of culture and European contact on cognitive development in Australian Aborigines. In J. W. Berry & P. R. Dasen (eds), *Culture and Cognition: Readings in Cross-cultural Psychology*. London: Methuen.

Dasen, P. R. (ed.) (1977). *Piagetian Psychology: Cross-cultural Contributions*. New York: Gardner.

DeCasper, A. J., & Fifer, W. P. (1980). Of human bonding: Newborns prefer their mothers' voices. *Science*, 208, 1174–6.

DeCasper, A. J., & Prescott, P. A. (1984). Human newborns' perception of male voices. *Developmental Psychobiology*, 17, 481–91.

DeCasper, A. J., & Spence, M. J. (1986). Prenatal maternal speech influences newborns' perception of speech sounds. *Infant Behavior and Development*, 9, 133–50.

DeLoache, J. (1987). Rapid change in the symbolic functioning of very young children. *Science*, 238, 1556–7.

DeMause, L. (ed.) (1974). *The History of Childhood*. New York: Psychohistory Press.

Dempster, F. N. (1981). Memory span: Sources of individual and developmental differences. *Psychological Bulletin*, 89, 63–100.

Denham, S. (1998). *Emotional Development in Young Children*. New York: Guilford Press.

Dennis, W. (1973). *Children of the Creche*. New York: Appleton-Century-Crofts.

DeWolff, M. S., & van IJzendoorn, M. H. (1997). Sensitivity and attachment: A meta-analysis on parental antecedents of infant attachment. *Child Development*, 68, 571–91.

Diamond, J. (1990). War babies. Reprinted in S. J. Ceci & W. M. Williams (eds) (1999), *The Nature–Nurture Debate: The Essential Readings*. Oxford: Blackwell.

Diamond, M., & Sigmundson, H. K. (1997). Sex reassignment at birth. *Pediatric and Adolescent Medicine*, 151, 298–304.

Donaldson, M. (1978). *Children's Minds*. London: Fontana.

Dunn, J. (1988). *The Beginnings of Social Understanding*. Oxford: Blackwell.

Dunn, J., Bretherton, I., & Munn, P. (1987). Conversations about feeling states between mothers and their young children. *Developmental Psychology*, 23, 132–9.

Dunn, J., & Brown, J. R. (1994). Affect expression in the family: Children's understanding of emotions and their interactions with others. *Merrill-Palmer Quarterly*, 40, 120–37.

Dunn, J., Brown, J., & Beardall, L. (1991). Family talk about feeling states and children's later understanding of others' emotions. *Developmental Psychology*, 27, 448–55.

Dunn, J., Deater-Deckard, K., Pickering, K., Golding, J., & the ALSPAC Study Team (1999). Siblings, parents and partners: Family relationships within a longitudinal community study. *Journal of Child Psychology and Psychiatry*, 40, 1025–37.

Dunn, J., & Hughes, C. (1998). Young children's understanding of emotions within close relationships. *Cognition and Emotion*, 12, 171–90.

Durkin, K., Shire, B., Crowther, R. D., & Rutter, D. (1986). The social and linguistic context of early number word use. *British Journal of Developmental Psychology*, 4, 269–88.

Eaton, W. O., & Yu, A. P. (1989). Are sex differences in child motor activity level a function of sex differences in maturational status? *Child Development*, 60, 1005–11.

Eckerman, C. O., & Oehler, J. M. (1992). Very-low-birthweight newborns and parents as early social partners. In S. L. Friedman & M. D. Sigman (eds), *The Psychological Development of Low Birthweight Children*. Norwood, NJ: Ablex.

Egan, S. K., & Perry, D. G. (1998). Does low self-regard invite victimization? *Developmental Psychology*, 34, 299–309.

Eibl-Eibesfeldt, I. (1973). The expressive behavior of the deaf-and-blind-born. In M. von Cranach & I. Vine (eds), *Social Communication and Movement*. New York: Academic Press.

Eimas, P. D., Siqueland, E. R., Jusczyk, P., & Vigorito, J. (1971). Speech perception in infants. *Science*, 171, 303–6.

Eisenberg, A. R. (1992). Conflicts between mothers and their young children. *Merrill-Palmer Quarterly*, 38, 21–43.

Ekman, P. (1980). *The Face of Man*. New York: Garland.

Ekman, P., & Friesen, W. (1978). *Facial Action Coding System*. Palo Alto, CA: Consulting Psychologists Press.

Ekman, P., Sorenson, E. R., & Friesen, W. V. (1969). Pan-cultural elements in the facial display of emotions. *Science*, 164, 86–8.

Elder, G. H. (1974). *Children of the Great Depression*. Chicago: University of Chicago Press.

Elder, G. H., & Caspi, A. (1988). Economic stress in lives: Developmental perspectives. *Journal of Social Issues*, 44, 25–45.

Ellis, S., Rogoff, B., & Cromer, C. C. (1981). Age segregation in children's social interaction. *Developmental Psychology*, 17, 399–407.

Erel, O., & Burman, B. (1995). Inter-relatedness of marital relations and parent–child relations: A meta-analytic review. *Psychological Bulletin*, 118, 108–32.

Erikson, E. (1965). *Childhood and Society*. Harmondsworth: Penguin.

Erikson, E. (1968). *Identity: Youth and Crisis*. London: Faber.

Fabes, R. A., & Eisenberg, N. (1992). Young children's coping with interpersonal anger. *Child Development*, 63, 116–28.

Fabes, R. A., Eisenberg, N., Nyman, M., & Michaelieu, Q. (1991). Young children's appraisal of others' spontaneous emotional reactions. *Developmental Psychology*, 27, 858–66.

Fagot, B. I. (1978). The influence of sex of child on parental reactions to toddler children. *Child Development*, 49, 459–65.

Fagot, B. I., & Hagan, R. (1991). Observations of parent reactions to sex-stereotyped behaviors: Age and sex effects. *Child Development*, 62, 617–28.

Fagot, B. I., & Leinbach, M. D. (1987). Socialization of sex roles within the family. In D. B. Carter (ed.), *Current Conceptions of Sex Roles and Sex Typing*. New York: Praeger.

Fantz, R. (1956). A method for studying early visual development. *Perceptual and Motor Skills*, 6, 13–15.

Farrington, D. P. (1991). Childhood aggression and adult violence: Early precursors and later-life outcomes. In D. J. Pepler and K. H. Rubin (eds), *The Development and Treatment of Childhood Aggression*. Hillsdale, NJ: Erlbaum.

Farver, J. A. M., & Howes, C. (1993). Cultural differences in American and Mexican mother–child pretend play. *Merrill-Palmer Quarterly*, 39, 344–58.

Fergusson, D. M., Horwood, L. J., & Lynskey, M. T. (1992). Family change, parental discord and early offending. *Journal of Child Psychology and Psychiatry*, 33, 1059–76.

Fernald, A., & Morikawa, H. (1993). Common themes and cultural variations in Japanese and American mothers' speech to infants. *Child Development*, 64, 637–56.

Field, T. (1994). The effects of mother's physical and emotional unavailability on emotion regulation. In N. A. Fox (ed.), The development of emotion regulation: Biological and behavioural regulation. *Monographs of the Society for Research in Child Development*, 59 (2–3, Serial No. 240).

Fivush, R. (1987). Scripts and categories: Interrelationships in development. In U. Neisser (ed.), *Concepts and Conceptual Development*. Cambridge: Cambridge University Press.

Flavell, J. H. (2002). Development of children's knowledge about the mental world. In W. W. Hartup & R. K. Silbereisen (eds), *Growing Points in Developmental Science*. Hove: Psychology Press.

Flavell, J. H., Green, F. L., & Flavell, E. R. (1995). Young children's knowledge about thinking. *Monographs of the Society for Research in Child Development*, 60 (1, Serial No. 243).

Flavell, J. H., Miller, P. H., & Miller, S. A. (1993). *Cognitive Development* (3rd edn). Englewood Cliffs, NJ: Prentice-Hall.

Fogel, A., & Melson, G. F. (1988). *Child Development*. St. Paul, MN: West Publishing.

Foot, H., & Howe, C. (1998). The psycho-educational basis of peer-assisted learning. In K. Topping & S. Ehly (eds), *Peer-assisted Learning*. Mahwah, NJ: Erlbaum.

Foot, H., Morgan, M. J., & Shute, R. H. (1990). *Children Helping Children*. Chichester: Wiley.

Freud, S. (1949). *An Outline of Psycho-Analysis*. London: Hogarth Press.

Freund, L. S. (1990). Maternal regulation of children's problem-solving behavior and its impact on children's performance. *Child Development*, 61, 113–26.

Fridlund, A. J. (1994). *Human Facial Expression: An Evolutionary View*. San Diego, CA: Academic Press.

Frijda, N. H. (1986). *The Emotions*. Cambridge: Cambridge University Press.

Frith, U. (1989). *Autism: Explaining the Enigma*. Oxford: Blackwell.

Furrow, D. (1984). Social and private speech at two years. *Child Development*, 55, 355–62.

Furth, H., & Kane, S. R. (1992). Children constructing society: A new perspective on children at play. In H. McGurk (ed.), *Childhood Social Development: Contemporary Perspectives*. Hove: Erlbaum.

Gallimore, R., Weisner, T., Kaufman, S., & Bernheimer, L. (1989). The social construction of ecocultural niches: Family accommodation of developmentally delayed children. *American Journal of Mental Retardation*, 94, 216–30.

Gardner, B. T., & Gardner, R. A. (1971). Two-way communication with an infant chimpanzee. In A. M. Schrier & F. Stollnitz (eds), *Behavior of Non-human Primates* (Vol. 4). New York: Academic Press.

Garner, P. W., Jones, D. C., & Miner, J. L. (1994). Social competence among low-income preschoolers: Emotion socialization practices and social cognitive correlates. *Child Development*, 65, 622–37.

Garner, P. W., & Spears, F. M. (2000). Emotion regulation in low-income preschoolers. *Social Development*, 9, 246–64.

Garvey, C. (1990). *Play*. London: Fontana.

Gathercole, S. E. (1998). The development of memory. *Journal of Child Psychology and Psychiatry*, 39, 3–28.

Gelman, R., & Gallistel, C. R. (1978). *The Child's Understanding of Number*. Cambridge, MA: Harvard University Press.

Goldberg, S. (2000). *Attachment and Development*. London: Arnold.

Goldfield, B. A., & Reznick, J. S. (1990). Early lexical acquisition: Rate, content and the vocabulary spurt. *Journal of Child Language*, 17, 171–83.

Goldin-Meadow, S., & Morford, M. (1985). Gesture in early child language: Studies of deaf and hearing children. *Merrill-Palmer Quarterly*, 31, 145–76.

Goleman, D. (1995). *Emotional Intelligence*. London: Bloomsbury.

Golombok, S. (2000). *Parenting: What Really Counts?* London: Routledge.

Golombok, S., Cook, R., Bish, A., & Murray, C. (1995). Families created by the new reproductive technologies: Quality of parenting and social and emotional development of the children. *Child Development*, 66, 285–9.

Golombok, S., & Fivush, R. (1994). *Gender Development*. Cambridge: Cambridge University Press.

Golombok, S., MacCallum, F., & Goodman, E. (2001). The 'test tube' generation: Parent–child relationships and the psychological well-being of *in vitro* fertilization children at adolescence. *Child Development*, 72, 599–608.

Golombok, S., Murray, C., Brinsden, P., & Abdalla, H. (1999). Social versus biological parenting: Family functioning and socioemotional development of children conceived by egg or sperm donation. *Journal of Child Psychology and Psychiatry*, 40, 519–27.

Goodman, R. (1991). Developmental disorders and structural brain development. In M. Rutter & P. Casaer (eds), *Biological Risk Factors for Psychosocial Disorders*. Cambridge: Cambridge University Press.

Gopnik, A., & Sobel, D. (2000). Detecting blickets: How young children use information about novel causal powers in categorization and induction. *Child Development*, 71, 1205–22.

Gottfried, A. E., Gottfried, A. W., & Bathurst, K. (2002). Maternal and dual-earner employment status and parenting. In M. H. Bornstein (ed.), *Handbook of Parenting* (Vol. 2, 2nd edn). Mahwah, NJ: Erlbaum.

Graham, S., & Juvonen, J. (1998). Self-blame and peer victimization in middle school: An attributional analysis. *Developmental Psychology*, 34, 587–99.

Greenfield, P. (ed.) (1994). Effects of interactive entertainment technologies on development. *Developmental Psychology* (Special Issue), 15 (1).

Greenough, W. T., Black, J. E., & Wallace, C. S. (1987). Experience and brain development. *Child Development*, 58, 539–59.

Grice, H. P. (1975). Logic and conversation. In P. Cole & J. Morgan (eds), *Speech Acts: Syntax and Semantics* (Vol. 3). New York: Academic Press.

Haden, C. A., Ornstein, P. A., Eckerman, C. O., & Didow, S. M. (2001). Mother–child conversational interactions as events unfold: Linkages to subsequent remembering. *Child Development*, 72, 1016–31.

Hainline, L. (1998). The development of bias visual abilities. In A. Slater (ed.), *Perceptual Development: Visual, Auditory and Speech Perception in Infancy*. Hove: Psychology Press.

Haith, M. M. (1980). *Rules that Babies Look By*. Hillsdale, NJ: Erlbaum.

Halberstadt, A. G., Denham, S. A., & Dunsmore, J. C. (2001). Affective social competence. *Social Development*, 10, 79–119.

Harkness, S., & Super, C. M. (1992). Parental ethnotheories in action. In I. E. Sigel, A. V. McGillicuddy-DeLisi & J. J. Goodnow (eds), *Parental Belief Systems: The Psychological Consequences for Children* (2nd edn). Hillsdale, NJ: Erlbaum.

Harris, J. R. (1998). *The Nurture Assumption: Why Children Turn Out the Way They Do*. New York: Free Press.

Harris, M., & Hatano, G. (eds) (1999). *Learning to Read and Write: A Cross-linguistic Perspective*. Cambridge: Cambridge University Press.

Harris, P. (1989). *Children and Emotion*. Oxford: Blackwell.

Harris, P. (2000). *The Work of the Imagination*. Oxford: Blackwell.

Harris, T., Brown, G., & Bifulco, A. (1986). Loss of parent in childhood and adult psychiatric disorder: The role of lack of adequate parental care. *Psychological Medicine*, 16, 641–59.

Harter, S. (1987). The determinants and mediational role of global self-worth in children. In N. Eisenberg (ed.), *Contemporary Topics in Developmental Psychology*. New York: Wiley.

Harter, S. (1998). The development of self-representations. In W. Damon (ed.), N. Eisenberg (vol. ed.), *Handbook of Child Psychology* (Vol. 3). New York: Wiley.

Harter, S. (1999). *The Construction of the Self: A Developmental Perspective*. New York: Guilford Press.

Hartup, W. W. (1989). Social relationships and their developmental significance. *American Psychologist*, 44, 120–6.

Hawker, D. J. S., & Boulton, M. J. (2000). Twenty years' research on peer victimization and psychosocial maladjustment: A meta-analytic review of cross-sectional studies. *Journal of Child Psychology and Psychiatry*, 41, 441–55.

Heinicke, C. M. (2002). The transition to parenting. In M. H. Bornstein (ed.), *Handbook of Parenting* (Vol. 3, 2nd edn). Mahwah, NJ: Erlbaum.

Hetherington, E. M. (ed.) (1999). *Coping with Divorce, Single Parenting and Remarriage: A Risk and Resiliency Perspective*. Mahwah, NJ: Erlbaum.

Hetherington, E. M., & Stanley-Hagan, M. (1999). The adjustment of children with divorced parents: A risk and resiliency perspective. *Journal of Child Psychology and Psychiatry*, 40, 129–40.

Hinde, R. A. (1979). *Towards Understanding Relationships*. London: Academic Press.

Hinde, R. A. (1992). Human social development: An ethological/relationship perspective. In H. McGurk (ed.), *Childhood Social Development: Contemporary Perspectives*. Hillsdale, NJ: Erlbaum.

Hinde, R. A. (1997). *Relationships: A Dialectical Perspective*. Hove: Psychology Press.

Hoddap, R. M. (2002). Parenting children with mental retardation. In M. H. Bornstein (ed.), *Handbook of Parenting* (Vol. 1, 2nd edn). Mahwah, NJ: Erlbaum.

Hodges, J., & Tizard, B. (1989). Social and family relationships of ex-institutional adolescents. *Journal of Child Psychology and Psychiatry*, 30, 77–98.

Holloway, S. D., & Machida, S. (1992). Maternal child-rearing beliefs and coping strategies: Consequences for divorced mothers and their children. In I. E. Sigel, A. V. McGillicuddy-DeLisi & J. J. Goodnow (eds), *Parental Belief Systems: The Psychological Consequences for Children* (2nd edn). Hillsdale, NJ: Erlbaum.

Howe, C. (1993). Peer interaction and knowledge acquisition. *Social Development* (Special Issue), 2 (3).

Hudson, J. A. (1990). The emergence of autobiographical memory in mother–child conversations. In R. Fivush & J. A. Hudson (eds), *Knowing and Remembering in Young Children*. New York: Cambridge University Press.

Huesmann, L. R., Eron, L. D., & Lefkowitz, M. M. (1984). Stability of aggression over time and generations. *Developmental Psychology*, 20, 1120–34.

Hughes, C., & Leekam, S. (in press). What are the links between theory of mind and social relations? Review, reflections and new directions for studies of typical and atypical development. *Social Development*.

Hytten, F. E. (1976). Metabolic adaptation of pregnancy in the prevention of handicap through antenatal care. In A. C. Turnbull & F. P. Woodford (eds), *Review of Research Practice 18*. Amsterdam: Elsevier.

Inagaki, K., & Hatano, G. (1996). Young children's recognition of commonalities between animals and plants. *Child Development*, 67, 2823–4.

Izard, C. E. (1979). *The Maximally Discriminative Facial Movement Coding System (MAX)*. Newark, DE: University of Delaware Press.

Johnson, J. S., & Newport, E. L. (1989). Critical period effects in second language learning: The influence of instructional state on the acquisition of English as a second language. *Cognitive Psychology*, 21, 60–99.

Johnson, M. H., & Morton, J. (1991). *Biology and Cognitive Development: The Case of Face Recognition*. Oxford: Blackwell.

Kagan, J., Reznick, J. S., & Snidman, N. (1988). Biological bases of childhood shyness. *Science*, 240, 167–71.

Kagan, J., Snidman, N., & Arcus, D. (1998). Childhood derivatives of high and low reactivity in infancy. *Child Development*, 69, 1483–93.

Kearins, J. M. (1981). Visual spatial memory in Australian Aboriginal children of desert regions. *Cognitive Psychology*, 13, 434–60.

Kearins, J. M. (1986). Visual spatial memory in Aboriginal and white Australian children. *Australian Journal of Psychology*, 38, 203–14.

Keenan, E. O. (1974). Conversational competence in children. *Journal of Child Language*, 1, 163–83.

Kessen, W. (1965). *The Child*. New York: Wiley.

Klahr, D., & MacWhinney, B. (1998). Information processing. In W. Damon (ed.), D. Kuhn & R. S. Siegler (vol. eds), *Handbook of Child Psychology* (Vol. 2). New York: Wiley.

Kleinfeld, J. (1971). Visual memory in village Eskimos and urban Caucasian children. *Arctic*, 24, 132–7.

Klima, E., & Bellugi, U. (1979). *The Signs of Language*. Cambridge, MA: Harvard University Press.

Kohlberg, L. (1966). A cognitive developmental analysis of children's sex-role concepts and attitudes. In E. E. Maccoby (ed.), *The Development of Sex Differences*. Stanford, CA: Stanford University Press.

Kontos, S., & Nicholas, J. G. (1986). Independent problem solving in the development of metacognition. *Journal of Genetic Psychology*, 147, 481–95.

Kuczaj, S. A. (1978). Why do children fail to overregularize the progressive inflection? *Journal of Child Language*, 5, 167–71.

Kuebli, J., Butler, S., & Fivush, R. (1995). Mother–child talk about past emotions: Relations of maternal language and child gender over time. *Cognition and Emotion*, 9, 265–83.

Kuhn, D. (2000). Does memory belong to an endangered topic list? *Child Development*, 71, 21–5.

Ladd, G. W. (1992). Themes and theories: Perspectives on processes in family–peer relationships. In R. D. Parke & G. W. Ladd (eds), *Family–Peer Relationships: Modes of Linkage*. Hillsdale, NJ: Erlbaum.

LaFreniere, P., Strayer, F. F., & Gaulthier, R. (1984). The emergence of same-sex affiliative preferences among preschool peers: A developmental/etiological perspective. *Child Development*, 55, 1958–65.

Landry, S. H., & Chapieski, M. L. (1989). Joint attention and infant toy exploration: Effects of Down syndrome and prematurity. *Child Development*, 60, 103–18.

Landry, S. H., Smith, K. E., Swank, P. R., & Miller-Loncar, C. L. (2000). Early maternal and child influences on children's later independent cognitive and social functioning. *Child Development*, 71, 358–75.

Lazar, A., & Torney-Purta, J. (1991). The development of the subconcepts of death in young children. *Child Development*, 62, 1321–33.

Leaper, C. (1994). Exploring the consequences of gender segregation on social relationships. In C. Leaper (ed.), *Childhood Gender Segregation: Causes and Consequences.* San Francisco: Jossey-Bass.

Lecanuet, J.-P. (1998). Foetal responses to auditory and speech stimuli. In A. Slater (ed.), *Perceptual Development: Visual, Auditory and Speech Perception in Infancy.* Hove: Psychology Press.

Lempers, J. D., Flavell, E. R., & Flavell, J. H. (1977). The development in very young children of tacit knowledge concerning visual perception. *Genetic Psychology Monographs,* 95, 3–53.

Lenneberg, E. H. (1967). *Biological Foundations of Language.* New York: Wiley.

LeVine, R., Dixon, S., LeVine, S., Richman, A., Leiderman, P. H., Keefer, C. H., & Brazelton, T. B. (1994). *Child Care and Culture: Lessons from Africa.* Cambridge: Cambridge University Press.

Lewis, M. (1992). *Shame: The Exposed Self.* New York: Free Press.

Lewis, M., Alessandri, S. M., & Sullivan, M. W. (1990). Violations of expectancy, loss of control and anger expressions in young infants. *Developmental Psychology,* 26, 745–51.

Lewis, M., Alessandri, S. M., & Sullivan, M. W. (1992). Differences in shame and pride as a function of children's gender and task difficulty. *Child Development,* 63, 630–8.

Lewis, M., & Brooks-Gunn, J. (1979). *Social Cognition and the Acquisition of Self.* New York: Plenum.

Light, P. (1997). Computers for learning: Psychological perspectives. *Journal of Child Psychology and Psychiatry,* 38, 497–504.

Littleton, K., & Light, P. (eds) (1998). *Learning with Computers: Analysing Productive Interaction.* London: Routledge.

Livesley, W. J., & Bromley, D. B. (1973). *Person Perception in Childhood and Adolescence.* London: Wiley.

Locke, J. L. (1993). *The Child's Path to Spoken Language.* Cambridge, MA: Harvard University Press.

Loehlin, J. C. (1992). *Genes and Environment in Personality Development.* Newbury Park, CA: Sage.

Lukeman, D., & Melvin, D. (1993). The preterm infant: Psychological issues in childhood. *Journal of Child Psychology and Psychiatry,* 34, 837–50.

Luquet, G. H. (1927). *Le Dessin Enfantin.* Paris: Aléan.

Luria, A. R. (1961). *The Role of Speech in the Regulation of Normal and Abnormal Behavior.* New York: Liveright.

Lutz, C. (1987). Goals, events and understanding in Ifaluk emotion theory. In D. Holland & N. Quinn (eds), *Cultural Models in Language and Thought.* Cambridge: Cambridge University Press.

McCall, R. B., & Carriger, M. S. (1993). A meta-analysis of infant habituation and recognition memory performance as predictors of later IQ. *Child Development,* 64, 57–79.

Maccoby, E. E. (1990). Gender and relationships. *American Psychologist,* 45, 513–20.

Maccoby, E. E. (1998). *The Two Sexes: Growing up Apart, Coming Together.* Cambridge, MA: Harvard University Press.

Maccoby, E. E., & Jacklin, C. N. (1974). *The Psychology of Sex Differences.* Stanford, CA: Stanford University Press.

McFarlane, A. H., Bellissimo, A., & Norman, G. R. (1995). Family structure, family functioning and adolescent well-being: The transcendent influence of parental style. *Journal of Child Psychology and Psychiatry,* 36, 847–64.

McGarrigle, J., & Donaldson, M. (1974). Conservation accidents. *Cognition,* 3, 341–50.

McLane, J. B., & McNamee, G. D. (1990). *Early Literacy*. London: Fontana; Cambridge, MA: Harvard University Press.

McLaughlin, M. M. (1974). Survivors and surrogates: Children and parents from the ninth to the thirteenth century. In L. DeMause (ed.), *The History of Childhood*. New York: Psychohistory Press.

McShane, J. (1991). *Cognitive Development*. Oxford: Blackwell.

Magnusson, D., & Bergman, L. R. (1990). A pattern approach to the study of pathways from childhood to adulthood. In L. N. Robins & M. Rutter (eds), *Straight and Devious Pathways from Childhood to Adulthood*. Cambridge: Cambridge University Press.

Main, M., Kaplan, N., & Cassidy, J. (1985). Security in infancy, childhood and adulthood: A move to the level of representation. In I. Bretherton & E. Waters (eds), Growing points of attachment theory and research. *Monographs of the Society for Research in Child Development*, 50 (1–2, Serial No. 209).

Malatesta, C. Z., Culver, C., Tesman, J. R., & Shepard, B. (1989). The development of emotion expression during the first two years of life. *Monographs of the Society for Research in Child Development*, 54 (1–2, Serial No. 219).

Marfo, K. (1988). *Parent–Child Interaction and Developmental Disabilities*. New York: Praeger.

Markman, E. M. (1989). *Categorization and Naming in Children: Problems of Induction*. Cambridge: Cambridge University Press.

Marsh, H. W., Craven, R., & Debus, R. (1998). Structure, stability and development of young children's self-concepts: A multicohort, multioccasion study. *Child Development*, 69, 1030–53.

Martin, C. A., & Johnson, J. E. (1992). Children's self-perceptions and mothers' beliefs about development and competences. In I. E. Sigel, A. V. McGillicuddy-DeLisi & J. J. Goodnow (eds), *Parental Belief Systems: The Psychological Consequences for Children* (2nd edn). Hillsdale, NJ: Erlbaum.

Masataka, N. (1993). Motherese is a signed language. *Infant Behavior and Development*, 15, 453–60.

Mead, M. (1935). *Sex and Temperament in Three Primitive Societies*. New York: William Morrow.

Mead, M., & Newton, N. (1967). Cultural patterning of perinatal behaviour. In S. A. Richardson & A. F. Guttmacher (eds), *Childbearing: Its Social and Psychological Aspects*. New York: Williams & Wilkins.

Mesquita, B., & Frijda, N. H. (1992). Cultural variations in emotions: A review. *Psychological Bulletin*, 112, 179–204.

Messer, D. J. (1994). *The Development of Communication: From Social Interaction to Language*. Chichester: Wiley.

Millar, S. (1975). Visual experience or translation rules? Drawing the human figure by blind and sighted children. *Perception*, 4, 363–71.

Miller, P. H. (2002). *Theories of Developmental Psychology* (4th edn). New York: W. H. Freeman.

Miller, P. H., & Aloise, P. A. (1989). Young children's understanding of the psychological causes of behavior: A review. *Child Development*, 60, 257–85.

Miller, S. A. (1998). *Developmental Research Methods* (2nd edn). Englewood Cliffs, NJ: Prentice-Hall.

Minushin, P. (1988). Relationships within the family: A systems perspective on development. In R. A. Hinde & J. Stevenson-Hinde (eds), *Relationships Within Families*. Oxford: Clarendon Press.

Moffitt, T. E., Caspi, A., Dickson, N., Silva, P. S., & Stanton, W. (1996). Childhood-onset versus adolescent-onset antisocial conduct problems in males: Natural history from ages 3 to 18 years. *Development and Psychopathology*, 8, 399–424.

Molfese, V. J., & Molfese, D. L. (eds) (2000). *Temperament and Personality Development across the Life Span*. Mahwah, NJ: Erlbaum.

Money, J., & Ehrhardt, A. A. (1972). *Man and Woman/Boy and Girl*. Baltimore: Johns Hopkins University Press.

Moon, C., & Fifer, W. P. (1990). Newborns prefer a prenatal version of mother's voice. *Infant Behavior and Development*, 13, 530.

Moon, C., Panneton-Cooper, R. P., & Fifer, W. P. (1993). Two-day-olds prefer their native language. *Infant Behavior and Development*, 495–500.

Moore, C., & Dunham, P. (eds) (1995). *Joint Attention: Its Origins and Role in Development*. Mahwah, NJ: Erlbaum.

Moore, C., & Lemmon, K. (eds) (2001). *The Self in Time: Developmental Perspectives*. Mahwah, NJ: Erlbaum.

Moss, E., Gosselin, C., Parent, S., Rousseau, D., & Dumont, M. (1997). Attachment and joint problem-solving experiences during the preschool period. *Social Development*, 6, 1–17.

Murphy, B., & Eisenberg, N. (1997). Young children's emotionality, regulation and social functioning and their responses when they are targets of a peer's anger. *Social Development*, 6, 18–36.

Murphy, C. M. (1978). Pointing in the context of a shared activity. *Child Development*, 49, 371–80.

Murray, L., Hipwell, A., Hooper, R., Stein, A., & Cooper, P. J. (1996). The cognitive development of 5-year-old children of postnatally depressed mothers. *Journal of Child Psychology and Psychiatry*, 37, 927–35.

Murray, L., Sinclair, D., Cooper, P., Ducournau, P., Turner, P., & Stein, A. (1999). The socio-emotional development of 5-year-old children of postnatally depressed mothers. *Journal of Child Psychology and Psychiatry*, 40, 1259–72.

Nelson, C. A., & Bloom, F. E. (1997). Child development and neuroscience. *Child Development*, 68, 970–87.

Nelson, K. (1978). How children represent knowledge of their world in and out of language. In R. S. Siegler (ed.), *Children's Thinking: What Develops?* Hillsdale, NJ: Erlbaum.

Nelson, K. (ed.) (1986). *Event Knowledge: Structure and Function in Development*. Hillsdale, NJ: Erlbaum.

Nelson, K. (1989). *Narratives from the Crib*. Cambridge, MA: Harvard University Press.

Nelson, K. (1993). The psychological and social origins of autobiographical memory. *Psychological Science*, 4, 7–14.

Nelson, K. (2000). Socialization of memory. In E. Tulving & F. I. M. Craik (eds), *The Oxford Handbook of Memory*. Oxford: Oxford University Press.

Nelson, K., & Gruendel, J. (1981). Generalized event representations: Basic building blocks of cognitive development. In M. E. Lamb & A. L. Brown (eds), *Advances in Developmental Psychology* (Vol. 1). Hillsdale, NJ: Erlbaum.

Newport, E. L. (1990). Maturational constraints on language learning. *Cognitive Science*, 14, 11–28.

Newson, J., & Newson, E. (1974). Cultural aspects of childrearing in the English-speaking world. In M. P. M. Richards (ed.), *The Integration of a Child into a Social World*. Cambridge: Cambridge University Press.

Newton, M. (2002). *Savage Girls and Wild Boys: A History of Feral Children*. London: Faber.

Nicolich, L. M. (1977). Beyond sensori-motor intelligence: Assessment of symbolic maturity through analysis of pretend play. *Merrill-Palmer Quarterly*, 23, 89–100.

Nunes, T., & Bryant, P. (1996). *Children Doing Mathematics*. Oxford: Blackwell.

Oakhill, J. (1995). Development in reading. In V. Lee & P. D. Gupta (eds), *Children's Cognitive and Language Development*. Milton Keynes: Open University Press.

Oates, J. (1994). *Foundations of Child Development*. Oxford: Blackwell.

Ochs, E. (1982). Talking to children in Western Samoa. *Language in Society*, 11, 77–104.

Ochs, E., & Schieffelin, B. B. (1984). Language acquisition and socialization: Three developmental stories and their implications. In R. Shweder & R. LeVine (eds), *Culture Theory*. Cambridge: Cambridge University Press.

O'Connor, T. G., & the English and Romanian Adoptees Study Team (2000). The effects of global and severe privation on cognitive competence: Extension and longitudinal follow-up. *Child Development*, 71, 376–90.

O'Connor, T. G., Thorpe, K., Dunn, J., & the ALSPAC Study Team (1999). Parental divorce and adjustment in adulthood: Findings from a community sample. *Journal of Child Psychology and Psychiatry*, 40, 777–90.

Olson, H. C., Streissguth, A. P., Sampson, P. D., Barr, H. M., Bookstein, F. L., & Thiede, K. (1997). Association of prenatal alcohol exposure with behavioral and learning problems in early adolescence. *Journal of the American Academy of Child and Adolescent Psychiatry*, 36, 1187–94.

Parke, R. D. (2002). Fathers and families. In M. H. Bornstein (ed.), *Handbook of Parenting* (Vol. 3, 2nd edn). Mahwah, NJ: Erlbaum.

Parke, R. D., & Ladd, G. W. (eds) (1992). *Family–Peer Relationships: Modes of Linkage*. Hillsdale, NJ: Erlbaum.

Pederson, N. L., Plomin, R., Nesselroade, J. R., & McClearn, G. E. (1992). A quantitative genetic analysis of cognitive ability during the second half of the life span. *Psychological Science*, 3, 346–53.

Perry, D. G., Perry, L. C., & Kennedy, E. (1992). Conflict and the development of antisocial behavior. In C. U. Shantz & W. W. Hartup (eds), *Conflict in Child and Adolescent Development*. Cambridge: Cambridge University Press.

Piaget, J. (1926). *Judgment and Reasoning in the Child*. New York: Harcourt Brace Jovanovich.

Piaget, J. (1929). *The Child's Conception of the World*. New York: Harcourt Brace Jovanovich.

Piaget, J. (1951). *Play, Dreams, and Imitation in Childhood*. London: Routledge & Kegan Paul.

Piaget, J. (1953). *The Origins of Intelligence in the Child*. London: Routledge & Kegan Paul.

Piaget, J. (1954). *The Construction of Reality in the Child*. New York: Basic Books.

Pinker, S. (1994). *The Language Instinct: The New Science of Language and Mind*. London: Allen Lane.

Pinker, S. (2002). *The Blank Slate: The Modern Denial of Human Nature*. London: Allen Lane.

Plomin, R. (1990). *Nature and Nurture: An Introduction to Human Behavioral Genetics*. Pacific Grove, CA: Brooks/Cole.

Plomin, R., DeFries, J. C., McClearn, G. E., & Rutter, M. (1997). *Behavioral Genetics* (3rd edn). New York: W. H. Freeman.

Price-Williams, D., Gordon, W., & Ramirez, M. (1969). Skill and conservation: A study of pottery-making children. *Developmental Psychology*, 16, 769.

Putnam, S. P., Sanson, A. V., & Rothbart, M. K. (2002). In M. H. Bornstein (ed.), *Handbook of Parenting* (Vol. 1, 2nd edn). Mahwah, NJ: Erlbaum.

Pye, C. (1986). Quiche Mayan speech to children. *Journal of Child Language*, 13, 85–100.

Quinn, P. C., & Eimas, P. D. (1996). Perceptual organization and categorization in young infants. In C. Rovee-Collier & L. P. Lipsitt (eds), *Advances in Infancy Research* (Vol. 10). Norwood, NJ: Ablex.

Quinn, P. C., Slater, A. M., Brown, E., & Hayes, R. A. (2001). Developmental change in form categorization in early infancy. *British Journal of Developmental Psychology*, 19, 207–18.

Radke-Yarrow, M. (1998). *Children of Depressed Mothers: From Early Childhood to Maturity*. Cambridge: Cambridge University Press.

Rank, O. (1929). *The Trauma of Birth*. New York: Harcourt Brace.

Ratner, N. B. (1996). From 'signal to syntax': But what is the nature of the signal? In J. L. Morgan & K. Demuth (eds), *Signals to Syntax: Bootstrapping from Speech to Grammar in Early Acquisition*. Mahwah, NJ: Erlbaum.

Reese, E. (2002). Autobiographical memory development: The state of the art. *Social Development*, 11, 124–42.

Robins, L. N. (1966). *Deviant Children Grown Up*. Baltimore: Williams & Wilkins.

Rodgers, B., Power, C., & Hope, S. (1997). Parental divorce and adult psychological distress: Evidence from a national birth cohort. *Journal of Child Psychology and Psychiatry*, 38, 867–72.

Rogoff, B. (1990). *Apprenticeship in Thinking: Cognitive Development in Social Context*. New York: Oxford University Press.

Rogoff, B., Mistry, J., Goncu, A., & Mosier, C. (1993). Guided participation in cultural activity by toddlers and caregivers. *Monographs of the Society for Research in Child Development*, 58 (8, Serial No. 236).

Rollins, P., & Snow, C. (1999). Shared attention and grammatical development in typical children and children with autism. *Journal of Child Language*, 25, 653–74.

Rosch, E., Mervis, C. B., Gray, W. D., Johnson, D. M., & Boyes-Braem, P. (1976). Basic objects in natural categories. *Cognitive Psychology*, 8, 382–439.

Rosengren, K. S., Gelman, S. A., Kalish, C. W., & McCormick, M. (1991). As time goes by: Children's early understanding of growth in animals. *Child Development*, 62, 1302–20.

Rothbart, M. K., Ahadi, S. A., Hershey, K. L., & Fisher, P. (2001). Investigations of temperament at three to seven years: The children's behavior questionnaire. *Child Development*, 72, 1394–408.

Rothbart, M. K., & Bates, J. E. (1998). Temperament. In W. Damon (ed.), N. Eisenberg (vol. ed.), *Handbook of Child Psychology* (Vol. 3). New York: Wiley.

Rowe, D. C. (1993). Genetic perspectives on personality. In R. Plomin & G. E. McClearn (eds), *Nature, Nurture and Psychology*. Washington, DC: American Psychological Association.

Rubin, J. S., Provenza, F. J., & Luria, Z. (1974). The eye of the beholder: Parents' views on sex of newborns. *American Journal of Orthopsychiatry*, 5, 353–63.

Rubin, K. H. (guest ed.) (1994). From family to peer group: Relations between relationship systems. *Social Development* (Special Issue), 3 (3).

Rubin, K. H. (1998). Social and emotional development from a cultural perspective. *Developmental Psychology*, 34, 611–15.

Rubin, K. H., Bukowski, W. M., & Parker, J. G. (1998). Peer interactions, relationships, and groups. In W. Damon (ed.), N. Eisenberg (vol. ed.), *Handbook of Child Psychology* (Vol. 3). New York: Wiley.

Rubin, K. H., Fein, G. G., & Vandenberg, B. (1983). Play. In E. M. Hetherington (ed.), *Child Psychology* (Vol. 4). New York: Wiley.

Ruble, D. N., & Martin, C. L. (1998). Gender development. In W. Damon (ed.), N. Eisenberg (vol. ed.), *Handbook of Child Psychology* (Vol. 3). New York: Wiley.

Russell, J. A. (1994). Is there universal recognition of emotion from facial expression? A review of methods and studies. *Psychological Bulletin*, 115, 102–41.

Rutter, M. (1999). Autism: A two-way interplay between research and clinical work. *Journal of Child Psychology and Psychiatry*, 40, 169–88.

Rutter, M. (2002). Nature, nurture and development: From evangelism through science toward policy and practice. *Child Development*, 73, 1–21.

Rutter, M., & the English and Romanian Adoptees Study Team (1998). Developmental catch-up and deficit following adoption after severe global early privation. *Journal of Child Psychology and Psychiatry*, 39, 465–76.

Rutter, M., Giller, H., & Hagel, A. (1999). *Antisocial Behaviour by Young People.* Cambridge: Cambridge University Press.

Rutter, M., Quinton, D., & Hill, J. (1990). Adult outcome of institution-reared children: Males and females compared. In L. N. Robins & M. Rutter (eds), *Straight and Devious Pathways from Childhood to Adulthood.* Cambridge: Cambridge University Press.

Rutter, M., & Rutter, M. (1993). *Developing Minds.* London: Penguin.

Rutter, M., Silberg, J., O'Connor, T., & Simonoff, E. (1999). Genetics and child psychiatry: I. Advances in quantitative and molecular genetics. *Journal of Child Psychology and Psychiatry*, 40, 3–18.

Rymer, R. (1994). *Genie: A Scientific Tragedy.* London: Penguin.

Saarni, C. (1984). An observational study of children's attempts to monitor their expressive behavior. *Child Development*, 55, 1504–31.

Saarni, C. (1999). *The Development of Emotional Competence.* New York: Guilford Press.

Sameroff, A. J., & Chandler, M. J. (1975). Reproductive risk and the continuum of caretaking casualty. In F. D. Horowitz (ed.), *Review of Child Development Research* (Vol. 4). Chicago: University of Chicago Press.

Sander, L. W., Stechler, G., Burns, P., & Lee, A. (1979). Change in infant and caregiver variables over the first two months of life. In E. B. Thomas (ed.), *Origins of the Infant's Social Responsiveness.* Hillsdale, NJ: Erlbaum.

Savage-Rumbaugh, E. S., Murphy, J., Sevcik, R. A., Brakke, K. E., Williams, S. L., & Rumbaugh, D. M. (1993). Language comprehension in ape and child. *Monographs of the Society for Research in Child Development*, 58 (3–4, Serial No. 233).

Saxe, G. B., Guberman, S. R., & Gearhart, M. (1987). Social processes in early number development. *Monographs of the Society for Research in Child Development*, 52 (2, Serial No. 216).

Schaffer, H. R. (1974). Cognitive components of the infant's response to strangers. In M. Lewis & L. A. Rosenblum (eds), *The Origins of Fear.* New York: Wiley.

Schaffer, H. R. (1984). *The Child's Entry into a Social World.* London: Academic Press.

Schaffer, H. R. (1998). *Making Decisions about Children: Psychological Questions and Answers* (2nd edn). Oxford: Blackwell.

Schaffer, H. R. (2002). The early experience assumption: Past, present and future. In W. Hartup & R. Silbereisen (eds), *Growing Points in Developmental Science: An Introduction.* Hove: Psychology Press.

Schieffelin, B. B., & Ochs, E. (1983). A cultural perspective on the transition from prelinguistic to linguistic communication. In R. M. Golinkoff (ed.), *The Transition from Prelinguistic to Linguistic Communication.* Hillsdale, NJ: Erlbaum.

Scollon, R. (1976). *Conversations with a One-year-old.* Honolulu: University Press of Hawaii.

Searle, J. R. (1984). *Minds, Brains and Science.* London: Penguin.

Selman, R. (1980). *The Growth of Interpersonal Understanding.* New York: Academic Press.

Senechal, M., & LeFevre, J.-A. (2002). Parental involvement in the development of children's reading skills: A five-year longitudinal study. *Child Development*, 73, 445–60.

Shatz, M., & Gelman, R. (1973). The development of communication skills: Modifications in the speech of young children as a function of listener. *Monographs of the Society for Research in Child Development*, 38 (5, Serial No. 152).

Shimizu, H., & LeVine, R. A. (eds) (2001). *Japanese Frames of Mind: Cultural Perspectives on Human Development*. Cambridge: Cambridge University Press.

Shirley, M. M. (1933). *The First Two Years: A Study of Twenty-five Babies*. Vol. 2: *Intellectual Development*. Minneapolis: University of Minnesota Press.

Shostak, M. (1981). *Nissa: The Life and Words of a !Kung Woman*. Cambridge, MA: Harvard University Press.

Siegler, R. S. (1998). *Children's Thinking* (3rd edn). Upper Saddle River, NJ: Prentice-Hall.

Sigel, I. E., & McGillicuddy-DeLisi, A. V. (2002). Parental beliefs and cognitions. In M. H. Bornstein (ed.), *Handbook of Parenting* (Vol. 3, 2nd edn). Mahwah, NJ: Erlbaum.

Sinclair, D., & Murray, L. (1998). Effects of postnatal depression on children's adjustment to school: Teachers' reports. *British Journal of Psychiatry*, 172, 58–63.

Skinner, B. F. (1957). *Verbal Behavior*. New York: Appleton-Century-Crofts.

Slater, A., Carrick, R., Bell, C., & Roberts, E. (1999). Can measures of infant information processing predict later intellectual ability? In A. Slater & D. Muir (eds), *The Blackwell Reader in Developmental Psychology*. Oxford: Blackwell.

Slee, P. T., & Rigby, K. (eds) (1998). *Children's Peer Relations*. London: Routledge.

Slobin, D. I. (1986). Cross-linguistic evidence for the language-making capacity. In D. I. Slobin (ed.), *The Cross-linguistic Study of Language Acquisition*. Hillsdale, NJ: Erlbaum.

Snow, C. (1977). The development of conversation between mothers and babies. *Journal of Child Language*, 4, 1–22.

Snow, C. (1989). Understanding social interaction and language acquisition: Sentences are not enough. In M. H. Bornstein & J. S. Bruner (eds), *Interaction in Human Development*. Hillsdale, NJ: Erlbaum.

Snow, C., & Ferguson, C. A. (1977). *Talking to Children: Language Input and Acquisition*. Cambridge: Cambridge University Press.

Snow, C., & Ninio, A. (1986). The contracts of literacy: What children learn from learning to read books. In W. H. Teale & E. Sulzby (eds), *Emergent Literacy: Writing and Reading*. Norwood, NJ: Ablex.

Snow, M. E., Jacklin, C. N., & Maccoby, E. E. (1983). Sex-of-child differences in father–child interaction at one year of age. *Child Development*, 54, 227–52.

Sollie, D., & Miller, B. (1980). The transition to parenthood at a critical time for building family strengths. In N. Stinnet & P. Knaub (eds), *Family Strengths: Positive Models of Family Life*. Lincoln: University of Nebraska Press.

Spock, B. (1948). *Baby and Child Care*. New York: Duell, Sloan & Pearce.

Sroufe, A. (1979). The coherence of individual development. *American Psychologist*, 34, 834–41.

Sroufe, L. A. (1996). *Emotional Development*. Cambridge: Cambridge University Press.

Sroufe, L. A., Egeland, B., & Carlson, E. A. (1999). One social world: The integrated development of parent–child and peer relationships. In W. A. Collins & B. Laursen (eds), *Relationships as Developmental Contexts. Minnesota Symposia on Child Psychology* (Vol. 30). Mahwah, NJ: Erlbaum.

Stern, M., & Karraker, K. H. (1989). Sex stereotyping of infants: A review of gender labelling studies. *Sex Roles*, 20, 501–22.

Stipek, D., Recchia, S., & McClintic, S. (1992). Self-evaluation in young children. *Monographs of the Society for Research in Child Development*, 57 (1, Serial No. 226).

Streissguth, A. P., Barr, M. H., & Sampson, P. D. (1990). Moderate prenatal alcohol exposure: Effects on child IQ and learning problems at age 7.5 years. *Alcoholism: Clinical and Experimental Research*, 14, 662–9.

Tamis-LeMonda, C. S., Bornstein, M. H., & Baumwell, L. (2001). Maternal responsiveness and children's achievements of language milestones. *Child Development*, 72, 748–67.

Tanner, J. M. (1962). *Growth at Adolescence*. Oxford: Blackwell.

Tardiff, T. (1996). Nouns are not always learned before verbs: Evidence from Mandarin speakers' early vocabulary. *Developmental Psychology*, 32, 492–504.

Tessler, M., & Nelson, K. (1994). Making memories: The influence of joint encoding on later recall by young children. *Consciousness and Cognition*, 3, 307–26.

Tharp, R., & Gallimore, R. (1988). *Rousing Minds to Life: Teaching, Learning and Schooling in Social Context*. Cambridge: Cambridge University Press.

Thomas, A., & Chess, S. (1977). *Temperament and Development*. New York: Bremner/Mazel.

Thompson, R. A. (2000). The legacy of early attachments. *Child Development*, 71, 145–52.

Tizard, B. (1977). *Adoption: A Second Chance*. London: Open Books.

Tobin, J. J., Wu, Y. H., & Davidson, D. H. (1989). *Preschool in Three Cultures: Japan, China, and the United States*. New Haven, CT: Yale University Press.

Tomasello, M., Manule, S., & Kruger, A. C. (1986). Linguistic environment of one- to two-year-old twins. *Developmental Psychology*, 22, 169–76.

Tomasello, M., & Todd, J. (1983). Joint attention and lexical acquisition style. *First Language*, 4, 197–212.

Tremblay, R. E. (2002). The development of aggressive behaviour during childhood: What have we learned in the past century? In W. W. Hartup & R. K. Silbereisen (eds), *Growing Points in Developmental Science*. Hove: Psychology Press.

Triandis, H. C. (1995). *Individualism and Collectivism*. Boulder, CO: Westview Press.

Tronick, E. Z., Als, H., Adamson, L., Wise, S., & Brazelton, T. B. (1978). The infant's response to entrapment between contradictory messages in face-to-face interaction. *Journal of the American Academy of Child Psychiatry*, 17, 1–13.

Truby King, F. (1924). *The Expectant Mother and Baby's First Month, for Parents and Nurses*. London: Macmillan.

Tudge, J., & Winterhoff, P. (1993). Can young children benefit from collaborative problem solving? Tracing the effects of partner competence and feedback. *Social Development*, 2, 242–59.

Tulving, E., & Craik, F. I. M. (eds) (2000). *The Oxford Handbook of Memory*. Oxford: Oxford University Press.

van der Molen, M. W., & Ridderinkoff, K. R. (1998). The growing and aging brain: Life-span changes in brain and cognitive functioning. In A. Demetriou, W. Doise & C. F. M. van Lieshout (eds), *Life-span Developmental Psychology*. Chichester: Wiley.

van der Veer, R., & van IJzendoorn, M. H. (1988). Early childhood attachment and later problem solving: A Vygotskian perspective. In J. Valsiner (ed.), *Child Development within Culturally Structured Environments* (Vol. 1). Norwood, NJ: Ablex.

Vygotsky, L. S. (1956). *Selected Psychological Investigations*. Moscow: Izdatel'stvo Academii Pedagogicheskikh Nauk.

Vygotsky, L. S. (1962). *Thought and Language*. Cambridge, MA: MIT Press.

Vygotsky, L. S. (1978). *Mind in Society: The Development of Higher Psychological Processes*. Cambridge, MA: Harvard University Press.

Vygotsky, L. S. (1981a). The genesis of higher mental functions. In J. V. Wertsch (ed.), *The Concept of Activity in Soviet Psychology*. Armonk, NY: Sharpe.

Vygotsky, L. S. (1981b). The instrumental method in psychology. In J. V. Wertsch (ed.), *The Concept of Activity in Soviet Psychology*. Armonk, NY: Sharpe.

Vygotsky, L. S. (1987). Thinking and speech. In R. W. Rieber & A. S. Carton (eds), *The Collected Works of L. S. Vygotsky*. New York: Plenum.

Waldinger, R. J., Toth, S. L., & Gerber, A. (2001). Maltreatment and internal representations of relationships: Core relationship themes in the narratives of abused and neglected preschoolers. *Social Development*, 10, 41–58.

Warren, A. R., & Tate, C. S. (1992). Egocentrism in children's telephone conversations. In R. M. Diaz & L. E. Berk (eds), *Private Speech: From Social Interaction to Self-regulation*. Hillsdale, NJ: Erlbaum.

Waters, E., Merrick, S., Treboux, D., Crowell, J., & Albersheim, L. (2000). Attachment security in infancy and early adulthood: A twenty-year longitudinal study. *Child Development*, 71, 684–9.

Watson, J. B. (1925). *Behaviorism*. New York: People's Institute Publishing Company.

Weinraub, M., Hornath, D. L., & Gringlas, M. B. (2002). Single parenthood. In M. H. Bornstein (ed.), *Handbook of Parenting* (Vol. 3, 2nd edn). Mahwah, NJ: Erlbaum.

Wellman, H., Cross, D., & Watson, J. (2001). Meta-analysis of theory-of-mind development: The truth about false belief. *Child Development*, 72, 655–84.

Wellman, H., & Estes, D. (1986). Early understanding of mental entities: A re-examination of childhood realism. *Child Development*, 57, 910–23.

Wells, G. (1985). *Language Development in the Preschool Years*. Cambridge: Cambridge University Press.

Wertsch, J. V. (1979). From social interaction to higher psychological processes: A clarification and application of Vygotsky's theory. *Human Development*, 22, 1–22.

White, J. L., Moffitt, T. E., Earls, F., Robins, L., & Silva, P. A. (1990). How early can we tell? Predictors of childhood conduct disorder and adolescent delinquency. *Criminology*, 28, 507–33.

White, L., & Brinkerhoff, D. (1981). The sexual division of labor: Evidence from childhood. *Social Forces*, 60, 170–81.

Whitehurst, G. J., & Lonigan, C. J. (1998). Child development and emergent literacy. *Child Development*, 69, 848–72.

Wood, D. (1998). *How Children Think and Learn* (2nd edn). Oxford: Blackwell.

Wood, D., Bruner, J. S., & Ross, G. (1976). The role of tutoring in problem solving. *Journal of Child Psychology and Psychiatry*, 17, 89–100.

Wood, D., & Wood, H. (1996). Vygotsky, tutoring and learning. *Oxford Review of Education*, 22, 5–16.

Woolley, J. D. (1997). Thinking about fantasy: Are children fundamentally different thinkers and believers from adults? *Child Development*, 68, 991–1011.

Yuill, N. (1993). Understanding of personality and dispositions. In M. Bennett (ed.), *The Child as Psychologist*. Hemel Hempstead: Harvester Wheatsheaf.

✤ 英漢索引 ✤

O

object of attachment · 依附客體　114

object performance · 實體恆存性
195

observing · 觀察法　6

occipital cortex · 枕葉　85

oluntary attention · 自主注意力　230

operant conditioning · 操作制約
341

operation · 運思　199

overextension · 過度延伸　323

overregularization · 過度規則化
328

overt memorizing · 外顯記憶　299

P

parental attachment system · 親職依
附系統　115

peer tutoring · 同儕教導　242

peer-nomination index · 同儕提名指
數　391

perceptual perspective-taking · 知覺
的立場取替能力　216

perceptual selectivity · 知覺選擇性
116

perceptual-motor control · 知覺－運

動控制　277

personal identity · 個人認同　376

personal references · 個人參照　267

Phenylketonuria，PKU · 苯酮尿症
50

phonological store · 語音儲存　291

phonology · 音韻學　321

post hoc interpretation · 事後詮釋
277

pragmatics · 語用學　322

pre-attachment · 前依附期　116

preference technique · 偏好技術　75

preference-for-novelty technique · 偏
好新奇事物技術　283

prefrontal cortex · 前額葉　85

preoccupied · 出神組　127

primary attachments · 初級依附關係
96

psychodynamic · 心理動力　263

Psycho-Neurological Congress · 精神
－神經會議　225

puberty · 青春期　367

Q

qualitative changes · 質的改變　214

qualitatively different · 質的差異
191